스틸 스탠딩
STILL STANDING

스틸 스탠딩
STILL STANDING

한국 사위 메릴랜드 주지사 래리 호건,
그 불굴의 삶과 원대한 비전

래리 호건·엘리스 헤니칸 지음 | 안진환 옮김

너무도 그리운 세 분께 이 책을 바칩니다.

나의 어머니 노라, 내게 배려와 연민을 가르치고
어떤 아들도 부족함을 느낄 수 없는 최상의 사랑을 보여준 분입니다.
나의 아버지 래리 시니어, 나의 영웅이자 롤모델로서
청렴과 공직에 대해 실로 많은 것을 가르쳐준 분입니다.
나의 누나 테리, 어린 시절 성장하면서 항상 닮고자 했던 분입니다.

서
문

처음으로 무역사절단을 이끌고 해외를 돌던 마지막 날 아침이었다. 12일에 걸쳐 한국과 중국, 일본을 차례로 방문한 터였다. 출장은 실로 순조롭게 진행되었다. 특히 무역사절단을 이끌어본 적이 없던 인물로서는 대성공이라 자부할 만했다. 우리는 국제적인 비즈니스 리더들과 여러 차례 생산적인 미팅을 가졌다. 가는 곳마다 각국 정상을 위시하여 고위 관료들이 우리를 환영해주었다. 각 나라에서 메릴랜드 주민들의 일자리와 사업을 창출하는 데 도움이 될 양해각서MOU가 체결되었다. 통상적으로 취임 1년차 주지사가 대규모 무역사절단을 이끌고 밖으로 달려나가는 경우는 극히 드물다. 하지만 그때도 역시, '통상적인 것'은 내가 추구하는 무엇이 아니었다.

여전히 한국에서 겪은 여러 장면이 머릿속을 흔들었다. 내 아내 유미는 한국인으로서는 최초로 미국 주지사 영부인이 된 여성이었다(그리고 지금까지 유일하다). 서울에서 유미는 나보다 훨씬 더 잘나가는 셀럽이었다. "여사님, 여사님!" 호텔 로비에서든 거리에서든 사람들은 그녀를 보고 환호했다. 한국인들에게 나는 그저 주지사 영부인의

(상대적으로) 매력이 떨어지는 미국인 남편일 뿐이었다. 재키를 데리고 파리에 갔을 때 JFK가 느낀 감정이 이런 것이었을까? 그 모든 것이 내게는 생경했다. 메릴랜드 주지사로 취임한 지 채 5개월도 안 되던 시점이었다.

사실 당시 내가 그렇게 들떠 있던 것은 아니었다. 나의 첫 번째 입법 심의회는 성공적으로 끝났지만, 그 과정은 사람을 탈진시키기에 충분했다. 주 하원과 상원의 민주당 의원들은 새로운 공화당 주지사를 괴롭히기 위해 할 수 있는 모든 짓을 다했다. 우리 주에서 가장 큰 도시인 볼티모어는 47년 만에 발생한 최악의 폭동으로 몸살을 앓았다. 나는 비상사태를 선포하고 메릴랜드 주방위군을 투입해야 했다. 비행기로 오가는 중에는 내내 허리와 등이 아파 고생했다. 허리에서 등 쪽 어딘가를 삐어서 그런 거 같았다. 13시간의 시차와 하루 16시간씩 뛰는 강행군 역시 타격을 가했다. 다 함께 만리장성에 올랐을 때 나는 경호원들을 불러 세워야 했다. "여기 잠깐 앉아 쉬었다 갑시다." 나답지 않은 처사였다. 나는 대개 '에너자이저 버니'로 통했다. 계속해서 달리고 달리고 달리는 사람이었다.

그 마지막 날 아침, 도쿄의 호텔 방에서 일찍 눈을 뜬 나는 화장실 세면대 앞에서 거울을 응시했다. 얼굴에 면도 크림을 바르고 손에 면도기를 들었다. 피곤했지만 만족스러웠다. 이제 집에 가는 비행기만 타면 되는 것이었다.

그것을 알아챈 것이 바로 그 순간이었다. 목 가운데에 혹이 나 있었다. 마치 전에 없던 목젖이 생긴 것 같았다. 밤사이에 튀어나온 것 같았다.

아프진 않았다. 그냥 그 자리에 혹이 나 있을 뿐이었다.

나는 아내를 세면대 앞으로 불렀다.

"어, 이상해 보이네요." 아내가 말했다. "아프지 않아요?"

아프진 않다고 아내를 안심시켰다. 하지만 아내가 아나폴리스로 돌아가자마자 진찰을 받아보자고 말했을 때 그 덩어리는 더욱 기이해 보였고, 나는 의기소침해지지 않을 수 없었다. 나는 일정 담당 비서관인 아만다 앨런Amanda Allen에게 문자를 보내 주치의 마이클 리브먼Michael Riebman과 약속을 잡아두라고 일렀다.

"뭐, 걱정할 건 없어 보입니다." 내가 돌아온 날 찾아가자 리브먼이 말했다. "일종의 양성 물혹 같거든요. 어쨌든 초음파 검사를 한번 받아보시기로 하죠."

방사선 전문의 마크 바간츠Mark Baganz도 놀라는 기색은 전혀 보이지 않았다. "림프절 중 하나에 액체가 찬 것 같아요." 그가 나에게 말했다. "이비인후과에서 검사를 받으시면 답이 나올 거 같습니다."

이비인후과 전문의 리 클라이먼Lee Kleiman은 이렇게 말했다. "목 부분에 CAT 스캔을 받으셔야 합니다."

CAT 스캔은 몇 분밖에 걸리지 않았다. 잠시 후 클라이먼이 돌아왔다. "괜찮으시면 가슴 부분도 스캔을 받기로 하시죠."

"그럽시다."

그 작업이 완료되자 이번에는 클라이먼이 방사선 전문의 바간츠와 함께 돌아왔다. "우리는 주지사님의 복부도 스캔하기로 했습니다." 바간츠는 잠시 후 돌아와서 "마지막으로 서혜부만 스캔하면 됩니다"라고 말했다.

스틸 스탠딩

'대체 뭐가 어떻게 돌아가고 있는 건가?' 추가 검사를 받을 때마다 의아심이 점점 강렬해졌다. '목에 생긴 혹일 뿐이지 않은가. 흠······ 어쨌든 적어도 철저하게 검사하고는 있으니······.'

나는 검사실에 홀로 앉아 문자와 이메일을 확인하며 초조한 시간을 흘려보냈다. 주 경찰 소속 요인경호 책임자인 크레이그 치카렐리Craig Ciccarelli가 복도에서 나를 기다리고 있었다. 잠시 후 문이 열렸다. 클라이먼과 바간츠가 다시 들어왔다. 이번에는 외과 전문의 빈센트 세이언Vincent Sayan을 대동했다.

'세 명의 의사?' 나는 생각했다. '상황이 안 좋은 거 같은데······.'

불안감은 그대로 들어맞았다.

"주지사님." 의사 중 한 명이 입을 열었다. "말씀드리기 곤란한 소식을 알려드려야 해서 유감입니다만."

스캔 결과 목에서 서혜부까지 이어지는 곳곳에서 도합 40개 내지 50개의 종양이 발견되었다는 얘기였다. 일부는 야구공 정도의 크기였으며, 그 가운데 하나가 척추를 누르고 있었다. 그래서 그렇게 등허리가 아팠던 것이다. 이런저런 생각이 너무 빨리 스쳐 의사들이 하는 말이 머릿속에 잘 들어오질 않았다. 하지만 '림프종, 림프절의 암'이란 말은 명확하게 들렸다.

"많이 진행된······ 빠른 확산세······ 3기, 어쩌면 이미 4기······"라는 말도 들었다.

뭐랄까, 며칠 전 일본에서 탔던 시속 480킬로 자기부상 열차에 치인 것 같은, 딱 그런 느낌이었다.

세이언은 팔 아래에서 림프절을 제거하기 위한 생체 수술을 받아야 한다고 말했다. "하지만 먼저 올바른 치료 과정을 결정하도록 도움을 주는 종양 전문의부터 만나셔야 합니다."

내 머리는 여전히 핑핑 돌고 있었다. 의사들은 그밖에도 여러 말을 했지만, 내 기억에 남아 있는 것은 별로 없다. '걱정할 게 없어 보인다던 의사들이 왜 지금은 내 몸 전체에 암이 퍼졌다고 말하고 있는가?' 그저 상황 자체가 비현실적으로 느껴졌다.

주차장에 세워둔 검은색 쉐보레 서버번으로 돌아갈 때 크레이그 치카렐리가 내 옆을 따라 걸었다. 그의 얼굴 표정과 과묵한 거동을 보며 나는 그가 의사들이 내게 말한 내용 대부분을 들은 것으로 확신했다. 검사실 바로 앞에 있었으니까. 하지만 그는 아무 말도 하지 못했고, 나 역시 마찬가지였다.

나는 평소처럼 SUV 뒷좌석에 몸을 실었다. 앞쪽 두 자리에는 경호원이 앉았다. 나는 아이패드를 꺼내고 귀에 이어버드를 밀어 넣었다. 그리고 팀 맥그로Tim McGraw의 'Live Like You Were Dying(곧 죽을 사람처럼 살아라)'을 틀었다. 이후 수개월 동안 내게 매우 중요해질 노래였다. 암과 맞선 나의 투쟁 가요가 될 것이었으니 말이다. 하지만 당시 내가 알고 있던 것은 그저 그 노래가 자신에게 남은 모든 날에 최선을 다하려고 노력하는 누군가를 묘사하며 고무적이고 긍정적인 메시지를 전한다는 것뿐이었다. 주지사 관저로 돌아오는 내내 그 노래가 내게 직접 메시지를 전하는 것 같은 느낌이 들었다. 겁이 나는 것은 아니었다. 망연자실이라고 표현해야 적절할 거 같다. 방금 들은 내용을 처리하기 위해 머릿속이 고군분투하는 가운데, 나는 그저 먹먹한 느낌에 빠져들었다. 여기까지 오기 위해 그 모든 일을 겪었는데…….

미국의 선거 역사상 가장 놀라운 승리를 거두고 민주당이 지배하는 입법부의 첫 번째 심의회에서 '불가능하다던 성과'를 달성하고 볼티모어에서 발생한 50년래 최악의 폭동을 잠재우고, 그렇게 주지사 취임 5개월을 달려왔는데……. 이것이 진정 그 모든 것을 끝내는 방식이란 말인가?

차
례

한국 사위 메릴랜드 주지사 래리 호건, 그 불굴의 삶과 원대한 비전

1 부
배우다

1장
성장 배경

　만약 아메리칸 드림이 사다리 모양이라면, 당시 호건 가족은 맨 아래 가로대에서 그 위 가로대로 올라가는 중이었다.

　내가 자라면서 많은 것을 배운 프린스조지 카운티는 워싱턴 DC 외곽에서 제멋대로 뻗어 나가던 블루칼라 계층 중심의 교외 지역이었다. 우리 가족이 살던 랜도버놀스는 (워싱턴 DC 외곽을 에워싼 주간고속도로인) 캐피털벨트웨이의 안쪽에 위치했는데, 전반적으로 건전하지만 가장자리에서는 다소 거친 면도 드러내던 소도시였다. 랜도버놀스는 오늘날 거리의 후미진 곳에서 마약이 거래되고 경찰도 혼자서 순찰 도는 것은 꺼리는, 그런 종류의 거친 도시로 변모했다. 그러나 그 시절, 그러니까 1950년대에서 70년대 초에 이르던 시절의 랜도버놀스는

FBI 요원이 전업주부인 아내와 더불어 작은 뒷마당에 계단형 현관을 갖춘 붉은 벽돌의 생애 첫 주택을 장만해 두 명의 자녀를 키울 수 있는 타운이었다. 우리 집이 있던 오스본로드의 이웃들 대부분과 마찬가지로 내 부모님도 워싱턴 도심에서 밀려나 그곳에 자리를 잡은 것이었다.

부모님인 로렌스 조지프 호건 시니어Lawrence Joseph Hogan Sr.와 노라 엘리자베스 맥과이어Nora Elizabeth Maguire는 서로 친밀하게 얽혀 생활하던 아일랜드계 미국인 가족들의 산물이었다. 등에 옷가지 몇 벌만 짊어진 채 보다 나은 미국 생활을 꿈꾸며 고국을 떠나온 이민자의 후손이라는 뜻이다. 아버지의 아버지는 보스턴의 노동조합 소속 인쇄공이었다. 그곳에서 일이 마르자 워싱턴으로 이주하여 정부 산하 인쇄국에 취직했다. 그는 친척 모두와 마찬가지로 열렬한 민주당원이었다. 어머니의 가족들은 볼티모어를 거쳐 워싱턴으로 왔다. 어머니의 아버지는 작은 호텔들을 거치며 다양한 일을 했다. 두 가족 모두 브룩랜드라는 DC 북동구역 동네의 가톨릭 대학교 근처에 정착했다. 그 지역에는 프란체스코회 수도원, 영원한 숭배 수녀원의 클라라 동정회, 십자가 수도원, 콜럼버스 기사단, 아일랜드 성당, 신심회 회관 등 수많은 가톨릭 조직 및 기관이 산재했다. 사람들이 그 동네를 '리틀 로마'라고 부를 정도였다.

두 분이 만나 데이트를 시작했을 때, 어머니는 노트르담 아카데미에서 수녀들과 함께 생활하는 중이었고, 아버지는 곤자가 칼리지 고등학교에서 예수회의 관리 감독하에 학업에 열중(?)하던 중이었다. 동네 커플은 고등학교를 졸업한 그해에 바로 결혼했다. 두 분 다 열

아홉 살이었다. 두 분의 첫 아이이자 나의 누나인 메리 테레사Mary Theresa(줄여서 태리)는 이듬해에 도착했다. 돈이 거의 없는 가난한 가족이었다. 그러나 두 분은 아버지만이라도 대학 공부를 하는 쪽으로 뜻을 모으고 열심히 일해서 돈을 모았다. 그렇게 아버지는 오랜 세월 영리한 젊은 가톨릭 신자들의 도약대가 되어준 또 다른 예수회 기관인 조지타운 대학에 들어가 학부와 로스쿨 과정을 밟았다. 누나가 태어나고 약 7년 후인 1956년 5월 25일, 워싱턴의 프로비던스 병원에서 내가 세상의 빛을 보았다. 밝고 건강한 그 아기는 어찌나 기운이 넘치던지 겉보기에는 무엇이든 할 준비가 되어 있는 것 같았다. 부모님은 내게 로렌스 조지프 호건 주니어Lawrence Joseph Hogan Jr.라는 이름을 주었다.

아버지는 의욕이 넘치고 외향적이었으며 이기적으로 보일 정도로 야심이 많았다. 그에 반해 어머니는 다정하고 사려 깊었으며 타인에 대한 배려를 우선시하는 분이었다. 사람들은 모두 그러한 조합이 이상적이라고 말했지만, 그렇지 않은 것으로 드러날 때까지만 그랬을 뿐이다. FBI에서 10년을 재직한 후 아버지는 워싱턴에 작은 회사를 차려 홍보 및 광고 사업을 시작했다. 당시 아버지의 일에는 업계 전문지를 편집하는 것도 포함되었는데, 어느 순간부터는 책을 쓰기 시작했다. 대부분이 소설이었지만, 출간되어 독자들의 손에 들어가지는 못했다.

아버지는 또한 메릴랜드 대학에서 '저널리즘과 법' 강좌를 가르쳤는데, 제자 가운데는 훗날 전국 지상파 방송의 앵커로 이름을 날리는 코니 정Connie Chung도 있었다. 어머니의 직업은 집과 가족이었으며, 그 일을 누구보다 훌륭하게 수행했다. 남편과 자녀를 위해 미트로프와 스파게티, 참치 누들 캐서롤, 슬로피조 등으로 풍성한 저녁 식사를 준비하고 누나와 내가 학교에서 돌아오면 늘 반갑게 맞이했다. 학부 모회에도 열심히 참여해 스카우트 리더로 활동하거나 기회가 될 때 마다 다양한 자원봉사를 위해 나서곤 했다.

누나는 내가 가장 우러러보는 인물이었다. 사람들이 어린 내게 커서 무엇이 되고 싶은지 물으면 나는 소방관이나 우주 비행사, 야구 선수라고 답하질 않았다. "나는 하이틴이 되고 싶어요." 이것이 내 대답이었다. 친구들과 자동차, 파티, 주말의 오션 시티 번화가……. 테리 누나는 그 모든 것을 누리는 것 같았다.

나는 누나의 예를 따라 체벌리 라인 건너편에 있는 세인트 앰브로스 가톨릭 스쿨에 들어갔다. 체벌리는 렌도버놀스보다 여러 면에서 조금은 더 나은 중산층 중심의 타운이었다. 체벌리의 아이들은 수영 클럽에 다니고 테니스 코트에서 공을 쳤다. 우리는 전신주에 둥근 쇠 테두리를 달아놓고 공을 던졌다. 그들은 잔디에서 뛰어놀았고 우리는 맨땅을 달렸다. 나는 급우들이 "쟤는 랜도버에 살아"라고 말하는 것을 몇 번 들었는데, 그것이 '빈민가 아이'와 동의어라는 것을 금방 이해할 수 있었다. 그들의 평가는 틀리지 않았다. 나는 용돈을 직접 벌어야 했다. 아버지는 그렇게 하는 것이 마땅하다고 주장했다.

2학년이 되었을 때(고작 초등학교 2학년이었다!), 나는 생애 첫 번째 신문 배달 구역을 할당받았다. 사실은 두 개의 구역이었다. 아침에는 〈워싱턴데일리뉴스〉를, 하교한 후에는 〈이브닝스타〉를 옆구리에 끼고 구역을 돌며 신문을 던졌다. 나는 그렇게 번 돈으로 빨간색 스윈

스틸 스탠딩

Schwinn 자전거를 샀다. 바큇살에 야구 카드를 끼우고 핸들 바에 색테이프도 감았다. 완벽하게 앞바퀴를 들고 탈 수도 있었다. 그리고 내 언론계 경력이 이제 막 개시되었다. 아홉 살이 되자 나는 직접 신문을 제작하기 시작했다. 역사상 최악의 신문이었을지 모르지만, 동네에 열렬한 독자층까지 확보한 신문이었다. 나는 모든 이야기를 직접 썼고, 금속 덮개를 갖추고 내부에 보라색 젤을 넣는 8.5×11인치 기계장치로 신문을 인쇄했다. 지면을 장식한 기사는 대개 '도난당한 바비 캐시디의 자전거' 등과 같은 동네의 사건 사고나 '엔젤스, 컵스 격파' 등과 같은 리틀 야구의 경기 소식이 주를 이뤘다. 틈새 신문이라고 할 수 있었지만 그래도 적잖은 사람들이 그것을 받아서 읽었다.

나는 동네와 학교에서 많은 친구를 사귀었다. 우리는 서로의 집에서 놀고 가로등 불이 들어올 때까지 거리에서 야구를 했다. 데니스 밀러Dennis Miller가 가장 친한 친구였다. 데니스는 우리 반에서 가장 몸집이 큰 아이였고 나는 작은 축에 속했기에 우리는 어디서든 눈에 띄는 독특한 한 쌍을 이루었다. 데니스는 정말로 재미난 친구였다. 가족끼리도 서로 친해서 다 함께 해변으로 놀러 가기도 했다. 나는 방과 후에 계속 아르바이트를 뛰었는데, 나이가 걸림돌이 되지만 않으면 어떤 일이든 마다하지 않고 잡아서 했다. 잔디도 깎았고, 빗자루와 쓰레기통을 들고 청소도 했으며, 오션 플레이랜드Ocean Playland라는 오션 시티의 놀이공원에서 일하기도 했다. 당시 놀이기구를 운행할 수 있는 나이가 아니었기에 오션 플레이랜드에서 내가 처음 맡은 일은 '다트로 풍선 터뜨리기', '물총 쏘기', '나이 및 몸무게 추정 놀이' 등이 늘어선 오락장 거리의 보조요원이었다.

근심 걱정 없는 평온한 나날이었다. 가족에게 사랑받았고, 친구도 있었다. 우리 가족의 교외 생활은 아늑하고 안전했다. 부자는 아니었지만, 행복하고 편안했다. 정말 나쁜 일은 나에게 일어나지 않을 것 같은 느낌이었다. 이러한 양육 환경은 내게 무엇이든 이룰 수 있다는 자신감과 소속감을 느끼며 세상을 마주할 수 있도록 도왔다. 내 우주는 작았지만 이미 다 통달했다는 확신이 들었다. 그러다가 상황이 훨씬 더 재미있어졌다. 정치가 우리 가족의 삶에 들어온 것이다.

1966년, 내가 열 살이던 어느 날, 아버지는 연방 하원의원 선거에 출마한다는 폭탄선언으로 가족 모두를 놀라게 했다. 아버지는 홍보 관련 일을 하면서 정치 세계의 언저리를 경험한 적은 있었지만, 공직 선거 출마에 관심을 드러낸 적은 결코 없었다. 우리 지역구의 하원의원 허비 마켄Hervey Machen은 민주당 소속 변호사로서 3 대 1로 민주당원이 압도적인 선거구에서 재선을 노리고 있었고, 아버지는 공화당 배지를 달고 출마할 예정이었다. 아버지에게 중요한 것은 이데올로기가 아니었다. 1960년 대통령 선거 당시에는 같은 아일랜드계 가톨릭 신자인 존 F. 케네디John F. Kennedy를 열렬히 지지했다. 그러나 FBI 요원 출신이었던 아버지는 자신의 아버지와 친척 모두가 지지하던 당에 점차 환멸을 느꼈다. 민주당이 범죄에 대해 충분히 강력하게 대응하지 않는다는 것이 주된 이유였다. 어쨌든 아버지는 1664년 대리대의원으로 뽑혀 캘리포니아 데일리 시티의 카우팰리스에서 열린 공화당 전당대회에 참석했다. 배리 골드워터Barry Goldwater가 대선 후보로 지명된 그 전당대회 말이다.

1966년의 '호건을 의회로' 선거운동은 그다지 큰 호응을 얻지 못했다. 메릴랜드 5선거구에서, 돈도 없고 주요한 지지 세력도 없는 신참 출마자에게 주어질 수 있는 지극히 당연한 반응이었다. "우리가 상황을 바꿀 겁니다"라는 그의 말을 믿고 나선 몇 명의 열성적인 자원봉사자들과 넉넉히 준비하지도 못한 알림판이 아버지가 가진 전부로 보였다. 하지만 그가 진정으로 보유한 것은 무한한 에너지와 타고난 사교성, 그리고 본인에 대한 확고부동한 믿음이었다.

나는 시간을 낼 수 있는 저녁과 주말이면 아버지와 함께 지역구를 돌며 홍보물을 나눠주고 자동차 범퍼에 스티커를 붙이고 사람들의 앞마당에 알림판을 두들겨 박으며 선거운동을 도왔다. 그 모든 것이 내게는 신나는 경험이었으며, 아버지와 어울릴 기회였고, 당시에는 몰랐지만 많은 교훈을 얻은 시간이었다. 나는 아버지가 낯선 사람들과 거의 즉각적으로 연결을 맺는 방식에 놀랐다. 그는 스스로 군중을 끌어모을 수 없었기에 사람들이 모여 있는 곳이라면 어디든 찾아가 선거운동을 벌였다. 카운티 박람회와 쇼핑센터, 구기 종목 경기장, 카니발 등을 돌았으며, 슈퍼마켓의 출입구에 서서 오가는 모든 사람들과 악수를 하곤 했다. "안녕하세요, 이번 총선에 출마한 래리 호건입니다. 소중한 한 표를 제게 던져주시길 바랍니다." 그러면서 사람들이 차에 식료품을 싣는 것을 돕기도 했다. 아버지는 이발소나 특히 미용실에 들어가 사람들과 악수하는 것을 좋아했다. 남자 어른들은 "누군지 모르지만 맘에 드는군"이라고 답하곤 했으며, 여자 어른들은 "오, 이런. 잘생긴 청년이 말을 거니 기분 좋네. 아주 친절해 보이는군"이라고 호응하곤 했다. 그는 3×5인치 카드에 일일이 만나는 사람들의 이름과 연락처를 적고 모두에게 후속 조치를 취하곤 했다. 그것은 구식의 전통적인 풀뿌리 정치였고, 훌륭하게 작동했다.

"모든 사람이 두 명의 친구에게 얘기해주고 그 모두가 또 두 명의 친구에게 추천하면 우리가 정말로 이길 수 있습니다." 아버지가 선거운동 자원봉사자들에게 강조한 내용이다. 그렇게 흔들림 없는 자신감으로 말하는 그를 보며 우리는 선거를 거의 이긴 것처럼 느꼈다. 입소문이란 게 그런 위력이 있었다. 아버지는 특히 퍼레이드를 좋아했다. 그래서 퍼레이드만 펼쳐진다고 하면, 그것이 아무리 보잘것없는 퍼레이드라 하더라도 아버지는 쫓아나가 컨버터블 뒷자석에 올라탔다. 그는 날마다 수백 명과 악수를 나눴고, 나는 그 모든 것을 지켜보았다. 내가 향후 평생 동안 따르며 계속 발전시킬 모델인 셈이었다. 다만 내 경우엔 차에 오르는 대신 아버지가 지난 그 퍼레이드 경로들을 걷거나 달리게 된다. 그렇게 하면 더 많은 사람과 악수를 할 수 있기에 그렇다. 어떤 행사에서든 아버지는 자원봉사자들에게 '민주당원도 호건에게'라고 쓴 알림판을 들고 다니게 했다. "우리가 공화당원 표만 얻는다면 결코 이길 수 없을 겁니다." 아버지는 그렇게 강조했다. "우리에겐 크로스오버 유권자들이 필요합니다. 그들이 열쇠입니다." 내가 흡수한 또 하나의 교훈이었다.

아버지는 자신의 밝은 성격과 범죄 척결 메시지로 평생을 민주당원으로 살아온 수천 유권자들의 마음에 침투하는, 예상치 못한 성과를 올렸다. 선거일 밤, 그는 누구의 기대보다도 훨씬 더 선전했지만, 46퍼센트 대 54퍼센트라는 득표율이 보여주듯 민주당의 현역 의원을 누르기에는 역부족이었던 것으로 드러났다. 당락이 결정되자 아버지는 거의 예정돼 있던 것처럼 보이는 발표를 했다. "저는 오늘 밤, 바로 이

자리에서……." 그가 지지자들 앞에서 말했다. "다음 선거에 입후보할 것을 선언합니다. 우리는 우리가 믿는 바를 위해 싸우고 있습니다. 다음에는 반드시 승리할 것입니다." 그리고 아버지는 1968년 선거에서 허비 마켄을 53퍼센트 대 47퍼센트로 꺾고 의회에 진출했다.

1969년 1월 3일 아버지가 의회에서 의원 선서를 하던 날, 나는 열두 살이었다. 어머니와 누나, 그리고 나는 아버지를 따라 국회 의사당에 갔다. 그날 많은 의원들이 가족을 대동했다. 아이들이 하원 플로어와 갤러리를 포함하여 여기저기서 뛰놀았다. 다들 흥분과 즐거움으로 들뜬 분위기였다. 얼마 후면 서로 싸움을 벌일 의원들이었지만, 적어도 몇 시간 동안은 모두가 사이좋게 어울리는 것 같았다. 모두 더 멋진 옷을 입었다는 것을 제외하면 학교 입학식 날과 비슷한 느낌이었다.

존 맥코맥John McCormack 의장이 의원들을 대표해 선서식을 주재할 때 나는 하원 플로어에 선 아버지 옆에 섰다. 아버지는 몸을 기울여 내게 속삭였다. "오른손을 들고 아빠와 함께 선서를 따라 해라. 그렇게 하면 메릴랜드 5선거구는 의회에서 두 표를 행사하게 된다." 의장이 선서를 선창하자 아버지와 나는 그대로 복창했다. "나는 미국의 헌법을 지지하며 외국과 국내의 모든 적으로부터 방어할 것임을 엄숙히 맹세한다……." 우리 둘 다 한마디도 놓치지 않았다. 아버지와 나의 속임수가 먹히지 않는다는 것을 알고 있었지만, 그래도 여전히 멋지다고 생각했다.

아버지의 발로 뛰는 유권자 중심의 근면한 접근방식은 지역구민들과의 유대를 강화해주었다. 그는 민주당원이 압도적으로 많은 선거구에서 1970년과 1972년 선거도 승리로 이끌었다. 사람들은 그저 그를 좋아했다.

8학년(중2)을 마친 후, 나는 학생들이 블레이저에 넥타이를 착용하고 삼위일체 교리의 신봉자들에게 교육을 받는 세인트 존 드마타 남자 고등학교에 진학했다. 워싱턴에 소재한 드마타는 근로자 계층의 아들들이 다니는 가톨릭 학교였다. 부유한 가톨릭의 아들들은 조지타운 보딩스쿨에 다녔다. 똑똑한 학생들은 내 아버지와 그의 형제 빌Bill이 그랬던 것처럼 곤자가 칼리지 고등학교에 들어가거나, 또는 학군장교후보생 예비과정JROTC의 군사 규율을 견딜 수 있는 경우 세인트 존스 고등학교에 진학했다. 아키비숍 캐롤과 드마타는 평범한 학생들이 다니는 고등학교였다. 드마타는 부유한 아이들의 학교보다 당연히 학비가 조금 더 저렴하고 현실적이었다. 우리의 스포츠팀들은 모든 학교를 안정적으로 제압했다. 우리 학교 학생들은 어깨에 힘을 주고 다녔지만, 어디서든 기죽지 않으려는 것일 뿐 불량배 짓거리에 관심이 있었던 것은 아니었다. 입학 첫날부터 학교가 맘에 들었다.

나는 가장 멋진 친구도 결코 아니었고, 가장 똑똑한 학생도 확실히 아니었다. 하지만 내게는 오늘날에도 그런 것과 마찬가지로 모든 파벌과 어울리는 재주가 있었다. 나는 어떤 그룹의 진정한 인사이더도 아니었지만 어떤 그룹에서든 꺼리거나 거부하는 법이 없는 친구였다. 운동부 학생들, 머리가 비상한 친구들, 예술에 심취한 아이들, 비행 청소년들 등 모두가 외향적이고 친근하며 단정한 나를 싫어하지 않았다. 분명 나는 학급의 광대가 아니었지만, 아이들은 "쟤 아주 재

있어. 같이 놀아도 돼"라고 말하곤 했다. 나는 모두를 즐겁게 하는 것이 내 일이라고 생각했다.

나는 스포츠를 좋아했지만, 국가대표의 산실인 드마타 같은 고등학교의 운동부에서 뛰기에는 체력이나 운동신경이 충분하지 못했다. 하지만 체육관이나 운동장에서 공을 갖고 뛰노는 친구들 사이에선 인기 있는 참가자였다. 모두가 사랑하던 농구 감독 모건 우튼Morgan Wootten은 당시 이미 모든 수준에서 미국 최고의 감독 중 한 명으로 두각을 나타내고 있었다(그는 훗날 명예의 전당에 헌액된다). 훗날 명감독으로 이름을 날리는 보스턴 셀틱스의 레드 아워백Red Auerbach과 UCLA의 존 우든John Wooden도 우튼 감독의 팬클럽 회원이었다. 우튼 감독은 세계사 강의도 맡고 있었던 드마타에 남아 있기 위해 미국 최고 대학들의 감독직 제안도 거절했다. 그가 키운 최고의 선수들은 장학금을 받고 주요 대학으로 진학하거나 전미프로농구NBA에 진출했다. 그는 실로 적잖은 학생들을 NBA에 보냈는데, 나와 같은 시기에 학교를 다녔던 애드리안 댄틀리Adrian Dantley와 케니 카Kenny Carr 등이 대표적이다. 관대한 멘토였던 우튼 감독은 나의 우상이 되었다. 하이틴이 되겠다는 꿈을 이룬 나는 이제 사람들에게 농구 감독이 되고 싶다고 말하기 시작했다. 우튼 농구팀의 선수가 될 수는 없었기에 농구부의 매니저로 몸담고 있으면 훌륭한 코치로 성장하는 방법을 배울 수 있을 것이라 판단했다.

초등학교 친구 데니스 밀러는 아키비숍 캐롤에 진학했고, 덕분에 나는 그 학교의 친구들도 다수 사귀게 되었다. 그중의 한 명이 훗날 메릴랜드 민주당의 당수이자 나의 평생 친구가 되는 팀 맬로니Tim

Maloney이다. 마이클 스틸Michael Steele과 보이드 러더포드Boyd Rutherford도 그때부터 사귄 친구들인데, 둘 다 나중에 메릴랜드 역사상 유일하게 공화당 소속으로 부주지사가 된다. 아프리카계 미국인인 그 두 사람이 같은 시기에 같은 가톨릭 고등학교에 다녔다는 사실은, 확률로 따지면 백만분의 일 정도로 희귀한 일일 것이다.

나는 주말과 여름방학을 이용해 계속 아르바이트를 했다. 역시 아버지는 그것이 마땅하다고 했다. 이제 충분히 나이가 든 까닭에 오션 플레이랜드에서 놀이기구를 돌릴 수 있었다. 그렇게 번 최저 임금을 아껴 모았고, 운전면허를 따자마자 1,250달러를 들여 생애 첫 자가용을 장만했다. 1970년식 진청색 포드 핀토Ford Pinto 중고차였다. 필경 디트로이트에서 생산한 차량 가운데 가장 멋지지 않은 축에 속하는 차였을 것이다. 한마디로 똥차였지만, 어쨌든 내게는 소중한 차였다. 열심히 일해서 모은 돈으로 장만했기에 더욱 그랬다.

그렇게 모든 생활이 순조롭게 굴러갔다. 눈꼽만큼의 경고도 없이 나의 모든 세상을 바꿔놓은 그 일이 닥친 날까지는.

2장
탄핵할 수밖에 없는 죄

   때는 1972년, 그러니까 내가 고교 1학년에서 2학년으로 올라가던 해 여름방학이었다. 나는 막 열여섯 살이 되었고, 9월이 되면 드마타로 돌아갈, 그것도 후배를 둔 상급생으로 돌아갈 생각만 하고 있었다. 그러나 방학이 시작되고 얼마 지나지 않은 어느 날, 내가 집 옆에서 농구를 하고 있을 때 아버지가 밖으로 나오더니 나를 한쪽으로 불렀다. "얘기 좀 할 게 있다. 아빠가 엄마를 떠나게 되었다. 이혼하는 거다."

   이유를 알 수 없었다. 근래 들어 부모님이 서로 티격태격하는 일이 늘기는 했지만, 이혼에까지 이를 줄은 전혀 짐작도 못 했다. 당연히 나는 충격을 받았고, 또 그만큼 상처를 입었다. 하지만 성숙한 자세로 상황에 임하기로 했다. '달라지는 건 없어. 학교도 바뀌지 않고 친구들도 그대로 있을 거니까. 아빠는 주말에 보면 되는 거다. 그런 집이 어디 한둘인가.' 그러나 가십이 판을 치는 워싱턴 정가에서는 내 부모님의 이야기가 빠르게 퍼져나갔다. 특히 〈워싱턴포스트〉가 스토리를 주도했다. 그에 따르면, 아버지는 일로나 모들리Ilona Modly라는 의사당의 젊은 여직원과 바람이 났고, 24년간의 결혼 생활에서 발을 빼고 싶어 했다.

어머니는 처참하게 무너졌다. 평생을 한 남자에게 헌신했는데 버림받는 처지가 된 것이었다. 어머니는 내게 이렇게 말했다. "엄마는 아무도 모르는, 사람들이 네 아빠도 모르고 나도 모르는 그런 곳으로 가고 싶단다." 어머니의 오랜 동네 친구 한 명의 여동생이 플로리다 주 데이토나 비치에 살았다. 어머니는 비행기를 타고 날아가 그 지역을 직접 살펴보았다. "아주 맘에 들더구나." 그곳에 다녀와서 어머니가 한 말이다. 친구의 여동생이 이렇게 약속했다고 했다. "오신다면 적절한 값으로 집을 알아봐 줄게요. 이곳 사람들도 좀 소개해드릴 거고요." 상황을 감안하건대 어머니는 그것만으로도 족한 마음이 들었을 것이다.

나는 두 분을 사랑했고, 두 분 모두 나에게 같이 살자고 했다. 당시 나는 아버지와 좀 더 가까운 편이었다. 아버지와 워싱턴 레드스킨스Redskins 경기를 보러 다녔고 캠핑도 같이 다녔으며 아버지 덕에 백악관과 국회 의사당도 구경했다. 아버지의 선거운동도 매번 흥미로웠다. 무엇이든 아버지와 함께하면 신이 났고, 나는 그중 어떤 것도 놓치고 싶지 않았다. 하지만 나는 어머니의 건강 상태가 아주 안 좋아서 혼자 둘 수 없다는 걸 알았다. 아버지가 사업이나 의정 활동으로 바빠 나도는 동안 어머니는 내내 집을 지키며 누나와 나를 돌본 분이었다. 두 분 중 누가 나를 더 필요로 하는지는 의심의 여지가 없었다. 누나는 이미 결혼해서 출가한 상황이었다. 머무를 것인가, 떠날 것인가? 갑자기 이러지도 저러지도 못하는 선택의 기로에 놓인 상황이 끔찍하게 느껴졌다. 그러나 나는 내가 마땅히 해야 하는 바를 알고 있었다.

우튼 감독 밑에서 수련할 기회를 포기하고 블레이저를 입은 드마타 친구들에게 작별을 고해야 했다. 나는 십대의 소지품을 모두 꾸려 핀토에 실은 뒤 95번 주간고속도로로 진입해 혼자서 남쪽으로 약 1,280킬로미터를 운전했다. 그렇게 어머니와 함께 데이토나 비치에서 새로운 삶을 시작했고, 개학과 때를 맞춰 파더 로페즈 고등학교 2학년에 등록했다. 확실히 중요한 전환이 아닐 수 없었다. 그러나 내가 예상했던 끔찍한 트라우마는 결코 구체화되지 않았다.

드마타와 마찬가지로 파더 로페즈는 훌륭한 가톨릭 학교였다. 하지만 파더 로페즈에는 드마타에 없던 한 가지가 더 있었다.

여자애들.

그것도 아주 많이.

눈을 돌리는 어디에나.

그리고 플로리다가 아니던가. 그들은 모두 짧은 스커트 아래로 볕에 그을린 다리를 드러냈고, 해변에서는 비키니를 입었다. 게다가 학교에서 길 하나만 건너면 바로 해변이었다. 사춘기의 진통에 시달리던 나의 사회생활은 갑자기 극적으로 개선되었다. 메릴랜드에 있는 아버지와 친구들이 그리웠지만, 오래 걸리지 않아 이런 생각이 머리를 채웠다. '뭐, 플로리다도 그렇게 나쁜 곳은 아니야!'

나는 데이토나에서도 마이크 컨디드Mike Kundid, 러셀 버브Russell Bubb 등과 같은 멋진 새 친구들을 사귀었다. 멀리서 이사온 나를 모두가 반겨주었다. 우리는 함께 어울려 해변 파티나 삭홉sock hop(양말만 신고 추는 춤) 파티를 벌이고 자동차 영화관에 다녔다. 파더 로페즈는 국가대표의 산실도 아니었고, 농구팀에 우튼 감독이나 미래의 NBA 스타도 없었다. 하지만 어느 팀에도 밀리지 않는 치어리더가 있었다! 또 하나의 추가 보너스로, 플로리다주는 메릴랜드와 달리 음주 연령이 21세가 아니라 18세였으며, 그것도 아주 느슨하게 적용되었다.

어머니는 돈이 거의 없었다. 20년 동안 밖에 나가 일해본 적이 없는 47세의 이혼녀였는데, 엄청나게 먹어대는 십대 아들까지 있었다. 어머니는 신문의 구인난을 뒤져 데이토나 인터내셔널 스피드웨이Daytona International Speedway에서 NASCAR전미스톡자동차협회의 소유주인 빌 프랜스Bill France의 비서직 일자리를 구했다. 직장 동료들은 어머니를 환영했고, 나는 새로운 고등학교 친구들과 함께 데이토나 500(데이토나 비치에서 매년 열리는 스톡 자동차 경주대회)에 가야 했다.

이혼은 대개 가족에게 상처와 고통을 안겨주는 법, 우리 가족도 예외일 수 없었다. 나보다 누나가 더 심한 정신적 충격을 받았던 것으로 기억한다. 아버지는 우리의 관계를 긴밀하게 유지하기 위해 열심히 노력했다. 틈나는 대로 플로리다로 나를 찾아왔고, 나 역시 기회가 생기는 대로 메릴랜드로 올라가 아버지와 함께 시간을 보냈다. 아버지는 내가 정치에 얼마나 관심이 많은지 알고 있었고, 우리는 그와 관련된 많은 대화를 나눴다. 아버지는 나를 자신의 세계에 머물게 하는 동시에 나의 세계에도 발을 들여놓기 위해 애썼다. 그렇긴 하지만, 나는 언제나 어머니를 보호해야 한다고 느꼈고, 어머니의 안위에 필요한 모든 일을 하기 위해 노력했다.

그렇게 나는 부모님의 이혼을 경험하는 수백만 명의 아이들이 취하는 자세를 택했다. 주어진 환경에서 최상의 상황을 도출하기 위해 노력하는 것 말이다. 어쨌든 우리는 계속 앞으로 나아갔다.

로페즈에서 사귄 친구 가운데 테리 오리어리Terry O'Leary도 있었는데, 그의 가족이 (3성급 호텔인) 아메리카노 비치 롯지를 인수한 까닭에 나와 비슷한 시기에 전학온 친구였다. "엄마를 돕기 위해 나도 일을 해야 해." 내가 테리에게 말하자, 친구는 자기 아버지와 얘기를 나눠보겠다고 약속했다. 다음 날 아침 테리는 호텔 벨보이 일자리가 하나 비었으니 내가 원하기만 하면 거기서 일할 수 있다고 알려주었다. 팁이 많이 나오는 자리인 데다가 교대 시에 공짜 식사까지 할 수 있다는 말을 듣자마자 나는 바로 '오케이'했다. 오션 시티의 일자리보다 나은 게 분명했다. 내가 타고난 벨보이라는 사실이 드러나는 데는 얼마 걸리지 않았다. "어디서 오셨어요? 캐나다요? 아, 엑스포 보러 오셨구나." 나는 이렇게 손님과 말을 섞으며 저녁은 어디서 먹는 게 좋고 시내에서 즐길 수 있는 유흥은 무엇 무엇이 있는지 등을 알려주었다. 내가 할 일은 그렇게 친절하고 재미나게 대화를 나누며 짐을 옮겨주는 것뿐이었다.

마침내 나는 그 일에서 벗어나 호텔 수영장에서 선탠로션을 판매하며 인명구조원으로 뛰는 새롭고도 더 나은 일자리로 옮겨갔다. 모든 호텔은 선탠로션 회사와 계약을 맺었는데, 대개 회사에서 호텔에 인명구조원과 수영장 유지보수를 제공하는 조건이 따라붙곤 했다. 나는 최고의 판매 실적을 올리며 계속해서 더 좋은 호텔로 승진했고, 결국 데이토나 힐튼까지 올라가는 데 그리 오랜 시간이 걸리지 않았다. 한 병에 5달러짜리 로션을 팔 때마다 내게 50퍼센트의 커미션이 떨어졌는데, 나는 실로 많은 수량을 팔았다.

우리는 '보다 안전한 태닝을 위한 6단계 제품'을 홍보했다. 선스크린 젤, 서브트로픽 로션, 트로피컬 오일, 프로 오일, 야간용 알로에 로션……. 여섯 번째는 기억나지 않지만, 그것도 많이 팔았던 게 확실하다. 선탠 제품의 주된 고객은 여성 손님이었다. 수영장 옆에 짚으로 지붕을 씌운 오두막이 있었는데, 오두막을 함께 쓰던 동료는 스코프 사진을 파는 아름다운 금발이었다.

부모님이 헤어지고 친구들과 멀어지는 비극적인 이야기는 결국 해변 리조트 호텔의 수영장에서 끝내주는 선탠을 하고 새롭고 흥미로운 사람들을 만나고 종일토록 여자들과 수다를 떨면서 돈도 많이 버는 내용으로 끝났다. 당시 나는 어디에서도 이보다 나은 직업은 찾을 수 없을 것으로 생각했다. 더욱이 미처 깨닫지 못하는 사이에 미래의 사업과 정치 경력을 위한 준비까지 하고 있었다.

1974년 7월, 나는 고등학교를 막 졸업했고 아버지는 메릴랜드 주지사 선거에 출마하기 위한 작업에 속도를 올리고 있었다. 아버지는 비교적 안전한 의원직을 포기하고 민주당 소속 현역 주지사인 마빈

멘델Marvin Mandel에게 도전하기로 결정했다(멘델 주지사는 얼마 후 부패 스캔들에 휘말려 결국 감옥에 가게 된다). 하지만 그해 여름 워싱턴 정가를 뒤흔든 것은 아버지의 주지사 도전이 아니라 하원 법사위원회 위원으로서 그가 취한 행보였다.

워터게이트 스캔들이 한창 여론을 달구던 시기였고, 하원 법사위원회로 공이 넘어온 시점이었다. 닉슨 대통령은 1972년 6월 자신의 재선을 획책하는 비밀 공작팀이 워싱턴의 워터게이트 빌딩에 있는 민주당 전국위원회 본부에 침입하여 도청 장치를 설치하려다 발각되어 체포된 사건과 그에 대한 은폐 및 무마 공작에 연루된 혐의를 받고 있었다. 닉슨 대통령은 탄핵되어야 마땅한가. 아버지와 위원회의 여타 위원들은 닉슨의 탄핵 여부에 대한 투표를 앞두고 있었다. 아버지는 닉슨의 강력한 지지자였으며 특히 그의 외교 정책을 높이 샀다. 대통령이 중국과 관계를 튼 방식에 대해 입에 침이 마르도록 감탄한 아버지였다. 두 사람은 1968년 대선 및 총선에서 함께 선출되었다. 닉슨은 아버지와 함께 선거운동을 벌였으며, 닉슨의 딸 트리샤Tricia는 우리의 선거운동을 돕기도 했다. 아버지가 처음으로 의회에 진출했을 때, 나는 아버지와 함께 백악관에 가서 닉슨 대통령을 만났다. 또한 메릴랜드 주지사 출신으로 닉슨 정부의 부통령 자리에 오른 스피로 애그뉴Spiro Agnew도 만났다. 애그뉴 부통령은 메릴랜드 주지사 시절에 저지른 것으로 혐의가 제기된 부패 스캔들로 1973년 부통령직에서 사임했다.

탄핵 투표가 가까워지면서 아버지는 최대한 진지하게 위원회의 역할에 임했다. 그는 모든 사실을 철저히 검토하고 그 결과에 따라야 한다고 믿었다. 그는 동료 공화당 의원 일부가 반사적으로 닉슨을 옹호하고 민주당 의원 일부는 앞뒤 가리지 않고 닉슨을 파멸시키려 달려드는 행태에 개탄했다. 아버지는 어느 극단으로도 쏠리지 않았다. 단순히 사건의 실체에 다가서길 원했다.

아버지는 사실을 더 많이 알게 되면서 더욱 마음이 불편해진 것 같았다. "아빠, 어떻게 생각하세요?" 한번은 아버지를 만난 자리에서 물었다. "대통령이 유죄라고 생각하세요? 어떻게 하실 생각이세요?"

아버지는 배심원의 입장이 된 것 같았다. 너무 은밀한 얘기는 나에게조차 밝히고 싶지 않았는지 이렇게만 말했다. "대통령이 주변 사람들의 보필을 제대로 받지 못했어. 실수가 많았다. 대통령이 얼마나 관여했는지 파악하는 중이야. 너무나 중요한 결정이라 정말 막중한 책임감을 느낀다."

아버지는 잠시 말을 멈춘 후 다시 진지하게 덧붙였다. "어쨌든 우리는 진상을 규명할 거다. 나는 조사가 공정하게 이뤄지도록 최선을 다하고 있고."

아버지는 곤자가 고교와 조지타운 대학, 그리고 조지타운 로스쿨을 거치며 예수회 교육을 받았으며, FBI 요원 출신으로 법과 증거의 힘을 믿는 사람이었다. 사생활에서 다소 부족한 면모를 드러내긴 했지만, 옳고 그름의 차이를 강하게 인식했다. 그는 충직한 공화당원이자 충성스러운 닉슨 지지자였다. 그러나 그는 사실을 보았다. 믿고 싶지 않은 사실들이었다. 그는 대통령을 옹호하기를 열망했다. 그러나 증거는 계속 쏟아졌고, 상황은 더욱 악화되었다. 그런 상황이 아버지를 괴롭혔다. 무시하는 것이 불가능한 상황이었다.

대부분의 열여덟 살은 정치에 전혀 신경 쓰지 않지만, 나는 그 모든 것에 관심이 쏠렸다. 벌써 8년에 걸쳐 아버지의 선거운동에 참여한 바 있었으며 기회가 생길 때마다 아버지의 의회 사무실에서 시간을 보냈다. 하원 체육관에서 (프로 미식축구 선수 출신의) 잭 켐프Jack Kemp 의원과 농구를 하기도 했다. 만화책 대신에 의회 회의록을 탐독했다고 할 수는 없지만, 대부분의 십대들보다는 훨씬 더 많이 정치를 의식하며 생활한 것은 분명하다. 당연히 워터게이트 사건도 예의주시하고 있었다.

아버지에게 무엇을 어떻게 말해야 할지 몰랐다. 그저 이렇게 말했다. "아빠, 직감을 믿고 옳다고 생각하는 일을 하세요."

"내 경력이 끝장난다고 해도?" 아버지가 내게 물었다.

"아빠가 경력을 망치는 걸 보고 싶진 않아요. 하지만 나라를 위해 옳은 일을 해야 하지 않나요?"

그 시점의 여론 조사에서는 아버지가 멘델 주지사와의 경쟁에서 상당한 우위를 점하고 있었다. 먼저 당내 경선을 통과해야 했지만, 그것은 식은 죽 먹기나 다름없었다. 아버지와 경선을 벌일 공화당 후보는 주 상원의원 출신의 괴짜로 통하던 여성 당무위원 루이즈 고어Louise Gore뿐이었다. 그녀가 인기 높은 의원을 상대로 기회를 잡을 가능성은 전혀 없었다.

1974년 7월 27일, 하원 법사위원회의 투표일, 아버지는 향후 미국의 역사 연대기를 통해 반향을 일으키고 자신의 경력과 리처드 닉슨의 경력을 박살내는 결과를 낳는 연설을 했다. 아버지는 내게 분명히 밝혔듯이 자신이 하고 있는 일의 심각성을 이해했다. 그리고 어쨌든 그것을 해낼 용기가 있었다. 그날 법사위원회에서 한 그의 발언은 매우 강력하고 웅변적이며 대담하고 진심 어린 토로였으며, 훗날 다큐멘터리 영화와 TV 회고전, 미국 역사서 등에서 수없이 재현된다.

아버지의 법사위원회 연설은 광범위하고 일반적인 원칙으로 시작되었다. "당에 대한 충성심과 개인적인 애정 그리고 과거의 전례는 인간 행동의 결정권자인 법 자체보다 우선할 수 없습니다. 그 어떤 사람도, 설령 미국의 대통령일지라도 법 위에 설 수는 없습니다. 우리의 정의 체계와 정부 체계가 살아남으려면 우리는 인간의 일반적인 약점이 아니라 법의 힘에 최고의 충성을 맹세해야 합니다."

위원회실은 완전한 침묵에 빠져들었다. 위원회의 여타 공화당 의원들은 그런 수준의 독자적인 발언을 한 적이 없었다. 소속 당에서도 이미 아버지가 독자 행보를 밟는 것으로 의심하고 있었다. 그런 다음 아버지는 그동안 알게 된 바에 대한 자신의 반응을 설명했다. 말의 속도가 빨라지고 간간이 끊기기 시작한 게 그때부터였다.

"본 의원이 경악한 부분은 대통령께서 그 모든 아이디어를 접했을 때 정당한 분노로 분연히 일어나시어 '당장 여기서 나가게! 어떻게 감히 미합중국 대통령 집무실에서 협박과 뇌물과 목격자를 침묵시키는 것에 대해 말하고 있는가? 미국의 대통령 앞에서 말이야!'라고 말씀하시지 않았다는 사실입니다. 대통령께서는 그들을 집무실에서 내쫓고 법무부 장관에게 전화를 걸어 '법 집행을 방해하는 자가 있소이다. 누군가가 증인의 침묵을 돈으로 사려고 하고 있단 말이오'라고 말씀하셔야 했습니다. 그러나 우리의 대통령께서는 그렇게 하지 않으셨습니다. 대통령께서는 오히려 이 일이 세상에 알려지지 않도록 덮으려고 노력하셨습니다. 대통령께서는 이미 알고 있었기 때문에 아실 필요가 없었으며, 지속적으로 증거를 숨기고 법무를 방해하려고 노력하셨습니다. 이렇게 말하는 것이 고통스럽지만, 그는 탄핵으로 공직에서 해임되어야 마땅합니다."

아버지의 연설은 모두 전국 방송 텔레비전으로 생중계되었으며, 〈데이토나비치뉴스저널Daytona Beach News-Journal〉을 포함한 전국 각지의 일간지 1면을 장식했다. 내 친구 모두가 그것에 대해 들었다. 그들 중 일부는 이미 내 아버지가 하원의원이고 부모님이 이혼했다는 것을 알고 있었지만, 그들 대부분이 내 상황에 정말로 관심을 기울인 것은 이번이 처음이었다. 아버지는 그날 그 발언으로 닉슨의 탄핵을 촉구한 첫 번째 공화당 하원의원으로 입지를 굳혔다. 마침내 표결 결과가 밝혀졌을 때, 아버지는 탄핵 소추안 세 가지 모두에 찬성표를 던진 유일한 공화당 의원이었다.

대부분의 정치인들은 아버지와 같은 용기를 낼 수 없었을 것이다. 나는 그런 정치인의 아들이라는 사실이 자랑스러웠다.

그의 용감한 태도를 미국의 일부 지역에서는 영웅적인 행위로 받아들였다. 그리고 훗날의 역사는 확실히 그를 올바르게 평가했다. 그러나 당시 공화당 내부의 반응은 아버지가 예상했던 그대로 빠르고 격렬했다. 아버지는 1만 5,000통이 넘는 증오 편지를 받았는데, 일부는 그를 '유다' 호건, '베네딕트 아널드Benedict Arnold' 호건이라 칭했다. 편지의 문구에는 '뱀'이나 '변절자' 같은 단어가 들어가 있었다. 공화당 공직자는 공화당 대통령을 상대로 그렇게 나올 권리가 없다는 것이 그들의 논지였다. 아버지의 집에는 대변 소포들도 배달되었다. 백악관, 그의 동료 공화당 정치인들, 미 전역의 당협위원장들, 그리고 닉슨의 충실한 당원들 사이에서 분노의 울부짖음이 터져 나왔다. 닉슨을 비판하는 사람들은 아버지의 용기에 감탄했지만, 아버지의 공화당 지지 기반은 거의 즉각적으로 무너졌다. 법사위원회의 표결이 있고 고작 11일 후인 8월 8일, 그러니까 하원 전체의 탄핵 투표가 이뤄지기 전에 닉슨은 사임했지만, 진정하는 사람은 아무도 없었다.

한 달 후, 주지사 후보를 뽑는 공화당 예비 선거는 아주 낮은 투표율을 기록했다. 주 전체에서 10만 명을 약간 웃도는 당원만이 투표에 참여한 것이다. 대부분의 사람들은 아버지가 후보로 지명될 것이라 내다봤다. 그러나 투표소에 모습을 드러낸 소수의 당원들은 불같이 화가 난 상태였고, 그렇지 않은 당원들보다 수적으로 우세한 것으로 밝혀졌다. 친닉슨계인 루이즈 고어가 아버지를 54퍼센트 대 46퍼센트로 누르고 후보 지위를 가져갔다. 고어는 11월 주지사 선거에서 그녀의 출마를 독려한 친애하는 친구였던 멘델 주지사에게 무참히 패배했다.

3장
배움을 준 경험

나는 사립대학에 다닐 여유가 없었다. 사실 어떤 대학에든 진학할 형편이 아니었다. 하지만 다행히도 당시 플로리다에서는 주 거주민들이 등록금 없이 주립대학에 다닐 수 있었다. 플로리다 거주자는 등록금이 무료라는 소리는 내게는 정말 하늘의 은총과도 같은 희소식이 아닐 수 없었다. 플로리다 주립대학교는 행정학 및 정치학 프로그램이 우수하기로 정평이 나 있었다. 캠퍼스는 주도인 탤러해시에 소재했다. 그들은 나를 기꺼이 받아들였고, 그 판단은 틀리지 않았다. 나의 대학 선택은 그렇게 간단했다.

플로리다 주립대는 진정 맘에 들었다. 나는 다른 두 친구와 공유하는 캠퍼스 밖의 아파트를 얻었고, 플로리다주 하원의 소수당 당수이자 팜비치의 공화당원인 톰 루이스Tom Lewis의 사무실에서 인턴 과정도 밟게 되었다. 심부름하고 복사기를 관리하는 일이 포함되었지만, 주 정부 내부가 돌아가는 방식도 조금 배울 수 있었다. 정치학 교재에서 읽던 내용이 아닌, 현실 정치 세계의 실제 작동 방식이었다. 그렇게 주 하원에서 얼쩡거리면서 아버지에게서 배운 한 가지 사실을 확인했다. 정부의 상당 부분은 정당이나 정치색과 무관한 개인적인 관계를 기반으로 구축된다는 사실이었다. 플로리다의 주 의원들은 나의 아버지 및 그의 연방의회 친구들과 마찬가지로 서로 다른 유권자들과 서로 다른 견해, 그리고 종종 고위직에 대한 상충하는 야망을 보유했다. 그러나 그들은 또한 어떤 유권자를 대표하고 어떤 정당에 소속되었는지와 상관없이 많은 공통점도 나누었다. 서로를 잘 다루는 것이 그들이 무엇이든 성취할 수 있는 유일한 방법이었다. 나는 탤러해시에서 그런 측면을 깊이 체험했고, 완벽하게 말이 된다고 느꼈다. 학교에서 배우는 것보다 더 재밌었다.

대학 3학년이 시작되기 전인 1976년, 나는 대리 대의원으로 뽑혀 캔자스 시티에서 열린 공화당 전당대회에 참가했다. 전 캘리포니아 주지사 로널드 레이건Ronald Reagan이 제럴드 포드Gerald Ford 대통령에게 도전한 전당대회였다. 당시 아버지는 포드를 지지하는 메릴랜드 조직을 이끌고 있었다. 두 분은 의회에서 함께 봉직을 수행한 바 있었다. 그리고 물론 아버지는 포드를 대통령으로 만드는 데 일익을 담당했었다.

메릴랜드 대리 대의원 배지를 목에 걸고 켐퍼아레나 대회장에 들어선 나는 잠시 후 레이건의 연설에 완전히 매료되었다. 특히 그가

'지지할 대의명분을 찾고 있는 수백만의 민주당원과 무당파 유권자들에게' 손을 내미는 방식이 가슴에 와 닿았다. 그는 자신이 속한 당의 분열을 악화시키지 않고 치유하려고 노력했다. "우리는 여기서 함께 힘을 모아 결연한 자세로 앞으로 나아가야 합니다. 몇 년 전 어느 위대한 장군이 이렇게 말했습니다. '대통령님, 승리를 대체할 수 있는 것은 없습니다.' 실로 진리가 아닐 수 없습니다." 레이건은 진정 위대한 소통자였고, 그날 밤 나는 레이건을 지지하기로 마음을 굳혔다.

나는 레이건 모자를 쓰고 손에는 레이건 알림판을 들고 전당대회장을 돌았다. 그 모습을 지켜보는 아버지의 표정은 그다지 밝지 않았다. 포드는 근소한 차이로 후보 지명을 따냈지만, 불행히도 11월 대선에서 지미 카터Jimmy Carter에게 패배했다. 하지만 난 그때조차도 레이건이 앞으로 공화당과 미국이 필요로 할 긍정적인 리더라는 사실을 믿어 의심치 않았다.

대학 졸업반 시절, 예기치 않은 비극이 플로리다를 충격과 슬픔에 빠뜨렸다. 콜로라도주에서 살인 혐의로 재판을 받던 연쇄 살인마 테드 번디Ted Bundy가 두 번째의 대담한 탈출에 성공한 후 플로리다 주립대 캠퍼스에 나타나 다시 젊은 여성들에게 잔인한 공격을 가하기 시작했다. 1월 15일 오전 2시 35분경, 그는 치오메가 여학생 클럽에 잠입해 마거릿 보먼Margaret Bowman과 리사 레비Lisa Levy를 성폭행하고 잔인하게 살해했다. 놈은 거기서 그치지 않고 클럽의 다른 여학생 두 명을 폭행한 다음 여덟 블록 떨어진 곳의 1층 아파트에 침입해 또 다른 플로리다 주립대 학생을 공격했다.

놈이 한 달 후 펜사콜라에서 체포될 때까지 플로리다 주립대의 여학생들은 극심한 공포에 시달리지 않을 수 없었다. 솔직히 캠퍼스의 여학생들만이 아니었다. 탤러해시의 모든 사람들이 걱정과 두려움에 휩싸였다. 인터넷과 소셜미디어가 나오기 훨씬 이전이었지만, 갖가지 소문이 급속히 도처에 퍼졌다. 그 모든 소문에서 번디는 우리 모두가 잘 알고 있는 일부 장소에서 목격된 것으로 추정되었다. 형사들이 단서를 찾기 위해 캠퍼스를 샅샅이 뒤졌다. 완벽하게 이해되는 기회를 알기 전까지 나는 무엇을 어떻게 도와야 할지 몰랐다. 다른 상급생들과 함께 야간에 여학생을 에스코트하는 자원봉사 일이 바로 그 기회였다. 장난이 아니었다. 칠흑같이 어두운 캠퍼스를 걸어가면서 우리는 모두 그 살인마가 어디에든 숨어있을 수 있다는 사실을 체감하지 않을 수 없었다. 번디가 잡히자 모두 안도의 한숨을 내쉬었다.

대학 생활을 마친 후, 나는 주말과 여름에 데이토나로 돌아와 해변의 호텔들에서 인명구조 교대 근무를 재개했다. 그리고 시간이 날 때마다 아버지와 고등학교 친구들을 만나기 위해 메릴랜드로 차를 몰았다. 그들은 항상 "언제 돌아올 것이냐?"라고 물었다. 필경 언젠가는 메릴랜드로 돌아가게 될 것은 알았지만, 서두를 이유는 없었다. 모든 것을 고려하건대, 나는 플로리다에서 좋은 교육을 받았고, 학자금 대출 한 푼 받지 않고 1978년에 무사히 대학을 졸업했다. 정부와 정치에 대해 많은 것을 배웠고 평생 응원하게 될 세미놀즈Seminoles(플로리다 주립대 미식축구팀)도 생겼다. 멋진 친구들을 새로 사귀었고, 즐거운 한때도 보냈다. 플로리다의 고교 생활에 좋아할 면이 많았던 것처럼, 대학 생활 역시 많은 면에서 좋은 경험으로 남았다.

행정학 학사학위를 손에 쥔 나는 정치 경력을 되살리려는 아버지를 돕기 위해 북쪽으로 향했다. 어떤 사람들은 아버지가 의회의 예전 의석을 되찾거나 다시 주지사 자리에 도전해야 한다고 강권했다. 닉슨에 대한 아버지의 논란성 입장은 어느 정도 정당성이 입증되었고, 워터게이트의 낙진 역시 가라앉고 있었다. 하지만 아버지는 고향에 좀 더 가까이 머무르며 프린스조지 카운티의 수장인 윈 켈리Win Kelly에게 도전하기로 결정했다. 당시 프린스조지 카운티는 뛰어난 토지 이용 변호사이자 워싱턴 캐피털스 하키팀의 사장인 피터 오말리Peter O'Malley가 공들여 구축한 오말리 민주당 파벌의 통제하에 놓여 있었다. 오말리의 수하에 미래의 메릴랜드 주지사 패리스 글렌데닝Parris Glendening과 미래의 주 상원의장 마이크 밀러Mike Miller, 미래의 연방하원 다수당 당수 스테니 호이어Steny Hoyer 등이 포진해 있을 정도였다.

나는 주거지의 임대료를 벌기 위해 캘리포니아에 지역구를 둔 존 루슬랏John Rousselot 하원의원의 보좌관으로 들어갔다. "우리 가족은 모두 일을 하는데, 나는 네가 선탠로션을 파는 인명구조원을 평생 직업으로 삼을 수는 없다고 생각한다." 아버지는 기회가 날 때마다 내게 상기시켰다. 선탠로션을 판매하는 인명구조원은 나름의 장점이 많다는 것이 당시 나의 개인적인 생각이긴 했지만, 아버지의 말씀이 옳다는 사실 또한 인정하지 않을 수 없었다.

하급 보좌관직은 맘에 들지는 않았지만, 워싱턴의 상당 부분을 움직이는 대담하고 적극적인 직원들과 얼굴 없는 관료들의 모습을 가까이서 지켜볼 수 있었다. 그리고 첫 번째 부인인 캐롤Carol이 나와 같은 사무실에서 일하던 인연으로 (나중에 상원의원이 되는) 존 매케인John McCain

과도 친분을 쌓게 되었다. 캐롤은 정말 친절한 여인이었다.

저녁과 주말 시간을 이용해서는 내가 열정을 느끼는 일, 즉 무보수로 아버지의 선거운동을 돕는 일을 했다. 켈리의 현직 이점과 오말리의 확고한 민주당 조직에도 불구하고, 아버지는 그해에 프린스조지 카운티를 뜨겁게 달구고 있던 재산세에 대한 반발을 기화로 삼아 카운티장 선거에서 60퍼센트의 득표율을 기록하며 비교적 손쉬운 승리를 거두었다. 프린스조지 카운티의 유권자들이 TRIM이라는 재산세 상한제의 손을 들어준 같은 날, 캘리포니아 유권자들은 반反조세 주민투표 발의안 13호를 통과시켜 전국을 충격에 빠뜨렸다.

승리가 확정된 후 나는 아버지에게 말했다. "저도 카운티 정부에서 일해야 합니다."

"너를 여기에 취직시킬 순 없단다." 아버지가 말했다. "친족 등용이니 정실 인사니 하며 비난이 쏟아질 거야."

"무보수로 일하면 되죠." 내가 제안했다.

"그것도 말이 안 돼."

선거운동 캠프의 주역 몇몇이 아버지에게 나를 곁에 둘 필요가 있다고 설득했다. 아버지는 결국 한 가지 조건을 내걸며 나를 채용하는 데 동의했다. 카운티 정부의 모든 직원 가운데 가장 낮은 급여를 책정한다는 것이 그 조건이었다. 그렇게 내 초임 연봉은 내 비서가 받는 수준의 절반인 약 1만 4,000달러로 정해졌다. 카운티의 정부조직 간 연락 담당자로서 나는 모든 지자체 정부를 상대하고 정치적인 약속을 조율하고 카운티 의회와 협상하고, 키와니스 클럽의 오찬 행사나 소방관 연회에 아버지를 대신해 자리를 채우고, 때로는 아버지를 대신해 미디어를 상대하는 등의 일도 했다. 대학을 갓 졸업한 사회초년생이었지만 동시에 그렇게 여러 가지 일을 하다 보니 벌써부터 언젠가는 나도 공직에 출마해야 되겠다는 생각이 들었다.

나는 지역 및 국가의 공무에 계속 관여했고, 공화당 중앙위원회 위원으로 선출되면서 더욱 활발하게 주 공화당 활동에 참여했다. 또한 공화당 청년회 회장으로 뽑혔고, 레이건 지지 청년당원 모임의 의장으로도 지명되었다. 나는 그 모든 책무를 주저 없이 받아들였다. 그리고 대의원 자격까지 얻어 1980년 디트로이트에서 열린 공화당 전당대회에 참석했다. 그곳에서 레이건은 공화당 대선 후보로 선출되었다. 공화당 청년회 회장으로서 나는 일단의 들뜬 20대 무리를 디트로이트에 대동했다.

레이건은 4년 전보다 훨씬 더 강렬한 매력으로 청중을 휘어잡았다. 나는 그가 말하는 모든 것이 맘에 들었다. 그는 소련을 제압하고 동맹을 강화하고 힘을 통해 평화를 이루고 경제를 회생시키고 세금을 낮추고 일자리를 죽이는 규제를 철폐하고 과대해진 연방 관료제를 축소해야 하며 테러리스트와는 절대로 협상하지 말아야 한다고 강조했다. 레이건의 접근방식은 카터 대통령 집권기를 점철한 경기 침체와 불안감, 세금 인상, 실업률, 유류 공급난 등의 대안으로 보이기에 충분했다. 나는 특히 레이건의 낙관주의와 유창한 웅변술, 그리고 새로운 사람들을 대의에 끌어들이고 포용하는 '빅텐트big-tent' 공화당에 대한 비전에 매료되었다. 그는 그렇게 날마다 수백만의 '레이건 민주당원'을 포함한 '전향자'들을 포섭하여 마침내 지미 카터를 조지아로 돌려보내고 곧 '레이건 혁명'으로 알려지게 되는 정치 혁명을 주도했다. 나는 그 싸움에 보병으로 참여한 것이 자랑스러웠다.

레이건의 연설 방식과 긍정적인 세계관, 사람들에 대한 배려, 통로를 가로질러 기꺼이 손을 내미는 자세 등을 보고 접하면서 나는 내가 어떤 공화당원이 되어야 하는지 결정했다. 그의 접근방식은 실로 나를 감화시켰고, 훗날 나의 정치적 신념의 기초가 되었다.

4년 임기가 끝나갈 무렵, 아버지는 비교적 손쉬운 카운티장 재선에 나서지 않기로 결정했다. 아버지는 내 조언을 무시하고 연방 상원의원인 폴 사베인스Paul Sarbanes에게 도전장을 던졌다. 두 사람은 워터게이트 스캔들 시절에 함께 하원 법사위원회에 몸담은 바 있었다. 아버지는 상원의원 선거에서 처참히 패배했다. "네가 옳았다. 네 말을 들었어야 했는데……." 수년 후 아버지는 이렇게 토로했다. 아버지에게서 보기 드물었던 인정이었다.

아버지는 이후 대학에서 강의하고 변호사로 뛰면서 실제로 출판에까지 이르는 책을 썼다. 그의 저작에는 소설과 시집, (911 이전의) 오사마 빈 라덴에 관한 반테러 핸드북, 1920년대 초의 오세이지족 인디언 살인 사건에 대한 흥미로운 조사서 등이 포함되었다. 아버지는 또한 '소방 업무의 법적 측면Legal Aspects of the Fire Service'이라는 제목의 두꺼운 교재도 집필했는데, 이 책은 전국 소방학교의 필독서가 되었다. "베스트셀러가 된 게 그 책이라니, 믿기지 않는다." 아버지는 고개를 저으며 말했다. "내가 쓴 것 중에서 가장 지루한 책인데!"

아버지가 선출직 공무원 생활을 완전히 접었을 때, 나는 부동산 업계에 투신했다. 아버지의 그림자에서 벗어나는 무언가를 하고 싶었다. 항상 내 이름에 따라붙는 것처럼 보였던 '주니어'를 뛰어넘어 성장할 수 있도록 도울 무언가 말이다. 3년 동안 케니스마이클Kenneth H. Michael이라는 대형 상업용 부동산 중개회사에서 부동산 사업을 배운 후 래리호건앤어소시에이츠Larry Hogan & Associates라는 이름으로 내 회사를 시작했다. 때는 1985년, 막 스물아홉 살이 된 시점이었다. 우리는 풀 서비스 토지 회사로서 농민이나 여타의 토지 소유자를 개발업자와 연결하고 다음에 해야 할 일을 안내함으로써 재산의 가치를 높이도록 도왔다. 우리는 다수의 구획을 한데 묶어 용도 및 환경 관련 승인을 얻어냈다. 한마디로 토지개발의 전 과정이 원활하게 이뤄지도록 조율하고 돕는 중개회사였다. 다행히도 나는 정부당국과 일하는 방법을 제대로 알고 있었다. 의심스러운 농장주, 눈이 예리한 개발업자, 바쁜 주택 건설업자, 지방자치단체의 관료, 전문 변호사 및 은행가 등이 모두 관여해야 성사되는 일이었는데, 때로는 내가 그들 모두와 대화를 나누는 유일한 사람이 되기도 했다.

　내가 사업을 시작한 곳은 내 타운하우스 지하에 차린 사무실이었고, 직원은 아버지의 상원의원 선거운동 캠프에서 함께 일하며 친구가 된 바버라 리치먼Barbara Richman, 그것도 파트타임으로 일하는 그 친구뿐이었다. 사업은 거기서부터 성장했다. 거래를 트고 추천을 받고 주고받는 명함을 늘려나갔다. 첫 번째 큰 프로젝트는 프린스조지 카운티 남부의 말턴Marlton이라는 휴면 상태의 6,000가구 주택단지를 부활시키는 것이었다. 1980년대 말에 접어들며 우리는 카운티에서 가장 큰 토지 및 상업용 부동산 회사로 성장했으며, 얼마 후에는 주에서 가장 큰 토지 중개회사로 입지를 다졌다. 시간이 지나면서 우리는 그러한 프로젝트 중 일부에 투자하기 시작했고, 개발업자와 투자자들을 연결해주기도 했다. 직원도 거의 50명으로 늘어났다.

돈벌이도 좋았지만, 정말 신이 났던 것은 사람들을 하나로 모아 일을 성사시키는 부분이었다. 거래가 성사되지 않으면 우리는 돈을 받지 못했다. 그것은 정치에 대한 나의 기본적인 생각과 크게 다르지 않았다. 반대편에 서 있는 사람들을 모두가 윈윈이라고 느끼는 합의에 도달하도록 돕는 게 핵심이었기 때문이다. 나는 그런 일을 좋아했고 또 잘했다. 사실 나는 정치를 부수적 관심사 이상의 무엇으로 여겨왔는데, 아버지는 나의 그런 면을 달가워했다. "평생을 바칠 다른 일을 찾아봐라." 아버지가 늘상 내게 하던 말이었다. 하지만 나는 부동산에서 나름의 틈새시장을 찾은 것으로 느꼈고, 그래서 꼬박 10년을 그 사업에 헌신했다. 그러나 나의 혈관 속을 흐르는 정치를 완전히 걷어내지는 못했다.

그 당시 나 역시 다른 많은 사람들, 특히 사업을 하는 사람들과 마찬가지로 메릴랜드의 높은 세금과 불필요하게 일을 어렵게 만드는 아나폴리스와 워싱턴의 그 모든 규정과 규제에 불만이 쌓이고 있었다. 1990년대 초에 들어서며 전국적으로 경기 침체가 심화하고 주택단지 개발사업도 시들해졌기에 그 문제가 더욱 크게 느껴졌다.

우리 지역구의 하원의원인 스테니 호이어는 프린스조지 카운티 민주당 파벌의 중추적 인물이었다. 그는 1966년에 처음으로 선출직에 진출해 메릴랜드 역사상 최연소 주 상원의장이 되었다. 1992년 총선 시즌까지 이어진 10년 동안 호이어 의원은 연방 하원의 지도부에 발을 들여놓고 입지를 다지느라 바빴다. 그사이에 그는 다수당의 원내 부대표를 거쳐 민주당 운영위원회 공동의장 지위까지 꿰찼으며(두 자리 모두 어느 정도 무게감을 갖는 원내 요직이다), 1992년 초에는 특유의 적극성과 야심을 발휘하여 민주당 코커스caucus(대통령 후보를 지명하는 전당대회에 보낼 각 주의 대의원을 뽑는 일종의 지구당 대회 - 옮긴이)의 전국위원장, 즉 당내 서열 4위 자리에 올랐다. 이미 재선 후보로 지명된 호이어는 의회에서 축적한 광범위한 권력을 큰 소리로 떠벌이며 자신이 메릴랜드 5선거구에 안겨준 많은 양의 연방 지원을 자랑스레 홍보했다.

나는 그 어느 것에도 기죽지 않았다.

한 번도 선출직에 뽑힌 적 없는 서른여섯 살의 풋내기였지만, 나는 그해 겨울 충만한 자신감으로 워싱턴에서 가장 강력한 인물 중 한 명과 맞서겠다고 발표했다.

4장
강력한 한 방

　스테니 호이어는 단지 한때 내 아버지가 차지했던 지역구의 현역 의원인 것만이 아니었다. 내가 보기에 그는 워싱턴에 쌓인 적폐의 모든 것을 대표하는 인물이기도 했다. 그것이 바로 내가 그를 상대로 싸우고자 한 이유였다. 다행히 내게는 전투에 활용할 수 있는 무기가 다량으로 갖추어져 있었다.

　랠프 네이더Ralph Nader가 이끄는 시민단체 퍼블릭시티즌Public Citizen은 호이어를 외유성 시찰의 일인자로 지목했다. 의회의 누구보다도 그가 호화로운 해외여행에 공금을 많이 낭비했다는 얘기였다. 그는 납세자의 돈으로 지원되는 해외여행을 무려 64차례나 다녀왔다. 그사이에 대중은 또한 양당의 의원들이 비밀리에 무이자 개인 대출로 도합 수백만 달러에 달하는 돈을 각자의 계좌에서 반복적으로 과도하게 인출했다는, 충격적으로 잘못 관리된 하원 은행의 중대한 스캔들에 대해 알게 되었다.

나는 선거운동에 쓸 돈이 많지 않았다. 호이어가 로비스트와 이익단체로부터 모을 수 있는 자금과 비교하면 턱없이 부족했다. 모자라는 돈으로 영리하고 도발적이며 체계적인 선거운동을 펼쳐야 할 필요가 있었다. 그리고 선거구에 여전히 3 대 1로 민주당원의 수가 많았기에 공화당 표만으로는 이길 수 없었다. 아버지가 예전에 그랬던 것처럼 민주당원의 표를 상당량 끌어와야 했다.

나는 미주리주 하원의원 딕 게파트Dick Gephardt와 몇몇 후보를 위해 뛴 바 있는 젊은 민주당원 론 건즈버거Ron Gunzburger를 선거사무장으로 영입했다. 론은 메시지 전달에 능했으며, 이른바 '언드미디어 earned media'라는, 사람들의 관심을 끌기 위해 고안된 재미있고 저렴한 입소문의 창출을 즐겼다. 우리는 일반적인 전단 카드와 함께 하원 은행 스캔들을 조롱하는 '고무 수표'를 배포하기 시작했다. '하우스 뱅크…… 의원이 명령하면 즉시 지급…… 1,080만 달러…… 무이자 대출 20,000건…… (서명) 하원의원 스테니 호이어 외 354명'. '자금 부족'이라는 도장이 찍힌 그 개그 수표는 각종 병뚜껑을 여는 데도 유용했다. 우리는 또 로빈 리치Robin Leach의 말투를 흉내 내는 성우를 내세워 '부자와 유명인의 생활방식'이라는 타이틀로 귀에 쏙쏙 박히는 라디오 광고를 진행했다. "제트족 의원의 다음 여행지는 어디일까요? 몬테카를로의 카지노? 아니면 세인트모리츠의 스키 리조트? 당신도 스테니 호이어 하원의원이라면 얼마든지 사치스러운 꿈을 펼칠 수 있습니다." 마지막에 붙인 면책 선언에도 약간의 비꼬기를 담았다. "본 광고의 비용은 하원의원에 출마한 래리 호건이 지불했고, 현역 의원의 여행 및 판촉 비용은 납세자가 지불했습니다." 가능한 한 많은 라디오 시간을 샀지만, 돈이 부족해 TV 광고는 단 한 차례도 내보내지 못했다.

호이어는 처음엔 나를 무시하는 전략을 취했다. 그가 내 공개 토론회 제안을 거부하자 나는 그를 실물 크기로 그려놓은 '두 스테니' 입간판을 들고 나가 이렇게 설명했다. "호이어 의원은 중산층이 착취당하고 있다고 말합니다. 하지만 호이어 의원이야말로 그러한 착취에 앞장선 인물입니다. 그는 의회에 입성한 이후 여섯 차례 발의된 세금 인상안 모두에 찬성표를 던졌습니다. 호이어 의원은 또 정부가 너무 많은 돈을 쓴다고 말합니다. 하지만 호이어 의원이야말로 의회에서 국민의 세금을 가장 많이 쓴 인물입니다."

호이어의 선거본부가 메시지에서 '재선'과 '의원'이라는 단어를 제거했을 때, 우리는 우리의 안티-현역 메시지가 주목받고 있다는 것을 알 수 있었다. 그들의 개정된 슬로건은 다소 격을 낮춘 '호이어를 의회로'였고, 그는 대중 앞에 설 때마다 "'만약에' 제가 11월에 당선된다면……"이라는 표현을 쓰기 시작했다.

"여러분이 의회의 행태에 여전히 만족하신다면!" 나는 사람들에게 계속 강조했다. "그렇다면 호이어 의원을 의회로 보내 계속 리더 역할을 하게 만드십시오." 이것은 위험성이 낮은 제안이었다. 당시 의회가 돌아가는 방식을 좋아하는 사람은 없었다. "하지만 만약 워싱턴의 행태에 진저리가 나신다면 적폐를 일소하기 위한 우리의 싸움에 동참하셔야 합니다."

상황이 다소 미쳐 돌아가기 시작한 것은 우리의 토론이 텔레비전으로 생중계되면서였다. 호이어는 다수의 말도 안 되는 사전 조건을 우리가 받아들여야 토론회에 응하겠다고 했다. 론은 그 모든 조건에 응하라고 했다. 그런 다음 일단 카메라가 돌아가면 그때부터 내가 하고 싶은 대로 하라는 것이었다. 나는 이것이 우리의 메시지를 전달할 수 있는 최선의 기회라는 것을 알았다. 나는 주저하지 않았다. 심지어 호이어의 모두발언을 자르고 들어가 그가 말한 내용의 사실관계를 바로잡기까지 했다.

"나는 당신의 모두발언을 방해하지 않았는데요, 래리." 호이어는 상대를 깔보는 듯한 평소의 거만한 어투로 나를 책망했다.

"맞아요." 내가 답했다. "하지만 나는 모두발언에서 거짓말을 하지 않았거든요. 의원님도 그랬더라면 이렇게 방해하는 일은 없었을 겁니다." 호이어와 나는 정면으로 맞서서 내부자 대 외부자 입장으로 서로 펀치와 카운터펀치를 주고받았다. 불쌍한 메릴랜드 공영 TV의 사회자가 30분의 토론회 동안 한두 개의 질문밖에 던지지 못할 정도였다. 우리는 치열한 공방전을 벌였고, 나는 내 메시지를 제대로 내보낸 것 같은 느낌이 들었다.

선거일 전 목요일, 호이어와 나는 앤어런델 커뮤니티 칼리지에서 열린 마지막 토론회에서 다시 만났다. 강당에는 거의 천 명의 청중이 들어찼고 우리의 대결은 지역 케이블 TV로 방송을 탔다. 나는 범죄와 세금 문제, 그리고 워싱턴의 고삐 풀린 소비문화를 들이대며 호이어를 두들겼다. 그러던 중 청중 중 한 명에게서 질문이 나왔다. "의원님, 세금으로 지원하는 외유성 시찰을 의회에서 가장 많이 다녀오셨다는 말이 사실입니까?"

"먼저 그 질문을 해주신 데 대해 감사의 말씀부터 드리고 싶습니다." 호이어는 이렇게 말하고 유럽의 헬싱키 안보협력위원회 위원장으로서 "자유의 횃불을 철의 장막 뒤에 드리우기 위해 나갔다 올 수밖에 없었던 것"이라고 설명했다.

"스테니." 내가 이름을 부르며 응수했다. "확인해보니까 지난번에는 파리와 런던, 스위스, 바베이도스, 바하마, 버뮤다를 다녀오셨더군요." 그가 최근에 다녀온 외국의 몇 곳을 나열한 후 덧붙였다. "거기가 철의 장막 뒤에 있는 곳인가요? 우리 대부분이 가족과 주말에 오션 시티에 다녀오기 위해 한푼 두푼 모으는 동안, 당신은 납세자의 돈으로 예순네 번이나 휴가를 다녀온 거예요. 당신의 항공 여행 거리를 계산해보니까, 여기서 달에 갔다 오고도 남는 거리를 여행했더군요. 우리 돈으로 말이에요."

그의 얼굴이 벌겋게 달아오는 걸 볼 수 있었다. 마치 '네가 감히 내게 어떻게 이딴 식으로 말해?'라고 말하는 것 같았다. 분명 워싱턴 로비스트들의 굽실거림에나 익숙해 있을 터였다.

몇 차례 질문과 답변이 더 오간 후, 마침내 KO 펀치가 터졌다.

"의원님." 한 여성이 질문했다. "요즘 하원 은행 스캔들에 대해 이런저런 얘기가 많이 나오고 있는데요. 하원 은행과 관련해서 의원님은 어떤 역할을 하신 건지 설명해주시겠습니까?"

"그 질문을 해주셔서 감사합니다." 그가 말했다. "상대 후보의 말을 들어 보면 마치 제가 하원 은행의 창구 직원과 같아서 동료들이 수백만 달러를 2만 2,000개의 불량 수표로 인출한 것에 대해 어떤 식으로든 책임이 있었다는 생각이 들 수도 있을 것입니다. 화가 나고 답답해서 분명히 말씀드립니다만, 본 의원은 은행원이 아닙니다."

"의원님." 내가 말했다. "마땅히 존경하는 마음으로 말씀드립니다. 우리 모두 의원님이 얼마나 중요한 인물인지 잘 알고 있습니다. 저는 누구에게도 의원님이 은행 창구 직원이라는 인상을 주려고 애쓰지 않았습니다. 하지만 민주당 코커스 전국위원장으로서 의원님은 잭 러스Jack Russ라는 행동대원을 고용한 데 대해서 책임을 지셔야 합니다. 하원 은행에서 일하는 사람들은 모두 의원님의 사무실을 통해 지지자들을 임용하는 식으로 고용되었습니다." 나는 하원 은행에 대한 규칙을 정하고 감독을 책임지는 하원 감독위원회에서 호이어 의원이 어떤 역할을 하는지 상세히 설명한 후 다음과 같이 마무리했다. "의원님은 은행의 창구 직원이 아니었습니다. 의원님은 은행 이사회의 의장에 가까웠고, 미국에서 이 스캔들 전체에 대해 의원님보다 더 직접적인 책임을 져야 하는 사람은 없습니다."

그때쯤 호이어의 이마에는 시퍼렇게 핏대가 섰다. 그는 내 쪽으로 몸을 기울이며 씩씩거렸다. "자넨 지독한 거짓말쟁이야, 호건."

선거 4일 전이었다. 호이어는 우리보다 여섯 배나 많은 돈을 선거 운동에 쏟아부었다. 큰 폭으로 앞서 나가고 있어야 마땅했다. 하지만 가장 최근의 여론 조사에서는 양측이 거의 동률인 것으로 나타났다. 그는 자신의 모든 경력이 눈앞에서 날아갈지도 모른다는 위기감을 느꼈을 터였다.

나는 미소를 지으며 그의 어깨에 손을 얹고 말했다. "스테니, 진정하세요. 그냥 선거일뿐이잖아요."

그러자 그는 의자에서 당장 몸을 일으키기라도 하려는 듯 들썩거리기 시작했다. 나는 그가 곧 내게 진짜 펀치를 날릴지도 모른다고 생각했다. 솔직히 말하면 그가 그렇게 하길 바랐다.

토론 종료 후 무대를 박차고 나가다 론을 만난 그는 이렇게 말했다. "나는 그 어디에서도 오늘 밤처럼 이렇게 무례한 대우를 받아본 적이 없는 사람이야."

"스테니, 선거전이잖아요." 론이 웃는 얼굴로 어깨를 으쓱이며 응수했다.

우리는 그린벨트 매리엇Greenbelt Marriott 호텔에서 선거일 밤을 보냈다. 선거구의 5개 카운티 중 4개 카운티(찰스, 캘버트, 세인트메리, 앤어런델)에서 개표집계 결과가 빠르게 나왔으며, 우리가 4개 카운티 모두에서 크게 이긴 것으로 드러났다. 우리는 전체적으로 견고한 두 자릿수 격차로 밤새 앞서나갔다. 하지만 민주당 파벌의 본거지인 프린스조지 카운티에서는 집계가 엄청나게 느리게 진행되고 있었다.

"추가로 몇 표를 보태야 자기네가 이길 수 있는지 계산을 뽑아보고 있나 봅니다." 밤이 깊어지자 론이 내게 쓸쓸한 표정으로 농담을 건넸다.

"급하면 무슨 짓이라도 할 인간들이죠." 내가 받았다.

호이어는 이렇게 힘겨운 도전자를 만나본 적이 없었다. 미디어는 우리 선거구에 별다른 기대를 걸지 않았다. 이미 결론이 나 있는 선거구로 간주하는 것 같았다. 그들은 거의 관심을 기울이지 않았다. 그러

스틸 스탠딩

나 오후 11시 무렵, 거의 20퍼센트포인트 차로 격차가 벌어졌다.

TV 뉴스의 업데이트에 '주목' 표시가 들어오기 시작했다. 호이어가 가족과 함께 어둡게 굳은 표정으로 앉아 있는 모습이 TV 화면을 채웠다. 그는 상대 후보 측의 '네거티브 캠페인'이 "유권자의 표심을 오도했다"며 투덜거렸다. 투표율은 매우 높았다. 1992년은 대선과 총선을 동시에 치르는 해였다. 빌 클린턴Bill Clinton이 현직 대통령 조지 부시George Bush를 물리치고 대통령에 당선된 그 대선이었다. 우리 선거구에서도 당연히 클린턴이 압도적으로 우세했다. 우리의 분석 담당인 주 상원의원 마티 매든Marty Madden과 주 하원의원 존 모건John Morgan이 여전히 스위트룸 한쪽 방에 앉아 론과 함께 수치를 살펴보고 있었다(마티와 존 둘 다 나의 좋은 친구였다). 우리의 승리 축하파티가 아래층 연회장에서 열광적으로 벌어지고 있었다. 우리는 프린스조지 카운티에서 격차가 좁혀질 것을 알고 있었지만, 이미 크게 벌어진 차이가 따라잡힐 리는 만무하다고 판단했다. 호이어는 공개적으로 패배를 인정하지 않고 있었고, 우리 역시 아직은 승리를 선언하지 않고 있었다.

호이어는 자신의 선거본부에서 아래층으로 내려와 아직 희망을 버리지 말자고 지지자들에게 말했다. "길고 긴 밤이 될 것입니다." 나는 지지자들이 모인 아래층으로 내려가 말했다. "여러분 모두의 놀랍도록 훌륭한 노고에 감사드립니다. 우리가 이번 총선에서 가장 큰 이변을 일으킬 가능성이 커졌습니다. 하지만 오늘 밤에 최종 결과를 보지는 못할 것 같습니다."

다음 날 아침 〈워싱턴포스트〉의 헤드라인은 우리의 경합이 너무 박빙이라 아직 판정이 나지 않았다는 내용이었다.

워싱턴에 인접한 카운티로서 소수 인종이 다수를 차지하는 프린스조지의 투표율은 역사상 최고치를 기록했다. 기저의 민주당 지지자들이 조지 H.W. 부시와 상대하는 빌 클린턴에게 투표하기 위해 엄청난 수로 몰려나온 것이다. 프린스조지 카운티의 최종 집계는 그들의 규모가 나머지 카운티 전체에서 우리가 거둔 성과를 뒤집어놓을 정도로 방대했음을 보여주었다. 우리의 초라한 선거운동은 결국 의회에서 가장 강력한 인물 중 한 명을 두 자릿수 격차로 따돌리는 승리의 코앞에까지 갔다가 좌초되었다. 최종 집계에서 호이어는 53퍼센트의 득표율로 승리를 거머쥐었다.

내가 무슨 말을 할 수 있었겠는가? 불과 12시간 만에 천당에서 지옥으로 떨어진 셈이었다. 우리는 어떤 이의 예상보다도 훨씬 잘 싸웠다. 우리는 금력의 혜택을 실질적으로 받지 못하는 상태에서 멋진 선거운동을 전개했다. 그렇게 민주당원 수가 압도적으로 많은 선거구가 아니었다면, 아니 그렇다 해도 그토록 치열하게 펼쳐진 대선과 함께 치러지지만 않았더라면, 우리는 분명히 이겼을 것이다. 우리는 워싱턴에서 가장 강력한 인물 중 한 명에게 가장 치열한 접전과 인생싸움을 맛보게 해주었다.

다행히도 내게는 돌아가서 종사할 직업이 있었다. 하지만 부동산산업에 대한 경제적 압력은 나날이 가중되고 있었다.

5장
바닥

스테니 호이어의 하원 은행은 미국에서 유일하게 문제가 있는 금융기관이 아니었다. 당시 전국적으로 저축 및 대출S&L 산업에 문제가 있었다. 일부 금융기관은 지나치게 리스크가 큰 대출을 남발하고 있었다. 그러나 그에 대한 대응으로 의회가 내놓은 금융기관 개혁 부흥 시행법Financial Institutions Reform, Recovery and Enforcement Act, FIRREA은 너무 엄격해서 주택 건설 및 부동산 개발 산업의 대출 대부분을 마비시키기 시작했다. 그 결과 전국에 걸쳐 1,000개 이상의 S&L 기관이 붕괴했다.

우리의 고객 상당수가 갑자기 대부금 상환 요구를 받으면서 그들의 사업체도 S&L 기관과 함께 무너지기 시작했다. 그리고 이것은 그들이 우리에게 빚진 수수료와 커미션을 지불할 수 없음을 의미했다.

그럼에도 우리는 여전히 버텨나가는 상황이었다.

우리 회사의 주거래 은행은 퍼스트아메리칸뱅크First American Bank 였다. 우리의 신용도는 완벽했다. 우리는 줘야 할 돈을 제때 지불하지 않은 적이 없었다. 우리의 현금 흐름은 언제나 탄탄했다. 그러나 퍼스트아메리칸이 나락으로 떨어지기 시작하자 우리 역시 끔찍한 압박에 시달리게 되었다. 새로운 소유자가 은행을 인수했고, 이어서 연방의 규제 기관들이 개입했다. 그들은 우리의 신용 한도를 낮추고 대부금 전액에 대한 상환을 요구했다. 많은 고객과 마찬가지로 우리도 갑자기 수중에 없는 현금 수백만 달러를 내놓아야 하는 입장이 되었다.

나는 당시 도널드 트럼프Donald Trump 및 다른 많은 부동산 개발업자들이 그랬던 것처럼 손을 씻고 빠져나오는 방법을 취할 수도 있었다. 우리는 대출 기관에 책임을 돌리고 그들이 감당하게 만들 수도 있었다. 하지만 그렇게 하지 않기로 결정했다. 나는 직원들에게 말했다. "우리는 이 대출금을 상환하고 고용을 유지하고 회사를 구할 방법을 찾아내야 합니다."

그때부터 우리는 미친 듯이 뛰어다녔다. 그러면서 청산할 수 있는 모든 자산을 정리했다. 그러나 부동산 시장은 계속 위축되었고 가치는 빠르게 내려앉았다. 의뢰인 중 일부는 문제의 첫 징후가 나타났을 때 파산을 신청하지 않았다고, 나보고 미친 게 아니냐며 안타까워했다. "90년대에 파산을 신청하지 않은 사람은 80년대에 진짜 별 볼 일 없었다는 의미예요." 그들 중 한 명이 내게 말했다. 그 대중적인 이론에 따르면, 부채 부담을 벗어던지는 것은 단지 또 하나의 현명한 사업적 조치였고, 약속을 지키기 위해 노력하는 나와 같은 사람은 바보

천치였다.

모든 당사자에게 갚아야 할 돈을 지불하기 위해 1년 이상 고군분투한 끝에, 나는 모든 사업상의 부채에 대해 개인적인 보증을 서는데 동의했다. 그렇게 하면 약간의 시간을 벌 수 있었기 때문이다. 나는 집과 여타의 개인 자산을 담보로 내놓고 채권자들에게 간청했다. "그냥 사업만 계속할 수 있게 해주십시오. 시간을 좀 주시면 현금을 마련할 수 있습니다."

그러나 결국 실패한 대출 기관을 인수한 새로운 사람들과 새로운 규정은 어떤 사업가도 논리적으로 비즈니스 결정을 내리는 것 자체를 불가능하게 만들었다. 그 결과 나는 모든 것을 잃었다. 수영장이 딸린 아름다운 저택을 잃었고, 멋진 휴가나 근사한 외식 등 성공한 사업가의 여유로운 생활 등도 누릴 수 없었다. 가구도 팔아야 했다. 옷과 개인 물품 몇 가지를 챙겼는데, 그게 전부였다. 가장 안타까웠던 것은 오랜 세월 가족처럼 지내온 직원들에게 작별을 고한 부분이었다. "미안해요. 저들이 이제 사업을 못 하게 하네요. 더 이상 여러분들에게 급여를 지불할 수가 없게 되어서……." 나는 파산을 신청했다.

나의 순자산은 수백만 달러에서 제로로 줄어들었다. 우울하고 가슴이 찢어지고 굴욕적인 경험이었으며 내 인생의 결정적인 순간이었다. 그렇게 열심히 일해서 구축한 모든 것이 이제 사라졌다. 나는 우리가 이룬 성취와 나에 대한 좋은 평판을 자랑스럽게 생각했었다. 나는 업계에 잘 알려져 있었으며, 우리의 고객은 물론이고 대출 기관, 업계의 다른 사람들, 심지어 경쟁자들과도 훌륭한 관계를 쌓았다. 얼마 전에는 의회의 지도자 중 한 명을 거의 KO로 몰고 가지 않았던가.

그런 내가 지금은 바닥을 치고 있었다. 다음 단계는 무엇이 기다리고 있는지도 알 수 없었다. 다시 일어설 수 있을까? 이제 호건이 폐업하고 파산했다는 사실을 모두가 알았다.

내 잘못이 아니라고 생각하기 위해 노력했다. 나를 포함해 미국 전역의 수천 사업가들을 멸망시킨 것은 정부가 초래한 시장 붕괴였다. 그것이 사실이었지만, 그에 대한 확인으로 기분이 나아지거나 구명줄이 생기지는 않았다.

그때까지 살면서 직면한 가장 힘든 도전이었다. 문자 그대로 속이 불편하고 배가 아팠다. 좋은 친구라고 생각했던 사람들이 사라졌다. 경험해본 적 없는 스트레스가 밀려왔다. 자존감은 갈갈이 찢겼다. 한 차례 이상 바닥에 웅크리고 앉아 울기까지 했다. 실패라는 것이 어떤 느낌인지 처절하게 체감했다. 누구에게도 권하고 싶지 않은 느낌이었다.

나를 정의하던 모든 것이 제거되고 나면 나는 과연 무엇인가? 그것을 알아내기 위해 약간의 자아 성찰의 시간까지 가져야 했다. 눈앞의 미래가 최근의 과거만큼 암담해 보였지만, 나는 스스로 자문했다. '이제 여기서 어디로 가야 하는가?' 지금 있는 곳에 머물고 싶지 않다는 것은 분명했다. 나는 내 인생의 가장 큰 실패가 나머지 인생을 정의하도록 놔두지 않기로 결심했다. '이 상황에서 벗어나 다시 올라가야 한다. 첫 번째 오르막보다 열 배는 더 힘들더라도 말이다.'

두 번째 오르막은 실로 열 배나 더 힘들었다.

나는 메릴랜드 중서부의 주거 도시인 보위에 집을 세내고 모든 면에서 처음부터 다시 시작되는 주거용 부동산 회사에 입사해 면허를 걸었다. 고객을 찾고 거래를 검색하는 한편, 다른 사람은 제공할 수 없는 나만의 서비스를 파악했다. 나는 여전히 전과 다름없는 두뇌와 추진력, 그리고 인성을 지닌 동일인이었다. 자신감의 급격한 하락을 겪긴 했지만, 그래도 나는 나였다.

얼마 후 약간의 돈을 모은 다음 다시 내 사업으로 돌아와 이전에 차렸던 회사의 2세대 버전인 호건그룹Hogan Group을 열었다.

나는 사업을 잘 알고 있었지만, 파산을 겪은 터라 신용 거래를 틀 수 없었다. 우리는 새로운 계약을 체결할 때마다 새로운 직원을 한 명 더 고용하는 방식으로 회사를 키워나갔다. 모든 사업을 모아놓은 현금으로만 처리해야 했다. 그야말로 지표면 아래에서부터 다시 올라가야 하는 처지였고, 결국 다시 오르는 데 성공했다.

나는 프린스조지 카운티를 벗어나 아나폴리스로 이사했다. 경매로 나온 타운하우스를 구입해 직접 수리한 다음 들어간 것이다. 사무실도 아나폴리스로 이전하고 직원 25명으로 사업을 확장했다.

거의 모든 사람이 우리가 겪은 쓰나미를 잊었다. 그러나 나는 결코 잊지 않았고, 앞으로도 잊지 않을 것이다. 그 모든 경험은 내게 큰 영향을 미쳤다. 나를 겸손하게 만들었고, 인생에서 무엇이 중요하고 어떤 것이 그렇지 않은지 알 수 있도록 도왔다. 나는 어떤 사람이 내 진정한 친구이고 어떤 사람이 잘나갈 때만 꼬이는지도 알게 되었다. 더불어 다른 사람들의 고군분투에도 더욱 공감하게 되었다.

무언가에 대해 듣는 것과 실제로 겪는 것은 전혀 다른 문제이다.

사업이 무너지고 파산한 후, 나는 직장을 잃은 사람이나 집이 압류된 가족에 대해 완전히 새로운 수준의 이해를 갖게 되었다. 그런 사람들을 접하면 단지 기분이 좋지 않은 데서 그치지 않았다. 그들의 처지에 대한 온전한 공감으로 마음이 아팠다.

나는 산꼭대기에 오르는 것이 얼마나 힘든지 알았고, 또 벼랑에서 떨어지는 것이 어떠한지도 알았다. 놀라울 정도로 높이 올랐다가 믿을 수 없을 정도로 낮게 떨어져 봤기에 그랬다. 내가 그런 도전과 시련의 시기에 더 많은 것을 배웠음은 의심의 여지가 없다.

그런 일을 겪는 것이 죽기보다 싫었지만, 결과적으로 내가 더 강하고 더 나은 사람이 되었다는 사실은 부인할 수 없다.

6장
새로운 가족

나는 확고부동한 독신주의자였다.

20대와 30대에 두어 차례 결혼까지 갈 뻔한 적이 있었지만, 매번 내 쪽에서 꽁무니를 뺐다. 부분적인 이유는 부모님의 이혼과 관련이 있었을 것이다. 나는 또 한 명의 여성에게 어머니가 경험한 삶을 결코 안겨주고 싶지 않았다. 또 일부는 내가 경력을 쌓고 사업을 구축하는 데 그토록 집중하고 있었다는 사실과 관련이 있었다. 하지만 솔직히 말해서 주된 이유는 내가 독신 생활을 진정으로 즐기고 있었다는 데에 있었다. 예나 지금이나 나는 사람들과 관계를 쌓고 교류하는 것을 실로 좋아하는 사람이다. 어쨌든 나는 제단에 서둘러 오르고 싶은 마음이 없었다. 확실히 그랬다.

열심히 일하며 수많은 친구와 교류했다. 여자들과 데이트도 많이 했다. 그러면서 정말 훌륭하고 흥미로운 일련의 관계를 맺기도 했다. 나의 삶은 충만하게 느껴졌고, 나는 그것을 뒤엎고 싶은 불타는 욕망에 결코 사로잡히지 않았다.

그런 가운데 시간은 쏜살같이 흘러갔다.

한번은 이런 생각이 들었다. '야, 벌써 30대 후반이네.'

나는 그런 식의 자각에 늘 수월하게 답했다. '그래서 뭐?'

그리고 곧, '야, 이제 마흔이네'라는 자각이 찾아왔다.

이번에도 나의 대답은 '신경 쓸 게 뭐 있어? 아직 젊은 40인데, 뭐!' 와 같았다.

어머니는 다른 많은 어머니들과 달리 결혼해 정착하라고 나를 괴롭히지 않았다. 놀랍게도 계속 보채는 쪽은 아버지였다. 아버지는 만날 때마다 말했다. "그런 생활방식을 영원히 유지할 수는 없단다. 이제 그만 좋은 여자 찾아서 가정을 꾸리고 아버지한테 손자 좀 안겨주어야 하지 않겠니?"

나는 그 말에 실로 재빠른 응수로 아버지를 멋쩍게 만들었다!

그 무렵 아버지는 두 번째 부인인 일로나와 네 명의 어린 아들을 둔 상태였다. 매트Matt와 마이크Mike, 팻Pat, 팀Tim은 나와 스무 살에서 스물다섯 살의 나이 차이가 났고, 모두 내 아들로 보일 만큼 어렸다. 실제로 우리가 함께 모여 있으면 많은 사람이 그 애들을 내 자식으로 생각했다! "잠깐만요, 아버지." 내가 응수했다. "내가 손자를 안겨줄 필요가 뭐가 있어요. 먼저 알아서 애들을 잔뜩 거느린 할아버지 되셔 놓고."

2000년, 마흔네 살이 되면서 나는 일하고 여자 만나고 친구들과 노는 것 이상의 무언가가 삶에 있어야 한다는 생각이 들기 시작했다. 결국 누군가를 만나 정착할 가능성에 처음으로 적어도 진지하게 임하는 자세를 취했다. 적합한 누군가를 만나기만 한다면.

아마도 적시에 적소에서 적임자를 만나야 했으리라. 하지만 정말 우연히도 내 인생에 멋진 여성이 찾아왔고, 나는 그녀와 사랑에 빠졌다. 그런 일이 더 일찍 일어났더라면 나는 준비가 안 된 상태였을지도 모른다. 하지만 어쨌든 그 일이 발생했고 그 과정은 다음과 같았다. 어느 날 지인 손에 이끌려 하워드 카운티 커뮤니티 칼리지에서 열린 미술전시회에 갔다. 물론 나는 평소에 그런 곳을 찾는 인물이 아니었다. 그림들이 멋졌지만, 내 관심을 사로잡은 것은 작품이 아니라 작가였다. 전시회에 몇 편의 작품을 출품한 그 작가는 김유미라는 젊고 매력적인 한국인 여성이었다.

당시 나는 일이 앞으로 어떻게 전개될지 감을 잡지 못했다. 사실 별다른 기대를 가질 수도 없었다. 하지만 나는 그녀에게 명함을 건네며 나름대로 그 자리에서 떠올린 최상의 멘트를 날렸다. "부동산 개발사업에 종사하는 사람입니다. 건물이 몇 채 있어서 때때로 로비에서 작품 전시회를 열기도 합니다. 같이 얘기를 좀 나눠볼 필요가 있다고 생각합니다만……."

인정한다. 그다지 로맨틱한 접근방식은 아니었지만, 나는 정말 그녀와 따로 만나 대화를 나누고 싶었다. 그리고 변명을 덧붙이자면, 거짓말을 한 것도 아니었다. 나는 분명 미술 전문가는 아니었지만, 건물이 있었고 그녀의 추상적인 풍경화가 정말 아름답다고 생각했다.

"곧 다시 연락을 드리도록 하겠습니다." 내가 말했다.

이후 그녀에게 몇 차례 전화했다. 그녀는 바빴다.

나는 다시 전화했다. 그녀는 여전히 쌀쌀했다. 어쩌면 그렇게 쉽사리 곁을 내주지 않는 그녀의 태도가 나를 포기하지 않게 만든 무엇인지도 몰랐다. 나는 도전을 좋아하는 사람이니까. 마침내 나는 그녀와 점심 약속을 잡는 데 성공했다.

우리는 아나폴리스에 있는 퍼서즈 캐리비안 그릴Pusser's Caribbean Grille이라는 평범한 부둣가 레스토랑에서 만났다. 우리는 지나가는 범선을 볼 수 있는 바깥쪽 테이블에 앉았다. 매우 낭만적인 풍경이었다.

처음에는 의사소통에 약간의 어려움이 따랐다. 그녀의 영어는 그다지 유창하지 않았지만, 한마디도 아는 게 없던 나의 한국어보다는 확실히 훨씬 나았다. 서로 열심히 노력해 나누는 대화가 나는 정말로 즐거웠다. 그녀는 한국의 전통적인 가정에서 태어났고, 싱글맘으로 세 딸을 키웠다고 말했다. 그녀는 자택 지하실에서 미술과 노래를 가르치고 한인 사회에서 활발히 활동하며 장로교 교회의 성가대에서 리드 보컬을 맡고 있었다. 인근의 하워드 카운티에 살았지만 아나폴리스에 가본 적은 없다고 했다. "아주 바쁘거든요." 그녀는 말했다. "밖에 잘 나가질 않아요. 데이트 같은 거 할 시간도 없고요."

그녀가 마흔한 살이라고 말했을 때 나는 깜짝 놀랐다. 30대 초반, 기껏해야 30대 중반쯤으로 생각하고 있었기 때문이다. 그녀는 샐러드를 주문했다. 나는 게살 케이크를 먹었다.

"와인 좀 드시겠어요?" 내가 물었다.

"아뇨, 괜찮아요." 그녀가 답했다.

"시원한 음료나 칵테일 같은 건 어때요?"

"아뇨." 그녀는 거듭 사양했다.

"정말 괜찮아요?" 내가 물었다. "나는 뭐 좀 마셔야 되겠는데……."

그녀는 잠시 머뭇거리더니 이렇게 말했다. "좋아요, 그러면 저는 데 킬라 한잔 마셔볼까요?"

'뭐?! 점심에?'

부드러운 말씨의 멋진 이 여성이, 밖에 나돌아다닐 시간이 없다던 한국인 엄마가, 금방 와인 한잔까지 거부했던 기독교 신자가 데킬라 는 마시겠다고? 그녀가 웃으며 설명했다. "사실 술을 못 마셔요. 그런 데 최근에 교회 일로 멕시코에 간 적이 있어요. 거기 사람들이 소금 과 라임을 곁들여 데킬라 마시는 걸 보여주었는데, 재밌더라고요."

"그렇게 시작하면 안 될 거 같아요." 내가 말했다. "다른 것부터 조 금씩 마셔보고 마실만 한지 알아보는 게 좋아요."

우리는 다시 만나기로 했고, 그렇게 천천히 서로를 알아갔다.

유미는 내가 전에 데이트했던 어떤 여자하고도 달랐다. 외향적인 나는 모두를 알았고, 칵테일 파티와 해피아워happy hour(술값을 할인해주 는 이른 저녁 시간대 - 옮긴이), 뱃놀이를 즐겼으며 야구장을 즐겨 찾았다. 나의 사교 무대는 볼티모어와 워싱턴, 아나폴리스를 넘나들었다. 유 미는 관심의 범위를 자녀 양육과 작품 활동, 신앙생활로 한정한, 조용 하고 내성적이며 겸손한 여인이었다. 서로 다른 성향이라 끌리는 것 이라는 얘기도 있지만, 나는 그녀에게서 그런 것과는 완전히 다른 무 언가, 압도적인 무언가를 느꼈다. 처음으로 야간 데이트 시간을 가졌 을 때에는 마리아즈Maria's라는 이탈리아 레스토랑에 가서 밤새 대화를 나누었다.

유미에게서는 나를 매료하는 품위가 느껴졌고, 그녀의 인생 이야기는 참으로 감동적이었다. 한반도 남서부 시골에서 양계업을 하는 가정의 일곱 자녀 중 막내로 태어난 그녀는 어린 시절 산과 들로 나물을 따러 다니고 먹으로 그림을 그리며 장래에 미술 교사가 되는 꿈을 꾸었다. 나는 그녀가 미국에 오게 된 과정과 이후의 미국 생활에 관한 이야기에 특히 흥미를 느꼈다. 그녀는 18세에 한국계 미국인 남성과 결혼하여 텍사스로 이민했다. 그들은 거기서 가정을 꾸렸지만, 행복한 결혼 생활을 영위하지는 못했다. 결국 남편과 이혼한 유미는 낯선 나라에서 세 딸을 혼자 키우게 되었다. 문화도 낯설고 영어도 이제 막 배우기 시작한 상태에서 말이다. 수중의 돈도 빠듯했고 아는 사람도 거의 없었다. 그녀와 세 딸은 텍사스의 포트후드에서 캘리포니아의 다이아몬드바로, 그리고 다시 메릴랜드의 콜롬비아로 이사했다. 그녀는 1994년에 미국 시민권을 취득했는데, 그사이에 피자 가게를 운영했고 라디오에서 한국어 쇼를 진행했으며 실버스프링에 있는 메릴랜드 미술 디자인 대학에서 준학사 학위를 땄다. 졸업과 함께 그녀는 세계적으로 유명한 볼티모어 소재 메릴랜드 아트 대학교MICA의 전액 장학생으로 선발되었다. 유미는 MICA 학위를 따고 언젠가 대학에서 미술을 가르치는 꿈을 꾸었다.

모두가 그녀의 미술 작품이 특출나다는 데 동의했다. 하지만 안타깝게도 유미는 대학 입학처의 영어 능력 시험을 통과하지 못했다. MICA 전액 장학생은 그렇게 물거품이 되었다. "하지만 저는 제 자신에게 실망하지도, 포기하지도 않았어요." 그녀가 말했다. "실망하지 않고 포기하지 않는 거, 그게 딸들을 키운 방식이에요."

　우리는 어떤 것도 서두르지 않았다. 나는 유미의 딸들, 스스로 성공적인 삶을 구축하고 있던 세 명의 놀라운 젊은 여성들을 만났다. 맏이인 킴Kim은 미 육군 예비군으로 워싱턴의 로펌에서 일하고 있었다. 킴은 여군으로 아프가니스탄에서 파병 임무를 수행할 때 미래의 남편 루이스 벨레즈Louis Velez를 만났다. 둘째 제이미Jaymi는 미시간 대학교에 다니면서 로스쿨에 진학해 검찰에 몸담을 계획을 세우고 있었다. 막내 줄리Julie는 아직 고등학생으로 댄스를 좋아했고, 제이미처럼 미시간 대학에 진학하기를 희망했다. 줄리는 처음에는 마치 '이 사람의 의도와 계획이 뭔지 모르겠다'라는 듯한 의구심이 서린 눈으로 나를 바라보았다. 첫째와 둘째는 나를 즉각적으로 환영했고, 줄리도 결국 내 곁에 섰다. 나는 그들 모두를 제멋대로 날뛰는 나의 작은 시추견 렉시Lexi에게 소개했다. 반려견 덕분에 점수를 좀 더 딴 것 같았다. 세 딸의 기억 속에는 아빠가 없었다. 나는 그동안 만들어놓지 못했던 가족을 갖게 된 느낌이 좋아지기 시작했다. 그들은 엄마가 누군가를 만났다는 사실, 그리고 마침내 자신을 위해 시간을 낸다는 사실에 대해 흡족해했다. 딸들은 나와 함께하는 것을 좋아했다. 나는 그들 모두를 사랑했다.

　유미는 내 아버지와 아주 쉽게 유대감을 쌓았다. 계속 아버지의 시중을 들며 그의 모든 이야기를 들어주었다. 아버지는 유미를 마치 자신의 기도에 대한 응답으로 얻은 며느릿감인 양 대했다. 나는 어머니에게 한국계 미국인으로 딸 셋이 있으며 내게 아주 특별한, 이름이 유미라는 여자를 만났다고 말했다. 어머니는 노스캐롤라이나주 샬럿

외곽에서 테리 누나네 집 근처의 아파트에 살고 있었다. 나는 2002년 4월에 어머니의 일흔네 번째 생일을 맞아 비행기에 올랐다. 유미는 한국의 전통 다기 세트와 젓가락으로 구성된 작은 선물을 어머니에게 보냈다. 다음번에는 나와 함께 찾아뵙기를 고대하면서. 그런 기회는 오지 않았다.

2002년 6월 13일, 어머니는 잠자리에서 심장마비로 돌아가셨다. 그전에 아프지도 않았고, 심장 질환의 병력도 없었다. 내 매형 밥 라자루스Bob Lazarus가 아파트를 방문했다가 침대에 누워 있는 어머니를 발견했다. 어머니가 애지중지하던 요크셔테리어 피넛은 어머니의 가슴 위에 조용히 앉아 있었다. 어머니는 마지막 날을 평소와 다름없이 평온하고 행복하게 보냈다. 손주들과 시간을 보내고 친구와 점심을 먹고 정원에서 일하고 피넛을 산책시키고 잠자리에 든 것이다.

나는 어머니가 그렇게 차분하게 영면하신 사실에 안도했지만, 갑작스러운 어머니의 죽음 앞에서 망연자실하지 않을 수 없었다. 그것은 우리 가족에게 일어난 가장 힘든 사건이었다. 그전에 가장 힘들었던 사건인 부모님의 이혼보다 확실히 더 감당하기 어려웠다. 어머니는 아들이 그 이상 바랄 게 없을 정도의 애정과 지원을 아끼지 않았고, 나는 단지 아들만이 아니었다. 이혼한 어머니를 혼자 둘 수 없어 열여섯 나이에 플로리다로 함께 옮겨갔을 때부터 나는 여러 면에서 어머니의 보호자이기도 했다. 어머니는 누나와 그 가족들과도 마찬가지로 가깝게 지내며 내 조카 키스Keith와 케빈Kevin, 조카딸 베키Becky와 행복한 일상을 나누었다. 조카들은 모두 할머니를 누구보다 좋아했다. 유미는 샬럿의 세인트 토마스 아퀴나스 가톨릭교회에서 열린 추도식에 나와 함께 참석했다. 내 인생에서 가장 슬픈 날이었다. 추도식은 기도와 회고만으로 아주 간소하게 치러졌다. 우리가 한 일 대부분은 눈물을 흘리며 서로 안아주는 것뿐이었다. 어머니가 유미와 딸들을 만나지 못한 게 못내 아쉬움으로 남았다. 나는 그들이 서로 아주 좋아했을 것으로 믿어 의심치 않는다. 어머니에게 바친 모든 헌사 중 가장 의미 있는 하나는 수년 후 찾아왔다. 제이미와 그녀의 남편 벤이 딸을 낳자 한 번도 뵌 적이 없는 내 어머니를 기리는 의미로 '노라'라 이름 지은 것이다. 그들은 여러 이야기를 통해 내 어머니가 얼마나 특별한 분이었는지 충분히 알고 있었다.

노스캐롤라이나를 떠나기 전에 나는 피넛을 입양하기로 결정하고 메릴랜드로 데려왔다. 우리 집 강아지 렉시는 그 결정을 그다지 달가워하지 않았다. 하지만 어머니를 위해 우리는 함께 원만하게 사는 법을 배워나갔다.

유미를 만난 직후, 그러니까 2002년 선거 직후에 나는 전혀 뜻한 바 없던 일을 맡는 데 동의했다. 그 일에는 사업의 전면에서 물러나 막 메릴랜드 주지사로 선출된 밥 얼릭Bob Ehrlich의 내각에 합류하는 것이 포함되었다. 우리는 그가 로스쿨 졸업 직후 젊은 변호사로 활동하던 시절부터 알고 지낸 사이였다. 나는 그를 아버지의 상원의원 선거 운동에 참여시켰고, 같이 공화당 전당대회에도 참석했다. 그는 1992년 스테니 호이어와 대결을 벌이던 나의 선거 캠프에 참여해 조력을 제공하기도 했다.

우리는 거의 같은 나이였고, 둘 다 블루칼라 계층이 주를 이루던 동네에서 자랐다. 내가 사업에 집중하는 동안 그는 메릴랜드주 하원 의원으로 8년을 봉직했다. 나와 호이어가 접전을 벌이고 2년 후, 공화당 하원의원 헬렌 벤틀리Helen Bentley가 볼티모어 카운티의 2선거구 의석을 내놓았다. 그래서 1994년, 내가 채권자들과 싸우며 재정적 재기를 도모하는 동안 내 친구 얼릭이 그 자리에 출마하여 당선되고 8년 동안 봉직한 것이다. 2002년 그는 주지사에 출마에 당선됐다. 그가 지명한 부주지사 마이클 스틸은 나의 또 다른 오랜 친구로 공화당 중앙위원회에서 내가 맡았던 자리를 차지했고, 나중에는 주 공화당 의장이 되었다. 얼릭은 민주당 부주지사 캐슬린 케네디 타운센드Kathleen Kennedy Townsend와 겨룬 주지사 선거에서 52퍼센트 대 48퍼센트의 득표율로 놀라운 역전 승리를 거두어 1966년 스피로 애그뉴Spiro Agnew 이후 처음으로 공화당 소속 메릴랜드 주지사가 되었다.

"나는 정말로 당신이 우리 행정부에 동참해주길 바랍니다." 선거에서 승리한 그 주에 얼릭이 내게 말했다. "당신이 원하는 어떤 자리든 내어줄게요."

"내무 장관 같은 거 말인가요?" 내가 물었다.

"아니오." 그가 말했다. "그건 별 볼 일 없는 자리예요. 진짜 제대로 된 일을 맡아줘야 해요. 인선 장관을 맡아주세요."

내 첫 번째 반응은 "진심이에요?"였다.

"주 정부에서 가장 중요한 자리가 될 거예요." 그가 말했다. "내각을 구성하고 산하 각 기관에 적절한 인물을 앉히는 작업을 도와주세요. 주지사의 모든 임명권을 일임할게요." 실제로 그것은 매우 막중한 임무였다. 인선 장관은 각 부처의 장과 판사, 기관장, 위원장, 위원 등

도합 수천 명을 선임하는 데 조력을 제공하는 자리였다. 우리 당이 36년 동안 주지사를 내지 못했기 때문에 데려다 쓸 공화당원 인재가 그리 많지 않은 상황이었다.

요직 임명의 상당수는 주 상원의 재가를 받아야 했다. 따라서 내 업무의 핵심에는 민주당 상원의장 마이크 밀러Mike Miller와 좋은 관계를 유지하는 것도 포함되었다. 단순히 임명의 승인 과정을 부드럽게 만들기 위해서만이 아니었다. 마이크와 나는 실로 잘 지냈다. 나는 그를 어릴 때부터 알았다. 프린스조지 카운티 출신인 그가 아버지와 오래전부터 친분을 유지했기 때문이다. 그는 사람들에게 자신이 한때 심지어 나의 베이비시터 노릇까지 했다고 즐겨 말했다. 아버지의 옛날 옛적 선거운동을 도울 때 어린 나를 차에 태우고 돌아다닌 것을 두고 하는 말이었다. 이제 그는 온갖 관계자와 동맹을 맺고 하원 권력을 밀고 당기는 요령을 아는, 스카치를 즐겨 마시는 노련한 정치가였다. 그와 새로운 주지사는 자연스럽게 마음이 통하는 사이가 아니었다. 얼릭은 입법을 추진해야 할 중요한 법안이 있을 때마다 "마이크 밀러와 술에 취하러 갈 시간"이라고 말하곤 했다. 얼릭은 술을 전혀 마시지 않는데, 그것은 때로 그의 직무에 불리하게 작용하기도 했다. "술 마시지 않는 놈은 전혀 신뢰가 안 간다니까." 상원의장은 새 주지사에 대해 내게 이렇게 투덜거렸다.

나의 지위는 엄청난 영향력의 원천이었지만, 그것을 제대로 이해하는 사람은 거의 없었다. 나는 내각의 각료이자 주지사 비서진의 주요한 고문으로 역할 하며 7,800개의 주 임명직을 선택하고 심사하고 관리하는 일을 도왔다. 주지사가 듣기 싫어할 때에도 솔직한 조언을 제공했다. 나는 아나폴리스의 모든 측면에 대해 배워나갔는데, 그렇게 습득한 지식은 나중에 내 삶에 크게 도움이 되었다. 얼릭 주지사의 인선 장관으로 일하면서 나는 주 정부에 대해, 특히 지뢰들이 묻힌 곳에 대해 거의 모든 것을 알게 되었다.

마침내 그날이 왔다. 나는 개인적인 생활을 획기적으로 개선해야겠다고 결심했다. 2004년 초, 함께 플로리다주 키웨스트를 여행하던 중, 나는 유미에게 청혼했다. 아무런 예고가 없던 나의 청혼에 그녀는 놀라는 기색을 보였다. 그날 나는 은밀히 키웨스트의 보석상에 들러 반지부터 준비했다. 우리는 밖에 나가 낭만적인 저녁 식사를 한 다음 달빛이 쏟아지는 해변을 걸었다. 기회를 노리던 나는 야자수 아래 이르러 그녀를 세우고 한쪽 무릎을 꿇었다. 유미는 그런 관습에 익숙하지 않았다. 어떻게 해야 할지 모르는 듯 몇 초 동안 나를 그 자세로 놔두었다. 유미는 그렇게 잠시 멈춰 극적인 효과를 높인 후 "예스"라고 답했다.

노스캐롤라이나의 아우터뱅크스에서 가족 모임이 있던 날, 우리가 결혼 발표를 하자 모두가 감격했다. 특히 아버지가 누구보다 기뻐했다. 동생들은 형수가 아버지를 망쳐놓았다고 놀려댔다. 한국 문화에서는 연장자를 존중하는 것이 매우 중요하다. 노인들은 공경의 대상이다. 미국 사람들은 때때로 그것을 잊는 경향이 있다. 유미는 연신 아버지부터 챙기며 시중을 들었다. 슬리퍼를 가져다주고 와인 한 잔이나 디저트를 권하고 그러면서 틈만 나면 "아버님, 뭐 필요하신 거 없으세요?"라고 물었다. 아버지는 아주 흡족해했다.

우리는 아나폴리스에 있는 역사적인 윌리엄 파카William Paca 하우스 앤드 가든에서 아름다운 결혼식을 올렸다. 독립선언문에 서명한 인물 중 한 명인 윌리엄 파카가 18세기에 지은 조지아식 저택이었다. 결혼식은 완전히 두 문화 융합으로 진행되었다. 유미는 교회와 미술계, 한인 사회의 지인들을 초대했다. 나는 친척은 물론이고 학교와 기업, 정부, 정가의 지인들도 많이 불렀다. 세 딸 모두 신부 들러리로 결혼식에 참석했다. 나의 가장 친한 친구이자 비즈니스 파트너인 데이비드 와이스David Weiss가 베스트맨(신랑측 제1 들러리)을, 막냇동생 팀과 나의 오랜 친구 스티브 맥애덤스Steve McAdams가 신랑 들러리를 맡았다. 먼저 기도와 서약으로 구성된 전형적인 미국식 결혼식이 거행되었다. 그런 후 유미와 나는 웨딩드레스와 턱시도를 벗고 한국의 전통 예복으로 갈아입었다. 유미는 치마와 저고리를 입고 끝이 뾰족한 비단신을 신고 머리에 화려한 모양의 족두리를 올렸다. 나는 사모관대 스타일로 갔는데, 소매가 헐렁한 웃옷에 발목 부분을 끈으로 묶는 바지, 뒷부분이 혹처럼 솟은 검은색 모자로 구성된 예복이었다. 물론 나는 그 어떤 것도 제대로 아는 게 없었지만, 유미의 문화를 받아들이고 싶은 마음이 중요하다고 생각했다.

밥 얼릭은 그렇게 차려입은 나를 보자 도저히 그냥 넘어갈 수 없다는 듯 내 모자를 놀려댔다. 어떤 디즈니 캐릭터가 떠올랐던 모양이다. "M-I-C-." 메릴랜드 주지사가 노래를 부르기 시작했다. "K-E-Y-." 그는 두 번째 M에 도달했을 때 스스로 생각해도 웃겼는지 웃음을 터뜨리느라 노래를 잇지 못했다.

유미 고향 나라의 의식에 따라 우리는 (계시든 안 계시든) 부모님에게

절을 올리고 항상 공경하겠다고 약속했다. 주지사와 영부인도 그 자리에 있었기에 우리는 그들에게도 예를 갖춰 인사했다. 얼릭은 다음부터 각료 회의는 이런 인사부터 나누고 시작하는 게 좋겠다고 농담했다.

두 행사가 모두 끝나자 우리는 케이크를 커팅한 후 각자의 잔에 샴페인을 따랐다. 몇몇 손님의 다정한 건배사가 이어졌다. 그런 다음 나는 모두에게 감사와 환영의 인사말을 건네기 위해서 일어섰다. "오늘 같은 날이 결코 오지 않을 것으로 생각하신 분들이 많다는 것을 잘 알고 있습니다. 저는 첫 번째 여자와 결혼에 이르지 못했고, 두 번째 여자와도 정착하지 않았으며, 세 번째에도……." 내가 의도한 대로 좌중에서 합당한 웃음이 터졌다. "저는 그렇게 남은 인생을 함께 보내고 싶은 소울메이트를 찾을 때까지 기다렸습니다. 그리고 정말 운이 좋게도 이 여인을 만났습니다. 유미는 겉모습만큼이나 내면도 아름다운 여인입니다. 저는 이 놀라운 여인을 아내로 얻었을 뿐 아니라 세 명의 아름답고 훌륭한 숙녀까지 딸로 얻었습니다. 그들 모두를 정말 사랑합니다."

그날 우리는 모든 의미에서 완전한 가족이 되었다.

일찍이 유미에게 "꿈을 되찾도록 돕고 싶다"라고 약속한 바 있었다. 예전에 놓쳤던 미술 교육을 제대로 받을 방법을 찾아주고 싶었다. 내 격려에 힘입어 유미는 커뮤니티 칼리지의 '제2 언어로서의 영어' 클래스에 등록했고 나는 그녀에게 가정교사까지 붙여주었다. 유미는 내가 예상했던 것처럼 정말 열심히 공부했다. 그렇게 그녀는 영어 실력을 향상하는 훌륭한 일을 해냈다.

결국 그녀는 한때 장학금 제의를 받았던 명문 예술 대학 MICA에 다시 지원했다. 전액 장학금 혜택은 이미 오래전에 상실되었지만, 그녀는 경쟁이 치열한 프로그램에 당당히 합격했다. 유미는 우등으로 대학을 졸업하고 워싱턴에 있는 아메리칸 유니버시티에 진학해 순수 미술 석사 학위를 받았다. 그리고 얼마 후 유미는 마침내 MICA 교수진에 외래 교수로 지명되어 어린 소녀 시절 한국에서 처음 배웠던 수묵화 기법을 가르치게 되었다(학생들이 몰리는 인기 강좌다).

내가 인생에서 이룰 수 있는 성과로 과연 이보다 나은 무엇이 있을 수 있을까?

한국 사위 메릴랜드 주지사 래리 호건, 그 불굴의 삶과 원대한 비전

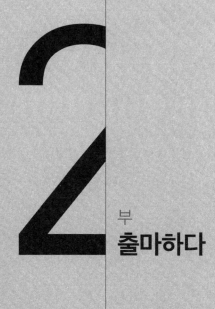

2^부
출마하다

7장
지긋지긋해서

내가 2014년 주지사 선거에 출마할 생각이라고 사람들에게 말하기 시작하자 그들은 내가 농담을 한다고 생각했다.

"진짜? 어떤 주?" 가장 친한 친구 중 한 명이 농을 쳤다.

"농담 아니야." 내가 말했다. "메릴랜드."

나는 사람들의 회의적인 시각을 이해했다. 공화당원으로서는 너무 대담한 도전이었다. 그 어떤 선출직에도 뽑혀 본 적이 없는 인물로서는 더욱 그랬다. DC와 인접한 지역에 연방 근로자가 많은 데다가 주 전체에 걸쳐 아프리카계 미국인의 비율이 매우 높은 탓에(남부를 제외하면 가장 높다) 메릴랜드는 블루칼라의 비중 면에서 캘리포니아, 매사추세츠, 버몬트, 뉴욕과 어깨를 나란히 했다. 2002년 주지사 선거에서 깜짝 승리를 거둔 밥 얼릭도 4년 후 재선 도전에서는 민주당 소속 볼티모어 시장 마틴 오말리Martin O'Malley에게 참패를 당했고, 2010년의 설욕전에서는 전보다 더 쓴 고배를 마셨다. 얼릭 이전의 공화당 주지사를 찾으려면 1966년의 스피로 애그뉴에게로 거슬러 올라가야 한다. 공화당 대선 후보는 1988년 조지 H.W. 부시가 마이클 듀카키스Michael Dukakis를 간신히 이긴 이후 메릴랜드주에서 승리를 거둔 적이 없다. 2014년 메릴랜드는 민주당 등록당원의 비율이 미국 어느 주보다도 높았다.

나의 정치적 숙고에 대한 농담하지 말라는 반응은 곧 일종의 우호적인 용인이라 할 수 있는 것으로 바뀌었다. "자네가 말하는 모든 것에 동의해." 한 친구는 말했다. "나도 자네만큼 화가 나 있다고. 하지만 잘 알지 않나? 공화당 소속으로는 메릴랜드 주지사가 될 수 없어!"

나 역시 가능성이 희박하다는 데 동의하지 않을 수 없었다.

사람들이 우리 주에 참신한 리더십이 필요하다고 생각하지 않아서가 아니었다. 2006년 마틴 오말리가 주지사로 선출된 이후 우리는 8,000개의 사업체와 10만 개의 일자리를 잃었다. 실업률은 거의 두 배로 뛰었다. 안타깝게도 우리의 전반적인 경제 성과는 50개 주 가운데 49위를 기록했다. 세금과 각종 수수료, 그리고 통행료가 도합 100억 달러나 증가했다. 놀랄 것도 없이 주를 떠나는 주민들의 엑소더스까지 벌어졌다. 사람들은 마침내 혐오감을 드러냈다. "더 이상 여기서 살고 싶지 않다"거나 "더 이상 여기서 살 능력이 안 된다"는 말이 여기저기서 터져 나왔다. 평생을 메릴랜드에서 보낸 주민들이 소지품만 챙겨 무리를 지어 달아나고 있었다. 퇴직자들은 "자녀와 손자를 떠나고 싶지 않지만, 현재의 고정 수입으로는 여기서 먹고 살 수가 없다"고 말했다. 사업주들은 지긋지긋하다고 이를 갈았다. "저들이 세금으로 나를 죽이고 있다. 회사를 델라웨어로 이전하려고 한다. 아니면 버지니아나 사우스캐롤라이나로. 회사 문을 닫고 직원들을 해고한다. 마음이 아프지만 달리 방법이 없다." 공화당원과 사업가들만 그런 식으로 이야기하는 것이 아니었다. 내가 아는 민주당원이나 무당파 친구들 역시 똑같은 좌절감을 드러냈다.

그보다 더 전인 2011년 7월, 나는 이름만큼이나 지루하고 진지한 비즈니스 중심의 싱크탱크인 메릴랜드 공공정책 연구소Maryland Public Policy Institute라는 조직의 이사회에 합류했다. 우리는 비즈니스의 경쟁력을 높이고 세금 구조를 개편하는 것 등과 관련된 중요한 연구를 수행했다.

하지만 일반인들은 정책 보고서를 읽지 않는다. 솔직히 정치인 대부분도 그렇다. 모두가 개선 필요성에 동의하는 것처럼 보였지만, 아무도 명백한 후속 조치에 대해서는 답하지 못했다. '그렇다면 우리는 좌절감에 손을 들고 그냥 포기하는 것 말고 무엇을 해야 하는가?'

"흠……." 내가 말했다. "일단 우리는 사람들과 직접 대화해야 합니다. 주 정부가 무엇을 잘못하고 있는지 정확히 설명해야 합니다. 주민들이 이해할 수 있는 방식으로 말해야 합니다. 그러면서 메릴랜드를 더 나은 주로 바꿀 수 있는 몇 가지 실용적인 해결책을 제시해야 합니다."

'체인지 메릴랜드Change Maryland', 간단하고 직접적인 표어이자 많은 사람을 모을 수 있는 슬로건이었다. 나는 이것이 그 모든 아이디어를 받아들이고 어느 정도의 견인력을 얻으려는 초당파적인 풀뿌리 사회 운동 조직의 완벽한 이름처럼 여겨졌다.

나는 비용을 최소화하는 것으로 시작했다. 친구 몇 명과 먼저 집에서 움직이다 아나폴리스에 있는 부동산 사무실로 무대를 옮겼다. 최초의 팀은 스티브 크림Steve Crim이라는 정치 컨설턴트, 나의 인선 장관 시절에 사무실에서 인턴으로 일했던 마리아나 하디Marina Hardy라는 젊은 여성, 그리고 (당에 돈이 떨어져 이 사람의 급여를 감당할 수 없을 때까지) 주 공화당을 지휘했던 저스틴 레디Justin Ready가 전부였고, 나중에 소셜미디어 부분을 지원하기 위해 자원한 매트 프라우드Matt Proud와 한나 마Hannah Marr라는 데이터 전문가가 여기에 추가되었다. 체인지 메릴랜드의 의장인 나는 메시지 담당을 맡았다. 대부분의 글을 직접 썼고 페이스북에도 직접 올렸다. 처음에는 페이스북이 체인지 메릴랜드의 주된 활동 무대였다.

우리는 장문의 성명서 대신 주지사나 주 의회가 저지른 최근의 실수를 신속히 저격하는 글을 올렸다. "일자리를 죽이는 또 하나의 규제! 고통을 안겨주는 또 다른 세금 인상! 이게 도대체 몇 번째인가?"

초반에는 페이스북 팔로워가 수백 명에 불과했다. 그러나 우리의 직설적인 해설에 신경이 곤두서는 사람들이 늘어나는 것 같았다. 적어도 누군가는 지금 목소리를 높이고 있었다. 얼마 지나지 않아 팔로워가 수천 명에 이르렀고, 나는 사업체나 정치 단체의 강연 요청을 받고 하원 출입 기자들의 전화를 받기 시작했다. "얼마 전 또 하나의 메릴랜드 기업이 버지니아로 가버렸습니다. 뭐 좀 하실 말씀이 있으신지요?"

하긴 기자들이 달리 누구에게 전화할 수 있었겠는가? 메릴랜드 공화당에서는 이제 전화 응대 서비스도 거의 운용하지 못했다. 지난번 주지사 선거(오말리와 얼릭의 리턴매치)에서 15퍼센트포인트 차로 패한 이후 그들은 거의 파산 지경에 이르렀다. 민주당원들이 행정부와 하원 및 상원 등 모든 곳을 주무르고 있었다. 그리고 그렇게 한쪽이 모든 것을 통제하는 상황이 문제를 야기하고 있었다. 모든 실질적인 측면에서 메릴랜드는 오만한 독점 체제로 굴러가고 있었다. 우리의 빈약하고 빈곤한 조직은 그런 전능한 파벌에 상대가 되질 않았다. 다윗과 골리앗이 따로 없었지만, 어쨌든 우리는 앞을 향해 나아갔다.

우리는 오로지 경제 문제에만 초점을 맞추었다. 일자리. 세금. 인프라. 경제 발전. 교통. 삶의 질. "사회 문제 모두를 놓고 다투지는 말자고요." 내가 말했다. 총기나 낙태에 대한 논쟁을 벌여 분열을 초래할 필요가 없었다. 이민자를 때리거나 사람들의 가장 어두운 두려움을 자극하는 것도 금물이었다. "우리는 사람들을 한마음으로 모아야 합니다. 정당과 대부분의 정치인이 시도하는 방식으로 분리와 분열을 획책하면 안 됩니다. 사람들이 동의할 수 있는 일을 추진해서 공화당원과 민주당원, 무당파를 하나로 모읍시다." 거의 모든 사람들이 경제가 개선되기를 원했다. 현재 권력을 쥐고 있는 사람들만이 경제를 무너뜨리는 데 열중하는 것처럼 보였다.

그러던 중 오말리와 그의 입법부 조력자들이 세금을 부과할 수 있는 또 다른 무언가를 찾아냈다. 빗물에 세금을 부과하기로 결정한 것이다.

2012년 5월 2일 주지사는 공식적으로 HB 987, 즉 하천 유역 보호 및 복원 프로그램으로 알려진 법안에 서명했다. 체사피크만으로 유입되는 빗물의 양을 줄이자는 아이디어로, 충분히 가치가 있는 목표였다. 하지만 그것을 위해 선택한 방법이 거의 모든 이를 짜증나게 만들었다. 9개 카운티와 볼티모어시에 '불침투성 표면', 즉 빗물을 흡수하지 못하는 모든 곳(지붕과 진입로, 인도, 테라스, 차고 등)에 대한 연간 요금을 부과하도록 강요하는 것이었다. 계산은 복잡하고 장소마다 달랐다. 주택 소유자는 그 의미도 정확히 모른 채 상응 거주 단위ER와 불침투성 단위IU를 정한 다음 특정한 다른 수치로 곱해야 했다. 그 모든 과정은 악몽이 될 터였다. 너무 헷갈려서 아무도 그에 관련된 이런저런 것이 정확히 무슨 뜻인지 이해하지 못했다. 하지만 나는 다음과 같은 사실을 이해했다. 그 새로운 세금이 그렇지 않아도 과중한 세금에 시달리는 메릴랜드 주민들에게 연간 300만 달러의 추가비용을 안겨줄 것이라는 사실, 그리고 다른 주에서는 아무도 그런 세금을 내지 않는다는 사실 말이다.

나는 예전 싱크탱크 시절의 경험으로 불침투성 표면이나 상응 거주 단위 및 여타의 관청 용어를 놓고 좀스러운 논쟁을 벌이는 게 이롭지 않다는 사실도 이해했다. 나는 주머니를 터는 이 세금에 있는 그대로 정확한 이름을 붙여야겠다고 생각했다. '빗물세'가 바로 그것이었다.

"이제 저들은 빗물에도 세금을 붙이고 있습니다!" 우리는 체인지 메릴랜드 페이스북 페이지에서 천둥을 울리기 시작했다. "다음은 무엇인가? 푸른 하늘 및 햇빛 세금?!"

체인지 메릴랜드의 조사에 따르면, 빗물세는 오말리가 연속적으로 취한 마흔세 번째의 세금 인상이었다.

사람들은 분노의 목소리를 토해냈다. 이번 건은 정말로 사람들의 신경을 건드렸다. 오말리와 그의 입법부 지지자들은 어째서 하천 유역 보호 및 복원 프로그램이 완벽하게 공정하고 합리적이며 필수적인 정책인지 그 이유를 설명하려고 노력했다. 〈볼티모어선〉은 연일 논설을 통해 그것이 진짜로 빗물에 부과하는 세금은 아니라고 주장했다. 주지사의 동맹 세력은 체사피크만이 더 오염되기를 바라는 것이냐며 나와 체인지 메릴랜드를 비난했다. 그들의 공격은 그 어떤 것도 사람들을 설득하지 못했다. 사람들은 빗물세가 얼마나 불합리한 것인지 즉각적으로 이해했다.

"깨끗하고 건강한 체사피크만을 원치 않는 사람은 없습니다." 나는 지역의 뉴스 웹사이트 패치닷컴patch.com에서 나온 기자에게 이렇게 말했다. "문제는 왜 체사피크만을 보호하는 일이 세금 인상으로 이어져야 하느냐는 겁니다. 우리는 이제 새로운 지도자를 뽑아야 합니다. 납세자의 등골을 빼지 않으면서 중요한 프로젝트에 자금을 댈 방안을 마련하는 진정한 지도자 말입니다."

처음에는 우리가 상황을 얼마나 많이 바꿀 수 있을지 확신하지 못했다. 그러나 시간이 가면서 우리의 메시지가 전달되고 사람들이 귀를 기울인다는 사실이 확연해졌다. 짐 페팃Jim Pettit이라는 컨설턴트가 우리 팀에 합류하여 버지니아와 메릴랜드 간의 경제적 경쟁력에 대한 비교조사를 도왔고, 그 결과 세금 인상으로 인해 우리의 경쟁력이 이웃 지역에 비해 얼마나 형편없이 떨어졌는지 여실히 드러났다. 우리는 버지니아가 새로운 일자리를 유치하기 위해 취한 모든 조치와 메릴랜드가 그 일자리를 없애기 위해 저지른 모든 짓거리에 대해 이야기했다. 나는 폭스 비즈니스 네트워크Fox Business Network에 초대되어 TV에 나갔을 때 그 비교조사에 대해 설명했다. 라이브로 방송된 그 코너를 얼마나 많은 사람이 보았는지는 알 수 없었다. 하지만 체인지 메릴랜드 페이스북 페이지에 게시한 해당 영상을 오말리도 본 것만큼은 확실했다. 그가 미쳐 날뛰었기에 하는 말이다!

오말리 주지사는 비판에 익숙하지 않았다. 입법부는 그가 하고 싶은 것은 어떤 일이든 지지하는, 거의 미친 짓으로 보이는 일까지 동조하고 박수를 보내는, 한마디로 응원단에 가까웠다. 그런 그를 이제 우리가 열 받게 만들고 있었고, 우리는 고삐를 늦출 생각이 없었다. 그는 나를 놓고 "의원 후보로 실패한 인물이라 주지사 후보가 되는 것조차 힘들 것"이라고 혹평했다. 그리고 체인지 메릴랜드가 사실을 왜곡했다는 비난을 퍼부었다. 오말리의 비난은 우리에게 더욱 많은 대중적 관심을 안겨주었다. 그가 나를 공격할 때마다 우리의 페이스북 페이지에서는 새로운 팔로워가 수천 명씩 불어났다. 이제 사람들은 새로운 인물을 주지사에 출마하도록 도와야 한다고 말하기 시작했다. 주지사를 바꾸지 않고서는 메릴랜드를 바꿀 수 없다는 것이었다. 마땅한 후보감이 많지 않았다. 아니, 사실은 이길 가능성이 있는 누군가가 없었다. '내가 나가면 겨뤄볼 만하다'라는 생각이 든 게 바로 그때부터였다.

8장
메릴랜드를 바꾸자

　내가 사랑하는 메릴랜드의 상황이 계속해서 나빠졌고, 그것을 인식하는 사람들도 계속 늘어났다. 세금은 증가했는데 공공 서비스는 더욱 열악해졌고, 정치가들은 실세계의 주민들과 완전히 단절된 듯 보였다. 체인지 메릴랜드는 문제와 사실 그리고 주지사에게 초점을 맞추고 계속 주의를 집중했다. 오말리와 그의 행정부는 마땅한 대응 방안을 내놓지 못했고, 그에 따라 주지사의 지지율도 급락했다. 얼마 지나지 않아 그의 지지율은 미국에서 꼴찌, 즉 50명의 주지사 가운데 50위를 차지했다.

　그즈음 갤럽Gallup의 여론조사 결과가 발표되었다. 메릴랜드 주민의 47퍼센트가 가능하다면 주를 떠나고 싶다고 답했다. 메릴랜드 주민으로 평생을 살며 애정을 쏟은 나로서는 마음이 찢어질 정도로 아팠다. 내 입에서 '더 이상은 안 되겠다'라는 말이 절로 터져 나왔다. 주지사 후보가 될 수 있는 나의 잠재력에 대한 모든 회의론을 확실히 이해할 수 있었다. 결국 나는 초당파적인 풀뿌리 조직을 출범한 소규모 사업가에 불과했다. 그러나 나는 모든 사람들이 우려하는 문제에 대한 해결책을 이야기하고 있었다. 나는 간단명료한 메시지를 전하고 소셜미디어를 이용하는 데 능했다. 아마도 가장 중요한 것은 내가 주지사의 심기를 건드리는 재주가 있다는 점이었으리라. 그러나 나는 전에 선출직을 맡은 적이 없었다. 돈도 없었고, (초기에 필요한) 명망 높은 정치인의 보증도 없었으며, 폭넓은 지원 세력도 없었다. 사적인 자리에서 친구들은 모두 나의 출마를 말렸다. "자네는 공화당원이고, 여긴 메릴랜드야!" 그들은 계속 내게 상기시켰다.

내가 속한 정당은 빚에 허덕이며 내부 분열에 휩싸인 상태였고, 게다가 주 전체에 고작 26퍼센트의 등록당원을 두고 있었다. 오말리는 (3선 금지 조항에 따른) 임기 제한에 걸려 출마할 수 없었다. 또 다른 강력한 민주당원으로 대체되는 것뿐이었다. 앤서니 브라운Anthony Brown 부주지사가 나설 것이 유력했다. 브라운은 지난 8년 동안 주요 선출직 공무원으로 메릴랜드 전역을 돌며 입지를 넓힌 인물이었다. 그에 반해 나는 주민 대다수가 이름도 들어본 적 없는 사람이었다.

그런 상황에서 내가 무엇을 할 수 있었을까?

나는 속으로 되뇌었다. '적어도 승산이 없는 것은 아니라는 믿음이 생기지 않는 한 출마하지 않는다.' 그러면서 오말리 주지사의 지지율 하락 추세와 그들의 잘못된 행정을 질타하는 3분의 2에 달하는 여론의 추이를 계속 살펴보았고, 선거에서 승리를 거둘 수도 있겠다는 확신이 들기 시작했다. 나는 또한 가능성이 희박한 후보자들이 항상 스스로 되뇌는 무언가에 의지하기 시작했다. '누군가는 앞에 나서서 적어도 이러한 문제에 대해 말하고 합당한 논거를 제시해야 한다. 그것을 나보다 잘할 사람이 어디 있는가?' 더 나아가기 전에 이 모든 것을 아내와 딸들, 그리고 아버지와 상의해야 했다.

대화를 나눌 때 아내는 다소 놀라는 눈치였다. 아내는 내가 정치에 관심이 많다는 것을 알고 있었다. 또한 내가 체인지 메릴랜드를 구축하는 데 얼마나 많은 공을 들였는지도 잘 알고 있었다. 그녀는 아버지를 공경했고 그가 자신의 정치 경력을 서너 번씩이나 반복해서 이야기할 때도 지루한 기색 없이 귀를 기울였다. 아내의 첫 반응은, 뭐랄까, 회의적이었다고 해야 적절할 것이다. "당신은 사업가잖아요." 그녀가 말했다. "주지사 출마를 진정으로 원하는 건지 모르겠어요." 데이트를 시작한 이후로 내가 "언젠가 주지사에 출마할 계획이에요"라는 말을 줄곧 해왔던 것은 아니었다. 하지만 유미는 중심을 잡을 줄 아는 사람이었다. 그녀는 나름대로 적절한 질문부터 던졌다. "그것이 최선의 방법인가요? 정말로 출마하고 싶으세요? 가족한테는 어떤 영향이 있게 되나요?" 그런 후 그녀는 재빨리 돌아왔다. "나는 당신을 믿어요. 우리 같이 기도하기로 해요. 그것이 신의 뜻이라면 그렇게 해야지요. 당신이 그것이 옳다고 믿으면 따를게요."

무엇을 더 요구할 수 있겠는가?

딸들은 설득의 과정이 필요하지 않았다. "재미있을 거 같아. ……

해보기로 해요. …… 우린 모두 적극 지원할 거예요.”

아버지는 그보다도 더 수월했다. “멋지다!” 그가 말했다. “그래야 할 시간이 되었다!”

나는 내가 실제로 움직이면 내 가족이 가장 큰 자산 중 하나가 되리란 것을 알았다. 나와 함께 선거운동에 나설 것이고 많은 조언을 제공할 것이며 벼랑 끝에 서면 잡아줄 터였다.

최종 결정을 내리기 전에 나는 사업체의 핵심 구성원들과 자리를 마련했다. 메릴랜드 대학 시절 우리 회사의 인턴으로 시작해 지금은 사업 파트너가 된 막냇동생 팀, 회사의 최고운영책임자COO인 빅터 화이트Victor White, 부사장 제이크 어머Jake Ermer에게 내 뜻을 밝혔다. “이것이 내가 하고자 하는 바일세. 다들 어떻게 생각하나?”

그렇게 나는 계획을 털어놓았다.

“그에 따라 좋은 소식과 나쁜 소식이 있다네.” 내가 말했다. “좋은 소식은 우리가 실제로 문제를 해결하기 위해 무언가를 직접 하게 된다는 것일세. 그러면 사람들의 사업 환경을 개선하는 데 도움이 될 거라고 보네. 나쁜 소식은, 적어도 내년에는 내가 회사에 거의 나오지 못할 것이고 그래서 자네들이 좀 더 분발해줘야 한다는 것일세. 떨어질 가능성이 크니까 11월에는 돌아오겠지만, 혹시 메릴랜드의 차기 주지사가 된다면 꽤 오랫동안 떠나 있게 될 걸세.”

그들은 모두 기본적으로 이렇게 반응했다. “우리는 아나폴리스에서 벌어지는 모든 일이 도통 맘에 들지 않아요. 사장님이 그 선거에서 이길 수 있다고 생각하진 않아요. 하지만 한번 도전해보고 싶다면 그렇게 하세요.”

나는 이렇게 직장과 집에서 필요한 지원을 확보했다. 결국 나의 결정은 부분적으로는 정치적 분석에, 또 부분적으로는 신념의 도약에 따른 것이었다. 다음 단계는 선거운동 캠프를 구축하는 것이었다.

2013년 중반, 선거운동팀을 모집하기 시작했을 때, 정치 전문가들은 내 친구들 못지않게 열정과 거리가 먼 반응을 보였다. 그들 중 다수가 나와 오랜 세월 알고 지내온 사람들이었다. 그들은 '호건을 주지사로' 선거운동에 참여할 기회를 반기지 않았다. 나의 체인지 메릴랜드 운동의 지지자 스티브 크럼은 선거본부장을 맡는 데 동의했다. 우리는 줄어든 보수를 기꺼이 받아들인 마이크 리빗Mike Leavitt을 전문 컨설턴트로 영입했다. 전국적으로 알려진 미디어 컨설턴트이자 오랜 친구인 러스 슈리퍼Russ Schriefer는 우리가 만약 TV 광고를 내보낼 여력이 된다면 자신이 광고를 만들어주겠다고 했다. 러스는 특히 회의적인 것으로 보였다. 그는 2002년 엘릭과 손잡고 승리를 거둔 후 메릴랜드에서 두 차례 더 공화당 선거운동에 참여했다가 참패를 맛본 바 있었다. "이보게, 래리." 그가 말했다. "정말로 뛰어들겠다는 건가?" 러스는 선거 시즌에 여섯 개의 다른 선거운동을 맡기로 계약한 상태였기 때문에, 다행히도 가족을 부양하기 위해 우리 일의 보수에 의존하지 않아도 되었다.

가을에 접어들자 벌써 6명의 다른 후보, 즉 3명의 민주당원과 3명의 공화당원이 출전한 상황이 되었다. 예상대로 민주당 부주지사 앤서니 브라운이 출마를 선언했고, 민주당 주 법무장관 더그 갠슬러Doug Gansler와 진보적인 주 하원의원 히더 마이저Heather Mizeur가 그 뒤를 따랐다. 2014년 6월 24일로 예정된 민주당 예비 선거에서 살아남는 후보가 메릴랜드의 차기 주지사 자리를 차지할 게 거의 확실하다는 것이 모든 정치 전문가들의 견해였다.

하포드 카운티의 카운티장 데이비드 크레이그David Craig, 주 하원의원 론 조지Ron George, 하원의원 후보로 뛴 적이 있는 찰스 롤라Charles Lollar가 공화당 내 나의 경쟁자였다. 그들은 거의 1년 전부터 선거운동에 나선 상태였다. 이들 모두 11월 4일 총선을 준비하는 죽음의 키스가 될 게 뻔한 6월 공화당 예비 선거에서 승리하기 위해 서로 탈보수 경쟁을 벌이고 있었다. 내 전략은 가능한 한 그들을 무시하고 민주당 집권세력에 초집중하는 것이었다. 하지만 물론 총선에서 민주당에 승리할 기회라도 잡으려면 공화당 예비 선거에서 살아남아야 했다.

스티브 크림과 나는 레이스를 길게 가져가는 것보다 짧게 운용하는 게 더 낫다고 판단했다. 1월 이전에는 실제로 선거운동을 벌이지 않음으로써 경선까지는 6개월 미만, 이후 총선까지는 4개월 정도만 총력을 기울이자는 계획이었다. 조언자 중 일부는 1월이면 너무 늦는다고 경고했다. 다른 후보자들은 이미 선거전에 뛰어들어 자금을 모으며 지지자들을 줄 세우고 있었다. 어차피 레이스를 벌일 거면 당장 뛰어들어야 한다는 것이었다.

"그렇다면 하이브리드로 갑시다." 내가 말했다. 새 주지사의 취임식까지 정확히 1년이 남는 1월 1일까지는 공식적으로 출범하지 않는 대신 선거일 1년 전인 11월 공화당 주 당대회에서 대규모 사전 행사를 벌이자는 것이었다. "그렇게 하면 실제로 출마를 공식 발표하지 않더라도 내가 경선에서 가장 유력한 후보가 될 것임을 모두 알 수 있을 겁니다."

"공화당 주 당대회에서요?" 마이크 리빗이 회의적으로 물었다. "누가 그런 데를 온다고요? 답답하군요. 우리한테 아무런 신경도 쓰지 않는 내부 관계자 백오십 명 정도만 참석하는 자리라고요."

사실이었다. 나는 인정했다. "그러니까 우리가 그들의 당대회에 가서 승리의 선거운동이 어떤 것인지 보여주자는 겁니다." 내가 설명했다. "당대회가 열리는 그 아나폴리스의 호텔에서 우리는 가장 큰 연회장을 빌릴 겁니다. 그렇게 해서 우리 조직의 잠재력이 그들이 상상할 수 있는 수준 이상이라는 사실을 보여주는 겁니다."

우리는 더블트리 호텔Doubletree Hotel의 메인슬Mainsail 연회장을 예약해 정식 뷔페와 오픈 바를 주문하고 끝내주는 파티 밴드까지 고용했다. 그리고 이용 요금 250달러라고 적힌 티켓을 인쇄한 후 그 한장 한장 모두에 '무료'라는 스탬프를 찍었다. "이것을 체인지 메릴랜드 하베스트 파티라고 부릅시다." 내가 말했다. "모양은 모금 행사와 같지만, 누구에게도 비용을 청구하지 않는 겁니다." 나는 오랜 친구들과 정계 인사들, 체인지 메릴랜드 지지자들, 사업 동료, 그리고 주 당대회에 참석하는 모든 사람을 초대했다.

다른 세 명의 공화당 후보는 호텔에 몇 명의 사람들만 인사차 들르는 불쌍하고 작은 손님맞이용 스위트룸만 준비한 상태였다. 우리의 체인지 메릴랜드 파티는 주 공화당 대회판 우드스탁이나 다름없는 행사였다. 연회장은 원래 700명이 수용 인원이었는데 1,400여 명이 나타나 먹고 마시고 춤추며 흥겨운 시간을 보냈다. 복도와 로비, 주차장이 손님들로 넘쳐났다. 들고나는 차량으로 인해 교통 체증까지 빚어졌다. 아나폴리스 소방서장은 즐거워하지 않았다.

주의회 하원의원들은 이전에 본 적이 없는 1,300명의 다른 사람들과 뒤섞이지 않을 수 없었다. 당대회의 가장 큰 행사장에 들어가려고 애쓰는 그 무리들과 말이다. 또한 공화당 당대회 단골 참석자들은 연회장 주변의 층계참마다 〈워싱턴포스트〉와 〈볼티모어선〉, 워싱턴 및 볼티모어의 TV 방송국 등에서 나온 기자와 카메라로 가득 찬 모습을 목도하지 않을 수 없었다.

마지막 순간에 나는 하워드 카운티의 변호사이자 얼릭 주지사의 내각에서 함께 봉직한 친구인 보이드 러더포드에게 나를 군중에 소개해달라고 요청했다. 나중에 사람들은 그때 이미 내가 그를 러닝메이트로 점찍어두었던 것으로 해석했다. 하지만 그것은 진짜 우연의 일치였다. 우리는 당시 부주지사 후보로 뛸 러닝메이트를 선택하는 사안에 대해선 거론조차 해본 적이 없었다.

모두들 내가 그날 밤 극적인 발표를 할 것이라고 생각했다. 하지만 나는 분위기만 띄웠을 뿐, 특정한 발표를 하지는 않았다. 나는 권력 독점의 폐해를 힘주어 강조하는 연설을 했고, 휴가 시즌이 지난 후 내 계획에 대해 추가적으로 밝힐 것이라고 약속했다. 휴가 시즌에는 내가 당분간 사업에서 손을 떼는 것과 관련해 가족과 대화를 나눌 참이었다.

"저를 아는 사람은 모두 제가 메릴랜드주를 얼마나 사랑하는지 잘 알고 있습니다." 딱히 출마 선언 행사장 같진 않았던 그 연회장을 가득 메운 청중 앞에서 내가 말했다. "저는 사람들을 실망시키는 것을 싫어하고 힘겨운 싸움에서 한 번도 그냥 물러선 적이 없습니다. 저는

스틸 스탠딩

메릴랜드 주민들이 오말리와 브라운, 갠슬러의 합작품인 세금 인상 및 지출 확대 정책을 4년 더 감당할 여유가 없다고 매우 강력하게 믿게 되었습니다…… 이제 우리는 이 정부를 우리의 어깨 위에서 떨쳐내고, 또 우리의 주머니에서도 몰아낼 때가 되었습니다. 그래야 민간 부문을 성장시키고 사람들에게 일자리를 돌려주고 메릴랜드 경제를 회생시킬 수 있기 때문입니다. 이것은 우파와 좌파, 보수와 진보의 싸움이 아닙니다. 이것은 옳고 그름 사이의 싸움입니다."

볼티모어 카운티의 공화당 하원의원이었던 돈 머피Don Murphy는 〈볼티모어선〉에서 이렇게 말했다. "지금까지 그 어떤 당 대회장에서도 오늘 밤 호건이 불러모은 수준의 인파를 본 적이 없습니다." WBAL 라디오는 '천 명 이상의 군중이 자발적으로 참여했다'는 사실에 놀라움을 금치 못하며 우리의 하베스트 파티를 '올해의 가장 큰 정치 행사'라고 평가했다.

내 의도가 먹혀든 셈이었다.

9장
하찮음이 커다란 변화로

1월 21일, 엄청나게 많은 눈이 내렸다. 도로 통행까지 불허하는 거대한 눈보라였다. 그날 밤 아나폴리스 외곽의 마이크스 크랩 하우스 Mike's Crab House에서 열기로 계획했던 공식 선거운동 출범식은 연기할 수밖에 없었기에, 이메일로 공식 발표문을 돌렸다.

내가 기대하던 매끄러운 출발은 아니었다.

"그 어떤 폭설도 현 정부의 실정에 분노한 공화당원과 민주당원, 무당파 7만 5,000명으로 구성된 풀뿌리 군단의 행군을, 메릴랜드에 진정한 변화를 가져오기 위한 그 행군을 막을 수 없습니다." 나는 공화당의 경선 상대들은 제쳐 놓았다. "아나폴리스의 기득권 세력은 11월에 또 한 번의 대관식을 주관할 것으로 기대하고 있습니다만, 우리는 오늘 눈보라 치는 날씨와 상관없이 그들에게 인생에서 가장 힘든 싸움을 겪게 해줄 것임을 천명합니다."

마침내 1월 29일, 우리는 마이크스에서 '변화는 지금부터'라고 쓴 대형 현수막을 걸어놓고 출정식을 거행했다. 거기에 참석한 사람은 모두 우리가 준비한 '빗물세' 우산을 하나씩 받았다.

"한 가지는 분명합니다." 내가 말했다. "주지사를 바꾸지 않고서는 메릴랜드를 바꿀 수 없다는 사실 말입니다…… 이것은 단순히 민주당과 공화당의 또 하나의 싸움이 아닙니다. 그것보다 더 중요한 일입니다. 메릴랜드의 미래를 위한 싸움이며 싸울 가치가 있는 싸움이기 때문입니다."

하지만 선거운동 개시 시점의 빅뉴스는 내가 러닝메이트가 되어 달라고 요청한 인물이었다. 바로 주 당대회장의 체인지 메릴랜드 파티에서 나를 무대로 불러 준 보이드 러더포드였다. 얼릭 행정부에서 총무 장관으로 나와 함께 일한 바 있는 그 56세의 변호사는 정부 행정에 조예가 깊었다. 그는 조지 W. 부시 대통령 정부에서 농무부 차관보와 연방 정부의 지주격인 연방조달청의 부청장을 역임한 바 있었다. 보이드는 똑똑하고 정직하고 냉철했으며, 주 정부를 상대하는 방식을 잘 알았다. 그는 또한 아프리카계 미국인이었기에 유권자의 29퍼센트가 흑인 또는 아프리카계 미국인인 주에서 인종적 균형을 잡아주는 셈이었다.

"제가 찾을 수 있는 가장 유능하고 경험이 많은 부주지사를 영입해야 했습니다." 내가 말했다. "오늘 밤, 내가 그런 파트너를 찾았다는 사실을 밝히는 바입니다."

선거자금을 모으는 일은 정말 힘들었다. 사람들은 승자 편에, 아니면 적어도 잠재적 승자로 인식되는 편에 서고자 한다. "당신이 분명 위대한 주지사가 될 것임에는 의심의 여지가 없다고 생각해요." 사업상의 지인 한 명은 내게 이렇게 말했다. "하지만 벌써 앤서니 브라운 캠프에 4,000달러짜리 수표를 써줬어요. 선거에선 그가 이길 거라고 생각하기 때문이에요." 친구 몇 명은 몇 푼의 돈을 내주긴 했지만, 이것이 전형적인 반응이었다. 우리는 메릴랜드 민주당이 긁어모을 거대한 자금과 비교라도 할 수 있는, 자금력이 제대로 갖춰진 선거운동에 필요한 돈은 결코 모을 수 없으리란 사실을 잘 알았다.

그래서 우리는 주요 공화당 후보들이 거의 취하지 않는 행보를 밟았다. 주 당국이 지원하는 공공 재정 시스템에 합류하기로 결정한 것이다. 거기에 들어가면 우리가 쓸 수 있는 자금의 한도가 극도로 제한된다는 단점이 따랐지만, 250달러 이하의 소액 기부자를 충분히 모으기만 하면 (같은 금액을 추가 지원하는) 공공 매칭 기금을 받아 적어도 우리의 목소리를 내보내고 알릴 수는 있을 터였다. 물론 과거에 메릴랜드에서 어느 누구도 그런 식으로 주 전역 대상의 선거운동을 승리로 이끈 적이 없다는 것을 알고 있었다. 그러나 어차피 우리는 큰돈을 모을 가능성이 없었다. 그렇다면 매칭 지원을 받는 게 되려 나을 수도 있었다. 한 가지 긍정적인 측면은 그렇게 하면 우리가 돈을 좇는 데 훨씬 적은 시간을 할애하고, 메시지를 내보내며 유권자를 만나는 데 더 많은 시간을 들일 수 있다는 점이었다.

세 명의 공화당 경선 상대들은 모두 열심히 뛰고 있었다.

데이비드 크레이그와 론 조지는 현직 카운티장과 하원의원으로서 모두 자신의 지지 기반을 보유했다. 찰스 롤라는 해병대 장교 출신으로 스테니 호이어에 맞서 연방의회에 진출하기 위한 선거를 치른 바 있었다. 어느 후보보다도 에너지가 넘치는 그를 중심으로 뭉치는 보수 세력의 열기도 달아오르고 있었다. 나는 정치적으로 중도를 표방하는 사업가로서, 승리하려면 민주당원과 무당파를 끌어들여야 한다고 말하고 있었다. 그것은 공화당 예비 선거를 위한 완벽한 메시지가 아니었다. 특히 버락 오바마의 제2 집권기가 중반에 접어들며 당이 더욱 오른쪽으로 쏠리고 있던 터라 더욱 그랬다.

공화당의 강경파 활동가들은 민주당원과 무당파의 지원 없이는 메릴랜드에서 승리할 수 없다는 사실을 깨닫지 못하는 것 같았다. 나는 공화당의 경선 상대들을 공격하지도 않았고 민감한 사회적 문제에 대한 논쟁에도 휘말리지 않았다. 사실이다. 그들은 나를 그런 논쟁으로 끌어들이려 애썼지만, 나는 계속해서 세금과 일자리, 경기에 대해서만 이야기하며 공화당원과 민주당원, 무당파를 통합해야 메릴랜드를 더 나은 주로 바꿀 수 있다고 강조했다. 나는 사람들이 일상에서 가장 중요하게 생각하는 주머니 형편 문제에 정밀하게 초점을 맞췄다.

상대 후보들은 나를 중도파라고 몰아세웠다. 그럼으로써 나에게 모욕을 줄 수 있다고 판단한 것 같았다. 그러나 나는 11월에 상대하고 싶은 더 큰 목표에 계속 집중했다. 그리고 공화당 경선 후보 토론회에 참석하는 청중을 위해 나 자신을 재창조하지도 않았다. 나는 그냥 나로 머물렀다.

전략은 효과가 있었다. 예비 선거에서 나는 경쟁자들을 가볍게 물리치고 공화당 후보로 지명되었다. 당원 투표에서 43퍼센트의 득표율로 2위를 14퍼센트포인트로 따돌리며 1위를 차지한 것이다. 내가 실제로 민주당원 일부와 무당파 다수를 끌어들이고 오말리가 엄선한 후보에 기죽지 않을 거라는 점을 믿고 내 손을 들어준 공화당 유권자들이 많았다. 오말리가 신중히 고른 그 후보, 즉 앤서니 브라운 부주지사는 민주당 예비 선거에서 2위를 27퍼센트포인트라는 큰 격차로 물리치고 후보 지명을 따냈다.

전문가들은 민주당원이 압도적으로 많은 주에서 벌어지는 브라운과 호건의 레이스는 이미 한쪽으로 심하게 기운 것으로 간주했다. 무제한의 선거자금과 확고한 조직력의 우세를 누릴 연임의 현역 민주당 부주지사와, 이름도 별로 알려지지 않은 데다가 승리할 가능성도 아예 없는 것으로 평가되는 공화당 사업가의 대결이었으니 그럴 만도 했다. 브라운의 시각에서도 나를 이기는 것은 이미 기정사실이었다. 민주당 예비 선거의 산을 정복한 그는 아주 가벼운 어조로 "11월에 자그마한 두더지 두둑만 차지하면 됩니다"라고 선언했다.

두더지 두둑?

수년에 걸쳐 여러 별칭으로 불렸지만, 두더지 두둑은 처음이었다. 나는 내 나름의 조롱으로 대응했다. "우리는 이 두더지 흙두둑을 그가 본 것 중 가장 큰 산으로 바꿔놓을 겁니다." 그리고 덧붙였다. "그는 자신의 대관식을 기대하고 있을 겁니다. 하지만 우리는 그에게 그의 인생에서 가장 힘든 싸움을 경험하게 해줄 겁니다."

여전히 많은 사람이 나에 대한 믿음을 갖지 못했다. 그들은 모두 내가 입만 살았을 뿐이라고 생각했다. 브라운은 확실히 엘리트 이력을 자랑할 만했다. 오말리의 이인자로 두 번의 임기를 채우기 이전부터 빛이 났다. 그는 하버드 대학과 하버드 로스쿨을 졸업했는데, 로스쿨에서 급우로 만난 버락 오바마와 친구가 되었다. 또한 예비역 대령인 그는 메릴랜드주 하원에서 봉직하던 중에도 이라크 해방작전에 참여하여 바그다드와 팔루자, 키르쿠크, 바스라에서 임무를 수행한 바 있었다. 개인적인 차원에서 가장 카리스마 넘치는 후보는 아니었지만 진지하고 견실하며 품위 있는 사람인 것은 분명해 보였다. 아프리카계 미국인이라는 점 또한 주에서 가장 중요한 유권자층 하나를 점유하는 정치적 이점으로 작용했다. 그는 초기의 모든 여론 조사에서 나를 짓눌렀다. 6월 초 〈워싱턴포스트〉의 설문 조사는 그가 18퍼센트포인트 앞서는 것으로 나타났다.

스티브 크림은 상대 진영에 단지 우리가 살아있음을 알리기 위해 아이디어 하나를 내놓았고, 그에 따라 러스 슈리퍼가 잽싸게 웹 동영상 한 편을 제작했다. TV 광고용이 아니었다. 우리 선거운동의 페이스북 페이지를 제외하고는 어디에도 올리지 않은 영상이었다. 그 짧은 영상은 도스 에키스Dos Equis 맥주의 그 유명한 '세상에서 가장 흥미로운 남자' 광고를 모방했다. 단, 우리 버전에서는 브라운이 다수의 정치적 실수와 더불어 메릴랜드의 오바마케어Obamacare 도입을 망쳐 놓은 '세상에서 가장 무능한 남자'였다.

"이게 일종의 페이크로 작용할 거예요." 스티브가 털어놓았다. "브라운은 우리가 TV 광고로 네거티브 캠페인을 벌일 것으로 생각할 겁니다. 그래서 그가 과잉 반응을 보이면, 우리의 미끼에 걸려든 셈이

되는 거죠."

상황은 정확히 그렇게 전개됐다. 브라운의 선거 캠프는 TV 시청자는 본 적도 없는 우리의 '광고'에 신속하게 대응해 값비싼 TV 광고를 융단폭격처럼 퍼붓기 시작했다. 모두 가차 없이 나를 때리는 네거티브 광고였다. 유권자들은 곧 브라운을 비열한 네거티브 캠페인을 벌이는 후보로 인식하기 시작했고, 덕분에 내 지명도는 올라갔다. 얼마 후 우리도 마침내 TV 광고를 내보내기 시작했는데, 선거운동 기간 내내 긍정적인 메시지를 전하는 데 주력했다.

브라운은 예비 선거 직후 2주간 여유롭게 휴가를 보냈고, 여름 대부분은 전화통을 부여잡고 돈을 모으는 데 소비했다. 그는 그렇게 총 1,830만 달러를 모았는데, 여기에는 메릴랜드 민주당과 민주당 주지사 협의회가 지원한 수백만 달러는 포함되지도 않았다. 앞서 언급했듯이, 승리할 것으로 여겨지는 후보는 선거자금을 모으는 일이 무척 수월하다.

그에 반해 우리의 선거운동은 공공 자금 조달 한도를 준수하기로 동의한 까닭에 자체의 총지출을 우리가 지원받은 공공 자금 260만 달러에 맞춰야 했다. 이는 TV 미디어 시장이 몇 개로 나뉜 인구 600만 명의 주에서 선거운동을 펼치기에는 결단코 충분한 자금이 아니었다. 브라운의 선거운동에 재정적 지원을 아끼지 않은 민주당 주지사 협의회와 달리 공화당 주지사 협의회는 우리의 끊임없는 간청에도 불구하고 우리를 전혀 도와주지 않았다. 그들은 투자할 가치가 있다고 평가되는 주에 화력을 집중했다. 메릴랜드는 당선 가능성 목록의 맨 아래에 위치했다.

내 상대 후보는 넉넉한 은행 잔고와 충분한 수의 직원 및 운동원, 컨설턴트 등을 보유하고 수천만 달러의 군자금으로 여유롭게 TV 광고를 운용했다. 우리는 에너지 넘치는 자원봉사자 부대와 일반 버스 크기의 토르 윈드스포트Thor Windsport 캠핑카RV가 주요 자산이었다(우리가 '그 버스'라 부른 이 캠핑카는 운송 수단인 동시에 이동식 선거본부인 동시에 굴러가는 호건-러더포드 광고판이었다). 그 버스는 밖으로 도는 내게 집이 되어 주기도 했다. 전면의 목적지 표지판에는 '변화가 오고 있다'라는 문구를 붙여 놓았다. 우리는 카운티 박람회와 게 축제, 굴구이 축제, 각종 퍼레이드 등 사람이 모이는 어디든 그 버스를 몰고 갔다. 그러면서 그 옛날 아버지가 모든 슈퍼마켓과 미용실에서 벌인 것과 같은 일대일 선거운동을 펼쳤다. "안녕하세요. 이번에 주지사에 출마한 래리 호건입니다. 소중한 한 표를 제게 던져주시기 바랍니다." 심지어 멘트도 변한 게 없었다. 우리는 실로 많은 사람을 만났다. 하지만 5개월 동안에 과연 우리가 수백만 명을 다 접할 수 있을까?

어쨌든 그러기 위해 노력해야 했다. 한 번에 한 명씩이라도.

우리는 때때로 열광적인 환호와 격려를 받았다. 그런 환대는 우리가 실제로 무언가를 해낼 수 있을지도 모른다는 무작위적인 암시로 느껴졌다. 이스턴쇼어에서 이스턴의 50번 국도에 면한 홀리데이인 Holiday Inn 주차장으로 선거운동 버스를 몰고 들어설 때였다. 옆의 레스토랑 주차장에서 나가는 대형 맥주트럭 한 대가 눈에 들어왔다. 트럭 기사가 우리를 보고 손을 흔들며 경적을 울렸다.

"호건!" 트럭 기사가 외쳤다. "래리 호건!"

나는 버스를 세우고 뛰어내려 인사를 건네며 악수를 청했다. 그가 하고 싶은 말이 있는 것 같아서였다.

"미스터 호건." 그가 말했다. "나는 흑인이고 평생을 민주당원으로 살았으며 단 한 번도 공화당 후보에게 투표한 적이 없습니다."

내가 고개를 끄덕였다.

"하지만 이번에는 당신에게 투표하겠습니다." 그는 특히 '당신'을 힘주어 말했다. "우리 가족 모두가 당신을 지지합니다. 그리고 내가 아는 모두에게도 당신을 찍으라고 말하고 있습니다."

"정말 고맙습니다." 내가 말했다. "정말 큰 힘이 되어주시는군요."

그러자 그가 이유를 설명했다. "저들이 빗물에다가 세금을 물린답니다!" 그가 믿을 수 없다는 표정을 지었다. "염병할 빗물에 세금을 물리는 게 말이나 됩니까?"

나는 웃으며 그와 셀카를 찍고 다시 한번 그의 지지에 감사를 표했다. 떠나기 전에 그가 물었다. "그 '민주당원도 호건에게' 범퍼 스티커 몇 장과 앞마당에 꽂을 알림판 두어 개 얻을 수 있나요?"

이후 몇 달 동안 브라운의 광고가 볼티모어와 워싱턴의 TV 시장을 장악할 것이 뻔했다. 우리는 TV 광고시간을 살 여력이 거의 없었다. 브라운에게는 전국의 기부자와 주의 도급업자들로부터 자금이 쏟아져 들어왔다. 모두 메릴랜드 차기 주지사와 관계를 트거나 유대를 강화하려 애썼다. 반면 내 공적 자금은 계속 줄어들고 있었다. 그렇다면 이 상황에서 어떻게 해야 침투에 성공할 수 있을까?

우리는 없는 돈을 쪼개어 제한적으로나마 여론 조사를 해보았다. 내가 공화당 예비 선거에서 이겼음에도 여전히 많은 유권자가 나를 잘 모르는 것으로 드러났다. 하지만 우리의 내부 여론 조사원이 주가

스틸 스탠딩

지금 올바른 방향으로 가고 있다고 생각하는지 아니면 잘못된 방향으로 가고 있다고 생각하는지를 묻자 3분의 2가 '잘못된 방향'이라고 답했다.

나는 생각에 잠겼다. 주민의 3분의 2가 주의 행보를 '잘못된 방향'으로 확신한다면, 무슨 이유로 같은 사람들을 책임자 자리에 앉히려 하는 것일까? 주 정부의 잘못된 행보에 대해 가장 큰 책임을 져야 할 마틴 오말리는 이번 선거에 나오질 않았고, 앤서니 브라운은 현 주지사에 대한 높은 수준의 부정적 평가에서 멀찍이 비켜 서 있는 모양새였다. 사람들은 일반적으로 브라운에 대해 호의적인 견해를 피력했다. 대부분 나보다는 그에 대한 평가로 입을 여는 분위기였다. "현역 부주지사이고…… 예비역 대령인 데다가…… 메릴랜드 최초의 흑인 주지사도 나올 때가 되지 않았나 싶고…… 꽤 괜찮아 보이는 사람이라서……." 그러나 여론 조사원이 오말리에 대해 물었을 때에는 훨씬 더 거칠고 훨씬 더 부정적인 반응이 나왔다. 마흔세 차례의 세금 인상. 빗물세. 사업체와 퇴직자들의 엑소더스. 살아날 기미가 보이지 않는 경기……. 사람들은 이 모든 것에 울분을 터뜨렸다. 다들 오말리라면 이가 갈린다고 말했다. 그런 그들이 브라운은 괜찮게 보았다. 그리고 나에 대해서는 잘 몰랐다.

나는 이런 상황에서 정확히 무엇을 어떻게 해야 하는지 알 만큼은 정치밥을 먹은 사람이었다. 오말리와 브라운을 한데 묶고 나는 그들이 아니라는 것을 모두에게 인식시켜야 했다. 유권자들에게 '오말리-브라운 정부'와 '오말리-브라운 세금 인상'을 계속 각인시켜야 했다. "두 사람이 지난 8년 동안 손을 잡고 이 정부를 이끌었습니다. 여러분은 진정 그런 상황이 계속 연장되길 바라십니까?"

이 부분에 실로 내 기회가 잠재했다. 나는 그것을 확신했다. 나는 분열을 조장하는 사회적 문제에 휘말려 들어가는 것만 피하면 되었다. 그래서 사람들이 "낙태에 대해서는 어떻게 생각하십니까?"라고 물을 때마다 "저는 경제를 살리는 데 집중하고 있습니다"라고 답하곤 했다. 사람들이 "동성 결혼에 대해서는 어떻게 생각하십니까?"라고 물었을 때에도 "그건 이미 결론이 난 사안입니다. 저는 오로지 경제의 회생 방안에 관심을 쏟을 생각입니다"라고 답했다. 실로 그랬다. 나는 사람들에게 다시 일자리를 찾아주고 '오말리-브라운 집권 8년'이 망쳐놓은 경제를 되살리고 싶었다. 나는 사람들에게 계속해서 말했다. "더 이상은 참을 수 없습니다. 우리는 오말리-브라운의 집권 3기를 감내할 여력이 없습니다."

사람들이 "아무렴, 그건 안 되지. 그런 꼴은 우리도 못 보지"라는 반응을 보이기 시작하자 나는 의미 있는 진전이 이루어지고 있음을 알 수 있었다.

천천히, 아주 느리게 이루어지고 있었지만, 나는 실로 그것을 느낄 수 있었다. 우리는 야금야금 잘라 먹으며 지지세를 넓혀갔다.

"저 친구, 공화당 후보인가 본데, 정말 열심히 뛰는군." 사람들이 말했다. "이름이 뭐지? 내가 신경 쓰는 문제에 대해서 말하는데…… 안 다니는 데가 없구먼."

우리는 작은 엔진이었지만, 여전히 가속 페달을 힘껏 밟았다. 언론이나 중앙당은 아직 우리에게 많은 기회를 주지 않고 있었지만, 내 자신감은 커져만 갔다. 이것은 생각보다 더 중요한 부분이다. 당신이 이길 수 있다고 믿지 않는다면, 당신의 선거운동원과 자원봉사자들 역시 승리의 가능성을 믿지 않는다. 그리고 유권자들은 당신에게 승산이 있다고 생각할 때 표를 던져줄 가능성이 훨씬 커진다. 애초의 내 생각은 '11월 선거에서 이변을 일으킬 확률이 10~20퍼센트'라는 것이었다. 하지만 생각이 달라지기 시작했다. '어쩌면 30퍼센트는 되지 않을까.' 그리고 그 수치는 35에서 40으로 올라갔다. 느리지만 확실하게 추진력을 얻고 있었으며, 우리만 그것을 알아차린 것도 아니었다.

7월 4일 던독에서 열린 독립기념일 퍼레이드에서 특별한 일이 발생했다.

볼티모어 카운티의 동부에 위치한, '맥주에 위스키를 섞어놓은' 느낌의 소도시인 던독은 놀랍도록 흥미로운 공동체다. 강력한 가톨릭 교구가 자리하고 머리를 위로 올려 벌집 모양을 만드는 헤어스타일이 주류를 이루며 자랑스러운 과거를 추억하는 애국적인 도시다. 베들레헴 제철Bethlehem Steel의 스패로스포인트 공장은 한때 지구상에서 가장 큰 제철소로 전장 6.5킬로미터에 달하는 부지에 3만 명의 직원을 고용했다. 스패로스포인트의 강철은 금문교의 대들보와 조지워싱턴 다리의 케이블, 1차 세계 대전 및 2차 세계 대전에서 맹위를 떨친 수십 척의 전함 등에 쓰였다. 그 대규모 제철소가 문을 닫은 이래로 던독 사람들은 불안정한 은퇴 생활과 보수가 좋은 일자리의 부족을 포함하여 다양한 걱정거리에 시달렸다. 전통적으로 민주당이 강세를 보인 던독에서는 지난 73년 동안 단 한 번도 선출직 출마 공화당원이 더 높은 득표율을 올린 적이 없었다.

나는 우리가 메릴랜드 서부와 이스턴쇼어에서 이길 수 있다는 것을 알고 있었다. 반면에 진보적인 몽고메리 카운티와 민주당의 조직 기반이 특히 탄탄한 프린스조지 카운티 및 볼티모어시에서는 승산이 없었다. 한편 볼티모어 카운티는 진정한 접전지라 할 수 있었는데, 특히 던독이 속한 동부 지역이 그랬다. 독립기념일 아침, 수천 명의 던독 시민들이 7시부터 잔디와 현관에 의자를 내놓고 앉아 첫 번째 버드라이트Bud Light나 내티보Natty Boh를 홀짝이며 8시에 출발하는 독립기념일 퍼레이드를 기다렸다.

우리는 선거운동 버스를 퍼레이드에 합류시켰다. 호건-러더포드 티셔츠도 넉넉히 준비했고, 알림판을 들고 행렬을 따를 자원봉사자도 적잖이 확보했다. 나는 퍼레이드 내내 버스 앞쪽에서 거리의 이편과 저편을 지그재그로 달리며 인간이 할 수 있는 최대한의 악수를 나눴다. 반바지와 '체인지 메릴랜드' 폴로 셔츠에 야구모자를 쓴 나는 마당이나 현관에 사람이 나와 있으면 곧바로 달려가 인사를 하고 악수를 나눴다. 퍼레이드는 약 5킬로미터 도로에 걸쳐 펼쳐졌지만, 나는 족히 15킬로미터 이상을 달리고 적어도 2.5리터 이상의 땀을 흘렸을 것이다.

나는 내가 쏟은 그 모든 노력에 보상을 받았다.

"평생 민주당원이지만 이번에는 당신을 지지합니다." 던독의 한 주민이 내게 외쳤다.

"그 모든 세금이 지겨워요. 오말리는 꺼져야 해요."

"한 번도 공화당에 투표한 적이 없지만, 당신에게 투표할 겁니다."

모두 달콤한 음악처럼 들렸다. 던독의 이런 반응에 승리의 냄새를 맡을 수 있었다.

모퉁이를 돌자, 모든 군중이 일어서서 마치 야구장에서 파도타기 응원을 펼치듯 내게 환호를 보냈다.

민주당 텃밭으로 간주했기 때문인지 브라운은 구태여 참석하는 성의를 보이지 않았다. 대신에 그 큰 퍼레이드 행사에 러닝메이트인 하워드 카운티의 카운티장 켄 울먼Ken Ulman을 내보냈다. 군중은 울먼에게는 야유를 퍼붓고 내게는 환호를 보냈다.

퍼레이드가 끝나자, 나는 커다란 물병 하나를 다 비우고 버스의 내 자리에 철퍼덕 쓰러졌다. 선거본부의 임직원 열두 명이 나와 함께했다. "우리는 이 선거에서 이길 겁니다." 내가 그들에게 말했다. '우리가 이길 수 있다고 생각합니다'가 아니었다. '와, 우리가 실제로 이변을 일으킬지도 모르겠는걸요'도 아니었다. 내가 힘주어 한 말은 "우리는 이 선거에서 이길 겁니다"였다. 설령 나의 승리를 진정으로 믿는 사람이 아직 아무도 없더라도 나는 그것을 알고 있었다.

1월부터 6월까지 우리는 "그에 대해 들어본 적도 없다"에서 출발해 "그는 승산이 없다"와 "괜찮은 인물 같아 보인다"를 거쳐 "안 다니는 데가 없다"에 이르렀는데, 오늘 드디어 던독 거리에서 "싸워 이겨라" 와 "공화당에 투표한 적이 없지만 이번에는 당신에게 한 표 던진다" 라고 열광적으로 외치는 수천의 민주당원들을 만나게 되었다. 그들이 어떻게든 우리의 메시지를 들었고, 그에 공감하기 시작했다는 의미였다. 대성공이 아닐 수 없었다.

이제 내가 해야 할 일은 여론 조사원과 정치 전문가, 언론, 심지어 우리 당 지도자들까지 설득하는 것뿐이었다. 그들은 여전히 블루칼라 계층이 주류를 이루는 민주당 강세 주인 메릴랜드에서 내가 이기는 것은 불가능하다고 주장하고 있었다.

정말? 그게 그토록 어려운 일인가?

10장
제이미의 대응

앤서니 브라운이 여름 내내 펼친 전략에는 한 가지 큰 문제가 따랐다. 전혀 그에게 이롭게 작용하지 않는다는 것이 그것이었다.

우리는 이제 민주당원들의 관심이 없어도 앞으로 나아갈 수 있는 상황이었다. 우리 자신의 산소를 찾았기 때문이다. 우리의 메시지가 타깃에 적중하고 있었다. 지지 정당과 관계없이 많은 사람이 나와 똑같이 느꼈다. 사람들은 세금 인상이 지긋지긋했다. 그들은 통행료 인상도 납득하지 못했다. 침체 일로의 경제도 끔찍했고, 줄어드는 일자리도 걱정스러웠다. 그들은 메릴랜드에서의 생활이 갈수록 더 힘들어지는 것을 두려워했다. 그렇다면 오말리와 브라운이 꼭대기에 앉아 주 정부의 모든 것을 좌우하는 일당 독점 체제 말고 다른 무엇을 비난할 수 있겠는가?

우리가 자체적으로 수행한 여론 조사는(그리고 짐작건대 그들의 여론 조사도) 양 후보의 격차가 불편할 정도로 가까워진 것으로 나타났다. 미디어는 이런 상황 변화를 포착하지 않았다. 어째서 그런가? 그들은 돈을 절약하기 위해 승패가 이미 결정된 것으로 보이는 대결에 대해선 여론 조사를 실시하지 않았고, 각 후보의 자체 여론 조사는 신뢰할 수 없는 것으로 간주했다. 자의적으로 수행하고 자기 편에 유리한 결과만 도출할 게 빤하다는 것이었다.

그러나 브라운의 선거본부에서는 분명히 놀라고 있었다. 9월이 되자 그들은 포악한 용들을 풀어 놓았다. 잔인하고 사악한 일련의 TV 광고를 내보내며 나를 위험한 극우파로 몰아세우는 네거티브 공세에 돌입한 것이다. 자신감 있는 선두 주자라면 결단코 내보내지 않을, 당황해서 허둥지둥 내보는 듯한 그런 종류의 광고였다. 브라운의 광고는 볼티모어와 워싱턴의 TV 방송을 통해 연일 전파를 탔다. 한 광고는 쇼핑 카트에 공격용 총기들이 담긴 모습을 보여주며 학교 운동장 한쪽의 그네와 미끄럼틀을 배경으로 삼았다. 또 다른 광고에서는 내가 여성의 피임권을 박탈하고 산모의 생명이 위험에 처한 경우에조차도 낙태를 할 수 없게 만들 계획을 갖고 있다고 주장했다. 나에 대한 이런 식의 공격이 방송을 타기 시작하자 나는 그저 무시할 수 없다는 것을 알았다. 어떻게든 대응해야 했다. 중상모략을 담은 극악한 네거티브 광고였지만, 그럼에도 여전히 끔찍한 파괴력을 발휘할 수 있다는 것을 알고 있었다.

그런 광고가 나가기 시작한 날 아침에 둘째 제이미가 내게 전화했다. "아니 저들이 어떻게 아빠에 대해 이런 거짓말을 할 수 있어요?" 제이미는 분노로 치를 떨었다.

나는 즉시 선거본부의 고위 임원과 고문을 대상으로 긴급회의를 소집했다. 스티브 크림과 러스 슈리퍼, 마이크 리빗에게 선거본부로 들어와달라고 요청했다. "이러한 네거티브 광고 공세에, 특히 내가 여성들의 안티라고 말하는 공격에 즉각적으로 대응할 수 있는 방법을 찾아보자고 모이라 했습니다."

"문제는 우리의 자원이 매우 제한적이라는 겁니다." 스티브가 내게 상기시켰다. "선거운동이 끝나기도 전에 자금이 다 떨어질지도 모릅니다."

"저들의 손아귀에 말려들어 가는 것은 실수입니다." 마이크가 말했다. "우리가 제기한 문제를 중심으로 논쟁이 벌어져야지 저들이 제기한 문제 중심으로 돌아가서는 안 된다는 얘깁니다. 총기와 낙태가 선거운동의 핵심에 놓이면 안 됩니다. 세금과 경제에 대해 계속 이야기해야 합니다."

러스 역시 둘의 의견에 동의했다. "게다가, 설령 무리해서 광고전에 들어간다고 해도 우리는 특정한 효과를 볼 수 있을 정도의 충분한 광고시간을 구매할 수 있는 상황이 아니잖아요. 불편하긴 하지만, 그냥 무시하는 수밖에 없을 거 같습니다."

"여러분이 말한 모든 내용이 사실입니다." 내가 답했다. "하지만 우리가 대응하지 않으면 이번 선거는 끝난 거나 마찬가지입니다. 그러면 우리의 메시지가 무엇이든 아무런 의미도 없게 됩니다. 아무도 귀를 기울이지 않을 테니까요. 저들의 중상모략 공세가 나를 정의하도록 놔두면 우리의 선거운동은 죽는 겁니다."

좌중은 내 말에 수긍하는 것 같지 않았다. 모두 계속해서 대응하지 않는 전술의 논거를 제기했다. 그러나 나는 지금이 결정적인 순간이며 승부를 봐야 할 시점이라고 절대적으로 확신했다. "여러분의 의견 잘 들었습니다만, 그 모든 조언을 거부할 수밖에 없군요." 내가 말했다. "러스, 가능한 한 빨리 대응 광고를 마련해야 해요. 오늘이라도 당장. 그리고 우리가 함께 긁어모을 수 있는 최대한의 돈을 모아 확보할 수 있는 모든 광고시간을 사기로 합시다." 러스는 그의 파트너인 애슐리 오코너Ashley O'Connor, 그리고 여성 중심 광고의 개념 및 대본 작업에 능한 여성인 섀넌 차틀로스Shannon Chatlos 등이 속한 뛰어난 팀을 보유하고 있었다. 첫 번째 아이디어는 후보인 내가 직접 카메라 앞에 서서 내 입장에 대한 진실을 밝히자는 것이었다. "하지만 다른 방식을 시도해보고 싶은 마음도 있습니다." 러스가 말했다. "사모님이 전면에 나서는 광고는 어떨까요?"

영어는 아내의 제2의 언어였다. 나는 러스에게 카메라를 보고 말하는 방식의 광고 촬영을 아내가 편안하게 소화할 수 있을 것 같지 않다고 말했다.

"그러면, 따님은요?" 러스가 물었다. "그 검사 따님 말이에요."

"제이미?" 내가 말했다. "제이미라면 훌륭하게 해낼 수 있겠지요."

두어 시간 후 제이미와 나는 러스와 애슐리를 위시하여 영상 제작팀 전원, 그리고 카라 보우먼Kara Bowman과 아만다 앨런 등 캠프의 핵심 요원들과 함께 우리 집 거실에 모였다. 먼저 내가 상대의 공격에 직접 대응하는 내용을 담은 광고를 촬영했다. 모두 나의 낭독이 훌륭

　　　　　　　　　　　　　　　　　　　스틸 스탠딩

하다고 평했다. 이제 제이미의 차례였다. 팀원 중 한 명이 제이미에게 전문 방송인 수준의 풀메이크업을 해주었다. 제이미로서는 흔치 않은 경험이었다. 제이미의 첫 번째 낭독은 1~2초 정도 시간을 초과했다. 그녀는 두 번째 시도에서 깔끔하게 마무리했고, 그것으로 모든 촬영이 종료되었다. 러스가 두어 시간 후 내게 전화했다. "두 편의 1차 편집본을 보낼 테니 한번 보세요."

이메일 첨부 파일을 즉시 열었다. 나는 두 편의 광고를 살펴보고 러스에게 다시 전화를 걸었다. "내가 나오는 거는 쓰레기통에 버리고, 지금 찾을 수 있는 모든 일회성 광고시간을 구매해서 가능한 한 빨리 제이미의 광고를 내보내기로 합시다. 잔고 비워도 됩니다."

광고는 다음 날 아침 볼티모어 TV를 타고 나갔다. 더 비싼 DC의 미디어 시장은 감당할 수 없었다.

"우리 아빠 래리 호건 후보에 대해 말씀드리고 싶습니다." 제이미가 카메라를 향해 곧장 말했다. "아빠는 우리 엄마와 결혼하시고 세 명의 독립적이고 강인한 젊은 여성의 아빠가 되셨습니다. 그런 아빠를 여권 신장의 반대자로 몰아세우는 광고는 아주 잘못된 것입니다. 아빠는 처방전이 없어도 보험을 적용할 수 있는 피임법을 옹호하는 유일한 후보입니다. 그리고 아빠는 여성의 선택권을 보장하는 현재의 메릴랜드 법을 변경하지 않겠다고 약속했습니다. 아빠는 삶의 모든 단계에서 우리 자매들을 격려해 주셨습니다. 아빠는 우리를 사랑하는 만큼 메릴랜드를 사랑합니다. 매우 훌륭한 주지사가 될 것이 분명한 분입니다."

그 광고는 우리가 그 즉시 가속도를 다시 회복할 수 있을 정도로 강력했다. 제이미의 메시지는 긍정적이고 직접적이며 진심이 어렸기에 사람들이 감동할 수밖에 없었다. 자신감 넘치는 젊은 아시아계 미국인 여성이 아버지에 대해 그토록 따뜻한 애정을 피력했는데, 말 한마디 한마디에 도덕적 권위까지 실려 있었다. 나는 딸에게 깊은 고마움을 느꼈다. 그 광고는 여성에게 다가서기 위해 설계된 것이었다. 하지만 남자들이 내게 다가와서 말했다. "따님이 나온 그 광고, 정말 대단합니다. 나도 딸들에 대해서 생각하게 되더라고요." 우리의 광고는 그렇게 브라운의 극악한 중상모략을 완전히 무력화시켰다.

그럼에도 상대 후보는 여전히 24시간 내내 네거티브 광고로 우리를 두들겨댔다. 나에 대한 그의 공격은 10 대 1의 비율로 전파를 타고 있었고, 우리와 비교할 때 브라운은 여전히 세상의 모든 돈을 다 가진 상대였다. 그러나 엄청난 돈을 쏟아붓고 있었음에도 브라운의 선거운동은 갑작스러운 영향력 상실에 직면했다. 우리가 꾸준히 긍정적인 태도를 유지한 까닭에 상대방은 무모하고 비열해 보였다. 사람들은 이렇게 말했다. "저 앤서니 브라운이란 사람, 정말 싫어. 도대체 왜 훌륭한 가정을 꾸린 선량한 사람을 맨날 저렇게 씹어대는 거야?" 나의 딸 제이미가 나온 30초짜리 광고 한 편이 큰 위협을 큰 승리로 바꿔놓은 셈이었다.

이 부분에서 오해가 없길 바란다. 그 시점에서도 나는 여전히 가망 없는 약자로 간주되고 있었다. 다만 사람들이 내가 중도에 포기하지는 않을 거라는 사실을 깨닫기 시작했고, 양측에 대한 비교가 뚜렷해졌을 뿐이었다. 나는 이제 유권자들에게 정치에 실망해서 나선 옆집 아저씨로, 긍정적이고 현실적인 인물로 여겨지고 있었다. 반면에 브라운에 대해선 거만하고, 특권의식이 있으며, 부정적이고, 사람을 무시한다는 인식이 늘어나고 있었다. 그는 공화당에서 형식적으로 내세운 이 성가신 상대를 쉽사리 제거하고 대관식을 치를 수 있을 것으로 판단했을 터였다. 그런데 어느 시점부터 그는 내가 의외로 맷집이 세다는 생각을 갖지 않을 수 없었다. 그가 생각했던 것만큼 쉽사리 다운되지 않았던 것이다. 두더지 두둑이 그가 상상했던 것보다 조금 더 컸던 모양이다. 나는 가슴이 터지도록 열심히 뛰고 있었다.

열심히 뛰는 것 못지않게 적절한 메시지를 전하고 공격에 대응하는 것도 중요했다. 더불어 내가 메릴랜드의 차기 주지사가 되려면, 토론회에서 상대방과 정면으로 맞붙을 수 있다는 것을 보여주고 그를 당황하게 만들 방법도 찾아야 했다.

브라운은 아주 똑똑한 인물이었다. 광채로 번득이는 이력서만 봐도 알 수 있었다. 하지만 그는 또한 성격이 딱딱하고 뻣뻣했다. 그는 개방적이고 친절한 사람이 아니었다. 선거운동을 진행할 때도 그는 많은 부분을 대본에 의존했으며 주의 깊게 준비한 지침에 따라 움직였다. 그의 이러한 경직성은 TV 토론회에서 내게 유리하게 작용했다. TV 토론은 세 차례 열렸다. 10월 7일에 열린 첫 번째 토론은 양측에서 예측한 그대로 진행되었다. 나는 경기 침체 문제로 브라운을 몰아세우고 오말리의 세금 인상에 대해서도 같이 책임져야 한다고 말했다. "메릴랜드의 납세자들이 고통에 겨워 신음을 토해내고 있습니다. 더 이상 견딜 수가 없는 겁니다."

브라운은 두 차례나 러닝메이트로 뛴 오말리와 거리를 두려고 애썼다. "앞으로 새로운 세금은 전혀 없을 겁니다." 그는 그렇게 약속한 후 나를 극우주의자로 몰아붙였다. 나는 지루해서 하품이 다 나왔다. 첫 번째 토론회 당일에 발표된 〈워싱턴포스트〉와 메릴랜드 대학의 합동 여론 조사 결과는 투표장에 반드시 나갈 것이라는 유권자 가운데 47퍼센트는 브라운을, 38퍼센트는 나를 찍을 것으로 나타났다. 우리의 격차는 9퍼센트포인트였으며 마음을 아직 정하지 못한 유권자는 11퍼센트였다. 이전의 18퍼센트포인트에서 절반으로 격차가 줄었으니 우리가 지지세를 넓히고 있는 상황이었지만, 그래도 여전히 갈 길은 멀었다.

상황이 재밌어진 것은 10월 13일 두 번째 TV 토론회에서였다. 이번에는 연단에 서는 대신 WJLA 뉴스채널 8의 앵커 데스크에 나란히 앉았다. 자리에 앉자마자 나는 브라운이 자신의 앞쪽에 순서도 같은 도표가 그려진 A3 용지를 한 더미 놓은 것을 알아챘다. 자신의 대응과 답변을 상기하기 위한 상세한 로드맵이었다. '이 친구가 이것에 대해 말하면, 이렇게 응수하고…… 또 이렇게 말하면 이렇게 답한다.' 내 앞에 놓인 것은 물이 담긴 머그컵 한 개뿐이었다.

카메라가 우리를 잡았다. 논쟁이 곧 시작될 터였다. 나는 브라운이 긴장했다는 것을 알 수 있었다. 나는 그런 모습이 이상해 보였다. 거의 만 8년을 부주지사로 일한 데다가 아이비리그 출신의 변호사 아닌가. 선거자금도 거의 2천만 달러나 확보했으면서……. 나는 약체 도전자였고, 어떤 선출직에도 뽑혀본 적 없는 중소기업인에 불과했다. 게다가 공적 자금에 의존해 선거를 치르고 있고 자원봉사자들도 오합지졸이 모인 모양새였다. 나는 생각했다. '이 사람이 왜 이렇게

긴장하는지 모르겠지만, 흔들어놓기에 적기가 아닌가.'

내 바로 앞에 있는 카메라에 달린 커다란 디지털 시계가 라이브 토론의 카운트다운에 들어갔다. 10초, 9, 8, 7, 6, 5……. 나는 몸을 기울여 부주지사에게 속삭였다. "저기요, 앤서니. 거기 적어온 메모랑 답변 내용 여기서 다 보여요." 그리고 생방송에 들어갔다!

뉴스채널 8의 앵커 브루스 드푸잇Bruce DePuyt은 브라운을 돕기 위해 최선을 다했다. 그렇게 편파적인 토론 사회자는 본 적이 없었다. 내게 던지는 첫 번째 질문에서 드푸잇은 뜨거운 총선 쟁점에 해당하는 네 가지 주제, 즉 동성 결혼 허용문제와 젊은 이민자를 돕는 드림액트 법안Dream Act, 낙태권, 총기 규제를 거론한 후 이렇게 주장했다. "후보님이 주류 공화당원이라면 이 네 가지 모두에 반대표를 던졌을 겁니다. 그렇게 해놓고 이번 선거에서는 유권자들에게 메릴랜드의 기본적인 가치관을 공유하지 않는 사람을 찍어달라고 요청할 수 있는 겁니까?"

'뭐 이런 멍청이가 다 있나!' 나는 속으로 생각했다. '누구의 사주를 받은 거야?' 그러나 나는 미끼 물기를 거부했다. 그저 '재밌어지겠군'이라는 생각이 들 뿐이었다. 나는 그동안 선거운동을 벌이며 누차 밝혔던 입장을 되풀이해 표명했다. "다들 아시다시피 그 주제들에 대한 모든 결정은 이미 법으로 확정된 상태입니다. 메릴랜드의 유권자들이 결정을 내렸다는 뜻이지요. 메릴랜드 주지사로 당선되면 취임식에서 선서를 해야 합니다. 메릴랜드 주법을 지키겠다는 맹세 말입니다. 우리는 해당 주제들과 관련해 확립된 정책 가운데 어떤 것도 되돌리거나 변경하는 조치를 취하지 않을 겁니다."

그런 후 후보 간의 공방이 개시되었다.

나는 주 정부의 과도한 지출을 놓고 브라운에게 강타를 날렸다. "우리의 경제는 지금 엉망진창입니다. 메릴랜드의 모든 사람들이 그 것을 아는데 브라운 후보님만 모르는 것 같군요." 나는 메릴랜드의 오바마케어 웹사이트의 문제에 대해서도 공격을 가했다. 그 웹사이트는 문을 여는 것과 거의 동시에 다운돼버렸다. 그로 인해 메릴랜드는 2억 6,100만 달러의 손실을 입었다. "완전한 재앙이 따로 없었지요."

브라운은 웹사이트 출범 시의 실책에 대해 일부 책임을 인정했지만, 어쨌든 이제는 전보다 훨씬 더 많은 수의 메릴랜드 주민들이 건강보험의 혜택을 입고 있다고 강조했다. "아무것도 하지 않았다면 오히려 그 비용이 더 커졌을 겁니다." 그리고 브라운은 다시 자신은 환경을 보호하기 위해서라면 어려운 결정도 내릴 줄 아는 후보라고 역설했다. 나는 그 말에 이렇게 받아쳤다. "메릴랜드는 빗물에 세금을 부과하는, 미국에서 유일한 주입니다."

토론이 끝나자 다른 모든 매체에서 나온 기자들이 밖에서 우리를 기다렸다. 나는 나가서 모든 이의 질문에 답했다. 브라운은 뒷문으로 몰래 빠져나가 측근들과 함께 차를 타고 주 경찰의 호위를 받으며 가버렸다. 그가 적어온 모든 답변이 보인다는 내 말이 내내 신경 쓰였던 것으로 보였다.

10월 18일 오윙스밀스에 있는 메릴랜드 공영 TV 스튜디오에서 열린 마지막 토론회에서는 전보다 더욱 치열한 공방이 펼쳐졌다. 우리는 메릴랜드 시골 지역의 특별한 관심사에 관한 토론에 집중하기로 되어 있었다. 천연가스 시추와 비료 규제 문제가 주요 쟁점이었다. 그러나 우리는 또한 다른 문제를 놓고도 수많은 펀치를 교환했다.

브라운은 자신이 오말리의 꼭두각시가 아니라고 주장했다. 무대 뒤에서 자신이 조용히 이견을 밝힌 적이 한두 번이 아니었다고 몇 차례나 반복해서 언급했다. "저는 그가 일전에 제안한 모기지 이자 공제 안건에 대해 동의하지 않았습니다." 그가 말했다. "다만 그것에 대해 공개적으로 말하지 않았을 뿐입니다. 또 몇 년 전 주지사가 메릴랜드에 기술세를 도입하는 법안에 서명했을 때에도 동의하지 않았습니다." 결국은 폐지된 세금이었다.

하지만 사실, 두 사람을 분리하는 것은 불가능했다.

한 시간의 상당 부분이 그런 식으로 흘러갔다. 내가 다시 마흔세 번의 오말리-브라운 합작 세금 인상으로 인한 경제의 황폐화와 건강보험 웹사이트의 붕괴로 인한 경제적 손실을 언급하자 브라운은 나를 '실패를 응원하는 성향의 소유자'라고 비난했다. 나에게 '무엇이든 잘못되기만을 바라는 인물'이라는 프레임을 씌우기 위해 주의 깊게 연습까지 해서 준비한 또 하나의 선정적인 어구였다.

"제가 실패를 응원한다고요?" 내가 믿을 수 없다는 듯이 받아쳤다. "제가 만약 그런 사람이라면 브라운 후보님이 주지사가 되도록 내버려 두었을 겁니다!"

'헉' 하고 숨을 내쉬는 소리가 들렸다. 브라운의 표정이 멍해졌다. 그런 후 볼살을 씰룩거리더니 눈을 깜빡이며 입술을 핥았다. 그렇게 그는 2~3초 동안 말을 잃었다.

이 장면을 잡은 영상이 블로그와 소셜미디어에 널리 퍼졌고, 그와 더불어 전국적인 미디어들이 우리의 약체 선거운동을 눈여겨보기 시작했다. 한 신문은 헤드라인을 이렇게 뽑았다. '메릴랜드 부주지사의 내장을 들어낸 공화당 후보'

11장
승리 확신

우리는 미국에서 가장 험난한 주에서 자력으로 5야드 라인에 도달했다. 훌륭한 메시지와 초당파적 풀뿌리 조직, 민첩한 직원, 활기찬 자원봉사자 군단으로 거기에 이르렀다. 부족한 돈을 다량의 땀으로 메꾸며 일궈낸 성과였다.

그렇다면 우리가 엔드존을 넘도록 힘을 써줄 덩치 큰 풀백은 어디에 있는가?

지난 수개월 동안 우리는 공화당 주지사 협의회에 우리의 레이스에 관심을 가져달라고 간청했다. 공화당 주지사 협의회의 존재 이유 자체가 미국 전역에서 공화당 주지사를 당선시키기 위한 것 아닌가. 그렇다면 메릴랜드는? 이 협의회의 회장인 뉴저지 주지사 크리스 크리스티Chris Christie는 이번 선거 시즌을 위해 사상 최고 기록에 해당하는 1억 3,000만 달러를 모금했으며, 20여 개의 주에 그 돈을 쏟아붓고 있었다.

협의회는 우리의 문의에 계속 똑같은 말로 답했다. '메릴랜드는 승산이 있는 레이스의 목록에 들어있지 않습니다. 공화당 주지사 협의회는 가능성이 없는 조직에 투자하지 않습니다.' 결국 우리의 끈질긴 요구에 약간의 압박감을 느낀 협의회는 우리의 자체 여론 조사 결과를 검토해보기로 했다. 당시 민주당 주지사 협의회에서 우리를 공격하는 광고를 게재하고 있던 정황도 참고가 되었다. 그것은 당연히 의미가 있는 신호였다. 민주당에서 적어도 어느 정도는 위협을 느끼고 있다는 신호였으니까 말이다.

9월 17일 크리스티 주지사가 베데스다에 와서 나를 위한 오찬 모금회를 주관했다. 그와 나는 즉각적으로 마음이 통했다. 우리는 오랜 친구처럼 어울렸다. 그는 민주당 강세 주(메릴랜드만큼 그렇게 블루칼라 계층이 주류를 이루진 않지만 그래도 다수인 주)에서 주지사로 선출된, 이웃집 아저씨 같은 매력의 중도적인 공화당원이었다. "뉴저지에서 온 이 사람도 호건 후보가 처한 것과 같은 종류의 환경에서 두 차례나 주지사에 당선되었습니다." 크리스티는 레드우드 레스토랑 밖에 진을 친 기자들에게 이렇게 말했다. "그런 선거도 얼마든지 뒤집을 수 있다는 뜻입니다."

아주 좋았다. 하지만 크리스티는 여전히 공화당 주지사 협의회의 수표책을 열 준비는 되어있지 않았다.

러스 슈리퍼는 계속 그에게 매달리고 있었다. 러스는 41대 부시와

43대 부시, 그리고 미트 롬니Mitt Romney의 대선 선거운동에 자문을 제공했을 뿐 아니라 뉴저지 주지사의 2009년 및 2013년 선거운동에도 참여한 바 있었다. 이제 두 사람은 전국을 돌아다니며 다른 공화당 후보들의 선거운동을 돕고 있었다. "메릴랜드는 어떻게 할 겁니까?" 러스가 다음번 동행에서 크리스티에게 물었다. "래리 호건 말입니다."

"아, 좀 봐줘요." 주지사가 말했다. "당신이 호건과도 손잡고 일하는 거 잘 알아요. 하지만 알잖아요. 메릴랜드라고요!"

"말이 안 된다는 건 압니다." 러스가 인정했다. "하지만 분명히 말씀드립니다만, 지금 거기 분위기가 바뀌고 있습니다."

"러스, 제발 그만합시다." 크리스티가 가로챘다. "우리가 신경 써야 할 주가 한두 곳이 아니잖아요. 메릴랜드는 거기에 속하질 않아요."

이후 몇 주에 걸쳐 러스는 그 얘기를 두세 차례 더 꺼냈다.

"러스." 크리스티는 다소 격앙된 목소리로 응했다. "또 메릴랜드 얘기예요?"

"5퍼센트포인트 이내로 격차가 줄었다는 여론 조사 결과가 나와서 그럽니다." 러스는 물러서지 않았다.

"말도 안 돼." 크리스티가 눈썹을 치켜올렸다.

러스는 그에게 여론 조사 결과를 보여주었다. "이거 진짜예요?" 크리스티가 물었다.

"예, 진짜입니다." 러스가 굳건히 답했다.

"어떻게? 메릴랜드인데?"

"주지사님." 러스가 말했다. "지난 수개월 동안 말씀드리려 하지 않습니까? 4월부터 조금씩 따라잡은 겁니다."

"아니, 돈도 없는 사람이 대체 뭘 어떻게 한 거요? 셋 중 둘이 민주당원인 주에서⋯⋯?"

러스는 우리의 절제되고 일관적인 메시지와 오말리에 대한 주민들의 좌절, 흥미를 끌지 못하는 브라운, 민주당원과 무당파 사이에서 일고 있는 움직임 등 모든 것을 설명했다. "모르겠어요, 러스." 크리스티가 말했다. "말이 안 되거든요. 오케이. 우리가 자체적으로 여론 조사를 해봐야겠어요."

러스가 크리스티에게 매달려 있던 동안 우리의 또 한 명의 컨설턴트 마이크 리빗은 자신의 친구인 공화당 주지사 협의회의 사무총장 필 콕스Phil Cox를 압박했다. 하지만 필 콕스는 크리스티에게 협의회 계정에 메릴랜드에서 무언가를 할 수 있는 돈이 남아 있지 않다고 보고했다. 크리스티는 이렇게 반응했다. "러스 이 친구 입이라도 좀 다물게 해야 하니까, 있는 대로 긁어모아서 여론 조사는 한번 해봅시다."

그들은 그 결과 모두를 나와 공유할 수 없었다. 주지사 협의회는 개별 후보의 선거운동과는 별도로 움직여야 하기 때문이었다. 하지만 나중에 들은 바에 따르면 공화당 주지사 협의회의 여론 조사에서는 나와 브라운이 동률인 것으로 나왔다. 협의회의 여론 조사가 우리의 여론 조사보다 더 나은 결과를 보여준 것이다!

콕스는 크리스티에게 전화했다. "주지사님, 좋은 소식과 나쁜 소식이 있습니다. 좋은 소식은 호건이 스스로 생각하는 것보다 더 잘하고 있다는 것입니다. 메릴랜드의 판세가 현재 막상막하인 것으로 나왔습니다."

"나쁜 소식은 뭔가요?" 크리스티가 물었다.

"나쁜 소식은 우리에게 지금 돈이 없다는 겁니다."

"우리는 이 사람을 도와야 해요." 크리스티가 마침내 마음을 돌려 말했다. "상상할 수 있는 가장 적대적인 지역에서 혼자 힘으로 여기 까지 온 후보잖아요. 이기는 지역 하나 더 추가합시다."

"하지만 우리가 할 수 있는 일이 없습니다." 콕스가 말했다. "2~3주 밖에 남지도 않았고, 돈도 없고……."

"우리의 신용대출 한도가 남아 있잖아요?" 크리스티가 물었다.

"그것을 선거에 사용할 수는 없습니다." 콕스가 경고했다. "그것은 선거 후에 우리의 운영 비용으로 쓰기 위해 남겨둔 겁니다."

"그것을 쓰면 안 된다고 누가 그래요?" 크리스티가 물었다.

콕스는 "그런 전례가 없습니다"라고 답했다.

"그것을 사용하려면 내가 뭘 어떻게 해야 하나요? 집행위원회에 얘 기하면 되나요?"

"사실은 그 위원회에서 단 한 분만 동의해주시면 됩니다."

크리스티는 인디애나 주지사 마이크 펜스Mike Pence에게 전화했다. "마이크." 그가 말했다. "우리의 지원 목록에 경합 지역을 한 곳 더 추 가하기 위해 대출을 받는 문제에 대해 의논하려고 전화한 거예요."

"좋습니다." 펜스가 말했다.

"메릴랜드를 추가하자는 겁니다." 크리스티가 말했다.

전화선 너머로 긴 침묵이 흐른 후 펜스가 물었다. "크리스, 술 마시 고 있었어요?"

그들은 신용으로 이용할 수 있는 130만 달러 전부를 대출받았고, 우리가 지난 1년 내내 강조했던 내용과 매우 흡사하게 들리는, 메릴랜드의 세금 정책을 질타하는 직설적인 메시지를 내보내는 데 다 썼다. 그렇게 우리는 값비싼 워싱턴 미디어 시장에 처음으로 의미 있게 진출했다. 우리 캠프에서는 값이 절반에 해당하는 볼티모어 TV에 마지막 남은 자금을 다 털어넣었다.

이것으로 충분할까?

선거운동 막바지에 접어들자 민주당 사람들이 얼마나 큰 걱정에 사로잡혔는지 소개하고 싶다.

그들은 당의 대형 스타 네 명 모두를 메릴랜드로 투입해 앤서니 브라운을 돕게 했다. 버락 오바마와 미셸 오바마, 빌 클린턴과 힐러리 클린턴이 바로 그 4대 스타였다.

빌 클린턴이 먼저 10월 12일에 도착해 브라운의 모금 행사에 많은 지지자를 끌어들였다. 버락 오바마는 그 일주일 후에 출현해 프린스 조지 카운티에 있는 헨리와이즈주니어 Henry A. Wise Jr. 고등학교의 체육관을 8,000명의 군중으로 채웠다. 사전 투표가 막 시작되던 시점이었다. 힐러리 클린턴은 10월 30일 고등학교 밴드의 연주가 울리는 가운데 메릴랜드 대학교 캠퍼스에 등장해 학생들에게 투표소에 나가 소중한 한 표를 행사해달라고 호소했지만, 릿치 콜로세움에서 행한 그녀의 연설 중 일부는 친이민 정책 반대 시위대의 함성에 묻혀버렸다. 브라운의 선거본부는 선거일 전야에 이르러서야 가장 강력한 무기를 꺼내 들었다. 볼티모어 전쟁기념관을 가득 메운 군중 앞에 미셸 오바마 영부인을 내세우는 작전이 그것이었다. "내일 집에 그대로 계시면 다른 사람들이 우리의 운명을 결정하게 놔두는 것입니다." 그녀는 힘주어 강조했다.

오바마 부부와 클린턴 부부는 민주당의 명실상부한 드림팀이었다. 민주당 후보에게 그보다 더 강력한 지원 세력은 있을 수 없었다.

우리의 선거운동에는 현직이든 전직이든 대통령이나 영부인이 나서주지 않았다. 하지만 나는 우리가 펼친 마지막 군중 유세가 맘에 들었다. 크리스 크리스티만큼 군중에 활력을 불어넣을 수 있는 연사는 어디에도 없었다. 그는 선거일 전 일요일에 내려와 볼티모어 빙고 홀에 모인 1,000여 명의 군중 앞에 섰다.

TV 카메라의 조명을 받으며 행사장에 들어설 때 크리스티와 나는 밧줄을 따라 늘어서서 환호하는 지지자들과 일일이 악수를 나눴다. 덩치 큰 남자가 손을 내밀며 "저 기억하세요?"라고 물었다.

익숙한 얼굴이었다. "이스턴에서 만난 그 트럭 운전사입니다. 염병할 빗물세에 대해 얘기했었잖아요." 그가 말했다. 나는 그를 크게 안아주었다. "여기까지 와주시다니, 믿기지 않습니다." 내가 말했다. "정말 감사합니다."

"후보님이 이길 거예요." 그가 사람들의 환호를 뚫고 외쳤다.

무대에 오른 크리스티는 아무도 막을 수 없었다. "오늘 공항에서 여기로 오는 도중에 아주 재밌는 기사를 읽었습니다." 뉴저지 주지사가 군중을 향해 입을 열었다. 마틴 오말리 주지사가 자신이 직접 고른 후임자 앤서니 브라운 부주지사에 대해 '조금 불안해하고 있다'는 내용을 담은 〈워싱턴포스트〉 기사에 대한 이야기였다. "저는 지금 TV 카메라를 통해 내 친구인 마틴 오말리 주지사에게 직접 말하고 싶습니다." 크리스티는 특유의 조롱하는 어투로 말했다. "이봐, 마티!

불안해하느라 시간 낭비하지 말고, 그냥 사무실을 정리해서 래리 호건에게 넘겨줄 준비나 하게."

군중의 환호성이 터져 나왔다.

"진심일세, 마티. 그냥 마음을 접게나." 크리스티는 계속해서 브라운을 인기 없는 주지사와 연결했다. "사악한 마티 오말리, 세금만 올려놓은 마티 오말리, 돈만 펑펑 쓴 마티 오말리, 이틀 후면 자네에게 수식어가 또 하나 붙을 걸세. 빅 루저 마티 오말리!"

크리스티는 내 러닝메이트 보이드 러더포드와 나를 가리키며 군중에게 약속했다. "우리가 지금부터 48시간 동안 이 두 인물을 위해 움직이면, 이 사람들은 다음 4년 동안 여러분을 위해 뛸 것입니다."

크리스티의 진심이 느껴졌다. 그리고 다음에 이어진 상황에서도 그랬다.

그가 나를 소개하자, 나는 마무리 연설을 하러 연단에 올랐다. 뉴저지 주지사는 마이크 앞을 떠나 무대 한쪽의 의자에 앉아 있던 나의 83세 아버지 옆에 섰다. 내가 나중에 들은 내용이다. 내가 연설을 이어가던 중에 아버지는 크리스티의 재킷 자락을 당겼다.

크리스티는 아버지를 내려다보았다.

"주지사님." 아버지는 나의 유창한 연설은 뒤로하고 이렇게 물었다. "정말 내 아들이 이길 수 있다고 생각하세요?"

크리스티는 계속 아버지에게 시선을 두고 있었다. "어르신, 아드님이 차기 메릴랜드 주지사입니다."

눈물이 아버지의 눈에서 철철 흘러내렸다.

그럼에도 언론과 소위 전문가들은 감을 못 잡고 있었다.

투표 전날 유명한 선거 예측가인 네이트 실버Nate Silver는 앤서니 브라운이 메릴랜드 주지사 선거에서 나를 이길 확률이 94퍼센트라고 밝혔다. 실버는 가장 가능성이 큰 결과는 브라운이 9.7퍼센트포인트 차이로 승리하는 것이라고 결론 지었다. 이것은 단지 어떤 사람의 직감이 아니었다. 실버의 파이브서티에잇FiveThirtyEight 블로그는 '선거와 기타 주제에 대한 설득력 있는 이야기를 전달하기 위해 구체적인 수치와 통계 분석'을 이용한다고 주장했으며, 2012년 대통령 선거에서 50개 주 전체의 결과를 정확하게 예측한 것으로 유명했다. 그런 실버가 이제 민주당이 또 하나의 큰 승리를 거두는 과정에서 내가 마치 벨트웨이의 로드킬처럼 희생되는 것인 양 말하고 있었다.

〈볼티모어선〉과 〈워싱턴포스트〉는 브라운의 승리에 대한 예측을 너무도 확신했기에 몇 주 동안 여론 조사도 하지 않았다. 10월 2일에서 8일 사이에 실시된 그들의 최종 여론 조사들은 평균 8퍼센트포인트 차이로 내가 지는 것으로 나타났다. 대조적으로, 선거일을 일주일 앞두고 여론 조사 전문회사 WPA 인텔리전스Intelligence를 통해 실시한 우리의 최종 여론 조사는 우리가 5퍼센트포인트 앞서는 것으로 결과가 나왔다. (WPA에 따르면 9월에는 우리가 5퍼센트포인트, 10월 중순에는 1퍼센트포인트 뒤처져 있었다.) 이것은 내가 현장에서 느끼는 분위기와 공화당 주지사 협의회가 여론 조사를 통해 포착한 내용을 확증해주는 결과였다. 판세가 우리 쪽으로 기울고 있었다.

그러나 누가 자체 여론 조사를 믿는가? 언론이나 전문가, 선거 예측가들은 믿지 않았다.

모든 곳에서 이길 필요는 없었다. 그러나 우리는 민주당 색채가 짙은 메릴랜드에서 공화당원이 일반적으로 얻는 것보다는 훨씬 더 나은 성과를 올려야 했다. 던독의 7월 4일 퍼레이드에서 만난 팬들이 부디 우리를 잊지 말았기를 바랐다. 판세를 살펴보니 공화당원이 보통 60퍼센트대의 득표율을 기록하는 메릴랜드 서부와 이스턴쇼어의 카운티들에서 우리는 80퍼센트를 얻어야 했다. 동시에, 민주당의 가장 강력한 텃밭인 몽고메리 카운티와 프린스조지 카운티, 볼티모어시에서는 통상 90퍼센트를 챙기는 저들의 득표율을 60퍼센트대로 줄여놓아야 했다. 그리고 모든 접전 지역에서 우리가 승리를 거두어야 했다. 결국 우리는 공화당 표는 모두, 무당파 표는 거의 전부, 그리고 민주당 표에서도 상당한 수를 획득해야 한다는 얘기였다. 이는 우리가 단 한 차례의 실수도 없이 게임을 주도하는 가운데 모든 것이 제대로 맞아떨어질 때 승리를 거둘 수 있다는 의미였다.

우리는 금고의 마지막 자금과 공화당 주지사 협의회의 독립적인 자금으로 끝까지 상대를 두들겼다.

우리는 계속해서 경제 관련 메시지를 무기로 삼았다.

우리는 계속해서 공화당에 투표한 적이 없는 사람들에게 손을 내밀었다.

우리는 계속해서 '오말리-브라운'을 강조했다.

그리고 전문가들이 여전히 또 하나의 메릴랜드판 민주당원 나들이라고 확신하는 유권자 행렬이 투표소로 이어지던 날, 한때 설득력이 없던 우리의 가능성은 이번에는 약체가 이길지도 모른다는 유혹적인 전망을 조장하며 결과를 알 수 없는 상황을 예고하고 있었다.

12장
핵폭발

미국에서 가장 큰 이변을 일으키며 승리를 거두었다는 사실을 나는 처음에 어떻게 알게 되었을까? '메릴랜드의 당선자가 확정되었습니다'라는 방송사의 발표가 아니었다. 거의 자정에 이를 때까지 그런 방송 멘트는 나오지 않았다.

앤서니 브라운의 패배 인정 및 축하 전화도 아니었다. 그것은 훨씬 나중에 왔다.

우리 선거본부의 데이터 전문가와 여론 조사 전문가가 신중하게 분석한 수치도 아니었다.

내가 승리를 처음 알게 된 것은 우리가 자리 잡은 호텔의 스위트룸 문을 두드리는 소리를 통해서였다.

아내와 세 딸, 그리고 아버지가 나와 함께 스위트룸에 있었다. 물론 내 러닝메이트 보이드 러더포드와 그의 아내 모니카Monica, 그리고 캠페인팀의 핵심 멤버인 스티브 크림과 러스 슈리퍼, 마이크 리빗, 카라 보우먼 등도 자리를 함께했다. 우리 모두는 그렇게 아나폴리스 웨스틴 호텔에 모였고, 우리의 지지자들은 아래층의 캐피탈볼룸에 앉아 초조하게 대형 TV 화면을 지켜보거나 바에 마련된 술로 힘을 돋우고 있었다.

모든 것에 영원과 같은 시간이 걸렸다. 아무도 전화를 걸어오지 않았고, 선언을 하지도 않았으며, 인정을 하지도 않았고, 발표를 하지도 않았다.

우리의 선거운동팀은 투표가 끝난 오후 8시부터 주 전역을 대상으로 개략적인 집계를 뽑아봤다. 이들은 프로였다. 한 시간 안에 그들은 우리가 미국에서 가장 큰 정치적 이변을 일으킬 것으로 확신했다. 전통적인 공화당 텃밭에서는 거의 싹쓸이에 성공했고, 볼티모어 카운티에서는 민주당원들에게 놀랍도록 효과적으로 침투한 것으로 드러났다 '땡큐, 던독!' 아울러 볼티모어시와 몽고메리 카운티에서도 민주당의 낙승을 막았다. 프린스조지 카운티는 잃었지만, 이전의 공화당원이 겪은 것과 같은 참패는 아니었다. 우리는 오바마와 클린턴의 강력한 지지를 받은 아프리카계 미국인 후보를 상대로 상당한 수의 흑인 및 히스패닉 표도 챙겼다!

그러나 메릴랜드 선거관리위원회는 집계 발표에 늦장을 부리고 있었다. 평소보다 많이 늦었다. 왜 이렇게 오래 걸리는 걸까? 언론 매체에서는 출구조사도 하지 않았다. 메릴랜드는 접전 지역이 아니라고 판단한 탓이었다. 그런 까닭에 선관위의 집계 발표가 없는 상태에서 그들이 확정 선언을 할 이유도 없었다. 브라운은 우리에게 전화를 거는 것도, 자신의 선거일 밤 파티장에 나타나 패배를 인정하는 것도 거부하고 있었다.

그렇게 모든 게 너무 오래 걸리고 더디게 진행되면서 스위트룸에 앉은 나는 스트레스가 가중되고 있었다.

"더 이상 기다리지 못하겠소." 내가 마침내 스티브에게 말했다. "아래층으로 내려갑시다. 사람들이 계속 기다리고 있잖아요. 내려가서 승리를 축하하는 연설을 합시다."

냉철한 팀원 몇몇이 말 그대로 내 재킷을 부여잡았다. "기다려야 합니다." 러스가 말했다. "브라운이 패배를 인정하거나 AP 또는 방송사 한 곳에서 당선 확정 발표를 해야 합니다. 그냥 내려가서 '내가 승자'라고 말하면 안 됩니다."

"왜 안 돼요?" 내가 말했다. "우리가 이겼는데."

나는 방 안을 서성거리기 시작했다. 선거본부 직원들은 내 주의를 다른 데로 돌리려고 애썼다. 하지만 내 흥분은 가라앉지 않았다. 러스가 특히 열심이었다. 그는 전에도 이와 같은 상황을 경험한 바 있다고 말했다. "한시라도 빨리 내려가고 싶은 마음, 잘 알아요." 그가 여섯 살짜리 아이 달래듯 말했다. "하지만 기다려야 합니다."

모든 사람이 나를 설득하기 위해 한마디씩 거들었다. 심지어 카라와 같은 젊은 직원들까지 나섰다. 갑자기 다들 선거일 밤 행동 수칙의 전문가가 된 듯했다.

아버지는 나보다 더 화가 난 목소리였다. "젠장, 어째서 그 자식은 아직도 패배 선언을 하지 않는 거야?"

크리스 크리스티는 아예 전화통을 껴안고 있는 거 같았다. 그 뉴저지 주지사는 30분마다 전화를 걸었다. "어떻게 돌아가고 있나요? 뭐 새로 들어온 소식은 없어요?"

크리스티는 나만큼 흥분했다. 서로 친구가 되었기에 사적으로도 들떴고 공화당 주지사 협의회의 회장이었기에 공적으로도 기대에 찼다. 그는 기억에 남을 밤을 보내고 있었다. 전국 각지에서 주지사 선거의 승전보가 날아오고 있었다. 더욱이 우리 쪽은 그의 필승 목록에서 빠져 있었던 곳이 아니던가. 그가 늦게나마 개인적으로 나서주지 않았다면 결과가 어떻게 되었을지 모르는 일이었다. 그래서 그는 자신도 약간의 공로를 인정받을 자격이 있다고 생각했다. "만약 우리가 이 일을 해내면, 그것은 역대 최고의 성과가 될 거예요." 그가 말했다.

"상황이 아주 좋아 보여요." 나는 계속 그에게 말했다.

"확실해요?"

"예, 확실해요."

더 오래 기다리면 지지자들이 집으로 돌아갈까 봐 걱정되었다. 내 자신의 승리 파티를 놓치고 싶지 않았고, 텅 빈 파티장에서 혼자 떠들고 싶지도 않았다.

직원들은 걱정하지 말라고 했다. 군중은 흥분의 도가니에 휩싸인 상태라 아무도 가지 않을 거라는 거였다.

그와 동시에 브라운 캠프의 '승리 파티'가 열린 메릴랜드 대학 동문회관에서 보고가 들어왔다.

"저쪽은 다들 자살하겠다고 난리예요." 누군가가 말했다. "모두가 떠나고 있답니다. 측근들이 브라운을 무대로 끌어올려 패배를 인정하게 만들려고 하는데, 그가 거부하고 있답니다. '아직은 안 돼'라면서 버티고 있다는 거죠."

우리는 더, 조금 더 기다렸다.

마침내 스위트룸의 문을 두드리는 소리가 났다.

메릴랜드 주지사는 다른 모든 주의 주지사와 마찬가지로 주 경찰의 요인경호팀에 속한 사복 차림의 무장경호원들에 의해 보호된다. 4명의 메릴랜드주 경찰관이 문밖에 서 있었다.

"주지사님." 그들 중 한 명이 말했다. "저희는 주지사님을 보호하기 위해 온 경호팀입니다."

주지사님! 난생처음 들어보는 호칭이었다.

그 노크를 공식적인 통지로 간주할 수 있는 것인지 모르겠지만, 어쨌든 그것이 내가 메릴랜드 주지사로 선출되었음을 확인한 방식이었다. 비공식적인 공식 확정이 이뤄진 셈이다.

"우리가 해냈소." 내가 아내에게 소리치자 아내는 크게 팔을 벌리고 내게 달려왔다. 세 딸과 두 명의 사위 루이스와 벤이 그 뒤를 따랐고 내 형제 네 명 전부도 줄을 섰다. 모두가 황홀감에 휩싸였다. 나는 보이드와 모니카에게 몸을 돌려 그들을 껴안았다. 그러면서 그다지 웅변적이지 않은 말을 토해냈다. "이게 현실이 될 줄이야……."

나는 아버지에게 다가갔다. 청력이 쇠약해진 아버지는 TV 앞에 앉아 사람들에게 연신 "조용히, 조용히 좀, 잘 안 들리잖아"라고 말하고 있었다. 그는 TV 화면에 너무 집중한 나머지 처음에는 내가 다가온 것을 알아채지 못했다.

"아버지." 아버지의 눈을 응시하며 내가 말했다. "어언 40년이 걸려서 마침내 주지사 관저에 래리 호건이 들어가게 되었어요."

아버지는 아무 말도 하지 않았다. 하지만 몇 초도 지나지 않아 기쁨의 눈물이 아버지의 온 얼굴을 덮었다.

나는 지난 세월 아버지를 기준으로 나 자신을 평가하고 나의 성과 역시 아버지의 그것과 견주어 정의했다. 그것이 내게 크나큰 도전이었음은 말할 필요도 없을 것이다. 나는 살아온 시간의 대부분 동안 아버지를 자랑스러워했다. 내가 주지사로 선출되었다는 사실을 알린 후 아버지의 눈을 들여다보면서 나는 아버지가 나를 얼마나 많이 자랑스러워하는지 처음 진정으로 느꼈다.

문 앞의 경호원과 아버지의 눈물, 그 두 가지는 이것이 실제 상황이라는 사실을 확인해주었다. 나는 아버지를 껴안았다. 나와 포옹을 마친 아버지는 방을 돌아다니며 모두를 껴안았고 나도 재차 그렇게 했다.

마침내, 메릴랜드 전 선거구 가운데 87퍼센트의 개표가 완료된 시점에서 AP가 당락이 확정되었음을 발표했다. AP의 타전을 받은 전국 TV 방송들은 래리 호건이 52퍼센트 득표율, 앤서니 브라운이 46퍼센트 득표율을 올린 현 시간부로 래리 호건의 당선이 확정되었다고 보도했다.

분명 앤서니 브라운의 인생에서 가장 걸기 힘든 전화였을 것이다. 하지만 그는 전화기 너머에서 더할 나위 없이 품위 있는 자세를 취했다. "미스터 호건." 그가 말했다. "진심으로 축하드립니다. 앞으로 최고의 행운이 함께하길 기원합니다."

나는 그에게 감사를 표하며 말했다. "앤서니, 전화 주셔서 정말 고맙습니다. 당신에게 심심한 존경을 바칩니다. 군인으로서 그리고 부주지사로서 국가와 주에 봉사해주신 데 대해서도 감사드립니다. 조만간 직접 만나서 얘기 좀 나눴으면 좋겠습니다."

그 역시 그러길 바란다고 했다.

그 무렵 스위트룸은 밑에서 올라오는 선거본부 사람들로 터져나갈 듯했다. 짐 브래디Jim Brady, 개리 맹검Gary Mangum, 톰 켈소Tom Kelso, 에드 던Ed Dunn 등 처음부터 함께 뛴 사람들과 자원봉사자, 후원자, 지지자들이 계속해서 올라왔다. 크리스티도 전화했다. 이번에는 전화기에 대고 거의 고함을 질러댔다.

"어이 친구, 나도 그 자리에 함께하고 싶소!" 그가 말했다. "당장 헬기 타고 갈 테니까 좀 기다려줘요. 내가 도착할 때까지 승리 연설을 하지 말고 좀 기다려주면 안 될까요?"

"주지사님, 정말 감사합니다. 저는 당연히 주지사님을 이 자리에 모시고 함께 축하의 자리를 즐기고 싶습니다. 하지만 여기 이 사람들은 더 이상 기다릴 수 없습니다. 말 그대로 지금 이 호텔을 다 부숴버리려 하고 있거든요."

그는 계속 고집을 부렸지만, 내가 말을 잘랐다. "주지사님은 이미 충분히 도와주셨습니다. 저를 믿어주신 데 대해 어떤 말로도 감사를 다 표현하지 못할 지경입니다. 뉴저지에서 보내준 기갑부대가 없었다면 정말 우리는 이기지 못했을 겁니다! 하지만 승리 연설은 지금 당장 내려가서 해야 합니다."

마침내 연회장에 도착해서 보니 난장판이 따로 없었다. 나의 자신감이 지지자들에게 힘을 실어준 것은 사실이었지만, 그들 대부분은 여전히 믿을 수 없는 일이 벌어졌다는 충격에서 허덕이는 듯 보였다. 연단에 올라가는 동안 TV 카메라들로 이루어진 커다란 둑도 눈에 들어왔다.

나는 긴 헌사 목록으로 연설을 시작했다. 감사를 드려야 할 사람이 많았다. 아내와 가족들. 아직 눈물이 가시지 않은 아버지는 키스해 달라고 뺨을 내밀어 감사의 말을 중단시켰다. 보이드와 그의 가족. 우리의 소수정예 캠프 직원들과. 체인지 메릴랜드의 자원봉사자들…….. 나는 크리스 크리스티가 이 자리에 오고 싶어 얼마나 안달했는지도 얘기했다. 그리고 8년 동안 메릴랜드를 위해 봉직한 마틴 오말리와 앤서니 브라운에게도 공개적으로 감사를 전했다.

선거일 밤은 승자에게는 언제나 더할 나위 없이 짜릿하다. 하물며 모두가 가망이 없다고 보던 도전자가 승리의 월계관을 거머쥐었으니 오죽하겠는가. 나는 지난 세월 나 자신의 경우를 포함해서 낙선한 후보자들의 '승리 파티'에만 참석했었다. 짐작하겠지만, 그런 파티는 이렇게 신명이 나는 것과는 거리가 한참 멀었다. 이 사람들은 지난 1년 동안 이 선거운동에 피와 땀과 눈물을 쏟아부었다. 이들은 자축할 권리를 따낸 사람들이었다. 이들 중 상당수는 내가 아래층으로 내려오길 기다린 그 네 시간 동안 술을 마셨다. 따라서 그들에게 활기가 넘쳤다고 표현한다면, 그것은 과소평가에 해당할 것이다.

나는 말을 이었다. "진정, 메릴랜드의 역사적인 밤입니다! 다들 여기 메릴랜드에서는 불가능하다고 했습니다. 하지만 우리가 함께 그

스틸 스탠딩

것을 가능으로 바꿔냈습니다." 이제 모든 곳의 모든 사람이 내게 주의를 기울일 터였다.

"여러분, 우리는 아나폴리스에 크고 분명한 메시지를 보냈고, 전국 각지에서 우리의 메시지를 들었습니다. 여기 계신 여러분의 도움 덕분에 우리는 63년 만에 메릴랜드에서 가장 큰 변화를 일으킬 수 있는 권한을 확보했습니다." 사실 거기 모인 사람들이 인식하길 바라며 이 말을 한 것은 아니었다. 정확히 이해하는 사람이 거의 없을 게 분명했다.(볼티모어의 개혁 시장인 시어도어 루스벨트 맥켈딘[Theodore Roosevelt McKeldin]이 메릴랜드의 53번째 주지사로 선출된 것이 1951년이었다. 그는 그때까지의 주 역사상 최초로, 그리고 유일하게 재선에 성공한 공화당 주지사였다. 그것을 떠올리자 내가 앞으로 추구해야 할 또 하나의 목표가 즉각적으로 생긴 것이었다.)

하지만 그저 승리감에만 도취해서 이 밤을 보낼 수는 없었다. 놀랍게도 공화당원을 주지사로 선택한 이 블루칼라 주에서 사람들을 하나로 모을 수 있는 새로운 기회였기에 그랬다. 미국이 갈수록 종족 중심화되고 분열되는 상황에서 메릴랜드는 그 반대 방향으로 갈 수 있다는 가능성을 보이지 않았는가. "이 선거전은 처음부터 공화당원과 민주당원 사이의 싸움이 아니었습니다. 그보다 더 중요한 의미가 있는 선거전이었다는 얘깁니다. 이것은 메릴랜드의 미래를 위한 싸움이었고 싸울 가치가 있는 싸움이었습니다. 오늘 메릴랜드의 유권자들은 속임수와 분열의 정치를 거부했습니다…… 오늘 수많은 민주당원이 '때때로 정당은 너무 많은 충성심을 요구한다'고 했던 존 F. 케네디의 지혜에 찬동하고 따랐습니다."

우리가 선거에서 이겼다고 해서 다른 후보를 지지한 사람들은 잊어도 된다는 의미가 아니라고 강조했다. "여러분이 어떤 당의 지지자인지는 중요하지 않습니다. 여러분이 누구에게 투표했는지도 중요하지 않습니다. 중요한 것은 내일부터 우리가 함께 힘을 모아 우리의 위대한 메릴랜드를 되살리기 위해 노력해야 한다는 점입니다. 우리가 직면한 이 심각한 문제는 공화당 문제도 아니고 민주당 문제도 아닙니다. 그리고 우리가 이 문제를 해결하는 유일한 방법은 함께 앉아 서로 손을 부여잡고 실제적이고 초당적이며 상식적인 해결책을 찾아내는 것입니다."

사람들은 열렬히 환호했다. 그들이 정말로 그 일이 잘될 것으로 생각했는지는 모르겠지만, 어쨌든 그것은 지난 1년 동안 믿었던 메시지였다. 우리는 서로 성향이 다른 구성원이 함께 힘을 모아 매우 힘겨운 선거운동을 이겨냈다. 그런 그들을 앞에 두고 나는 공화당원과 민주당원 사이에 증오를 없애겠다고, 오직 희망만이 있도록 하겠다고 맹세했다.

"내일부터 함께 새로운 역사를 써 내려가는 겁니다."

이제 무대에서 내려가 파티를 즐길 시간이었다. 연설을 마치자 장내는 더욱 거칠어졌다. 말 그대로 미쳐 날뛰는 분위기였다. 이제 10여 명의 주 경찰이 무대 위에 포진해 있었다. 그들은 내 주위에 경계를 형성하고 광적으로 날뛰는 군중을 예의주시했다. 나는 내 옆의 경사 한 명에게 몸을 기울여 "내가 저기로 좀 내려가려고 하오"라고 말했다.

"그러시지 않는 게 좋겠습니다." 그가 답했다.

"음, 조언은 고맙소만 어쨌든 저 사람들하고 좀 어울려야 해요. 여러분들이 잘 보고 있으니까 믿고 내려가 볼게요." 경호 경찰들이 서로를 쳐다보며 마치 '이런, 정말 내려가려나 보네'라고 말하는 듯한 눈빛을 교환했다.

오말리 주지사는 군중 속으로 들어가는 경우가 별로 없었다. 곧 전직 주지사가 될 그 사람과 나는 성향이 매우 달랐다. 그는 주민들과 어울리거나 따뜻한 호감을 발산하는 인물이 아니었다. 행사장에도 무대 뒤에서 나타나 무대 뒤로 빠져나가는 사람이었다.

하지만 나는 경호 경찰들이 뒤를 따르는 가운데 환호하는 군중 속으로 밀고 들어가 악수를 하고 포옹을 하고 셀카에 포즈를 취하고 감사를 전하며 나머지 밤을 보냈다. 나는 오늘이 있도록 도와준 사람들과 그렇게 함께 어울리며 승리를 축하했다.

결국 오말리 주지사에게서도 전화가 왔다. 그는 앤서니 브라운만큼 친절한 목소리가 아니었다. "주지사님, 안녕하십니까?" 내가 인사했다.

"뭐, 당신만큼 안녕하다고는 할 수 없겠지요." 그가 말했다.

그는 나의 당선을 축하하며 인수인계 과정에 도움을 제공하겠다고 했다. 그의 말이 의미 그대로 받아들여지지 않았다.

나는 밤을 지새며 축하 행사가 끝나지 않기를 바랐다. 그 모든 것을 일일이 몸으로 느끼며 그 놀라운 밤의 모든 순간을 기억하고 싶었다.

우리의 승리로 언론계와 정계는 충격파에 휩싸였다.

'놀라운 이변'. 〈볼티모어선〉의 헤드라인이었다.

〈워싱턴포스트〉도 정확히 똑같은 문구를 사용했다. "공화당 사업가 래리 호건이 민주당의 텃밭인 메릴랜드에서 놀라운 이변을 연출했다."

'메릴랜드의 호건, 브라운에 충격적 패배 안겨'. 〈폴리티코Politico〉의 선언이었다.

"공화당원이 어떻게 메릴랜드 주지사 선거에 이길 수 있었을까?" 〈뉴요커〉는 의문문으로 시작했다. "화요일 밤 래리 호건이 현직 부주지사인 앤서니 브라운을 꺾는 이변을 일으킨 게 분명해졌을 때, 많은 민주당원은 이와 같은 질문을 던지지 않을 수 없었다."

'놀라운 이변'은 그 주의 인기 표현이 되었다.

폭스뉴스Fox News의 객원 칼럼니스트 찰스 크로서머Charles Krauthammer는 더욱 생생한 용어를 동원했다. 그는 나의 승리를 '핵폭발'이라고 표현하며 놀라움을 금치 못했다. "우리 모두 앤서니 브라운이 낙승할 것으로 봤다. 그래서 메릴랜드 주지사 선거에는 아무도 관심을 기울이지 않았다. 그것에 대해 얘기하는 것을 들어본 적이 있는가? 공화당원 래리 호건이 아무도 모르는 곳에서 느닷없이 튀어나온 것이다."

사실 나는 랜도버놀스를 거쳐 아나폴리스에서 튀어나왔다. 농담이다. 요점은 이해했으리라 믿는다.

영화 주인공에 빗댄 표현도 쏟아져 나왔다.

'정계의 루디Rudy'. 한 TV 리포터는 나를 그렇게 불렀다. 갖은 역경을 극복하고 노트르담 대학 미식축구팀의 수비수로 깜짝 발탁되었지만 내내 벤치 신세를 면치 못하다가 동료 선수들의 도움으로 종료 30초 전 출전한 경기에서 조지아 공대의 쿼터백을 태클로 저지해 팀의 승리를 지킨 후, 관중들의 열광적인 환호를 받으며 동료들의 목말을 타고 운동장을 떠나던 그 단신의 후보 선수를 떠올린 것이다. 실화를 바탕으로 한 영화 '루디 이야기Rudy'의 내용이다. 이런 식의 행운을 거머쥐는 것은 결코 나쁜 일이 아니다.

또 어떤 이는 나를 '정계의 씨비스킷Seabiscuit'으로 칭했다. 핌리코 경마대회에서 삼관왕에 빛나던 1등 예상마를 추입으로 따라잡아 우승하고 '올해의 미국 경주마'로 선정된 서러브레드에 빗댄 것이다. 이 역시 실화를 토대로 쓴 동명의 소설을 영화화한 '씨비스킷Seabiscuit'의 내용이다.

물론 그런 평가가 다 맘에 들었다. 하지만 굳이 할리우드에서 롤모델을 뽑아야 한다면, 나는 나름대로 추천하고 싶은 인물이 있었다. 앤서니 브라운이 분한 아폴로 크리드Apollo Greed와 대결을 벌인 록키Rocky가 나와 더 비슷하다고 생각했다. 그 블루칼라 사내는 아침 6시에 일어나 날달걀을 마시고 고깃덩이를 주먹으로 치며 챔피언 타이틀전을 준비했다. 그것이 내가 선거전을 치르던 내내 느낀 방식이었다. 나는 땀에 전 옷을 입고 뛰던 반면 상대는 트레이너들이 걸쳐주는 아름다운 비단 가운을 입고 유유자적했다.

예리한 시각을 자랑하는 〈볼티모어선〉의 미디어 칼럼니스트 데이비드 주라윅David Zurawik은 내가 녹다운될 확률이 94퍼센트라던 파이브서티에잇의 확신에 찬 예측을 조롱했다. "네이트 실버의 제단을 숭배하는 모든 정치 관계자들이 어떻게 그가 메릴랜드 주지사 선거를 그렇게 잘못 짚을 수 있었는지 설명하는 것을 듣고 싶어서 못 견딜 지경이다."

실버는 조직 내의 선임 정치 분석가 중 한 명을 앞세워 '메릴랜드

주지사 선거를 잘못 예측한 계기 비행'이란 제목으로 피해를 최소화
하기 위해 노력했다.

"화요일 밤에 예상 밖의 결과가 나온 선거구 가운데 한 곳이 유독
두드러진다. 메릴랜드가 그곳이다." 해리 엔튼Harry Enten은 이렇게 썼
다. "파이브서티에잇의 주지사 선거 모델은 민주당의 앤서니 브라운
이 공화당의 래리 호건을 9.7퍼센트포인트 차로 이길 것으로 예측했
다. 브라운이 승리할 확률은 94퍼센트였다. 하지만 실제로는 호건이
브라운을 5퍼센트포인트 차로 눌렀다. 우리의 예측은 비슷하지조차
않았다."

사실을 직시했다는 점에서 실버의 대리인에게 점수를 줄만 했다.
하지만 이어서 교활한 방어 논리를 늘어놓는 바람에 그는 애써 얻은
점수를 다 뺏겼다.

"어떻게 된 것인가? 첫째, 이길 확률이 94퍼센트라는 것은 때로는
질 수도 있다는 뜻이다(정확히 말하면 질 확률은 6퍼센트이다). 호건이 이길
확률은 지난 3월의 전미대학체육회NCAA 남자 농구 토너먼트에서 14
번 시드의 머서Mercer가 3번 시드의 듀크Duke를 이겼을 때의 확률과 거
의 비슷했다. 약체가 강팀을 이길 수도 있는 것이다."

엔튼은 파이브서티에잇의 예측 모델이 공개 여론 조사에 의존하는
데 메릴랜드에서는 모두가 민주당의 낙승을 예상하던 터라 한동안
여론 조사가 실시되지 않았으며, 파이브서티에잇은 각 후보 조직의
자체 여론 조사는 신뢰하지 않는다고 덧붙였다.

아무러면 어떠하랴. 이른바 전문가들에게는 멋진 밤이 아니었다.

사전 투표와 기명 투표, 부재자 투표를 포함해 모든 투표가 집계되

스틸 스탠딩

자 호건-러더포드 팀은 88만 4,400표(51퍼센트)를 받은 것으로 나왔다. 브라운-울먼 팀은 81만 8,890표(47퍼센트)를 얻었으며, 나머지는 자유당 후보와 다양한 무효표로 나뉘었다.

이길 가능성이 전혀 없던 후보가 얻은 결과치고는 나쁘지 않았다.

나는 두어 시간 눈을 붙이고 일어나 아침 7시에 회의를 가졌다. 새로운 경호팀의 팀장인 찰리 아돌리니Charlie Ardolini가 나와 아내가 웨스틴을 떠나기 전에 만나기를 청했기 때문이다. 그는 내 삶과 가족의 삶이 어떻게 변할 것인지 정확히 설명해야 한다고 했다.

"기존에 타시던 차량은 저희가 댁으로 옮겨 놓겠습니다." 그는 사무적으로 말했다. 내 차는 검은색 쉐보레 타호 SUV였다. 다시 말하겠다. 내 차는 조금 전까진 검은색 타호였다. "더 이상 직접 운전하시는 일은 없을 겁니다." 찰리가 말했다. "지금 이 순간부터 임기가 끝나는 날까지 저희가 하루 24시간 내내 함께 움직입니다."

찰리를 처음 만난 것은 아니었다. 얼릭 내각에서 일할 때부터 알고 있었다. 그는 그때든 지금이든 직업의식이 투철한 인물이었다. 어쨌든 그의 얘기의 요점은 내가 앞으로 4년이 약간 넘는 시간 동안 그의 팀이 24시간 초점을 맞추는 대상이 된다는 것이었다.

그는 우리가 맺게 된 새로운 관계의 메커니즘을 일부 설명했다. 그는 내게 양해를 구하는 등의 격식은 생략하고 그냥 설명했다. 경호 인력이 작동하는 방식과 그의 팀원들이 우리 가족 및 직원들과 상호 작용하는 방식 등에 대해 말하곤, 경호팀에서 필요 이상으로 간섭하는 일은 없도록 노력하겠지만 해야 할 일이 있을 땐 제대로 하겠다고 덧붙였다.

그런 모든 것에 익숙해지는 데 약간의 시간이 소요될 것 같았다.

아내와 나는 1월에 공식적으로 취임한 이후에야 주지사 관저로 들어가는 상황이었다. 하지만 경호원들은 바로 오늘부터 엣지워터의 수변 주택 밖에 주둔할 터였다.

찰리와의 미팅을 끝내고 보니 언론 매체들이 호텔 밖에 진을 치고 있었다.

일반적인 선거 취재 특파원들과 주 청사나 의회 출입 기자들만이 아니었다. 내가 메릴랜드의 깜짝 주지사 당선자였던 까닭에 지역은 물론이고 전국의 인쇄 매체와 TV, 온라인 미디어까지 총동원되었다. 내가 찾아갈 필요가 없었다. 모두 기꺼이 호텔로 찾아와 내가 일찍이 기자 회견장에서 경험해본 바 없는 장사진을 이루고 있었다. 선거운동의 피로가 겹친 데다 승리 파티에서 술까지 마시고 잠도 별로 못 잔 상태라 최상의 모습과는 한참 거리가 멀었다. 하지만 승전의 분위기는 이런저런 불완전함을 덮어주는 법이다. 나는 경험으로 그것을 알고 있었다.

"선거운동은 끝났습니다." 내가 말했다. "이제 행정이 시작됩니다. 오늘 아침 아내와 저는 서로를 바라보며 '좋은 아침이오, 영부인', '안녕히 주무셨어요, 주지사님', 이렇게 인사를 나누었습니다. 참으로 흥미로운 느낌이 일더군요."

기자들은 당선 소감과 인수위원회 구성안, 내각 및 비서진 구성 계획 등에 대해 물었다. 하지만 아직 기자와 공유할 구체적인 내용이 많지 않았다. 다만 내 앞에 막중한 과업이 놓여 있음을 인식할 뿐이었다.

"우리는 어떤 일이든 초당파적인 방식으로 처리할 것입니다." 내가 말했다.

나는 곧 주 입법부의 지도자들과 모든 민주당 의원들을 만날 것이라고 발표했다. 또 인수위원회도 양당의 인사들을 고루 선정해서 구성할 것이라고 했다. 아울러 부주지사 당선자인 보이드 러더포드와 우리 캠프의 총괄선거대책위원장이었던 짐 브래디Jim Brady가 공동 인수위원장을 맡게 될 것이라고 말했다. 브래디는 이전에도 두 명의 주지사, 즉 민주당의 패리스 글렌데닝Parris Glendening과 공화당의 밥 얼릭의 정권 인수위원장을 맡은 바 있었다. 처음부터 초당파적으로 가는 것이었다.

13장
새로운 주지사

　험난했던 선거 기간이 마침내 막을 내리자 곧바로 하고 싶은 일이 머릿속을 스쳤다. 우선 좀 쉬자는 것이 그 일이었다. 아내와 함께 주말 내내 휴식을 취하며 메이커스 마크Maker's Mark 위스키를 곁들여 예상치 못한 승리를 느긋하게 음미하고 싶었다.

　하지만 그럴 기회는 오지 않았다.

　대신에 나는 주 정부 전체의 구성안을 도출해야 했는데, 2개월 반 안에 그 일을 완료해야 했다. 준비가 되든 안 되든, 보이드와 나는 1월 21일에 취임할 터였다. 그사이에 우리는 선거본부를 정리하고 인수위를 꾸리고 주지사 집무실 직원을 고용하고 내각의 각료와 비서진, 기관장 등 고위직을 맡길 수백 명을 선별해야 했다. 그와 동시에 우리는 주요 정책의 우선순위를 정하고 입법안을 구성하고 주 예산의 초안을 도출하고 새로운 행정팀을 주 청사와 모든 주 공공기관에 배치하는 등 취임 첫날부터 직무에 들어갈 준비를 해야 했다. 그리고 취임식과 취임 축하 무도회도 계획하고 어젠다를 밝히는 취임 연설과 각종 발표문도 작성하고 엣지워터 집의 짐을 정리해 아나폴리스의 역사적인 주지사 관저로 이사할 준비도 해야 했다. 그밖에도 미처 떠올리지 못한 많은 다른 일도 처리해야 할 터였다.

1년 동안의 선거운동도 힘들었지만, 향후 몇 개월 역시 공원 나들이와 같지는 않을 것임이 분명했다.

선출직을 맡은 적이 한 번도 없었지만, 어떤 면에서 보면 나는 이전의 여러 주지사보다 더 많이 준비된 셈이었다. 전임자 대부분과 달리 나는 사업주였다. 실제로 사람을 고용하고 무언가를 운영해봤다는 뜻이다. 외부인이긴 했지만, 평생을 정치에 관여했다. 내각 각료로 4년을 봉직한 것도 큰 도움이 되었다. 그 4년은 내 나름의 주 정부를 구축할 때가 되자 내게 유리한 출발을 선사했다. 나는 최우선 사항부터 짚어보았다. 누가 기꺼이 도우러 나설까?

나는 세상에서 가장 똑똑한 사람은 아니지만 가능한 한 최고의 인재들로 팀을 꾸려야 한다는 것을 알 만큼은 똑똑했다. 정부에서 일한 경험이 있든 없든 상관이 없었다. 사실 나는 특히 민간 부문에서 사람들을 찾고 있었다. 사람을 이끄는 방법을 알고 정부가 현실 세계에 어떤 영향을 미치는지 아는 친구들 말이다. 공화당원이나 민주당원이냐, 그것도 상관없었다. 우리의 인수위와 행정부를 위해서 나는 단순히 최고를 찾고 있었다. 그에 덧붙여 신뢰할 수 있는 정직한 인물이면 족했다.

나는 크레이그 윌리엄스Craig Williams를 비서실장으로 임명하고 인수위의 일상 업무까지 챙기게 했다. 크레이그는 내가 아는 가장 똑똑하고 유능한 인물 중 한 명이었다. 그는 얼릭 주지사의 비서실 부실장을 역임했으며 지금은 국제적인 바이오 제약 회사의 고위 임원으로 재직 중이었다. 공직을 떠나 민간 부문에서 적잖은 세월 동안 돈이 되는 경력을 쌓아온 그에게 다시 공직으로 돌아오도록 설득하는 데에는 얼마간의 시간이 필요했다. 하지만 나는 설득을 잘하는 사람이다.

2002년 주지사로 선출된 얼릭은 2006년 오말리에게 정권을 넘길 때 주 정부의 공적 자금 수십만 달러를 직원 급여와 사무실 임대료, 그리고 여타 인수위 활동의 비용으로 쓰도록 조치했다. 하지만 이제 퇴임을 앞둔 오말리는 우리만큼 관대하지 않았다. 그는 인수위 활동비로 5만 달러의 예산을 책정했다. 우리는 권력을 넘겨받는 데 들어가는 비용을 대기 위해 돈을 모아야 했다. 여전히 선거본부에서 일하고 있던 터라 직원들에게 계속 임금을 지불해야 했다. 물론 인수위 활동의 중요한 작업 대부분은 수십 명의 자원봉사자가 도왔지만, 그래도 비용이 들어가는 곳이 한두 군데가 아니었다.

샘 말호트라Sam Malhotra는 국방부 도급업체를 운영하는, 크게 성공한 사업가로서 우리의 선거운동 초기에 첫 번째 모금 행사를 자신의 저택에서 주최한 바 있었다. 공직을 통해 사회에 보답하길 원했던 그는 어떤 것이든 가장 험난한 자리를 맡겨달라고 했다. 나는 그를 인적자원부 장관으로 임명했다. 그의 임무는 일자리를 절실하게 필요로 하는 사람들에게 중요한 서비스를 제공하는 거대 조직체를 혁신하는 것이었다. 마이크 길Mike Gill은 벤처캐피털 및 투자 회사의 대표였다. 그는 정부에서 일해본 적은 없었지만 타고난 세일즈맨이었다. 나는 그에게 경제개발부를 맡겨 회의적인 사업가들에게 메릴랜드가 투자할 가치가 있는 주임을 인식시키도록 했다. 민주당 주 상원의원이자 사업가인 로나 크레이머Rona Kramer에게는 노령화사회부를, 보험 및 투자 사업체를 운영하는 공화당 주 상원의원 데이비드 브링클리David Brinkley에게는 예산부를 책임지게 했다.

오말리 내각의 한 명은 유임시켰는데, 바로 힘든 위치에서 인상적으로 직무를 수행해온 샘 어베드Sam Abed 청소년부 장관이었다. 나는 얼릭 내각에서 함께 봉직했던 제임스 필더James Fielder를 새로운 인선 장관으로 지명했다. 내가 얼릭 내각에서 맡았던 바로 그 직무였다. 나는 그의 임명을 발표하는 기자 회견에서 짐짓 진지한 표정을 지으며 '고위직으로 가는 디딤돌로 널리 여겨지는 직책'이라고 농담했다.

우리는 훌륭한 민간 부문 경력을 자랑하던 공화당 주 하원의원 켈리 슐츠Kelly Schulz를 노동부 장관으로 임명했고, 베트남전 참전 해병대원 출신으로 하원 다수당(민주당)의 최장기 원내총무로 봉직한 조지 오윙스George Owings를 보훈부 장관으로 영입했다.

환경부와 교통부를 위해서는 미국에서 가장 경험이 많은 리더를 찾기 위해 전국적으로 탐색하는 과정을 밟았고, 그리하여 미 환경보호국의 벤 그럼블스Ben Grumbles와 미주리주와 뉴멕시코주에서 교통 행정을 책임겼던 피트 란Pete Rahn을 영입했다.

그렇게 인선 과정은 계속되었다. 팀을 구성하는 작업은 쉽지 않았지만, 우리는 강력한 팀을 구성하고 있다고 자부할 수 있었다. 메릴랜드 역사상 가장 초당파적이고 가장 다양하며 가장 포괄적인 내각이었다. 내 생각에는 가장 재능있고 가장 유능하기도 했다.

취임식이 가까워지고 우리의 예산 제안서가 인쇄에 들어가자 주청사 출입 기자들은 내게 우리의 어젠다에 대한 세부 사항을 밝히라고 요구했다. 나는 내가 몇 달 동안 피력했던 일반적인 원칙을 훨씬 뛰어넘는 무언가를 밝힐 준비가 되어있지 않았다. 하지만 어쨌든 초당파주의에 대한 나의 강력한 헌신이 나만 양보하면 된다는 의미는 아니라는 점을 명백히 전달했다. 의회의 민주당 의원들도 약간의 양보는 해줄 것으로 기대한다는 의미였다.

"제 책상에 올라오는 모든 법안과 법령은 매우 간단한 테스트를 거치게 될 것입니다." 아나폴리스에서 열린 경제개발 회의에서 내가 말했다. "이 조치로 인해 기업과 가정이 메릴랜드에서 더 쉽게 거주하며 번영할 수 있는가? 그리고 더 많은 기업과 더 많은 가정이 메릴랜드에 들어와 우리의 경제 성장에 도움이 될 것인가? 이 기준에 맞지 않으면 무엇이든 거부하겠습니다. 이렇듯 간단합니다."

메릴랜드 주지사는 아나폴리스의 스테이트서클에 있는 약 750평에 54개의 룸을 갖춘, 150년 된 콜로니얼 양식의 저택인 정부 관저에서 거주한다. 이는 곧 메릴랜드주 청사의 2층에 있는 주지사 집무실로 출퇴근하는 데 각각 2분 몇 초 정도밖에 안 걸린다는 의미다. 7개의 공식 라운지와 다수의 역사적인 초상화, 그리고 볼티모어 레이븐스_{Ravens}의 선발 공격진과 수비진을 모두 앉힐 수 있는 연회장까지 구비한 그런 집에서 산다는 것은 명예이자 책임이었다. 나와 아내는 취임 전날 밤부터 들어가 살면 되는 것으로 알고 그에 맞춰 준비했다.

어쨌든 우리는 그렇게 생각했다.

그러나 대망의 첫날 밤을 보내기 위해 그곳에 도착했을 때, 우리는 아연실색하지 않을 수 없었다. 저택의 큰 부분을 차지하는 거주 공간에 있어야 할 거의 모든 가구가 사라지고 없었던 것이다.

8년 전 오말리가 이곳으로 입주할 때 주 정부는 모든 가구를 새 가구로 교체해주었다. 2주 전, 퇴임하는 주지사의 아내인 볼티모어 지방 판사 캐서린 큐란 오말리Catherine Curran O'Malley가 우리에게 집을 안내했을 때에는 그 모든 가구가 그 자리에 멋진 모습으로 다 있었다. 오말리 부부가 그 주 정부 소유 가구를 새로운 집으로 가져가 버린 것이었다. 그들은 맘에 드는 가구의 목록을 만들어 그 모두를 '잉여물'이라고 적고는 과잉 정부 자산을 처분할 때 따라야 하는 적절한 절차를 생략해버렸다. 공고도 하지 않았고 공개 입찰도 받지 않았으며 이베이eBay에 올리지도 않았다. 대신 그들은 침대와 의자, 테이블, 장식장, 거울, 램프 등 54점의 가구를 '고물'이라고 선언했다. 정말로 고물이었다면 왜 그렇게 기를 쓰고 54점이나 가져갔을까? 그렇게 그들은 주 납세자들이 몇 년 전에 6만 2,000달러를 들인 가구에 9,638달러를 내고 다 가져가 버렸다. 꽤 수지맞는 거래를 한 셈이었다. 이 일은 나중에 앤어런델 카운티의 지방 검사 웨스 애덤스Wes Adams에 의한 윤리조사 및 대배심 회부 대상이 되었지만, 해당 기소는 평결이 내려지지 않았다.

어쨌든 문제는 아내와 내가 당장 누울 침대가 없다는 것이었다. 아버지도 그 첫날 밤을 관저에서 지내기 위해 우리와 동행했다. 아버지로서는 40년을 묵힌 염원이었다. 방 하나에 오말리가 남긴 오래된 침대가 있었다. 우리는 아버지에게 그 방을 쓰게 했다. 하지만 장식장들이 사라졌고, 그 역사적인 저택에는 옷장도 거의 없었던 까닭에 아버지가 우리 침실로 건너와 물었다. "어이, 아들, 옷을 어디에 걸어야하나?"

"저도 잘 모르겠어요." 내가 답했다. "문에 걸거나 아니면 그냥 바닥에 잘 놓아두세요. 이 방에는 침대도 없어요."

크리스 크리스티는 다음 날 정부청사 잔디밭에서 열리는 취임식에서 나를 소개하기로 약속한 상태였다. "마티 오말리가 퍼질러 놓은 똥을 창문 밖으로 던져 버리려면 내가 좀 일찍 그곳으로 가야 할지도 모르겠소." 그는 주말에 이렇게 농담했다. 크리스티가 일찍 왔더라면 헛걸음을 할 뻔했다. 뭘 남겨놓았어야 던지든 치우든 할 테니깐.

나는 신용 카드를 캠프 직원 중 한 명에게 건네며 부탁했다. "매트리스 웨어하우스에 전화해서 오늘 밤 이곳으로 매트리스만 하나 배달해줄 수 있는지 좀 알아봐 줄래요?" 그렇게 아내와 나는 주지사 관저에서의 그 신나는 첫날 밤을 바닥에 깐 매트리스 위에서 보냈다. 이튿날 아침, 사람들이 삼삼오오 짝을 이뤄 취임식장으로 향하던 시간에 나는 가장 좋은 양복을 차려입고 새 매트리스의 끝에 앉아 구두끈을 묶느라 진땀을 뺐다. 의자도 없었다. 나중에 우리는 엣지워터의 우리 집에서 오래된 가구를 모두 가져왔다. 나는 주지사로서의 나의 첫 공식 행위가 납세자들의 돈으로 새 가구를 들여놓는 일이 되길 원치 않았다. 그것이 전임자들의 관행이었는지 몰라도 나는 그러고 싶지 않았다. 하지만 나는 주지사 관저 투어 안내는 한시라도 빨리 들어보고 싶었다. "이 작품은 페더럴 시기에 제작된 겁니다. 여기는 빅토리아 시대풍의 방입니다. 이것은 1730년대 작품입니다. 아, 여기 이것들 말입니까? 그것들은 1990년대 초 엣지워터 지하실 시기의 작품입니다."

우리는 성모 마리아 교회에서 종파를 초월한 기도 예배를 올리는 것으로 취임일 행사의 문을 열었다. 이어서 주지사 관저에서 간단한 브런치를 먹은 다음, 주 청사의 주지사 리셉션룸으로 옮겨 관계자 모임을 가졌다. 잠시 후 수백 명의 고위인사들이 두 번의 선서식 중 첫 번째 행사를 위해 청사 회의장을 가득 채웠다. 보이드가 먼저 선서를 했다. 내 차례가 되자 아내 유미가 성경을 들었다. 나는 왼손은 그 성경에 얹고 오른손을 들어 메릴랜드 항소법원의 수석 판사 메리 엘렌 바베라Mary Ellen Barbera의 취임 선서 인도를 따랐다. "나는 미합중국의 헌법을 지지하고…… 메릴랜드주에 충실하고 진정한 충성을 바칠 것을 선서합니다." 나는 법원의 공식 등록부에 서명했고, 그럼으로써 공식적으로 메릴랜드주의 62대 주지사가 되었다.

바람이 거세고 추운 1월이었음에도 1,000명 이상의 사람들이 주 청사 밖에서 공식적인 공개 취임식을 기다리고 있었다.

새로운 주지사가 취임할 때에는 장려한 의식이 다양하게 펼쳐진다. 기도문 낭독에 이어 '성조기여 영원하라Star-Spangled Banner' 제창, 또 한 번의 선서와 내외 귀빈 축사, 19발의 예총 발사(대통령은 21발, 주지사는 19발), 메릴랜드 항공 방위군의 축하비행 등이 진행되었다. 그리고 크리스 크리스티가 나를 소개하러 마이크 앞에 서자 눈이 내리기 시작했다. 주 청사 앞뜰이 갑자기 아름다운 겨울 풍경을 담은 '웰컴 투 메릴랜드' 엽서 중 하나처럼 보였다.

크리스티는 나를 '초당파주의자로 알려지는 것을 두려워하지 않는 사람'이라고 했다. "이 인물은 자신이 모든 답을 가지고 있다고 주장 하진 않습니다. 그러나 다들 아시다시피 래리 호건은 사람들을 하나 로 모으는 방법만큼은 확실하게 알고 있습니다. 그것이 그가 평생 해 온 일이기 때문입니다."

그는 좀 더 나아가 예언하듯이 덧붙였다(그리고 나는 그 예언이 들어맞길 바랐다). "제가 확신하는 것은 두 가지입니다. 하나는 메릴랜드가 훌륭 한 주지사를 얻었다는 것이고, 다른 하나는 4년 후 제가 다시 이 자 리에 올 거라는 것입니다. 호건 주지사가 두 번째 임기를 시작하는 것을 보기 위해서 말입니다."

내가 연단에 올라가자 눈발이 더욱 풍성해졌다. 크고 푹신한 눈송 이가 오버코트의 어깨 자락에 부드럽게 떨어졌다. 극적인 효과를 내 는 데 이보다 더 좋은 타이밍이 있을까. 덕분에 나는 준비된 발언을 시 작하기 전에 대사를 하나 칠 수 있었다. "예언자들이 그랬습니다. 몹시 추운 날을 겪고 나야 공화당 주지사를 뽑게 될 거라고." 좌중에서 우레 와 같은 웃음이 터져 나왔다. 직원들의 얼굴에서도 긴장이 풀렸다.

"저는 평생 메릴랜드에서 살아온, 누구보다 메릴랜드를 아끼고 사 랑하는 메릴랜드 주민입니다. 저의 모든 훌륭한 경험과 모든 아름다 운 기억, 모든 위대한 순간은 바로 이 땅, 메릴랜드가 제게 준 것입니 다. 메릴랜드의 62대 주지사로서 오늘 여러분 앞에 서게 된 이 순간 은 또 얼마나 영광스러운지 말로 다 표현하지 못할 정도입니다. 저는 메릴랜드 주민들에게 봉사할 수 있는 기회를 얻은 것에 대해 겸허한 마음으로 깊이 감사하며, 저는 여러분이 부여하신 이 위대한 영예를 제가 누릴 자격이 있음을 증명하기 위해 단 하루도 낭비하지 않고 열심히 일할 것을 맹세합니다."

"우리 주는 항상 도전에 직면해 왔습니다. 하지만 우리는 그럴 때마다 매번 1634년 자유와 기회를 찾아 세인트메리스 시티에 도착했던 그 용감한 최초의 메릴랜드 주민의 정신으로 돌아가곤 했습니다. 오늘날 우리가 직면한 도전은 그때와 다릅니다만, 메릴랜드 주민의 용기와 정신은 예나 지금이나 동일하다는 것을 저는 알고 있습니다. 우리는 우리의 경쟁력을 갉아먹는 높은 세금과 관료적 규제에 억눌리지 않는 상태에서 경쟁할 수 있는 자유를 추구합니다. 우리는 우리 자신과 우리의 아이들, 그 아이들의 아이들을 위해 더 나은 지역사회와 더 나은 사업체, 더 나은 삶을 구축할 기회를 갈구합니다. 그리고 무엇보다도 우리는 스스로 우리의 미래를 결정할 수 있는 자유와 기회를 소중히 여깁니다."

그날 아나폴리스의 많은 사람이 나의 연설을 들었다. 하지만 워싱턴 사람들도 그랬던 것 같지는 않다.

그렇게 내가 취임 연설을 하는 도중에 실제로 작은 문제가 하나 발생했다.

준비한 연설의 약 3분의 2를 지날 때 텔레프롬프터가 갑자기 꺼졌다. 전선이 눈에 젖어서 그런 건지 아니면 낮은 기온 때문인지. 어쩌면 내가 연단에 선 것을 보고 충격받은 전임 민주당 주지사들의 유령이 장난을 치는 것인지도 모르겠다. 내가 텔레프롬프터를 이용한 것은 그날이 처음이었다. 리허설을 하는 동안 텔레프롬프터가 고장 나면 어떻게 되는지 물은 적이 있었다. 비서들은 이 멋진 기계가 오작동하는 일은 절대로 발생하지 않는다고 나를 안심시켰다. 그런데 고장 났다. 내 인생에서 가장 중요한 연설을 하는 동안에.

나는 잠시 동안은 순항할 수 있었다. 수없이 보고 또 본 연설문이라 다음 몇 줄은 기억이 났기 때문이다. 잠시 후 불이 깜박이더니 다행히도 오른쪽 화면이 다시 켜졌다. 왼쪽 화면은 끝내 불이 들어오지 않았다. 나는 그렇게 연설을 마쳤다. 아무도 눈치채지 못한 것 같았다. 하지만 나로서는 그 과정이 마치 날개 하나에만 의지해서 비행기를 착륙시키는 것과 같게 느껴졌다. 그것도 첫 비행에 나서서 말이다.

어쩌면 기대치를 너무 높게 설정한 것인지도 몰랐다. 하지만 그것은 내가 감동적인 마무리를 위해 애써 구상한 아이디어였다. "저는 지금으로부터 100년 후에 메릴랜드 주민들이 이렇게 말해주길 바랍니다. '래리 호건이 주지사로 취임한 날부터 메릴랜드의 르네상스가 시작된 것이다'라고 말입니다."

식이 끝난 후 유미와 보이드, 모니카, 그리고 나는 청사 1층의 영접열에 나란히 서서 오늘을 축하하러 온 모든 시민과 몇 시간에 걸쳐 악수를 나눴다. 그런 후 나는 2층 집무실에 올라가 일련의 공식 문서와 행정 명령에 서명했다. 새로운 행정부와 더불어 도래할 변화의 개시를 알린 것이다. 얼릭 시절 이후로 주지사 집무실을 찾은 적이 없었다. 오말리의 비서진은 취임식이 진행되던 중에 자리를 비웠다. 벽에는 그들이 사진을 걸었던 구멍을 제외하고 아무것도 남아 있지 않았다. 역사적인 수제 와이Wye 오크 책상의 서랍에도 펜이나 클립조차

스틸 스탠딩

거의 남아 있지 않았다. 우리는 말 그대로 맨땅에서 새로 시작하는 셈이었다.

종일토록 눈이 내렸지만, 그날 밤 볼티모어 컨벤션 센터에서 열린 축하파티의 참석자들을 막을 정도의 폭설은 아니었다. 흥분에 들뜬 3,000명 이상이 운집해 선거운동에 쏟은 서로의 노고에 감사하고 승리를 자축하며 우리가 정말로 메릴랜드를 더 좋게 바꿀 수 있다는 열렬한 기대감을 만끽했다.

빨간 드레스를 입은 아내는 정말 아름다워 보였다. 일주일 전에 두 살이 된 손녀 다니엘라Daniella와 아내가 보이드와 내가 한 짧은 연설보다 훨씬 더 많은 주목을 받았다. 내가 할 일은, 익히 봐서 알고 있었듯이 파티장을 돌며 모든 사람과 악수를 하고 모두에게 감사를 전하는 것이었다. 나는 꼬박 네 시간을 그렇게 보낸 후 개인 대기실로 돌아와 의자에 털썩 주저앉아 생수 한 병을 비웠다. 지쳤다. 아내도 지쳤다. 경호원들도 확실히 지쳤다.

"그만 자러 갈래요?" 아내가 물었다.

"잠이 올 것 같지가 않아." 내가 아내에게 말했다. "그리고 아직 악수할 사람이 남은 것 같던데."

그녀는 내가 농담하는 것으로 생각했다. "농담 아냐." 내가 말했다. "다시 나가서 앙코르에 화답하고 싶어." 우리는 다시 컨벤션 센터의 플로어로 나갔다. 내가 마침내 주지사 관저로 돌아와 바닥 매트리스 위로 몸을 던진 것은 새벽 4시가 지나서였다.

14장
빠른 출발

입법부가 회기에 들어간 지 이미 2주가 지난 상황에서 신임 주지사는 첫 근무일에 예산안을 제출하도록 짜여 있는 시스템은 아무리 생각해도 납득이 가지 않았다. 그러나 어쨌든 그것이 메릴랜드의 정치 달력이 작동하는 방식이었으며, 우리는 취임식 다음 날 오전에 첫 번째 예산안을 정시 제출했다. 예산은 13센티미터 두께의 흑서 더미에 세세히 설명되어 있었다. 바비 닐Bobby Neall과 데이비드 브링클리, 크레이그 윌리엄스와 자원봉사자들로 구성된 예산팀이 인수위 활동 기간 동안 제출 시한을 맞추기 위해 때로 밤을 새워가며 준비한 예산안이었다. 가히 역사적인 예산안이라 할 만했다. 우리의 420억 달러 지출 계획은 10년 만에 처음으로 도출된 균형 예산이 될 터였다. 우리는 이 목표를 달성하기 위해 주 정부 기관의 지출을 2퍼센트 줄이고 메디케이드Medicaid 의사들에게 지급되는 의료수가율을 약간 낮추는 등 몇 가지 어려운 선택을 내려야 했다. 하지만 그렇게 우울한 내용만 담은 것은 아니었다. 우리의 균형 예산에는 세금 인상과 정리해고, 임시 해고 등이 들어있지 않았다. 모든 중요한 공공 서비스를 그대로 유지했으며 K-12(유치원부터 고교까지의) 교육을 위한 자금도 기록적인 수준으로 책정했다. 가장 중요한 것은 씀씀이가 헤프던 오말리-브라운 행정부에서 물려받은 51억 달러의 '구조적 적자'를 제거한 부분이었다.

하원 세출위원회의 강력한 민주당 위원장인 매기 매킨토시Maggie McIntosh는 우리가 정말로 균형 잡힌 예산을 향해 그렇게 빨리 움직여야 하는지 물었다. "지금 조금 느리게 작전을 펼쳐도 여전히 골라인에는 도달할 수 있는 거 아닌가요?" 그녀가 이의를 제기했다. 크리스 크리스티와 니키 헤일리Nikki Haley 밑에서 일한 바 있는 우리의 공보담당 부수석 더그 메이어Doug Mayer는 위원장의 미식축구 비유에 같은 비유를 들어 답했다. "지금은 4쿼터에 2분이 남은 상황이라서 우리 주의 주민들은 터치다운을 원합니다. 호건 주지사와 우리 예산팀은 그래서 터치다운을 위한 공을 던진 겁니다. 어려운 재정 문제에 대해 펀트punt(손에 쥔 공을 바운드 없이 발로 길게 차 공격권을 넘기는 것 - 옮긴이) 작전을 펴는 것은 더 이상 선택 사항이 아닙니다."

우리의 예산안은 교육과 공공 안전, 교통, 환경 등과 같이 메릴랜드 사람들의 일상에 중요한 사안들을 보호하고 각 기관의 책임자에게 필요한 삭감 조치를 선택할 수 있는 새로운 유연성을 제공하는 대담하고 중요한 문서였다. "우리는 각 기관장이 시민에 대한 서비스에 영향을 미치지 않는 범위 내에서 일부 조정을 가할 수 있는 재량권을 갖기를 바랍니다." 우리의 새로운 예산 장관인 데이비드 브링클리는 말했다.

입법부의 지도자와 모든 민주당 의원들은 메릴랜드에 친일자리, 친기업, 친재정건전성 어젠다를 도입하려는 우리의 노력에 매우 협조적으로 나왔을까? 그랬으면 좋았겠지만, 사실은 정반대였다. 그들은 90일간의 회기 가운데 초반은 우리에게 수류탄을 던지면서 보냈고, 그게 싫증이 나자 미사일을 발사하기 시작했다. 그들에게 우리는 그들의 놀이터에 몰래 들어와 떠나기를 거부하는 외부인 무리였다.

'초당파적으로 가자고요?' 그들은 이렇게 말하는 것처럼 보였다. '좋습니다. 그렇게 하자는 데 동의합니다…… 당신이 모든 것을 우리 방식대로 하기만 한다면.'

나는 그들에게 초당파주의와 타협은 서로 호혜적 관계라는 사실을 계속 상기시켜야 했다. 그리고 우리가 놀이터에 들어온 이상 그들이 그곳을 독차지할 수는 없다는 점도 분명히 했다. 민주당은 입법부에서 그들이 원하는 거의 모든 것을 할 수 있는 의석을 점유했다. 그것을 모르는 사람은 없었다. 내가 11월 주지사 선거에서 당선될 때 의원 선거에 출마한 공화당원 몇 명도 추가로 당선되었다. 그렇게 해서 상원에 2명, 하원에 7명이 늘어났지만, 민주당은 여전히 상하 양원에서 거부권에 대항하기에 충분하고도 남을 의석을 점유했다. 내가 주지사로서 재임하는 내내 그대로 유지될 현실이었다.

그렇지만 나도 어느 정도의 힘은 보유했다. 내가 임명한 책임자들이 모든 주 정부 기관을 운영했다. 주 판사들과 주 행정당국 관리자들도 내가 지명했다. 나는 온갖 종류의 사안에 대해 행정 명령을 내릴 수도 있었다. 입법부의 동의 없이 통행료를 깎을 수 있었고 공공 수수료를 줄일 수 있었으며 규정을 완화할 수 있었다. 정부를 보다 효율적으로 운영하는 데에는 입법부의 도움이 필수적인 것이 아니었다. 입법부 없이 고객 서비스를 개선할 수 있는 셈이었다.

이 중 많은 부분은 단순히 새로운 분위기를 조성하고 정부 관료들로 하여금 '그것은 올바른 방식이 아니오'라는 말 대신 '어떻게 도와드리면 될까요?'라는 말로 대화를 시작하게 만드는 것과 관련이 있었다. 태도는 위에서 아래로 흐르는 법이다.

우리가 민주당 상원의장 마이크 밀러 및 민주당 하원의장 마이클 부시Michael Busch와 협상을 개시하자 그들은 표결권을 내세웠다. 하지만 나는 비밀 병기를 보유하고 있었다. 메릴랜드 주민이 그것이었다. 그들이 나를 주지사로 선출하지 않았는가.

나는 즉시 최우선적 선거 공약이었던, 주민들이 치를 떠는 빗물세에 대한 폐지 공약 이행에 착수했다. 이것은 내 능력의 시험대가 될 터였다. 과연 나는 입법부 지도자들과 의원들이 원치 않는 방향으로 그들을 움직일 수 있을까? 하지만 이 문제에 관한 한 대중은 나의 편이었다.

빗물세는 2012년 입법부에서 70퍼센트의 찬성표로 통과된 후 마틴 오말리의 승인을 받았다. 그만큼 많은 수의 민주당 상원의원과 하원의원의 마음을 돌려야 한다는 얘기였다. 정치인들은 자신이 틀렸다고 인정하는 것을 결코 좋아하지 않는다. 자신이 틀렸음을 내심 자각한 경우에도 그렇다. 게다가 〈볼티모어선〉도 빗물세를 폐지해야한다는 내 제안에 지속적으로 비난을 가했다. "호건은 환경에 관심이 없습니다." 민주당 의원들은 빗물세 폐지가 환경에 어떠한 악영향도 미치지 않는다는 것을 알면서도 계속 이렇게 말했다. 하지만 유권자들은 나의 조세 개혁 의지를 믿고 권한을 부여했다. 내가 빗물세 폐지를 위해 움직였다는 소식이 공개되자 메릴랜드주 의원들의 사무실에 해당 세금의 폐지를 요구하는 전화와 이메일이 빗발쳤다.

우리는 2월 10일에 폐지안을 발의했다. 다양한 대안이 부상했고, 서로 밀고 당기는 협상이 전개됐다. 4월 14일 최종 표결이 이뤄졌을 때(우리 입법부로서는 실로 번개와 같은 속도로 진행한 셈이었다), 양원의 모든 민주당 의원이 폐지에 찬성표를 던졌다. 그들로서도 대중적 저항이 거센 상황에서 그것을 유지하는 쪽을 택할 순 없었던 것이다. 집권 3개월 만에 이뤄낸 주목할 만한 성과였다.

내가 환경에 관심이 없다는 주장도 짚고 넘어가야겠다. 결론만 말하자면, 우리는 주지사 재임 첫 4년 동안 오말리 행정부가 8년 동안 쓴 것의 두 배에 달하는 공적 자금을 체사피크만을 보호하고 복원하는 데 투자했다. 그리고 체사피크만은 기록된 역사상 가장 깨끗한 곳으로 변모했다.

다시 취임 초기로 돌아가 보자. 물론 우리는 거기서 멈출 수 없었다. 빗물세 관련 승리는 보다 긍정적인 변화를 추구하는 나의 욕구를 북돋을 뿐이었다. 나는 팀을 모아 물었다. "입법부의 동의 없이 납세자들의 주머니에 돈을 돌려줄 수 있는 다른 방법이 뭐가 있을까요? 일단 우리가 자체적으로 삭감하거나 제거할 수 있는 모든 정부 기관

수수료부터 찾아봅시다." 정부 기관의 수수료라는 것은 결국 세금의 다른 이름일 뿐이었다.

다음으로 눈에 띄는 것은 주내 도로 및 교량의 통행료였다. 오말리는 통행료를 150퍼센트나 올려놓았다. 확인해보니 통행료 역시 입법부의 협조가 없어도 내릴 수 있었다. 우리는 체사피크만 다리와 하버 크로싱, 인터카운티 커넥터, 최근에 설정된 95번 주간고속도로 통행료 구간, 그리고 주내의 모든 단일 톨게이트 통행료를 예전 수준으로 되돌려놓는 과정에 빠르게 돌입했다. 그럼으로써 열심히 일하는 소규모 사업체와 가정, 퇴직자 등의 주머니에 2억 7,000만 달러를 돌려주는 것이었다.

"이 시점까지 확정된 우리의 가장 큰 세금 감면 패키지의 구체적인 내용과 더불어 거의 50년 만에 처음으로 이뤄진 메릴랜드의 통행료 인하 소식을 발표하게 되어 자랑스럽게 생각합니다." 내가 공식 발표문에 쓴 내용이다.

나는 우리 팀에 다음과 같이 강조했다. "입법부의 도움이 있든 없든, 우리는 우리가 하겠다고 말한 바를 그대로 이행해나가야 합니다. 그것이 메릴랜드 주민들이 우리에게 투표한 이유이고 마땅히 받아야 할 보상이기 때문입니다."

한국 사위 메릴랜드 주지사 래리 호건, 그 불굴의 삶과 원대한 비전

3

이끌다

15장
불타는 볼티모어

볼티모어 폭동을 촉발한 것은 경찰의 용의자 연행이었다.

2015년 4월 12일 프레디 그레이Freddie Gray가 병원에 호송되었을 때, 일부 사실은 이미 알려졌고 한 가지 중요한 사실은 뜨거운 논란의 주제로 남은 상태였다. 알려진 사실은 다음과 같았다. 볼티모어 서부의 샌드타운-윈체스터 지구에 거주하는 25세 흑인 남성 그레이는 길모어 주택개발 단지 인근에서 경찰을 보고 달아나다 체포된 후 불법 무기 소지 혐의로 연행되었다. 경찰은 그를 수갑 채워 경찰 승합차의 뒤에 실었다. 그레이는 승합차에서 혼수상태에 빠졌고, 다시 깨어나지 못했다. 그의 사망 후 실시된 부검은 그레이가 척수 손상을 포함한 부상으로 사망했다고 결론 지었다.

논란의 대상이 된 핵심 주제는 프레디 그레이가 정확히 어떻게 부상을 입게 되었는지, 그 경위에 관한 것이었다. 그의 부상은 경찰이 승합차로 그를 연행하는 과정에서 발생한, 예측할 수 없었던 비극적인 우연의 결과인가? 아니면 그는 경찰이 승합차에서 고의로 거칠게 다루는 등의 위법 행위를 자행한 탓에 부상을 입은 것인가? 수갑이 채워진 용의자가 입은 심각한 부상에 대해 6명의 시 공무원은 과연 어떤 책임을 져야 하는가?

일부 미디어가 그랬던 것처럼 프레디 그레이를 교회 합창단의 일원쯤으로 혼동시키는 것은 아무런 소용이 없는 일이다. 그는 크립스 갱단과 연결된 길거리 마약상이었으며, 전과가 많아 볼티모어시 경찰에도 잘 알려진 인물이었다. 경관들은 그레이를 승합차에 태우려고 할 때 그가 너무 제멋대로 굴어서 계속 수갑을 채운 채 연행했다고 나중에 밝혔다. 수갑을 안전하게 풀어줄 수도 없었다는 얘기였다. 분명히 말하지만, 그 어떤 것도 연행 중의 학대를 정당화할 수는 없을 터였다.

이 사건은 미주리주 퍼거슨에서 경찰이 젊은 흑인 남성에게 총을 쏜 일로 인해 폭동이 발생한 후 8개월에 걸쳐 미국 전역에서 도시 지역 경찰의 행동방식에 대한 논란이 가열되던 시기에 발생했다. '흑인의 생명도 소중하다Black Lives Matter' 운동이 본격적으로 탄력을 받고 확산하던 시기였다는 의미다. 그러나 휘발성이 강한 이 전국적 논쟁은 미국의 그 어느 곳보다 메릴랜드주 최대 도시의 거리에서 더욱 극적으로 펼쳐지게 되었다. 도시와 주가 심각하게 시험을 받았고, 나 역시 마찬가지였다.

스틸 스탠딩

분노는 서서히 부풀어 올랐지만, 나는 그것을 일찍부터 느낄 수 있었다. 주지사 직무를 수행한 지 채 3개월이 안 되던 시점이었다.

그레이가 체포되고 6일 후인 4월 18일 토요일, 200여 명의 시위자들이 노스마운트 스트리트에 있는 서부 경찰서 밖에 모였다. 시위는 활기가 넘쳤지만 평화롭게 진행되었다. 그레이는 다음 날 아침 7시에 사망했다. 화요일, 볼티모어 경찰서는 그레이의 체포에 관여한 경찰관 6명의 이름을 공개했다. 그날 저녁, 시위대는 그레이가 체포된 프레스버리 스트리트에서 여덟 블록을 행진해 서부 경찰서로 돌아왔다. 긴장이 고조되었고 분위기가 조금 더 거칠어졌지만, 그래도 두 명만 체포되는 선에서 끝났다.

4월 25일 토요일, 이날부터 폭력이 실제로 증가하기 시작했다.

수백 명의 시위대가 볼티모어 시청에서 이너하버로 행진했다. 이너하버는 1980년대 초부터 도심 재건 사업이 시작된 곳이었다. 일부는 단순히 진실을 밝힐 것을 요구하고 정의를 추구하며 상황의 심각성을 우려하는 시민들이었다. 그러나 군중 속에는 갱단 단원들과 외부에서 들어온 급진적인 선동가들이 섞여 있었다. 일부 시위대는 '다이인die-in(죽은 것처럼 드러눕는 시위 행동)'을 하기 위해 멈추었고, 그로 인해 경로를 따라 일시적인 교통 체증이 유발됐다. 행진이 끝나갈 무렵, 소수의 폭력적인 시위자들이 몇몇 자동차의 창문과 상점 앞의 시설을 때려 부수었다.

오후 6시경, 시위대의 한 무리가 이탈하여 캠든야즈Camden Yards 야구장으로 향했다. 그곳에서 우리 청사의 젊은 직원을 포함한 3만 6,757명의 야구 팬들이 볼티모어 오리올스와 보스턴 레드삭스의 경기를 보고 있었다. 그곳으로 간 시위자 중 일부는 경기장 밖에서 야구 팬들과 싸움을 벌였다. 당시의 뉴스 보도는 그러한 폭력 사태를 '산발적이지만 추악했다'라고 표현했다. 그런 후 일부 폭력적인 시위자들이 경찰차를 뒤집어엎는 사건이 벌어졌다.

현장에서 수십 명이 체포되었지만 경찰은 대부분의 시간 동안 물러서서 진을 치는 자세를 취했다. 경기가 10회말 5 대 4로 볼티모어 오리올스의 승리로 끝나자 센터필드 오른쪽 위의 거대한 전광판에 불안한 내용의 발표문이 게시되었다. "현재 공공 안전 문제가 제기되어 볼티모어 시장과 BCPD는 추후 공지가 있을 때까지 관중 모두 야구장 안에 남아 있도록 요청합니다. 감사합니다."

출입문이 닫혔다. 아무도 야구장을 떠날 수 없었다.

스테파니 롤링스-블레이크Stephanie Rawlings-Blake 시장과 앤서니 배츠 Anthony Batts 경찰국장은 길거리에서 법을 어기는 사람들과 맞서는 대신 법을 준수하는 팬들을 경기장 안에 가두기로 결정했다. 하지만 오래 걸리지는 않았다. 30분도 채 지나지 않아 출입문은 다시 열렸고, 사람들에게는 다음과 같은 경고 메시지가 전해졌다. "(도시의 주요 상업 도로 중 하나인) 하워드 스트리트와 하버플레이스는 피해서 귀가하시기 바랍니다."

나는 시위 위협에 대한 시장의 접근 방식을 느낄 수 있었다. 뒤로 물러서라. 대응을 자제하라. 끝나기를 기다려라.

대부분의 사람들에게 이것은 좌절감을 표출하려는 성난 아이들의 작은 봉기처럼 보였다. 그러나 나는 상황이 실제로 얼마나 불안정한지 알 수 있었고, 내 직감은 상황이 훨씬 더 나빠질 수 있다고 말하고 있었다. 프레디 그레이의 사망을 납득하고 받아들이는 사람은 거의 없었다.

그 모든 억눌린 분노가 커지고 있었다. 끓어넘칠 것이 틀림없었다. 나는 고위 당국자와 내각, 국토안보부 관계자들에게 긴급 메시지를 전했다. "준비를 갖춰야 해요. 지금 당장!"

나는 볼티모어 경찰국을 운영하지 않았고 볼티모어시 검사도 아니었다. 나는 몇몇 사람들의 짐작과 달리 시장의 '보스'도 아니었고 그녀의 발을 밟고 싶지도 않았다. 하지만 메릴랜드 주지사로서 나는 걱정할 것이 많았다. 우선 메릴랜드 주민들의 안전이 걱정되었다. 인종 관계에 악영향을 미치는 것도 걱정이었다. 시 경찰에 대한 지역사회의 불신과 경찰의 업무 수행력 저하도 우려 대상이었다. 실로 많은 것이 걱정되었다. 이 문제의 잠재력이 너무 폭발적이었기에 그저 물러앉아 상황이 어떻게 될지 지켜볼 수만은 없었다. 이는 이후의 상황 전개가 증명하듯이 올바른 평가였다. 볼티모어가 곧 압도되었기에 하는 말이다.

나는 즉시 키퍼 미첼Keiffer Mitchell에게 전화를 걸었다. "시장한테 가서 계속 붙어 있으세요. 내가 시장과 24시간 열린 의사 소통을 할 필요가 있어요. 즉각 즉각 최신 정보가 필요해서 그럽니다. 시에 필요한 것은 무엇인지, 시청의 대응 방식은 어떠한지, 거리의 요구 사항은 무엇인지, 우리가 파악할 수 있는 모든 것을 알아야 해요."

키퍼는 민주당 소속으로 볼티모어 시의회와 메릴랜드 하원에서 봉직한 바 있는 나의 수석고문 중 한 명이었다. 그의 가족은 대대로 볼티모어의 시민권 운동의 지도자였다. 그는 도시의 역사적인 볼튼힐 지역에 살았으며, 관계자 모두를 잘 알았고, 시장과도 중학교 시절부터 아는 사이였다.

그렇게 키퍼를 시장에게 보내놓고 나는 다른 10여 명의 핵심 인물을 주지사 회의실로 소집했다. 주요한 비상 상황에서 가장 의지할 만한 사람들로 비서실장 크레이그 윌리엄스, 법무수석 밥 숄츠Bob Scholz, 공보수석 매트 클락Matt Clark 및 여타의 수석 몇 명과 메릴랜드주 경찰청의 빌 팰로치Bill Pallozzi 경시감, 메릴랜드주 방위군의 부관참모 린다 싱Linda Singh 소령 등 안보내각 구성원이었다. 지옥이 풀리려 하는 경우 내가 가장 필요로 할 사람들이었다.

나는 테이블에 앉은 모두에게 긴급 메시지를 전했다. "이것이 얼마나 나빠질지 어느 누구도 확신할 수 없습니다. 우리는 최악의 상황에 대비해야 합니다."

모두가 내 목소리에 담긴 강경한 태도를 파악한 것으로 보였다.

"모든 주 경찰의 휴가를 취소하십시오." 내가 말했다. "주 방위군에 출동 대기를 명하세요." 이는 동원사단에 해당하는 예비 전력이 고용주에게 비상 상황을 전하고 군장을 꾸린 후 즉시 주 군부대 본부에 출두할 준비를 갖추어야 한다는 의미였다.

그런 다음 법무수석 밥 숄츠에게 몸을 돌렸다. "비상 상태를 선언하는 데 필요한 모든 문서작업을 완료해 놓으세요. 내가 해야 할 일과 우리가 취해야 할 조치, 그리고 그에 따른 모든 영향까지 파악해서." 밥은 곧바로 조치에 들어갔다.

우리가 그렇게 최악의 상황에 대비하는 동안 롤링스-블레이크 시장과 그녀의 직원들은 계속해서 모든 상황을 심각하지 않은 것으로 판단했다. 시장은 나와의 통화에서 "별 다른 일은 일어나지 않을 것으로 생각합니다"라고 말했다.

시 경찰은 주 경찰에 "문제가 될 것은 없다"라는 말만 되풀이했다. 내게 직접 그리고 미디어를 통해 전달된 분명한 메시지는 시 당국이 모든 것을 통제하고 있다는 것이었다.

기자 회견에서 시장은 평화와 질서를 촉구했다. 그러나 한 기자가 그녀에게 토요일 폭력 사태에 대한 볼티모어 경찰의 대응 방식에 대해 논평해달라고 요청하자 그녀는 시위대가 불만을 표출하게 놔두라고 경찰에 지시했다며 이렇게 덧붙였다. "우리는 또한 파괴하고 싶어 하는 사람들에게 그렇게 할 수 있는 공간도 제공했습니다."

'방금 뭐라고 한 거야?' 나는 귀를 의심하지 않을 수 없었다. '파괴하고 싶어 하는 사람들에게 공간을 제공했다고?'

시장은 '이것은 균형을 잡기 위한 매우 정교한 조치'였다며 그 얘기를 했다. "우리가 자동차와 여타의 위험으로부터 사람들이 보호되도록 노력하는 동시에 파괴하고 싶어 하는 사람들에게도 그렇게 할 수 있는 공간을 주었기 때문입니다. 그리고 우리는 그러한 균형을 유지하고 단계적으로 시위를 약화하기 위한 최상의 위치에 서기 위해 열심히 노력했습니다."

다시 말하면, 갱단이나 외부의 선동가가 누군가를 죽이거나 다치게 하지 않는 한 시장은 그들이 재산을 파괴하고 여타 종류의 혼란을 일으키도록 내버려 둘 거라는 얘기였다. 나는 그 어떤 정치 지도자로부터도 도시의 폭력 사태에 대한 이 정도로 불간섭주의에 가까운 대응 방안을 들어본 적이 없었다. 위험하고 무모하며 무고한 생명과 재산을 위협하는 방안이었다. 두려움과 우유부단함으로 마비된 시장은 실제로 매우 잘못된 결정을 내리고 있었다. 그녀의 도시가 절박함에 처해 그녀를 가장 필요로 할 때 경찰에게 물러서서 무대응으로 일관하도록 명령한 것이었다.

폭도들에게 도시를 파괴할 수 있는 '공간'을 제공하는 것은 실로 그 험난한 순간에 대부분의 볼티모어 시민들이 갈망하던 바가 아니었다. 그들은 정의의 당위성을 고양하면서도 공공의 안전을 위해 그리고 도시가 불타는 것을 막기 위해 똑같이 헌신하는 시장을 원했다.

시장의 보좌관들은 일요일 내내 그녀의 말이 야기한 분노를 가라앉히기 위해 고군분투했다. 그들은 시장의 발언이 단지 '평화로운 시위자들에게 평화적으로 시위할 수 있는 공간'을 제공하고 싶다는 취지였다고 주장했다. 안타깝게도 그녀는 또한 "폭력을 조장하려는 사람들 역시 그럴 수 있는 공간을 보유한다"라고 말해서 더욱 논란을 키웠다. 그리고 자신에 대한 비난을 언론 탓으로 돌리며 기자들을 질타했다. "여러분들 업계의 일원들이 내 말의 의미를 오도하고 우리가 폭력을 선동한다고 알리는 방편으로 사용하기로 결정한 것은 매우 유감스러운 일입니다."

사실은 그렇지 않았다. TV 방송들은 단순히 해당 영상을 튼 것뿐이었다. 그녀의 진의가 충분히 인식되도록 많이 틀었다.

그녀의 우선순위는 분명했다. 그녀의 메시지는 크고 명확했다. 이제 진정한 재앙을 위한 무대가 마련되었다.

4월 27일 월요일 아침, 거의 1,000명의 사람들이 프레디 그레이의 장례식이 열린 뉴실로 침례교회를 메웠다. 문상객들이 도착하자 교회의 영상 스크린들에 '흑인의 목숨도 소중하다'와 '모든 목숨은 소중하다All Lives Matter'라는 메시지가 교대로 떴다. 청년의 계부인 리처드 시플리Richard Shipley는 부드러운 목소리로 가족이 프레디를 위해 쓴 시를 낭독했다. "그대는 여전히 내 마음 속에 있다네. 나는 그대를 느끼고, 그것은 나에게 힘과 용기를 준다네."

그러나 벽면을 가득 메운 TV 중계 카메라의 주목을 가장 많이 받은 것은 맹렬한 추도사였다. "우리가 그 모든 것을 겪어놓고 여기에 그냥 이렇게 앉아 불의에 침묵하는 것은 말이 안 되는 일입니다." 설교단에 선 자말 브라이언트Jamal Bryant 목사는 롤링스-블레이크 시장, 쉐일라 딕슨Sheila Dixon 전 시장, 제시 잭슨Jesse Jackson 목사, 인권 운동가이자 코미디언 딕 그레고리Dick Gregory, 연방 하원의원 엘리자 커밍스Elijah Cummings 등이 포함된 회중을 향해 고함을 쳤다.

"전 국민의 눈이 우리를 향하고 있습니다." 그레이 가족의 변호사 빌리 머피Billy Murphy는 경고했다. "그들은 우리가 이 문제를 제대로 해결할 수 있는 능력이 있는지 확인하고 싶어합니다."

그러니 사람들이 어떻게 반응했을까?

장례식이 끝난 후 프레디의 어머니 글로리아 다든Gloria Darden은 흥분을 가라앉히기 위한 메시지를 전하려고 애썼다. "저는 여러분 모두가 우리 아들을 위해 정의를 바로 세워주길 원합니다." 그녀가 말했다. "하지만 여기서 이런 식으로 하면 안 됩니다. 우리 아들을 위해 도시 전체를 파괴하면 안 됩니다. 그건 잘못된 방식입니다."

불행히도 거리는 더욱 뜨거워질 뿐이었다. 도화선에는 이미 불이 붙어 있었다.

나는 그날 오후 워싱턴 주재 한국 대사를 방문하기로 되어 있었다. 우리 일행은 오래전에 잡힌 그 미팅에 참석하러 가는 내내 상황을 면밀히 모니터링했다. 아내는 그곳에서 나와 합류하기로 되어 있었다. 우리가 캐시드럴하이츠에 있는 대사관 관저에 가까워졌을 때, 수행 비서인 알렉스 클락Alex Clark이 자신의 아이패드를 내게 건넸다. 라이브 TV 피드를 보니 볼티모어 경찰차 한 대가 불타고 있었다. 수백 명의 무리가 여기저기서 유리창을 깨고 있는 것처럼 보였다. 점점 늘어나는 폭도들이 경찰에 짱돌과 벽돌, 쓰레기통을 던지고 볼티모어 서부의 몬도민 몰에서 자동차들을 공격하고 있었다.

나는 재빨리 키퍼에게 전화를 걸어 시장을 즉시 연결하라고 했다. 롤링스-블레이크 시장이 "안녕하세요, 주지사님"이라고 인사를 건네자마자 나는 바로 본론으로 들어갔다. "우리가 시에서 필요로 하는 모든 지원과 조력을 제공할 준비가 되어 있다는 점을 알리고 싶어 전화한 겁니다." 내가 말했다. "모두 준비되어 있습니다. 메릴랜드주 경찰, 방위군, 비상관리기구 등등. 우리는 주 정부의 모든 자원을 동원해 당신을 지원할 준비가 되어 있습니다."

시장의 대답은 나의 제안만큼이나 직접적이었다. "우리는 주의 도움이 필요하지 않습니다." 그녀는 말했다. "우리는 모든 것을 통제하고 있습니다."

나는 숨을 들이켰지만, 거기서 멈출 수 없었다. "시장님, 이렇게 말하면 기분이 나쁘실지도 모르겠지만, 뭐 하나라도 제대로 통제되고 있는 것으로 보이질 않습니다. 수백 명의 사람들이 거리에서 폭동을

스틸 스탠딩

일으키고 있습니다. 경찰차에 불이 붙지 않았습니까."

시장은 움직이지 않았다. "우리는 도움이 필요하지 않습니다." 그녀는 같은 말을 반복했다. "경찰국장이 우리가 관리할 수 있다고 말합니다."

"글쎄요." 내가 말했다. "우리의 고위 보안팀이 하루 종일 주 청사에서 회의하고 판단한 겁니다. 난 지금 아나폴리스로 돌아갈 겁니다. 우리가 지근거리에서 같이 지속적으로 의사 소통을 해야 합니다. 도시와 시민의 안전을 보장하기 위해 긴밀히 협력해야 합니다."

나는 진입로에 들어선 SUV에서 뛰어내렸다. 안호영 주미대사와 부인인 이선화 여사가 우리를 영접하러 나와 있었다. 나는 그들에게 사과부터 했다. "즉시 아나폴리스로 돌아가야 해요." 내가 말했다. "긴급 상황입니다."

그들은 완전히 이해했다. 전 세계의 많은 사람과 마찬가지로, 대사 부부는 볼티모어의 대혼란을 생방송 TV로 지켜보던 터였다. 아내는 대신 거기 남아 대사 부부와 얼마간 시간을 보내기로 했다.

우리는 경광등을 켜고 사이렌을 울리며 주 청사까지의 약 50킬로미터 거리를 내달렸다. 아나폴리스로 돌아오는 내내 우리는 볼티모어 시장과 다시 통화하려 애를 썼다.

"사라졌어요." 내가 전화하자 키퍼가 난감한 목소리로 말했다. "여기서도 지금 시장을 찾고 있습니다."

그가 경찰국장에게 물었지만 경찰국장도 시장이 어디에 있는지 몰랐다. 그는 시장의 보좌관들에게도 그녀의 행방을 물었다. 그들도 몰랐다.

이제 도시는 말 그대로 불타고 있었다. 상점이 약탈과 방화에 희생되고 있었다. 몬도민 몰에서 역사적인 렉싱톤마켓을 포함한 도시의 다른 지역으로 폭동이 확산되어 여러 동네에서 동시다발적으로 폭력 사태가 빚어졌다.

젊은 불량배 무리가 경찰과 충돌했다. 벽돌과 병이 사방으로 날아다녔다. 동네 가게와 상점의 문이 박살났다. 사람들은 현금은 물론이고 손에 잡히는 모든 상품을 가지고 도망쳤다. 식료품, 휴대폰, 운동화, 텔레비전. 어떤 이는 남성복과 여성복을 픽업 트럭에 싣고 달아났다. 어떤 이는 동네 담배 가게에서 시가만 몽땅 들고 튀었다. 가발 가게도 약탈당해 완전히 엉망이 되었다. ATM을 때려 부숴 현금을 털어가기도 했다.

노스 애비뉴와 펜실베이니아 애비뉴가 만나는 모퉁이의 대형 CVS 약국에 불이 났다. 사람들은 현장에 출동한 소방관들에게 콘크리트 블록을 던졌다. 소방 호스가 폭도의 칼에 잘리기도 했다.

도시의 잡화점 겸 약국은 특히 탐스러운 표적이어서 거리의 갱들 사이에 드문 협력까지 불러일으켰다. 특정한 양상이 이 동네 저 동네에서 반복되기 시작했다. 한 무리의 아이들이 약국 창문에 벽돌을 던지면 대규모 약탈자 무리가 몰려들어 사탕과 화장품, 세면 도구, 기타 잡화 상품이 즐비한 진열대를 싹슬이했고, 그러는 사이에 조직 갱단은 뒷문에 트럭을 대고 모든 종류의 약품을 털어가곤 했다. 그런 약탈이 연속적으로 발생했다. 라이벌 갱들은 모종의 협약을 맺고 아직 털리지 않은 잡화점 겸 약국을 나누어 맡았다.

CVS와 라이트에이드Rite Aid, 월그린스Walgreens 등의 최고 경영진에게서 도움을 요청하는 전화가 빗발쳤다. 메릴랜드의 최대 도시에서 47년 만에 발생한 최악의 폭동이었다. 볼티모어는 1968년 마틴 루서 킹 주니어Martin Luther King Jr. 목사의 암살 사건으로 인한 폭동 이후 그와 같은 것을 경험한 적이 없었다.

주택 소유자와 자영업자들은 자신의 집이나 사업장 밖으로 밀려나 두려움과 무력감에 몸을 떨었다. 그들의 이야기는 TV 뉴스에 단편적으로 보도되는데도 보고 듣기가 고통스러웠다. 경찰은 주로 수비에 치중했다. 방향을 잘못 잡고 장비를 충분히 갖추지 않은 데다가 대응하지 말고 물러서라는 명령을 따르고 있었다.

청사로 돌아오자 안보팀이 주지사 회의실의 긴 나무 테이블에 둘러앉아 나를 기다리고 있었다. 참으로 인상적인 팀이 아닐 수 없었다! 메릴랜드주 방위군의 부관참모인 린다 싱은 그 직위에 오른 최초의 여성이자 최초의 아프리카계 미국인이었다. 주 경찰청의 빌 팰로치 경시감은 미 육군 대위 출신으로 25년 동안 주 경찰에 몸담고 승진한 인물이었다. 모두 자신의 분야에서 최고였으며, 비서실장 크레이그 윌리엄스와 안보수석팀 허친스Tim Hutchins(해병대 참전용사로서 주 경찰국장 역임), 범죄통제수석 크리스 섕크Chris Shank(주 상원의원 출신), 법무수석 밥 숄츠, 사회수석 스티브 크림, 공보수석 매트 클락, 공보수석보 더그 메이어 등 긴 테이블을 채운 다른 인물들도 마찬가지였다. 그들은 모두 며칠 동안 모든 상황을 모니터링하며 끊임없이 의견을 교환했다. 그들은 임무를 수행할 준비가 되어 있었다.

공식적인 비상사태는 우리에게 중요한 지원을 제공할 권한을 부여했다. 일반적으로 주 경찰은 도시 거리를 순찰하지 않았다. 하지만 비상사태가 선포되면 그들은 거리로 나갈 수 있었다. 비상사태가 선포되면 우리가 나서서 주 방위군도 동원할 수 있었다. 비상관리기구는 평시의 관료체계를 건너뛰며 주의 지원을 패스트트랙 방식으로 전개할 수 있었다. 롤링스-블레이크 시장이 어떻게 믿고 싶어 하든 거리의 폭력 사태는 가라앉지 않았다. 오히려 점점 더 악화되고 있었다.

나는 키퍼에게 계속 전화를 걸어 시장을 연결하라고 했다.

"주지사님." 그가 나에게 말했다. "우리도 모든 것을 시도하고 있지만, 여전히 그녀를 찾을 수 없습니다. 경찰국장도 그녀가 어디에 있는지 모릅니다."

"내 얘기 잘 들으세요." 내가 말했다. "경찰국장에게 내가 방위군을 투입하기 전에 시장이 내게 전화하게 만들 필요가 있다고 하세요. 당장 찾아오라고요!"

10분 후 시장이 전화했다.

"시장님." 나는 날카롭게 말했다. "내 앞에 두 개의 행정 명령서가 놓여 있습니다. 그중 하나는 볼티모어 시장의 요청에 따라 비상사태를 선포하고 방위군을 파견한다고 써 있습니다. 다른 하나는 내가 메릴랜드 주지사로서 비상사태를 선포하고 방위군을 파견한다고 써 있고요. 우리는 첫 번째 명령을 실행하고자 합니다. 물론 어느 쪽이 되든 우리는 볼티모어의 위기를 해결하기 위해 들어갈 겁니다."

시장은 한마디도 하지 않았다. 그래서 내가 계속 말했다.

"귀하의 요청에 따라 비상사태를 선포하는 것이 귀하와 우리에게 더 좋은 방안입니다."

스틸 스탠딩

"시간이 더 필요합니다." 그녀가 답했다.

도시가 불타고 있었다. 내가 아는 한, 시장은 상황을 개탄하고 악화시키는 것 외에 한 일이 별로 없었다. 그런데 이제 와서 시간이 더 필요하다고? 우리가 그녀를 찾아서 전화기 앞으로 불러내는 데 두 시간을 보내지만 않았어도 시간을 더 줄 수 있었다! "이렇게 말하면 기분 나쁘실지 모르겠지만……." 내가 다시 입을 열었다. 롤링스-블레이크 시장과 얘기할 때면 이를 악물고 참아내는 표현을 자주 쓴다는 생각이 들었다.

"이렇게 말하면 기분 나쁘실지 모르겠지만, 시장님, 더 이상 시간이 없습니다. 시 경찰이 폭도들에게 압도당하고 있습니다. 폭력 사태가 더욱 늘어나고 있잖아요. 상황이 통제 불능이라고요. 더 이상 시간이 없다고요."

"15분만 주시겠어요?" 그녀가 물었다.

"무엇 때문에 15분이 필요한 겁니까?" 내가 다그쳤다.

"경찰국장과 상의해봐야 합니다."

"좋아요." 나는 마지못해 동의했다. "15분 더 드리지요."

전화를 끊자 회의실에 앉아 통화를 듣고 있던 모두가 믿을 수 없다는 눈빛으로 나를 쳐다보았다. 많은 사람들이 고개를 저었다.

14분 후 시장이 다시 전화했다.

"주지사님, 어차피 제 머리에 총을 겨누고라도 들어오실 거니까 들어오시라고 요청드립니다."

그것이 내가 듣고 싶은 전부였다. "감사합니다." 나는 전화를 끊고 펜을 잡았다.

나는 시장의 요청을 받아 볼티모어시에 비상사태를 선포하는 버전의 메릴랜드 행정 명령 01.01.2015.14에 서명했다. 시간을 보니 오후 6시 46분이었다. 주 경찰청장과 방위군 부관참모를 위시하여 회의실에 있던 모두가 즉시 전화나 아이패드, 노트북을 들고 공식 행동 명령을 전달했다.

"출동하라!"

16장
진두지휘

주 청사에서 쏟아져 나온 우리는 SUV와 경찰차, 기타 정부 차량에 올라 타 메릴랜드주 방위군뿐만 아니라 메릴랜드 비상관리기구MEMA 와 합동작전센터의 본거지인 볼티모어 카운티 북서부의 레지스터스 타운에 있는 캠프 프레터드Camp Fretterd로 줄지어 달려갔다. 주 정부의 고위 지도자 대부분을 태운 10여 대의 차량은 모두 경광등과 사이 렌을 켜고 97번 주간고속도로와 695번 주간고속도로를 우레와 같이 내달렸다. 내각 각료와 장성, 경찰청장 등 모두 고속도로를 따라 달 리는 동안 전화를 부여잡고 관계자들과 필요한 조치를 논의했다. 이 것은 주 정부의 일반적인 운영 방식이 아니었다. 하지만 그 무리에 관료주의적 사고로 미적거리거나 딴지를 거는 인물은 없었다.

합동작전센터에 다다르자 MEMA의 책임자 클레이 스탬프Clay Stamp를 위시하여 무장 군인 및 경찰들이 기다리고 있었다. 클레이는 오랜 세월 화재 진화와 구조, 응급 치료, 자연재해 대응, 방화 조사, 위험 물질 정화 등 비상 대응의 거의 모든 분야에 참여한 인물이었다. 이번에는 거의 모든 영역을 한꺼번에 다뤄야 할 터였다. 합동작전센터는 마치 우주 왕복선이라도 발사할 수 있는 장소처럼 보였다. 우리가 도착했을 때 이미 100여 명이 지휘본부에서 움직이고 있었는데, 모두 높은 경계 상태를 유지하며 완전히 집중해서 주 및 전국의 관계자들과 소통하고 있었다.

지휘본부에 면한 넓고 큰 방에는 수많은 취재진이 진을 쳤다. 모든 주요 TV 방송사와 볼티모어, 워싱턴, 뉴욕의 취재 기자들이 커튼이 쳐지지 않은 창문을 통해 돌아가는 상황을 엿보기 위해 경쟁을 벌였다.

이 최첨단 본부는 우리 팀이 필요로 하는 모든 것을 갖추고 있었다. 도시 곳곳의 현황을 보여주는 라이브 TV 스크린, 컴퓨터 모니터와 지속적인 데이터 스트림, 최신의 폭력적 분출을 정확히 포착하는 업데이트, 그리고 벽면을 메운 주요 채널의 방송 화면 등이 그것이었다.

합동작전센터에 모인 사람들은 막중하면서도 벅찬 임무를 앞에 두고 있었다. 그들은 결국 메릴랜드주 방위군 4,000명과 메릴랜드 각 지역 및 인근 주의 파견 경찰 1,000명을 포함하는 대규모 대응 인력을 운용해야 했다. 그 모두를 동원하고 조정하고 지시하고 적절한 장비를 갖추게 하고 함께 소통하게 수용하고 먹이고 이끌어야 하는 것이었다. 한마디로 조직화된 혼돈이었다. 그리고 그 모든 것의 꼭대기에 있는 사람이 바로 나였다.

스틸 스탠딩

모든 사람이 같은 방향으로 나아가게 하려면 처음부터 명확하고 기본적인 원칙 몇 가지를 설명해야 한다는 것을 나는 알았다. "우선 볼티모어의 거리에서 압도적인 힘의 우세를 과시해야 합니다." 나는 업데이트를 받자마자 말했다. "그러나 동시에 동일한 수준의 자제 또한 필요합니다." 그 둘의 병행이 중요했으며 명확한 전술적 접근 방식 또한 중요했다. 군과 경찰의 고위 지도자와 상의한 후 나는 MEMA에 모인 사람들에게 기본 전략을 설명했다. "시 경찰이 가장 앞에 섭니다. 메릴랜드주 경찰과 메릴랜드주 방위군, 그리고 여타의 모든 경찰 기관은 뒤에서 지원하는 겁니다."

우리의 주 경찰은 메릴랜드 최고의 병력이었지만 도시 거리를 순찰하거나 폭도들과 싸우는 데에는 익숙하지 않았다. 또 방위군은 적절한 훈련과 전문적인 지원을 받지만 어디까지나 시민 겸 군인이었다. 몇몇은 헌병대 훈련을 받았지만 도시 폭동을 다뤄본 경험은 없었다. 그들은 직장에서 일하다가 동원된 병력이었다. 이들을 일선에 세우지 않은 이유가 여기에 있었다. 어쨌든 우리는 카운티와 다른 주에서 받은 여타의 모든 지원과 더불어 사태 대응에 필요한 충분한 인력을 확보한 셈이었다. 우리가 시 경찰의 노력에 병력을 지원하고 적절히 지휘한다면 당면한 임무를 확실하게 완수할 수 있다는 것이 나의 판단이자 확신이었다.

"다층적으로 배치하되 긴밀한 공조 체계를 유지하면서 단호하되 절제된 공권력으로 대응해야 하는 상황입니다." 내가 강조했다. "시 경찰, 메릴랜드주 경찰, 메릴랜드주 방위군, 그리고 다른 관할권의 파견 병력들 모두 명심해야 할 것은 우리가 도시를 점령하기 위해 그곳에 가는 것이 아니라 도시를 보호하고 법과 질서와 평화를 회복하러 들어가는 것이라는 사실입니다."

나는 이 명령계층 구조의 최상위에 있었다. 내 위로 아무도 없었다. 내가 총사령관인 셈이었다. 동시에 나는 여전히 신임 주지사였다. 성공하든 실패하든 모든 것을 내 스스로 감당해야 했다.

나는 명령을 내리기 시작했다. "예." …… "아니오." …… "이렇게 하세요." …… "그렇게 하면 안 됩니다." …… "바로 그겁니다." …… "그렇게 하지는 않을 겁니다."

장성과 경찰청장을 위시한 팀원 모두가 질문 공세를 퍼부었다. 모든 질문에 지체없이 대답해주어야 했다. "메릴랜드 항공 방위군도 소집합니까, 아니면 메릴랜드 육군 방위군으로만 갑니까? 방위군은 몇명을 투입합니까? 천 명? 이천 명? 사천 명? 헬리콥터도 띄웁니까? 탱크로 갑니까, 아니면 그냥 험비Humvee(군용 지프차의 일종 - 옮긴이)만 탑니까? 볼티모어의 핵심 인프라를 보호하기 위한 계획은 무엇입니까? 병원에는 어떤 보호 조치가 필요합니까? 도시 밖에서는 경찰과 소방서, 그리고 다른 기관의 지원을 어떻게 조정하면 됩니까?"

나는 거의 즉각적으로 100여 가지의 중요한 결정을 내려야 했다. 팀의 조언에 많이 의존했지만, 최종 결정은 나의 몫이었다.

그와 거의 같은 시간, 볼티모어시 교육위원회는 공립학교의 화요일 휴교를 발표했다.

시장은 우리의 촉구로 화요일부터 일주일 동안 오후 10시에서 오전 5시까지 통금을 시행한다고 발표했다. MLB(메이저리그 야구)는 화요일 저녁의 캠든야즈 경기를 연기하기로 결정했다. 수요일 경기는 진행하지만 무관중으로 가기로 했다.

나는 이어서 주지사 비서실을 아나폴리스에서 볼티모어시로 옮겼다. 볼티모어가 현장이었으므로 당연히 우리도 거기에 있어야 했다. 별도의 공지가 있을 때까지 시내의 세인트폴 스트리트에 있는 관영 사무실 건물인 섀퍼타워Schaefer Tower에서 업무를 볼 것이라고 말했다. 부주지사에게는 아나폴리스에 남아 주지사 집무실 및 주 정부의 일상 업무를 처리하도록 지시했다.

매 단계마다 질문이 날아왔고, 그럴 때마다 중요한 결정에 직면했다.

한 시점에서 잠시 숨을 고르며 생각해봤다. '취임한 지 고작 89일 만에 우리 주와, 주내에서 가장 큰 도시의 운명을 좌우할 임무에 대해 노련한 경찰 및 군 지도자들에게 명령을 내리고 있다. 수천 명의 인력이 나의 명령을 따르고 또 수십 만 명이 나의 올바른 결정에 의지하고 있는 상황이다.'

나는 폭동을 진압해본 경험이 없었다. 주지사라는 호칭도 이제 겨우 익숙해진 상태였다. 나는 작은 사업체를 운영하던 사람이었다. 전미 주지사 협의회의 '아기 주지사 학교'에서는 '주내 최대 도시가 불타는 상황에서 취해야 할 조치'와 같은 과정을 가르치지 않았다. 하지만 다행히도 나에게는 함께 일할 강력한 팀이 있었다. 나는 그들과 나 자신을 믿었다. 나는 계획을 세우고 그에 따르는 방법을 알고 있었다. 우물쭈물하거나 주저할 시간이 아니었다. 우리는 명확하고 자신 있게 행동해야 했다.

이제 오후 8시 45분이었고, 돌아가는 상황을 세상에 알릴 시간이었다. 비상사태를 선포하고 두 시간이 지난 시점이었기에 이 건물의 관계자들이 조율한 대규모 동원은 이미 잘 진행되고 있었다. "현재 볼티모어에서 벌어지고 있는 약탈과 폭력 행위는 결코 용납할 수 없습니다." 장사진을 친 기자들 앞에서 내가 말했다. "무고한 민간인과 사업장, 그리고 법 집행관을 직접 공격하는 범죄자의 행동을 강력히 규탄합니다. …… 시위대는 항의와 좌절감을 표현할 권리가 있습니다. 그러나 볼티모어 시민은 지역사회에서 평화와 안전을 누릴 자격이 있습니다."

기자들은 세부 사항을 요구했고 나는 우리의 계획을 밝혔다. 나는 도시에 도움이 필요하기 때문에 주에서 도움을 제공하는 것이라고 설명했다. 비상사태로 인해 우리에게 권한이 생겼고, 그에 따라 군경을 투입한 볼티모어 랠리 작전Operation Boltimore Rally이 전개되고 있었다.

군이 거론하지 않았음에도 기자들은 왜 더 빨리 비상사태를 선포하지 않았는지 계속 따져 물었다. 나는 "담당자들이 시장과 연락을 취하려고 한참 동안 노력했고 마침내 그녀가 전화를 하자마자 즉시 조치를 취한 것"이라고 설명했다.

직접적인 질문에 솔직하게 답했다.

롤링스-블레이크는 그 얼마 후 내가 고의적으로 자기를 버스 밑으로 던져버렸다고 비난했다. 그녀는 내 보좌관 중 한 명에게는 훨씬 더 다채로운 언사를 퍼부었다. 그와 관련해 내가 말할 수 있는 것은 시의 느린 대처를 놓고 시장을 비난하기 위해 일부러 나선 적이 없다는 것뿐이다. 그와 동시에 언론에서 직접적으로 물어봤을 때 그녀를 위해 거짓말을 하지도 않았을 뿐이다.

이 일은 나와 롤링스-블레이크 시장의 관계에서 모종의 전환점이 되었다. 물론 좋은 쪽으로 전환된 것이 아니었다. 그녀는 지역 및 전국 언론을 상대로 내가 자신을 구두로 구타했다고 말했다. 폭동에 대한 그녀 자신의 초점이 맞지 않은 대응이나, 폭도들에게 파괴할 '공간'을 주었다는 자신의 끔찍한 무서운 발언은 도외시하고 그녀가 너무 압도당하고 너무 우유부단하고 너무 두려워서 일을 완수할 수 없을 때 도시를 구하기 위해 단호하게 행동한 주지사에게 비난을 퍼부었다.

그렇다면 시장은 대체 무슨 문제가 있기에 그랬던 것일까? 폭동 사건이 벌어지기 전에 그녀는 민주당의 떠오르는 리더로 각광을 받았다. 그녀의 친한 친구와 가장 큰 후원자 중에는 강력한 민주당 컨설턴트인 도나 브레이질Donna Brazile과 버락 오마바의 가장 신뢰받는 고문 중 한 명인 밸러리 재럿Valerie Jarrett이 포진했다. 롤링스-블레이크는 민주당 전국위원회의 총무를 맡고 있었으며 2017년 초에 은퇴하겠다고 막 발표한 5선의 연방 상원의원 바버라 미쿨스키Barbara Mikulski를 대체할 주요 유망주로 언급되고 있었다. 그런 그녀가 곤경에 처해 어려움을 겪고 있었고, 거의 모두가 그 사실을 분명히 알았다.

기자 회견이 끝난 직후 알렉스가 가지고 있던 내 휴대폰을 내게 건넸다. 크리스티의 전화였다. 그렇지 않아도 그와 통화하고 싶던 차였다. 그도 주지사 첫 임기에 중대한 재난을 경험한 바 있었다. 2012년 10월 허리케인 샌디Sandy로 인한 대규모 파괴가 그것이었다.

"방금 당신의 기자 회견을 봤소." 그가 말했다. "잘했소이다. 리더로서 결단력을 보여주었어요. 적시에 개입해서 지휘권을 맡았으니 말이오."

"감사합니다." 내가 말했다.

크리스티는 역시 크리스티였다. 그는 주저 없이 자신의 견해를 피력했다.

"하지만 그것만으로는 충분하지 않소." 그가 계속해서 말했다. "그 모든 것에 더해 사람들에게 당신이 전적으로 관심을 기울이고 있다는 사실을 알리는 것이 정말 중요해요. 사람들은 무서워하거든요. 그들을 안심시켜야 해요. 당신은 그들에게 법과 질서가 회복되고 생활이 정상으로 돌아오고 모든 것이 잘될 거라고 말해야 해요. 주지사로서 올바른 결정을 내리고 전반적인 대응을 지휘하는 것 외에도, 당신은 최고위로책임자도 되어야 해요."

'흠, 지당한 말씀이군.' 내가 생각했다.

내 친구는 계속 말했다. "내 조언은 아침에 눈 뜨자마자 볼티모어로 가서 사람들 앞에 모습을 드러내라는 거요."

"크리스." 내가 말을 잘랐다. 크리스 크리스티가 한창 열띠게 말할 때 치고 들어가는 것은 결코 쉬운 일이 아니었다.

"크리스." 내가 말했다. "아침까지 기다리지 않을 겁니다. 지금 볼티모어로 갈 겁니다."

그는 흡족해하는 것 같았다. "나는 주지사가 된 지 3년 만에 허리케인 샌디 때문에 결정적인 순간을 맞이했는데, 당신은 3개월만에 그런 순간을 접하는구려. 하지만 들어봐요. 나는 당신을 믿어요. 당신이 선출된 이유가 여기에 있다고 생각하오."

크리스티는 단지 조언만 전달한 것이 아니었다. 전화를 끊기 전에 그는 또한 실질적인 도움도 제안했다. "무엇이 필요해요? 내가 어떻게 도우면 좋겠소?"

"어떤 도움을 제공할 수 있습니까?"

"통화가 끝나는 즉시 우리 주 경찰청장이 당신네 경찰청장과 통화하도록 조치하겠소. 둘이 필요한 사항을 논의해 처리할 것이오." 그들은 폭동 진압 훈련을 받은 뉴저지주 경찰 140명을 파견하는 데 동의했다. 이들은 두어 시간 후 출발할 것이었고, 도착 즉시 볼티모어 거리에 투입될 터였다.

크리스티와 통화를 마친 후, 나는 MEMA 지휘본부에서 한 시간을 더 보내며 사람들이 우리의 행동계획을 제대로 알고 있는지, 또 그것이 어떻게 효력을 발휘하기 시작했는지 확인했다. 그런 다음 SUV에 올라 이번에는 훨씬 작은 규모의 행렬을 이끌고 레지스터스타운을 떠나 불타는 볼티모어로 40킬로미터를 내달렸다. 새로운 총사령관이 진두지휘하러 전선으로 향하는 것이었다.

솔직히, 무슨 일이 일어날지 전혀 알 수 없었다.

우리가 795번 주간고속도로를 타고 도시를 향해 속도를 낼 때 경찰 지휘관 중 한 명이 말했다. "주지사님, 백악관에서 전화가 왔습니다. 오바마 대통령께서 통화를 하고 싶답니다."

그는 내게 전화를 건넸다. 나는 귀를 찢을 듯이 울리는 사이렌부터 꺼달라고 했다. 그래야 통화를 할 수 있을 것 같았다.

"안녕하십니까, 대통령님." 내가 말했다. 그는 즉시 본론으로 들어갔다.

"볼티모어의 상황에 대해 비상사태를 선포하신 걸 봤습니다." 대통령이 말했다. 나는 그가 메릴랜드주에 연방 차원의 지원을 제공하기 위해 전화한 것으로 생각했다.

하지만 완전히 잘못 짚었다.

"내가 전화한 이유는 우려를 표명하기 위해서입니다." 그는 계속했다. "주지사님의 행동이 이미 긴장된 상황을 더욱 걷잡을 수 없는 쪽으로 몰고 가지 않을까 걱정입니다. 그래서 조심하고 자제하며 상황에 임해주실 것을 강력히 권고하는 바입니다. 매우 불안정한 상황이기에 말씀드리는 겁니다."

나는 상황이 얼마나 불안정한지 아주 잘 알고 있다고 그에게 말했다. 민주당 대통령이 나와의 대화를 풀어나가는 방식은 대단히 흥미로웠다. 내가 민주당의 텃밭인 메릴랜드에서 그가 밀어준 후보를 물리친 백인의 초임 공화당 주지사였고, 흑인이 다수인 대도시가 불타는 상황이었기에 더욱 그랬다. 곳곳에 지뢰가 묻힌 환경이 아닐 수 없었다. 앤서니 브라운은 오바마의 정치적 동지 겸 주지사 후보 그 이상이었다. 둘은 친구 사이였다. 그들은 하버드 로스쿨 시절부터 가깝게 지냈다. 오바마 대통령은 이 반갑지 않은 외부인에게 영향을 미치려는 다소 어색한 입장에 처한 셈이었다.

나는 정중하게 들었다. 그는 예의 바르면서도 매우 능숙하게 메시지를 전달했다. 그러나 나는 행정 명령을 취소하거나 군대를 철수시키거나 아나폴리스로 되돌아갈 생각이 없었다. 나는 불타는 볼티모어를 구하기 위해 달려가고 있었는데, 대통령은 기본적으로 내가 거기에 가지 말아야 한다고 말하고 있었다. 그는 나를 막을 수 없었다. 주지사인 내게 전권이 있었다. 하지만 지금 그는 기술적으로 나를 압박하고 있었다. 딱히 나를 비난하려는 게 아니라 그저 저지하려는 것 같았다.

그는 계속해서 "다시 한번 주의와 자제로 상황에 임할 것을 강력히 권고합니다"라고 말했다.

"대통령님." 내가 그에게 말했다. "우리는 주의를 기울이고 자제를 보여줄 것임을 확실히 말씀드릴 수 있습니다. 그러나 우리는 또한 이 폭력이 계속되지 않게 만들기 위해 그리고 볼티모어 시민을 안전하게 지키기 위해 필요한 모든 조치를 취할 것입니다."

대통령은 결코 강압적으로 나오지 않았고, 내게 이래라저래라 지시하지도 않았다. 그저 자신이 우려하고 있다는 점을 알게 하려고만 했다.

"대통령님." 내가 말했다. "감사합니다. 시간을 내 전화 주신 데 대해, 그리고 귀한 조언 주신 데 대해 심심한 감사를 표합니다. 안녕히 주무시기 바랍니다."

경호팀장은 사이렌을 다시 켰고, 우리는 계속 볼티모어로 내달렸다.

17장
쇼크 트라우마

키퍼 미첼과 스티브 크림 그리고 나는 곧바로 '쇼크 트라우마'로 향했다. 쇼크 트라우마. 왠지 볼티모어가 처한 중대한 상황과 어울리는 이름이라는 느낌이 들었다. 불과 지난 몇 시간 사이에 400여 개의 영업장이 파괴되었고, 127명의 경찰관과 소방관이 지역 병원으로 후송될 정도로 심각한 부상을 입었다. 그런 병원 중 한 곳이 사우스그린 스트리트에 있는 메릴랜드 대학병원 부설 알애덤스 쇼크 트라우마 센터R. Adams Schock Trauma Center였다.

쇼크 트라우마는 중상해자나 중증 질환자를 치료하는 미국 최고의 기관 중 하나이다. 그들은 획기적인 팀 접근방식으로 매일 많은 생명을 구한다.

프레디 그레이는 4월 12일 치명적인 부상을 입은 후 쇼크 트라우마로 이송되었다. 그곳의 놀라운 의사와 간호사가 그를 살리지 못했다면, 그것은 그가 이미 가망이 없는 상태였던 것으로 봐도 무방하다. 그리고 16일이 지난 지금, 쇼크 트라우마는 청년의 죽음에 대한 복수를 외치는 폭도들에게 부상당한 경찰관과 응급 구조대원들로 넘쳐났다.

쇼크 트라우마로 후송되었다는 것은 상태가 심각하다는 의미였다. 뼈가 부러지거나 심각한 화상을 입은 환자가 많았다. 나는 병이나 벽돌, 콘크리트 블록에 맞은 경관들과 응급 구조대원들을 만났다. 그들 가운데 다수가 버림받고 공포에 휩싸이는 경험을 했다.

"여러분들 상태가 좀 어떤지 보러 왔습니다." 내가 말했다.

그 간단한 제스처, 즉 주지사가 그들의 상태를 확인하기 위해 나타났다는 사실이 다 큰 어른들의 마음을 울렸다. "이렇게 관심을 가져주셔서 감사합니다, 주지사님." 그들은 계속 말했다. "이렇게 와주시다니, 정말 감사합니다."

"저는 이라크 참전군인 출신입니다." 거리에서 악당들과 직접 몸싸움을 벌인 것으로 보이는 반백의 볼티모어시 경찰이 말했다. 그날의 대혼란으로 목이 부러져 병상에 누운 것이었다. "전에는 이런 것을 본 적이 없습니다. 라이벌 갱단이 서로 협력했습니다. 휴대폰으로 소통하며 조직적으로 움직였습니다."

그는 자신과 일단의 동료 경찰들이 전진하는 폭도들에 의해 몬도민 몰의 구석으로 밀렸다고 말했다. "더 이상 물러설 곳이 없었습니다. 우리는 폭동 진압 장비를 갖춘 상태가 아니었습니다. 방패와 헬멧이 충분하지 않았습니다. 방독면이 없었기 때문에 최루 가스를 사용할 수도 없었습니다. 고무 총알도 없었고 무기는 발사하면 안 된다고 했고…… 지붕에 있던 갱이 우리 머리 위로 콘크리트 블록을 던졌습니다."

전쟁터 얘기처럼 들렸다. 나는 그가 느꼈을 공포를 상상조차 하기 힘들었다. "시장이 우리를 버린 겁니다." 그 베테랑 경찰이 말했다. "그녀는 우리에게 물러서라고 명령했습니다. 그냥 앉아서 당하라는 거나 마찬가지였습니다. 훈련받은 대로 스스로를 방어해야 마땅한 거 아닙니까?" 그는 울음을 터뜨렸다. 나는 그를 안았다. 그런 다음 옆의 경관에게 다가가서 그를 안았다. 그리고 다음, 다음, 다음. 쇼크 트라우마 내부에는 미디어가 없었다. 카메라도, 마이크도 없었다. 홍보용 몸짓이 아니었다. 내가 그곳에 간 것은 정말 걱정이 되었기 때문이며, 나를 선출한 주의 주민들을 보호하고 섬기는 사람들의 헌신과 용기에 진심으로 감사했기 때문이다.

볼티모어 경찰서의 직원들은 이러지도 저러지도 못하는 입장에 처해 있었다. 동료 경관 몇 명은 프레디 그레이를 살해한 혐의로 기소된 상태였다. 이제 그들은 문자 그대로 공격을 받고 있었는데, 대응은 허용되지 않았다. 그들 중 다수가 도시 거주자였다. 그들은 도시가 파괴되는 것을 지켜보기가 괴로웠다. 그들은 도시를 구할 수 없다는 사실에 무력감을 느꼈다. 그들은 강력한 리더십을 절실히 외치고 있었다.

그렇다. 일부 나쁜 경찰이 있다. 우리 모두 그것이 사실임을 안다. 그러나 대체로 대부분의 경찰관들은 우리를 위해 매일 목숨을 걸고 열심히 일하는 헌신적인 사람들이다. 나는 늘 그렇게 믿었다. 그러나 지금 성난 시위대는 그들을 인종차별주의자와 살인자로만 보고 있었다.

내가 쇼크 트라우마에서 심란한 경찰들을 위로하고 있을 때, 키퍼에게 전화가 걸려왔다. 그의 아내 니콜Nicole에게서 온 전화로 공포에 질린 목소리였다. 그녀는 어린 두 자녀와 함께 집에 있는데 약탈자들이 근처 철물점과 라이트에이드 약국을 털고 있다고 말했다. 니콜은 그래서 집의 모든 불을 끄고 어린 잭Jack과 케나Kenna와 함께 위층 침실로 몸을 숨겼고, 방금 전 창밖을 내다보니 폭도들 몇 명이 뒷마당을 뛰어다닌다는 것이었다.

"아무래도 집에 가봐야겠어요." 키퍼는 그렇게 말하고는 가능한 한 빨리 돌아오겠다고 덧붙였다.

"어서 가봐요." 내가 그에게 말했다. "가서 당신이 해야 할 일은 무엇이든 하도록 해요. 필요한 게 있으면 연락하고. 모두 괜찮길 바라요."

키퍼는 집으로 가는 내내 아내와 통화했다. 그가 볼튼힐에 도착할 무렵에는 상황이 조금 진정된 것 같았다고, 그가 나중에 내게 말했다. 약탈자들은 대부분 상점을 빠져나간 상태였다. 그의 뒷마당은 깨끗해 보였다. 키퍼의 아내와 아이들은 여전히 불을 끄고 윗층에 숨어 TV의 실시간 폭동 중계를 지켜보고 있었다. 키퍼는 열두 살 난 아들에게 괜찮은지 물었다. "이제 모든 것이 괜찮아질 거예요, 아빠." 잭이 아버지에게 말했다. "주지사님이 오고 있대요."

쇼크 트라우마는 그날 밤 버림받은 느낌에 주눅든 사람들로 가득 차 있었다. 흑인과 백인, 라틴계, 아시아계 등의 경찰관과 소방관, 구급대원 등 인종과 성별, 직업, 연령대가 다양했다. 나는 최대한 많은 사람들과 대화를 나눴다. 그런 다음 간호사와 의사에게도 감사의 말을 전했다. 그들 모두가 예기치 않던 불행에 직면한 상황이었다. 하지만 적어도 그들은 이제 자신들을 지원하고 보살피는 주지사가 있다는 사실을 알았다.

쇼크 트라우마에 밤새도록 머물 순 없었다. 우리의 지휘팀과 내각 각료 다수가 기다리고 있는 섀퍼타워로 가야 했다. 새로운 볼티모어 임시 집무실에 소집해놓은 총원 회의에 이미 늦은 상태였다. 세인트폴 스트리트는 쇼크 트라우마에서 가까운 곳에 위치했다. 그 짧은 길을 달리기 위해 다시 SUV로 올라탔을 때, 우리 공보팀에서 전화가 왔다. 스티브는 전화의 스피커를 켰다. "CNN에서 계속 전화가 옵니다." 매트가 말했다. "라이브로 주지사님 인터뷰를 하고 싶다고 말입니다."

"지금 CNN과 인터뷰할 시간이 어디 있어요?" 내가 잘라 말했다. "우린 지금 당장 해야 할 더 중요한 일이 있지 않나요? 안 한다고 하세요!"

"CNN에 짧게라도 얼굴을 비치면서 사람들에게 돌아가는 상황을 전하는 것도 나쁘지 않습니다." 더그 메이어가 끼어들었다.

"TV에 나오는 게 뭐가 중요해요?" 나는 고집했다. "폭동을 막고 도시를 구하려고 하는 마당에!"

연기가 자욱한 거리를 지나며 계속 주변의 권유를 거부했지만, 스티브까지 합류해 세 사람이 계속 나를 밀어붙였다. 결국 난 누그러졌다. "좋아요." 내가 말했다. "인터뷰합시다. 하지만 많은 시간을 낭비할 수 없다는 거 잊지 말아요."

나는 CNN 앵커 돈 레몬Don Lemon을 그가 있는 볼티모어 시청 외곽 거리에서 만나는 데 동의했다. 마침 우리가 지나갈 거리였다. "빨리 끝내는 걸로 해야 합니다." 나는 재차 경고하고 SUV에서 내렸다.

인터뷰를 위해 보도에 서서 마이크를 차고 있을 때, 누가 우리 쪽으로 걸어오길래 봤더니 내가 낮에 그토록 통화하고자 애썼던 바로 그 여성, 스테파니 롤링스-블레이크 시장이었다. 나는 그제서야 이것이 그녀와 같이하는 합동 인터뷰라는 것을 깨달았다.

돈 레몬은 생방송 인터뷰 시간의 대부분을 나를 자극해 폭동에 대한 시장의 대응과 관련해 불만을 털어놓게 만들려고 애썼다. 확실히 시장에게 답답함을 느낀 게 사실이었지만, 그 순간에 CNN 생방송으로 그런 얘기나 해서 무슨 효용이 있을지 알 수 없었다.

레몬은 우리가 더 빨리 행동하지 않은 이유에 대해 서너 차례나 반복해서 내게 캐물었다. 그리고 내가 시장이 요청하자마자 비상사태를 선포했다고 설명하자 그는 그것을 우리 사이의 반목으로 해석되게 유도하려고 애를 썼다. 나는 긍정적인 태도를 유지하면서 우리가 확실한 조치를 취했으며 따라서 현장 상황이 곧 크게 개선될 것이라는 점만 강조했다. "이제 우리가 상황을 곧 통제할 수 있게 되었다고 장담할 수 있습니다." 거의 열 번이나 비슷한 대답을 한 것 같았다. "폭력 사태는 계속되지 않을 겁니다. …… 우리가 통제할 겁니다. 도시는 안전해질 겁니다. 메릴랜드 주민들은 이 문제가 해결되면 그에 쏟은 노력에 자부심을 느끼게 될 겁니다."

그때 카메라 바로 오른쪽에서 서 있던 키퍼가 나를 향해 손짓하는 모습이 눈에 들어왔다. 그는 가족의 안전을 확인하고 곧바로 시청 외곽의 우리를 따라잡은 터였다. 돈 레몬의 계속되는 질문을 듣고 있던 키퍼는 분명히 나와 같은 생각을 하고 있었고, 섀퍼타워의 매트와 더 그에게서도 계속 전화가 걸려오고 있었다. 그는 나를 쳐다보며 오른쪽 집게손가락으로 자신의 목 중앙부를 연신 가로지르고 있었다. '지금 당장 끝내라'라는 만국 공통의 손 신호였다.

그럼에도 CNN 앵커는 끝낼 마음이 없었다. "내일은 통금 시간을 어떻게 시행할 건가요? 지금 상황으로는……." 그가 물었다.

"이제 가봐야 합니다." 나는 그렇게 말하고 시장을 힐끗 보며 TV 인터뷰용 이어폰을 귀에서 뽑았다. "시간 내 주셔서 감사합니다." 내가 앵커에게 말했다.

그러자 롤링스-블레이크 시장도 이어폰을 뽑았다. 우리는 그렇게 생방송 인터뷰를 마치고 각자의 길을 갔다.

곧이어 트위터와 페이스북이 레몬의 접근방식에 대한 불만으로 폭발했다. "폭력을 막으려고 나선 사람들한테…… 당신은 계속 어리석은 질문만 던지고…… 똑같은 질문을 몇 번이나 반복하는 거냐고요?" 어쩌면 시장과 나는 마침내 서로 동의할 수 있는 무언가는 찾은 건지도 몰랐다. 그 인터뷰 내내 돈 레몬이 멍청이처럼 굴었다는 것 말이다.

내가 섀퍼타워의 임시 집무실에 합류한 것은 자정이 넘어서였다. 너무도 피곤한 하루였다. 주미 한국대사 관저의 진입로에서 돌아선지 불과 9시간 밖에 지나지 않았는데도 그랬다. 그 이후로 실로 많은 일이 일어났다. 앞으로 얼마 동안 볼티모어의 이 임시 참호에서 작전을 펼쳐야 할지 알 수 없었다. 한동안 이곳은 24시간 쉬지 않고 돌아가는 현장지휘소가 될 것이었다.

우리는 앞으로 며칠 동안 필요한 모든 조치를 취할 예정이었다. 거리를 순찰하고 교회를 방문하고 주 및 시 경찰관과 소방관, 구급대원, 방위군에게 감사를 전해야 했다. MEMA의 지휘본부에는 헬기로 오갈 터였다.

우리는 매일 밤 볼티모어 시경 지휘센터에 앉아 진행 상황에 대한 합동 보고회를 가지며 그날의 성과를 평가하고 다음 계획을 세우기로 합의했다. 나와 시장, 시 경찰국장, 방위군 부관참모, 주 경찰청장, 주지사 비서실장, 시장 비서실장만 참석하는 수뇌부 회의였다.

그런 다음 우리 팀은 별일이 없는 한 섀퍼타워로 돌아와 샤워와 면도는 생략하고 5분간의 토막잠을 자는 일정을 소화할 예정이었다. 그리고 곧 우리의 '비상 식량'으로 통하게 되는 조각 피자와 캔디바, 다이어트 음료, (때로는 퀴퀴해진) 도넛으로 식사를 때우는 데 익숙해질 터였다. 더 좋아지든 나빠지든, 우리는 앞으로 한동안 이 24시간 현장지휘소에서 그렇게 생활할 수밖에 없었다.

수백 명의 주 정부 경찰이 이미 도시로 진입했다. 메릴랜드주 방위군 175보병연대 1대대도 마찬가지였는데, 우리 방위군의 부단한 역사는 독립 전쟁 당시까지 거슬러 올라간다. 그들은 캠드야즈와 볼티모어 레이븐스의 홈구장인 엠앤티뱅크M&T Bank 스타디움 사이에 야전막사를 설치했다. 군부대는 4,000명의 병력과 1,000명의 경찰에다가 볼티모어 랠리 작전에 참가한 여타의 인력을 모두 수용할 수 있을 만큼 크지 않았다. 주 방위군의 험비는 수백 대의 육중한 녹색 군용 트럭들과 함께 이미 도시 곳곳의 거리를 순찰하고 있었다. 그 자체가 질서가 회복되고 있다는 강력한 상징이 아닐 수 없었다. 나는 때때로 한밤중에 게슴츠레한 눈으로 직원들에게 잠깐의 작별을 고했다. 관저에 다녀오기 위해서였다.

경호원들이 나를 주지사 관저로 데려다주었다. 그로기 상태로 도착한 나는 아내에게 "잘 자요, 여보"라고 말하자마자 두 시간 동안 잠을 자고 빠르게 샤워를 한 후 옷을 갈아입고 다시 섀퍼타워로 돌아왔다.

18장
길거리 행동방식

　나는 해가 뜨기 전에 볼티모어 서부 경찰서로 가서 키퍼를 만났다. SUV에서 내리자마자 경호팀의 크레이그 치카렐리와 토머스 스콧 Thomas Scott이 방탄조끼를 들고 내게 다가왔다. "주지사님." 토머스가 말했다. "이걸 입으셔야 합니다."

　방탄조끼가 필요할 정도로 볼티모어의 상황이 불안정하다는 것을 알고 있었다. 사람들이 이미 웨스트마운트 스트리트의 역 앞에 모이고 있었다. 앞으로 몇 시간이고 며칠이고 나는 도시 곳곳에서 온갖 사람들과 교류할 터였다. 고도로 훈련된 주 경찰국의 헌신적인 경호원들조차도 내 안전을 100퍼센트 보장할 수는 없었다. 하지만 나는 무장한 전사의 모습으로 볼티모어 사람들을 만나고 싶지 않았다. 개인적이고 직접적으로 사람들과 교류하고 싶었다. 그 조끼가 상징하는 바가 맘에 들지 않았다.

"입지 않겠소." 내가 경호원들에게 말했다.

그들은 난색을 표했지만 강요하지는 않았다. 그렇다면 보다 면밀하게 밀착 경호하는 수밖에 없다고 생각하는 듯했다. 시 경찰국장의 브리핑을 듣고 경찰들의 노고를 치하한 후 거리로 나섰다. 다음 행선지는 노스 애비뉴와 펜 스트리트가 만나는 교차로였다.

약탈과 방화에 희생된 CVS에서는 여전히 연기가 피어오르고 있었다. 소방관들이 현장에서 잔불을 정리하고 있었고, 시 경찰 및 주 경찰의 파견대와 제복 차림의 방위군들이 속속 합류하고 있었다. 볼티모어 서부의 번잡한 교차로는 이제 도시의 가장 어두운 시간을 국제적으로 상징하는 그라운드 제로가 되어버렸다.

나는 사람들이 주지사가 현장에 나와 있는 것을 보기를 원했다.

교차로 모퉁이에 선 나는 건물에서 피어오르는 연기의 매운 냄새를 맡으며 폭력을 중단시키고 재건 과정을 개시할 것을 약속하고 관계자들에게 감사를 표했다. "어젯밤은 반복되지 않을 겁니다." 내가 단호하게 선언했다. "오늘 밤에는 절대로 이런 일이 일어나지 않을 것입니다."

사람들은 불에 타거나 망가진 집과 상점에서 남은 것을 건지기 위해 그을린 가구와 부서진 진열장을 보도로 끌고 나왔다. 우리가 가는 곳마다 인간사의 비극적 장면이 슬프게 펼쳐졌다. 수십 년에 걸친 노력으로 쌓아올린 꿈이 하룻밤 사이에 파괴되었다. 나는 사람들의 이야기에 귀를 기울이며 모두의 삶을 정상으로 되돌리는 데 필요한 일을 할 것이라고 약속했다. 내가 만난 주민들 대부분은 흑인이었고, 상인 중 상당수는 아시아인이었다. 가게 주인들은 내가 한국어로 "안영하세요"라고 인사를 건네자 놀란 표정을 지었다. 그들 모두(주민과 소규모 상점 주인, 흑인과 아시아인)가 이 파괴적인 폭동의 피해자였다. 일부는 보험에 가입했지만, 대부분은 그렇지 않았다. 이들은 열심히 일하는 사람들이었다. 이곳은 그들의 도시였다.

한 할머니가 구석에 서서 울고 있었다. 그녀에게 다가가 안아주었다. 최고위로책임자가 되어 사람들에게 모든 것이 괜찮아질 것임을 알리라고 했던 크리스티의 조언이 떠올랐다. 볼티모어 사람들은 고통에 휩싸여 있었다. 그들에게 돌봐주고 책임져줄 주지사가 있다는 사실을 알려주고 싶었다.

노스 애비뉴 건너편에서 시장이 마이크 더미와 TV 및 신문 기자들에 둘러싸인 채 기자 회견을 열고 있었다. 나는 그 자리에 합류하는 데 관심이 없었다.

그 대신에 나는 거리를 걸으며 일반 시민들을 만나 상황이 어떠한지, 어떻게 도움을 드리면 좋을지 등을 물었다. 그것이 내가 거기에 간 이유였다.

대부분의 경우 나는 인터뷰를 다른 사람들, 특히 싱 장군에게 맡겼다. 타고난 리더의 강인함과 확고한 자세를 지닌 그 흑인 여성은 실로 인터뷰를 믿고 맡길 수 있는 완벽한 적임자였다. 그녀는 황갈색 전투복 차림으로 카메라 앞에 서서 볼티모어와 그 너머의 사람들에게 강력한 메시지를 전했다. "우리는 마땅히 해야 할 일을 하기 위해 여기에 왔습니다. 우리는 그 임무를 완수할 것입니다."

"프레디 그레이가 살던 동네에 가봅시다." 내가 말했다.

그 청년은 샌드타운-윈체스터의 길모어 주택단지에서 누이들과 함께 살았었다. 경호팀의 반응은 그다지 열정적이지 않았다. "좋은 생각이 아닙니다." 크레이그가 말했다. "너무 위험합니다."

"그곳에 가는 것은 아주 중요한 일이에요." 내가 말했다. 샌드타운-윈체스터 사람들은 내가 그들의 우려 사항에 귀를 기울인다는 것을 알 필요가 있었다.

나는 먼저 볼티모어 NAACP전미흑인지위향상협회의 회장인 테사 힐-애스턴Tessa Hill-Aston을 그 단체의 길모어 스트리트 분소에서 만났다. 우리의 첫 만남이 '대화의 시작'이 될 것임을 나는 분명히 했다.

그녀가 말했다. "이 동네는 경찰이 아무나 골라서 차에 처넣은 뒤 모퉁이를 돌자마자 구타하는 곳으로 유명합니다."

나는 그녀의 말을 주의 깊게 들었다. "앞으로 그런 근본적인 원인을 해결하기 위해 노력할 겁니다. 반드시 그렇게 할 겁니다. 하지만 지금은 당면한 위기부터 해결해야 합니다."

이 만남은 중요했다. 하지만 내가 그곳을 찾은 진짜 이유는 프레디 그레이의 동네 거리를 걸으며 사람들과 만나기 위해서였다. 그래서 그렇게 했다.

"여러분의 상실감에 심심한 위로를 표합니다." 길에 나서서 처음 만난 일부 주민들에게 말했다. "약속합니다. 이 동네를 평화로운 곳으로 만들어놓기 위해 노력하겠습니다. 여러분이 우려하는 문제를 하나둘씩 해결해나갈 겁니다."

사람들이 나를 보고 놀랐다고 한다면, 그것은 너무 절제된 표현이

스틸 스탠딩

될 것이다. 그들은 거의 충격을 먹었다.

"이봐, 저기 주지사잖아!" 여러 곳에서 수군거리는 소리가 들렸다. "주지사가 여기서 뭐 하는 거지?"

나는 적대감에 직면하지 않았다. 아무도 나를 향해 분노나 원한을 표출하지 않았다. 그들은 그저 동네에 찾아온 주지사를 보고 놀랄 뿐이었다.

근처 농구 코트에서 프레디 또래의 청년 몇 명이 농구를 하고 있었다.

"어이, 친구들, 잘 지내십니까?" 내가 말했다.

"진짜…… 주지사님이세요?" 그들 중 하나가 물었다.

"여러분 모두 어떻게 지내고 있는지 보려고 내려왔습니다." 내가 말했다.

나는 그들 모두와 악수를 나눴다. 그들 중 한 명인 데스몬드 에드워드Desmond Edward가 내게 공을 건넸다. 나는 프리드로우 선 바깥에서 뛰어올라 점프슛을 성공시켰다.

데스몬드는 나중에 〈볼티모어선〉에 인용되었다. 그는 주지사와 농구를 해본 것은 난생처음이었다고 말했다. "꽤 좋았어요." 그가 말했다. "새로운 경험이었거든요. 농구 좀 하시던데요."

나는 '농구 좀 하시던데'라는 부분이 확실히 맘에 들었다. 실력이 녹슬지 않았음을 확인하는 것은 좋은 일이다. 그리고 약간의 길거리 행동방식을 안다는 것도.

소문이 도처에 퍼지고 있었다. 일부는 사실이었고, 일부는 반만 사실이었으며, 일부는 완전히 날조된 것이었다. 시큐리티스퀘어 몰 Security Square Mall은 약탈자들이 그 방향으로 가고 있다는 소문으로 폐쇄되었다. 그것은 거짓 소문으로 판명되었다. 또 도시의 갱단 두목들과 마약상들이 자신들의 거리로 생각하던 곳에 점령군이 들어온 것에 분개하고 있다는 소문도 돌았다. 그것은 확실히 진짜였다.

이곳저곳에서 소수의 시위대가 경찰에게 벽돌 따위를 집어던졌다. 월요일만큼 거친 곳은 없었지만, 아직 화요일 낮이라 장담할 수는 없었다.

백악관에서 오바마 대통령이 볼티모어의 폭동과 관련해 대국민 성명을 발표했다. 이번에는 언어와 어조에 모호함이 없었다. 그는 '무분별한 폭력과 파괴'를 맹렬히 비난했다. "그들은 항의하고 있는 게 아닙니다. 그들은 자신들의 의사를 표현하고 있는 것도 아닙니다. 그들은 도둑질을 하고 있습니다. 그들은 지역사회의 사업체와 기회를 파괴하고 훼손하고 있습니다. 그들은 범죄자로 취급되어야 마땅합니다." 대통령의 논조는 완전히 바뀌어 있었다. 어쩌면 내가 그를 이해시킨 것인지도 몰랐다. 하지만 저녁이 되었고, 아무도 확실히 알지 못했다. 거리가 다시 폭력으로 뒤덮일 것인가. 볼티모어 통금 시간은 효력을 발휘할 것인가.

그라운드 제로에서는 오후 10시 15분경에 이르러 경찰과 시위대 간에 대규모 대치가 형성되었다. 나는 그 시간에 그 모퉁이에 있지 않았다. 팀과 함께 새퍼타워의 지휘소로 돌아와 경찰 간부 및 군 장성들과 첫날의 성과를 평가하고 내일을 위한 계획을 세우며 TV 생방송을 모니터링하고 있었다. 그라운드 제로의 대치 국면은 시 전역의 통행 금지에 대한 첫 번째 주요 시험대가 될 터였다.

　다수의 외부인이 섞인 이삼백 명의 시위대가 노스와 펜 교차로의 모퉁이에 있는 CVS 매장 밖에 진을 치고 있었다. 헬멧을 쓰고 폭동 진압용 방패를 든 경찰과 그들이 대치하는 가운데 머리 위에서는 헬리콥터가 경고 방송을 요란하게 울렸다. "즉시 집으로 돌아가십시오. 여기 남아 있으면 안 됩니다. 남아 있는 사람은 체포됩니다." 다른 헬기들은 군중을 향해 고강도 투광 조명을 비췄다. 내가 처음에 헬리콥터를 부르자고 했을 때 팀원 중 일부는 반대했다. 이제는 모두 헬리콥터를 동원하길 잘했다고 생각했다. 투광 조명이 밤을 낮으로 바꿔 주고 있었기 때문이다.

　10시 30분경 일부 시위대가 돌멩이와 연막탄을 던지기 시작했다. 폭동 진압 장비를 갖춘 채 나란히 서서 긴 대열을 이룬 시 경찰은 현 위치를 고수했다. 그들은 시위대를 향해 진격하지 않았지만 물러서지도 않았다. 그들 뒤로는 메릴랜드주 방위군이 트럭과 험비로 위용을 과시하며 포진해 있었다.

　하지만 힘의 과시만으로는 군중을 해산시킬 수 없었다. 그들은 순수한 시민이 아니었다. 특히 두드러지게 움직이는 시위자가 한 명 있었다. 그가 주도적으로 폭력을 부추기는 선동자 같았다. TV 카메라도 그에게 초점을 맞추었다. 그는 거리의 누구보다도 몇 단계 더 광적으로 거칠게 움직이며 앞장서서 고함을 지르고 물건을 던졌다.

　"즉시 집으로 돌아가십시오." 헬기 경고가 계속 이어졌다. "남아 있으면 체포됩니다."

　예의 그 선동자가 화염병으로 보이는 것을 집어 들더니 경찰을 향해 던졌다. 그 임시방편의 소이탄은 경찰 저지선의 1미터 정도 앞에 떨어져 터졌다. 이어서 그는 진압 장비를 착용한 경찰과 대면하려는 듯 앞으로 나왔다. 경찰은 여전히 움직이지 않았다.

그때였다. 천천히, 아무런 내색도 없이 주 방위군 험비 한 대가 경찰 저지선 뒤로 바짝 다가가 옆으로 차를 댔다. TV 생방송 화면으로는 방위군과 경찰이 직접 소통하고 있는 것인지 알기가 어려웠다. 어쨌든 적절한 순간에 경찰 대열의 한 부분이 체계적으로 흩어지며 50센티미터 정도의 작은 틈새를 만들었다.

제복을 입은 방위군 군인이 차량에서 뛰쳐나와 화염병을 던진 남자를 낚아챘다. 단 한 번의 빠른 움직임으로 그 남자는 발이 들리며 방위군 험비 안으로 끌려 들어갔다.

험비는 후진으로 물러난 뒤 현장을 떠났다. 펀치 한 대 오가지 않았다. 아무도 다친 것 같지 않았다. 하지만 폭력적인 선동자는 더 이상 거기에 없었다.

"아니, 저 인간 어떻게 된 거죠?" 섀퍼타워에 있던 더그 메이어가 물었다. 우리 팀원 두세 명에게서 거의 동시에 대답이 나왔다. "방금 떠났습니다."

실제로 그랬다.

그것이 효력을 발휘하는 것 같았다. 몇 분 안에 군중이 흩어지기 시작했다.

폭력의 지도자가 전투 중에 실종된 탓에 폭도들의 에너지가 거의 즉각적으로 사그라드는 것 같았다. 메릴랜드주 방위군의 시민 군인들은 강력한 메시지를 전했고, 그것은 확실하게 접수되었다. '우리는

할 일이 있는 사람들이라 물러서지 않는다.'

화요일 밤은 우리 모두가 바라던 전환점이 되었다. 전날 밤에 비해 크게 호전된 것이었다. 우리의 섀퍼타워 지휘소는 통금이 성공적으로 먹히는 것을 확인하고 환호와 하이파이브로 자축했다.

수요일 아침, 나는 키퍼와 함께 다시 거리로 나섰다. 우리 일행이 펜실베이니아 애비뉴의 애비뉴 마켓 앞에 이르렀을 때였다. 거칠게 생긴 친구들 대여섯 명이 모여 서서 팔짱을 낀 채 우리를 똑바로 노려보았다.

"갱단 단원들입니다." 키퍼가 내게 속삭였다.

"그래요." 나는 무심한 표정을 지었다. "목 문신을 보고 나도 그런 생각이 들었어요."

그들은 나를 의심의 눈초리로 쳐다보고 있었다. 그들 중 누구도 앉아서 대화를 나누자거나 친선 농구 시합이나 하러 가자고 제안하지 않았다.

"주지사 나으리, 엿이나 드쇼." 가장 거친 외모의 친구가 말했다.

"대체 뭐 하러 여기 온 거야?" 다른 친구의 불평 소리가 들렸다.

경호원 중 한 명이 내게 고개를 돌렸다. "그냥 계속 가시죠, 주지사님." 그가 말했다. 하지만 나는 그렇게 그 자리를 뜨고 싶지 않았다.

"여러분들 마음속에 불만이 많다는 것을 잘 알고 있습니다." 나는 그들이 내 말에 어떻게 반응할지 확신이 서지 않았다. 그러나 그들은 입을 열기 시작했다. 그들 중 한 명은 시장이 커뮤니티 센터를 폐쇄한 것에 대해 불만을 토로했다. 또 한 명은 일자리 부족과 열악한 도시 공립학교 문제를 제기했다.

"그러니 기분이 좋겠냐고요!" 그가 불온하게 고개를 저으며 말했다.

"이해합니다." 내가 그에게 말했다. "맞습니다. 여러분은 학교와 커뮤니티 센터 등 이 도시의 일부 실패한 정책과 조치에 대해 화를 낼 권리가 있습니다."

그들은 프레디 그레이에 대해, 그리고 경찰에 대해 이야기했다. 그들의 우려는 일부 타당했고, 불만의 수준은 심각했다.

"네, 무슨 말인지 알겠습니다." 내가 말했다. "하지만 작금의 폭력은 누구에게도 도움이 되지 않습니다. 여러분 자신의 동네가 불타고 있지 않습니까."

그들은 그에 대해 고개를 끄덕였다. 하지만 그들의 표정은 풀리지 않았고, 나는 내 말이 제대로 전달되고 있는지 알 수 없었다.

"길 아래 사는 저 숙녀분들은 대체 무슨 죄로 집 창문에 돌을 맞아야 합니까." 내가 말을 이었다. "모퉁이 가게를 운영하는 사람들도 마찬가지입니다. 가게가 불타는 일을 당할 이유가 없는 사람들입니다. 이 모든 폭력은 여러분 자신의 동네 사람들을 피해자로 만들고 있습니다. 여러분이 그런 일을 막기 위해 무언가를 해야 합니다. 이런저런 문제에 얼마든지 이야기할 수 있습니다. 그리고 그것들을 해결하기 위해 함께 노력할 수 있습니다. 하지만 폭력은 지금 당장 멈춰야 합니다. 여러분이 우리를 도와줘야 합니다. 우리는 여러분이 옳지 않다고 말하는 것들을 고쳐놓기 위해 계속해서 노력할 겁니다. 하지만 그러려면 먼저 이 도시에 법과 질서를 회복해 놓아야 합니다."

그렇게 대화를 풀어가는 가운데 분위기가 다소 바뀌는 걸 느낄 수 있었다.

처음에는 다양한 불만과 거친 태도만 앞세우던 그들이 이제 내 말에 귀를 기울이고 있었다. 물론 나도 그들의 말에 귀를 기울였다. 그들 중 한 명이 내게 말했다. "주지사님 입장이 이해됩니다." 또 다른 사람은 "말씀에 공감이 갑니다"라고 말했다.

그런 후 전혀 예상치 못한 순간이 찾아왔다. "같이 셀카 한번 찍으실 수 있나요?" 한 명이 물었다.

나는 그들과 셀카 포즈를 취했다. 한 명 한 명씩 모두와.

"와우, 믿을 수 없어. 주지사가 말을 걸다니!" 우리가 애비뉴 마켓 앞을 떠날 때 그들 중 한 명이 이렇게 말하는 게 들렸다. "우리 얘기를 들어준 것도 믿을 수 없어." 다른 한 명이 덧붙였다.

19장
정상화

롤링스-블레이크 시장은 계속해서 문제가 되었다. 나는 그것을 예상했어야 했다. 수요일, 우리는 정해진 일정에 따라 볼티모어 시경 지휘센터에서 야간 회의를 열었다. 참석자는 싱 장군과 배츠 경찰국장, 팰로치 경시감, 시장, 시장 비서실장 칼리오프 파더모스Kaliope Parthemos, 주지사 비서실장 그리고 나였다. 단 하루가 지났는데 시장은 벌써 시 전역의 통금을 해제하고 싶어 안달했다. 물론 나는 아직 그럴 준비가 되지 않았다고 생각했다.

"술집 주인들이 난리예요. 통금 때문에 망하게 생겼다고요." 그녀는 말했다.

"술집 주인들이 장사를 제대로 못 하는 것에 화를 내는 거 이해합니다." 내가 답했다. "하지만 과연 그들이 차라리 가게가 불타는 게 낫다고 할까요?"

"그리고 갱단 리더들이 정말 화가 많이 났어요." 시장이 내게 말했다. "그들이 요구하는 건데요. 만약 우리가……"

"지금 '갱단 리더들이 화가 많이 났다'고 말한 거 맞아요?" 내가 시장에게 호통을 쳤다. 그녀는 고개를 끄덕였다.

"그래서 뭐요?" 내가 쏘아붙였다. "갱단이나 마약상이 마약 판매가 줄었다고 화가 나든 말든 그게 무슨 상관이에요? 한 가지 물어봅시다. 당신은 이 도시가 폭력과 화재, 피해와 혼돈으로 난장판이던 월요일 밤과 비슷해지길 바라는 거요? 아니면 화요일 밤처럼 조용해지길 바라는 거요? 나라면 화요일 밤과 같아지길 바랄 것 같소만."

시장은 더 세게 나오려고 애썼다. "갱들이 통금을 해제하지 않으면 시내로 행진해서 이너하버를 불태우겠다고 위협하고 있다고요."

"가서 그러라고 하세요. 나 좀 행복하게." 내가 말했다. "제발 좀 그래 달라고 전하시란 말이에요. 내가 그 자리에서 기다릴 겁니다. 주 경찰 수백 명과 주 방위군 병사들과 함께 기다려 드리리다."

방을 둘러 보니 사람들이 탁자를 쳐다보거나 의자에 등을 기대고 있었다. 다들 불편한 기색이 역력했다.

시장과 경찰청장은 계속 고집을 부렸다. "이건 시의 통금이잖아요." 시장이 말했다. "우리가 통금을 정했지만, 시장은 접니다. 기자 회견을 갖고 '통금을 해제하겠습니다'라고 발표할 겁니다."

나는 더 세게 받아쳤다. 다른 모든 사람이 조용히 앉아 있는 가운데 시장에게 말했다. "흠, 당신은 그렇게 할 권리가 있습니다. 하지만 당신이 그런 기자 회견을 하면 나는 그 즉시 기자들을 모아 시장이 완전히 정신이 나갔다고 말하고 비상사태를 선포한 주지사로서 곧바로 통금을 원상 복구한다고 선언할 겁니다. 정녕 그것이 당신이 원하는 것이라면."

갱단의 위협과 시장의 우려에도 불구하고 통금 시간은 그대로 유지되었다.

볼티모어 폭동이 일부 사람들에게서 최악의 인성을 끄집어냈다면 훨씬 더 많은 사람에게서는 그 연기가 완전히 걷히기도 전에 최상의 면모를 불러냈다. 존스홉킨스와 로욜라, 타우슨 대학의 학생들, 교회 단체들, 기업과 산업 협회의 자원봉사자들이 모두 도움의 손길을 제공하기 위해 나섰다. 내 오랜 친구인 스티브 맥카덤스가 이끄는 주지사의 지역사회 이니셔티브 사무소Governor's Office of Community Initiatives는 2,000명 이상의 자원봉사 조직을 구성했다. 우리는 메릴랜드유나이츠Maryland Unites 웹사이트를 개설하고 재건 프로젝트에 자금을 지원하기 위해 사전 심사를 거친 지역사회 단체들에 기부금이 전달되도록 조치했다.

전 세계와 구석구석의 수많은 좋은 사람들이 도움이 되는 무언가를 하고 싶어 했다. 어떤 이들은 공구 벨트를 차고 또 어떤 이들은 엄청나게 큰 쓰레기봉투를 들고 나타났다. 아무도 그들에게 요청할 필요가 없었다. 그들은 그저 자신이 할 수 있는 일을 함으로써 볼티모어를 재건하는 긴 과정의 시작을 알렸다. 글렌버니에 기반을 둔 바비큐 체인인 미션비비큐Mission BBQ는 트럭을 몰고와 음식을 기증하는 한편, 스타디움 외부에 대형 그릴을 설치하고 그곳에 주둔한 수천 명의 군인에게 식사를 제공했다. 소매상인 노조는 약탈당한 상점의 문을 교체하는 것을 도왔다. 도시 곳곳에 푸드 뱅크가 생겼다. 경찰과 방위군, 응급 구조대원의 주의 깊은 보호 아래, 이 자발적 봉사 부대는 만신창이가 된 도시를 되살리는, 스스로 부여한 임무에 헌신했다.

그렇다고 거기서 우리의 일이 끝난 것은 당연히 아니었다. 그 근처에도 이르지 못한 상태였다. 상황은 우리에게 단 1초의 여유도 허용하지 않았다. 이후 4일 밤낮에 걸쳐 상황이 전개되었는데, 나는 느리지만 확실하게 볼티모어에서 평화가 회복되고 법과 질서가 자리 잡는 것을 느낄 수 있었다.

어떤 한 가지가 진행된 게 아니었다. 필요한 모든 것이 한꺼번에 가동된, 완전히 통합된 대응이었다. 결정권자의 확고한 리더십과 지켜야 할 선에 대한 명확한 감각이 중요했다. 평화로운 시위자들은 환영했지만, 선을 넘는 폭도들은 빠르게 가두었다. 나에게는 경찰력과 군사력을 압도적으로 과시하는 것이 중요했다. 우리가 필요한 모든 힘을 보유한다는 사실에 어떠한 의심도 생기지 않기를 바랐다. 우리가 충분한 힘을 보여주기만 하면 그것을 사용하지 않아도 될 것으로 판단한 것이다.

이것은 로널드 레이건의 '힘을 통한 평화' 아이디어, 즉 내가 레이건 지지 청년당원 모임의 의장으로 활동할 때 배운 바로 그 개념과 같은 것이었다. 나는 잊지 않았다. 그리고 오랜 세월이 흐른 후, 그것을 다시 유용하게 사용하였다.

적대적인 도시 환경에서 4,000명의 파트타임 시민 군인과 1,000명의 경찰이 움직이는 가운데 단 한 건의 공권력 남용이나 잔인한 행위 또는 위법 행위가 발생하지 않았다는 것은 실로 자랑할 만한 일이다. 다시 말하지만, 그들의 활동 기간 동안 볼티모어 거리에서 그런 일은 단 한 차례도 일어나지 않았다.

우리가 비상사태를 선포하고 책임을 맡은 이후로 아무도 다치지 않았다. 건물도 더 이상 파괴되지 않았다. 사람들은 이제 집과 상점에서 밖으로 나와 그들을 보호하는 경찰과 군인들에게 시원한 물을 대접했고, 그런 가운데 약간의 신뢰도 회복되고 있었다.

목요일, 알 샤프턴Al Sharpton 목사는 롤링스 – 블레이크 시장과 인권 운동 단체 어번 리그Urban League 및 NAACP의 회장들과 함께 반은 행동주의를 요구하고 반은 롤링스 – 블레이크 시장을 변호하는 성격의 집회에 참가했다. "지금은 희생양 만들기를 끝내야 할 때입니다." 뉴욕 기반의 활동가로서 진보 성향의 MSNBC 진행자로도 활동하는 샤프턴 목사는 볼티모어 서부의 뉴실로 침례교회를 가득 채운 청중을 향해 말했다. "지난 50년 동안 그 어떤 시장이나 주지사도 하지 않은 일을 하지 않았다고 시장을 탓해서는 안 됩니다."

그는 프레디 그레이 사건보다 훨씬 더 큰 문제들이 폭력을 촉발한 것이라고 주장하며 시끄러운 시위의 중요성을 역설했다. "이 사람들은 평화를 원하지 않습니다. 이들은 침묵을 원합니다. 이들은 우리가 입을 다물고 고통을 견디기를 원합니다."

우리는 목요일 밤 볼티모어 시경에 다시 모였다. 참석자는 전날과 마찬가지로 시장과 그녀의 고위 측근, 나와 나의 고위 측근이었다.

24시간 전에 롤링스-블레이크는 통금을 해제하자고 애원했었다. 이제 그녀와 배츠 경찰국장은 매우 다른 요청을 꺼내놓았다.

"방위군 2,000명을 더 데려올 방법은 없나요?"

배츠가 물었다. 그는 휘하의 형사들이 몇 가지 불길한 소문을 들었다고 말했다. 갱들이 위력적인 새로운 무기류를 들여오고 있으며 폭력적인 서해안 무정부주의자들이 곧 볼티모어로 들어올 것이라는 소문이었다. 또 갱들이 이동 타격대를 조직해 시 경찰을 표적으로 삼고 있으며 일부 선동자들은 '경찰 상대의 자살 특공대'를 앞세워 경찰이 치명적인 무력을 사용하도록 자극함으로써 폭동이 더욱 격화되도록 조장할 계획이라는 소문도 돈다고 했다.

우리의 주 경찰 수사관들은 그중 어떤 것도 사실임을 확인할 수 없었고, 나 역시 그런 소문의 상당 부분에 대해 회의적이었다. 나는 경찰국장과 시장에게 메릴랜드주 방위군을 추가로 배치할 수 있을 거라 믿지 않는다고 말했다. 그들의 요청과 당황한 어조는 확실히 전날 밤과 180도 달라진 것이었다. 그때 배츠 국장이 말했다. "주지사님, 다른 사안도 하나 더 있습니다."

나는 고개를 끄덕였다.

"그레이 사건에 대한 경찰 내부의 조사를 완료했는데요." 그가 말했다. "약 한 시간 후에 조사 결과를 주 검찰청에 전달할 겁니다."

확실히 나의 관심을 끄는 사안이었다. "내가 변호사가 아니라서." 나는 일단 국장에게 주의를 주었다. "지금 그 정보를 얼마나 알아야 하는 건지 모르겠소. 나는 당신이 누설하면 부적절할 수 있는 세부 사항까지 알 필요는 없다고 생각하오. 하지만 검찰에 제출하는 보고서가 상황을 더욱 악화시킬 것 같은지 아니면 진정시키는 데 도움이 될 것 같은지는 알고 싶소."

국장은 이번에는 망설이지 않았다. "우리의 내부 조사에 따르면 해당 경찰관 중 누구도 법법행위는 전혀 저지르지 않은 것으로 나왔습니다."

"그것이 철저하고 공정한 조사라고 확신하는 거요?" 내가 물었다.

"우리는 최선을 다했습니다. 고위 직원들이 조사를 맡았고요." 국장이 주장했다. "우리는 조사 결과가 사실이라고 확신합니다. 긴장을 완화하는 데 도움이 될 것으로 생각합니다."

그렇다면 도움이 될 터였다. 나는 안도하는 마음이 들었다.

그랬기 때문에 12시간 후에 주 검사인 메릴린 모스비_{Marilyn Mosby}가 여섯 명의 경관 모두를 2급 살인과 살인, 공무중 위해 행위, 불법 감금 등의 심각한 중죄 혐의로 기소한다고 발표했을 때 우리 모두 충격을 받지 않을 수 없었다. 그녀는 발표 한 시간 전에 키퍼에게 전화해 발표 시각을 알렸다. 우리는 모두 섀퍼타워 지휘소의 TV 앞에 모여 주 검사의 기자 회견을 지켜보았다. 혐의 자체도 터무니없었지만, 검사의 선동적인 언사는 더욱더 불쾌했다. "볼티모어 주민과 미국 전역의 시위자들에게 말씀드립니다. 저는 '정의가 없으면 평화도 없다'는 여러분의 외침을 들었습니다."

이 여자는 지금 검찰의 타당한 판단을 발표하는 건가? 아니면 시위 집회를 이끌고 있는 건가? 솔직히 구분하기가 어려웠다.

금요일 아침, 나는 이번 일요일이 볼티모어 전역의 교회와 유대교회당, 모스크에서 특별한 예배를 올리는 '평화와 기도의 날'이 될 것이라고 선언했다. 폭동이 일어난 이래 많은 예배당에서 처음으로 회중이 모이는 날이 된다는 의미였다. 도시에 평화가 돌아오려면 신앙 공동체가 모종의 역할을 해줘야 한다는 것을 나는 알았다.

볼티모어 대주교 윌리엄 로리William Lori는 샌드타운-윈체스터와 업튼의 경계인 프레몬트 애비뉴에 있는 성베드로 클레버Saint Peter Claver 가톨릭교회에서 종파를 초월한 예배를 집전하기로 동의했다. 성베드로 클레버는 오랫동안 볼티모어 서부의 아프리카계 미국인 가톨릭 공동체의 '어머니 교회'로 알려져 왔다.

요 며칠 사이 다른 볼티모어 지역의 관계자들(지역 정치인, 성직자, 지역 사회 지도자)로부터 "볼티모어 서부가 아닌 우리 동네도 좀 신경을 써 달라"는 전화가 자주 오고 있었다. 도시의 다른 지역에서 비행 청소년들의 악행이 산발적으로 발생하고 있었기 때문이다. 사람들은 당연히 사회적 불안이 퍼질 수 있다고 우려했다. "우리도 취약합니다." 그들은 말했다.

금요일 오후, 우리는 주 경찰과 험비 및 여타 방위군 중장비를 볼티모어의 다른 여러 지역으로 파견했다. 나는 펠스포인트와 리틀이탈리아 등지의 거리로 나가 지역 주민들을 만났다. 모든 사람에게 메시지를 전하기 위해서였다. "우리 중 일부에 영향을 미치는 것은 우리 모두에게 영향을 미칩니다."

금요일 밤, 정례 회의 자리에서 시장은 다시 통금 해제 안건을 밀어붙였다. 그녀는 술집 주인들로부터 새로운 압력을 받고 있었다. 이제 문제는 무패 전적의 5체급 석권 세계 챔피언 플로이드 메이웨더

주니어Floyd Mayweather Jr.와 8체급 석권 세계 챔피언 매니 파퀴아오Manny Pacquiao 간의 토요일 밤 권투 경기였다. 그 시합은 라스베이거스에서 열렸다. 그러나 볼티모어를 포함하여 전국의 술집 주인은 그것을 가게에서 보여주기 위해 라이브 유료 TV에 최대 5,000달러까지 지불했다.

"통금으로 인해 이 사업주들이 큰 손실을 입게 되었습니다." 시장이 말했다. 나는 소상공인들의 심정에 공감이 갔지만, 너무 빨리 볼티모어의 거리를 인파로 채워 폭력이 다시 분출하도록 조장하고 싶지 않았다. 또 한 차례의 시위가 토요일에 예정되어 있었으며, 거기에는 폭력적인 웅변술로 종종 반유대주의를 선동하는 전 뉴블랙팬서당New Black Panther Party 의장 말릭 샤바즈Malik Shabazz가 이끄는 '대규모 전국 집회'도 포함되었다.

"주말 상황을 지켜본 후에 결정합시다." 나는 이렇게 시장을 하루 이틀 더 묶어두었다. 주 경찰과 방위군 등을 철수시키기에는 아직 너무 일렀다.

주말까지의 상황을 여전히 지켜볼 수밖에 없었던 또 다른 이유가 있었다. 토요일은 켄터키더비데이Kenturky Derby Day였다. 그것은 우리에게 특별한 문제가 되는 게 아니었다. 더비는 960킬로미터 떨어진 켄터키주 루이빌에 있는 처칠다운스Churchill Downs 경마장에서 진행되었다. 그러나 경마 트리플 크라운의 두 번째 보석인 프리크네스 스테이크스Preakness Stakes의 140차 경주가 5월 16일 볼티모어의 핌리코Pimlico 경마장에서 열릴 예정이었다. 프리크네스를 연기해야 하는가? 도시의 불안이 앞으로 2주 동안 계속 문제가 될까? 사람들이 묻기 시작했지만 아무도 답을 알지 못했다. 여전히 한 번에 하루씩 대처해나가는 상황이었다.

실제로 통금 유지와 우리의 강력한 존재감 과시로 금요일 및 토요일 밤은 조용히 넘어갔다. 일요일, 250명의 사람들이 로리 대주교가 집전한 성베드로 클레버의 '평화와 기도' 예배와 남 침례교회, 풀턴 침례교회 등의 비슷한 예배에 참석했다. 우리 일행이 성베드로 교회에서 예배를 마치고 나서자, 전국 및 지역 미디어의 기자들이 나를 기다리고 있었다.

"이제 지역사회를 다시 정상으로 되돌릴 때입니다." 나는 말했다. "매우 힘든 한 주였지만 우리는 모두를 안전하게 지켰습니다. 월요일 밤 이후로 심각한 문제가 전혀 발생하지 않았습니다." 그러면서 시장이 통금을 해제하기에 적절한 시기인 것 같다고 덧붙였다. 그동안 6명의 경관에 대한 메릴린 모스비의 기소 발표를 견뎌냈고 토요일 시위도 무사히 넘겼다. 사바츠의 '대규모' 집회는 흐지부지되었다. 메이웨더가 심판 전원일치로 판정승했고, 이번 일로 망한 술집 주인도 없었다.

"지난 월요일 밤, 우리가 시내에 들어왔을 때 이곳저곳이 불타고 있었습니다." 내가 말했다. "상점이 약탈당하는 등 끔찍한 일이 많이 발생했습니다. 하지만 그 이후로 사람들의 놀랍도록 친절한 행동을 보았습니다. 이웃을 돕는 이웃을 보았습니다. 서로를 아끼고 배려하는 지역사회를 보았습니다."

최악의 폭동이 시작된 지 6일 만에 통금 해제를 발표하던 시장의 목소리에는 완전한 안도감이 묻어났다. 재개장한 몬도민 몰을 둘러

본 후 그녀는 이렇게 말했다. "많은 불안 요소가 해결되었습니다."

도시가 정상으로 돌아오고 있다는 신호는 곳곳에서 감지할 수 있었다. 대부분의 상점이 다시 문을 열었다. 사람들이 다시 쇼핑하러 나왔고, 예배당도 가득 찼다. 아이들은 월요일에 학교로 돌아갈 터였다. 동네 사람들이 보도에 나와 있었고, 보수 및 수리 작업도 개시되고 있었다.

교회를 떠나자마자 나는 볼티모어 랠리 작전에 참여한 영웅들의 본거지 역할을 했던 막사 야영지로 갔다. 그들 모두에게 일일이 감사를 전하고 싶었다. 그들에게 임무가 성공적으로 완수되었고 이제 가족이 기다리는 집으로 돌아가도 된다는 것을 알리고 싶었다. 주 전역과 인근 지역에서 온 이 군인들과 경찰관, 소방관, 긴급 의료원, 구급대원들은 우리가 절실히 필요로 하던 시기에 우리를 위해 그곳에 있었다. 깊이 감사하지 않을 수 없었다.

볼티모어가 그 끔찍한 날들의 고통을 완전히 떨쳐 버리려면 몇 달, 혹은 아마도 몇 년이 걸릴 것이었다. 시장과 나는 우리가 회복한 평화를 지키는 방법을 놓고 계속해서 충돌할 터였다. 도시의 주요 구역은 여전히 치유를 필요로 했다. 앞으로 해야 할 일이 훨씬 더 많았다. 시민들과 경찰서의 관계는 위험할 정도로 거친 상태였다.

프레디 그레이 사건은 이후 법정에서 메릴린 모스비의 참패로 종결된다. 조소로 가득 찬 구형 논고를 제시했음에도 그 성급한 검사는 단 한 건의 유죄 판결도 얻어내지 못했다. 윌리엄 포터William Porter 경관에 대한 첫 번째 재판은 (배심원의 의견 불일치로 인한) 미결정 심리로 끝났다. 이어서 에드워드 네로Edward Nero 경관은 공무중 위해 행위 2

건과 무모한 위험 부과, 폭행을 포함한 4건 모두에 대해 무죄 판결을 받았다. 이후 두 명의 다른 경관도 무죄 선고를 받았고, 2016년 7월, 그러한 무죄 판결에 따라 포터와 나머지 경관에 대한 기소는 철회되었다. '정의가 없으면 평화도 없다'에 귀를 기울였던 모스비 검사는 6점 만점에 0점을 기록했다. 슬프게도 계속 진실을 추구한 사람들도 마찬가지였다. 그들 또한 진실을 찾지 못했다.

안타깝게도 사법 제도는 볼티모어 폭동을 유발한 질문에 완전한 답을 내놓지 못했다. 프레디 그레이에게 실제로 무슨 일이 일어났던 것인가? 하지만 우리 팀의 놀라운 노력 덕분에 볼티모어는 폭력적인 자기파괴를 극복하고 위기에서 벗어날 수 있었다.

메릴랜드의 신임 주지사를 위한 얼마나 대단한 불세례였던가!

한국 사위 메릴랜드 주지사 래리 호건, 그 불굴의 삶과 원대한 비전

4 ^부
치유하다

20장
끔찍한 진단

2주에 걸쳐 중국과 한국, 일본을 돌며 각국의 고위 관료들에게 메릴랜드를 국제 비즈니스 허브로 선전한 아시아 무역사절단의 성공은 거의 모든 사람을 놀라게 했다. 심지어 일본의 아베 신조 총리조차도 메릴랜드의 기업들과 자국의 무역 기회를 촉진할 준비가 된 것처럼 보였다. 하지만 그 놀라움은 내가 집에 돌아왔을 때 나를 기다리고 있던 것에 비하면 아무것도 아니었다.

"주지사님, 말씀드리기 곤란한 소식을 알려드려야 해서 유감입니다."

의사가 검사실에서 내게 이 말을 했을 때 나는 앞으로 삶이 훨씬 더 어려워질 것으로 생각했다. 이어서 "림프종, 림프절의 암", "많이 진행된…… 빠른 확산세", "3기 어쩌면 이미 4기"라는 강력한 단어들을 들었을 때, 나는 이 삶이 얼마나 오래 지속될 것인지 궁금했다.

취임한 지 불과 5개월 만이었고, 볼티모어 폭동에서는 60일이 지난 시점이었다. 내게는 나만 바라보는 아내와 세 딸, 손녀가 있었고, 내가 주지사 직무를 잘 수행하길 기대하는 600만 메릴랜드 주민이 있었다. 하지만 병원 방문을 마치고 차에 올라 망연자실한 침묵 속에서 'Live Like You Were Dying'을 들으며 주지사 관저로 돌아올 때, 내가 강박적으로 걱정한 것은 내 정신의 갑작스러운 불안이 아니었다. 아버지의 날Father's Day 주말인 그 금요일에 내가 줄곧 떠올린 생각은 '사랑하는 사람들에게 이 사실을 어떻게 알려야 하는가?'였다.

이상하게 들릴지 모르지만, 나는 실로 죽음의 위협이나 의료 전문가들이 나를 위해 준비할 치료 과정의 고통보다 이 소식을 어떻게 알리느냐에 대해 더 걱정했다. 그게 내 머릿속에 계속 맴돌았다. 잠재적으로 치명적인 말기 암 진단을 받았다는 말을 아내에게 어떻게 하는가. 단도직입적으로! 나는 결론 내렸다.

내가 사랑하는 여자였다. 그녀는 훌륭한 아내이자 어머니였다. 그녀는 내 삶에 안정과 안락을 가져다주었고, 내가 가졌던 적이 없는 가족도 안겨주었다. 정치에 많은 관심을 기울인 적이 없었지만, 선거 유세에서는 언제나 내 곁을 지켰다. 우리는 함께 놀라운 승리를 축하했다. 앞으로 함께할 일도 많았다. 그런데 이런 일이……? 나는 아내에게 상처를 주고 싶지 않았다. 겁먹게 만들고 싶지도 않았다. 나는 이 일로 상황이 변하는 것도 원하지 않았다.

주지사 관저에 도착하자마자 나는 아내를 데리고 부엌을 거쳐 내가 '남자 동굴'이라고 부르는 방으로 갔다. 스포츠 유니폼이 든 액자들이 벽을 장식하고 대형 TV가 놓여 있는 나의 지하 아지트였다. 거기서는 아무도 우리를 방해하지 않을 터였다.

"여보." 나는 소파를 가로질러 아내의 손을 잡으며 말했다. "꽤 심각한 얘기 좀 해야 하오."

"뭔데요?" 아내의 목소리가 약간 막히는 듯했다. "무슨 문제 있어요?"

유미는 내가 병원에 다녀온 것을 알고 있었다. 도쿄에서 혹을 보고 집에 도착하자마자 병원부터 다녀오라고 재촉한 터였다. 하지만 그녀는 나와 마찬가지로 그런 끔찍한 진단을 예상하고 있지는 않았다.

"좀 겁나는 소식이 있소." 내가 말했다. "의사들이 그러는데, 내가 암에 걸렸다는구려."

나는 잠시 기다렸다. 침묵 속에서 나는 내 심장이 뛰는 소리를 들을 수 있었다.

얼마나 더 말해줘야 할지 몰랐다. 아내가 얼마나 더 자세히 알고 싶어 하는지도 몰랐다. 그저 아내를 위해 내가 강인한 태도를 유지해야 한다는 것만 알았다.

그녀는 눈을 깜빡였다. "나는 의사들이 모든 것이 괜찮다고 말한 것으로 알고 있었어요."

"알아요." 내가 말했다. "그러나 그 이후에 더 많은 검사를 했고 여기에서 그런 걸 좀 발견했다오." 나는 배를 두드렸다.

아내와 나는 나고 자란 문화가 서로 다르다. 무엇보다 우리는 감정을 표현하는 방법이 다르다. 아시아인이라서 그런 건지 모르겠지만,

아내는 감정을 곧바로 드러내지 않는다. 그녀는 거의 울지도 않는다. 지난 몇 년 동안 그녀는 내가 아일랜드 사람이라서 쉽게 감상적으로 흐른다고 놀렸다. 나는 결혼식 날 울었으며, 영화를 보면서도 종종 운다. 하지만 이번에는 내가 울지 않는데 아내는 울었다.

그 첫 번째 대화에서 아주 자세하게 이야기하지는 않았지만, "내 몸 전체에 퍼졌다고 하더군"이라는 말은 했다.

그녀는 몇 가지 질문을 했다. 병명이 뭐래요? 언제 또 병원에 가요? 어떤 치료가 필요하대요? 나는 내가 아는 그대로 대답했다.

마지막 질문에 대해서는 이렇게 답했다. "그건 아직 모르겠소. 종양 전문의를 만나라고 하더이다. 잘은 모르겠지만 그 사람이 나한테 적합한 계획을 세워준대요."

그렇게 말하면서 내가 의도했던 것보다 더 목소리가 침울하다는 것을 깨달았다.

"괜찮을 거예요." 나는 아내를 안심시켰다. "알잖아요, 내가 투사라는 거. 우리가 이것도 극복해낼 것이라고 약속하리다. 그럴 수 있게 이끌어달라고 기도할 거요."

교회 집사인 아내는 늘 기도를 믿고 의지했다. "하나님께서 우리가 이겨내도록 도와주실 거예요." 그녀가 나에게 말했다. "당신은 죽지 않아요. 당신은 더 좋아질 거예요. 제가 알아요. 하나님은 당신을 위한 계획을 갖고 계시거든요."

"당신이 옳길 바라오." 내가 말했다. "당신이 옳다고 확신하오. 사랑하오."

스틸 스탠딩

나는 아나폴리스의 앤어런델 메디컬센터Anne Arundel Medical Center에서 저명한 아룬 반다리Arun Bhandari 종양학 전문의를 만났다. 친절과 배려로 상대에게 집중하는, 아주 맘에 드는 학자였다. 하지만 그는 내 병의 치료를 혼자서 관리할 수 있는 전문적인 경험이 부족하다고 생각했다. "계속해서 주지사님과 함께하고 싶습니다." 그가 말했다. "하지만 전문 치료는 존스홉킨스나 메릴랜드 대학병원에서 받으셔야 한다고 생각합니다."

나는 두 병원의 최고 의사들과 진찰 약속을 잡았다. 첫 번째는 볼티모어에 있는 메릴랜드 대학 의료센터였고, 그곳에서 케빈 컬런Kevin Cullen 암 센터 책임자를 만났는데, 그는 나에게 애런 라포포트Aaron Rapoport를 소개했다. 나는 라포포트와 첫 상담 시간을 갖자마자 일정 담당 비서인 아만다에게 말했다. "홉킨스 미팅은 취소하세요. 이곳이 내가 치료받을 병원이에요. 이분이 내 주치의라오."

그는 내가 만난 가장 영리하고 친절한 사람 중 한 명으로 뛰어난 자격과 경이로운 인간미를 지닌 정통파 유대인 의사였다. 그의 아버지는 프레디 그레이와 볼티모어 경찰들이 후송되었던 쇼크 트라우마의 창립자 중 한 명이었다. 라포포트는 세계적으로 유명한 종양학자였다. 그와 반다리는 나를 위한 의료 태그 팀을 결성하기로 합의했다. 볼티모어의 유대인과 앤어런델 카운티의 인도인이 치명적인 암에 걸린 아일랜드 가톨릭교도를 치료하기 위해 힘을 합친 것이다. 나는 다양성을 좋아했다. 각자가 독특한 무언가를 보태기 때문이었다. 나는 특히 이 의사들의 병상 매너가 마음에 들었다. 그들은 처음 만난 사이였지만 금방 친구가 되었다. 아욕도 경쟁도 없었고, 내가 아는 한 의견 차이도 없었다. 우리 모두 이 암을 물리치기 위해 단결했다.

"주지사님, 종양이 꽤 많은 데다가 온몸에 퍼져 있습니다." 라포포트는 첫날 나에게 말했다. "확산성의 대형 B 세포 비호지킨 림프종은 빠르게 성장하고 빠르게 퍼지는 암으로 최악의 종류에 해당합니다. 좋은 소식은 녀석이 화학요법에 매우 잘 반응한다는 것입니다. 따라서 종양이 빠르게 수축하는 경향을 띕니다. 하지만 많이 진행된 상태라 뼈에도 있을 수 있습니다. 그렇게 되면 매우 어려워집니다. 그것이 뼈에도 퍼졌는지 알아보기 위해 골수 조직검사를 할 겁니다. 그 여부가 바로 3기와 4기의 차이입니다."

정확한 확률은 제시하지 않았지만, 그는 만약 4기로 판정되면 생존 가능성이 크게 감소한다는 점은 분명히 했다. 내 암은 너무 진행되었고 종양도 너무 많았기에 수술만으로는 치료할 수 없었다. 방사선 치료에 화학요법까지 동원해야 한다는 의미였다. 의사들은 내게 매우 집중적인 장기간의 화학요법이 필요하다고 말했다. "제일 센 걸로 해 줘요." 내가 말했다.

암에 걸린 사람들 대부분은 외래 환자로 내원해 한 차례에 몇 시간 동안 약물을 주입하는 화학요법을 받는다. 그들이 나를 위해 염두에 둔 화학요법은 그보다 훨씬 더 나빴다. 하루 24시간씩 4일 연속으로 시행한다고 했다. 그런 후 10일 동안 집에 가 있다가 다시 입원해 하루 24시간씩 4일 동안 요법을 받아야 했다. 그렇게 5개월 동안 치료한다는 것이었다.

두 의사가 설명했듯이 그들은 내 몸에 엄청난 양의 독을 쏟아부을 터였다. 그렇게 실제로 나를 죽이진 않으면서 암세포를 죽이기 위해 할 수 있는 모든 것을 할 것이었다. 치료는 강렬하게 오랫동안 지속해야 했다. 그렇지 않으면 암이 계속 자랄 것이고 결국 나를 정복할 것이었다.

"지옥을 경험하게 될 겁니다." 라포포트가 나에게 약속했다. "하지만 결국 주지사님은 이겨내고 다시 건강해질 겁니다."

"그 무엇이든 해야 할 필요가 있으면 하세요." 나는 그에게 말했다. "내 목숨을 선생님 손에 맡깁니다."

21장
암 선고를 알리다

딸들에게 전화로 사실을 알리고 싶진 않았다. 어색한 데다가 고통스러운 방법 같다는 느낌이었다. 킴과 제이미, 줄리는 이제 성인으로서 나름의 성공적인 삶을 영위하고 있었다. 하지만 여전히 우리 아이들이었고 나는 여전히 그들의 아빠였다. 그들로서는 편하게 듣기 어려운 소식일 터였다.

마침 아버지의 날 주말이라 그들 모두 저녁 시간을 함께 보내기 위해 관저로 왔다. 나는 그들이 모두 모인 자리에서 소식을 전하고 또 개별적으로도 얘기를 나눴다. 세 딸 모두 눈물을 흘렸다. 검사이자 소프트볼 선수로서 평소 '터프 걸'처럼 행동하던 둘째 제이미가 가장 많이 울었다. 강인한 아빠처럼 처신하려고 열심히 노력했지만, 딸들의 눈물을 보면서 나 역시 눈물을 흘리고 말았다. 자녀를 울리고 싶은 아버지가 어디 있겠는가? 그러나 딸들은 마냥 울고 있지만은 않았다. 힘든 소식을 나누는 것이 우리 모두를 더 가까워지게 한 것 같았다. 아내와 아이들, 그리고 나는 크게 하나로 뭉쳐 서로를 껴안았다. "아빠, 힘내세요." 딸들이 말했다. "우리가 어떻게 도와 드리면 될까요?"

나는 나를 위로하는 딸들을 위로하려고 노력했다. "괜찮아. 약속할게. 전문가들과 함께 이 일을 극복해낼 거야. 우리는 필요한 일은 무엇이든지 할 거야."

다음 날 아침 토요일, 나는 부주지사에게 그의 직무가 곧 확대될 것이라고 알렸다. 비서실장인 크레이그에게도 같은 말을 했다. 그런 다음 최측근 참모진을 주 청사 집무실로 불러 소식을 전했다. 정책실장 카라 보우먼, 일정 담당 비서 아만다 앨런, 사회수석 스티브 크림, 공보수석 매트 클락, 공보수석보 더그 메이어 등이 그들이었다. 카라와 아만다는 의사들과 약속을 잡고 여러 곳에서 걸려오는 전화를 처리하는 등 분주히 움직였다. 매트와 더그에게는 월요일 오후 시간으로 기자 회견을 잡으라고 시켰다. 나는 그 소식을 세상에 알리는 방법을 놓고 스티브와 세밀하게 의견을 교환했다. 이들은 문자 그대로 밤낮으로 함께 일한 사람들로서 가족만큼 가까웠다. 내가 소식을 전하자 모두 놀라고 당황하고 마음 아파했다. 또 눈물이 났다. 이 사람들은 진정으로 나를 걱정했지만, 또한 철저한 프로였다. 나는 그들 모두를 믿을 수 있었다.

그렇게 아내와 딸들, 부주지사, 그리고 최측근 참모진에게 알렸다.

하지만 더 이상 시간을 지체하지 말고 알려야 할 사람이 또 있었다. 쉽지 않은 일이 될 터였다. 일요일에 아버지의 날을 축하하는 저녁 식사를 하기 위해 아버지를 초대했다. 아버지는 주지사 관저에 가족 모두가 모여 휴일을 즐기게 된 것에 너무도 기뻐했다. 여든여섯 연세 에도 아버지는 여전히 집안의 거목이었다. 사람들과 대화하는 것을 즐겼고 함께 식사하는 것도 좋아했으며 이야기를 들려주고 파안대소 하는 것도 재밌어했다. 나는 아버지가 관저에 도착하자마자 단둘이 대화를 나누기 위해 한편으로 모셨다.

"아버지, 따로 드릴 말씀이 있어서요." 나는 극기심이 최상인 아들 의 목소리로 말했다. "좋은 소식은 아닙니다."

분명 아버지가 고대하던 아버지의 날 농담은 아닐 것이었다.

"주중에 병원에 다녀왔어요." 내가 말했다. "제가 암에 걸린 걸로 진 단이 나왔습니다. 림프종이고 꽤 진행됐다고 합니다. 저는 이겨낼 겁 니다. 하지만 상당히 힘들긴 하겠지요. 의사들이 그렇게 말합니다."

아버지의 그런 표정은 평생 본 적이 없었다. 부모라면 누구든 그 심정을 상상할 수 있을 것이다. 아이를 처음 본 그날부터 어떤 무엇 을 하든 아버지의 주된 일은 아이를 위험으로부터 안전하게 지키는 것이다. 그리고 모든 부모는 어느 시점에서 그것이 항상 가능하지는 않다는 것을 깨닫게 된다. 아버지는 나를 보며 울었다. 이번에는 기 쁨의 눈물이 아니었다. 나는 아버지가 큰 상처를 입었음을 알 수 있 었다. 아버지는 아무 말도 못했다. 아버지 인생에서 가장 힘든 아버 지의 날이었다. 아버지는 제이미 이상으로 힘들게 그 소식을 받아들 였다. 쉰아홉의 아들이었지만 아버지에게 나는 여전히 어린애였고,

그런 아들을 보호해줄 수 없어 무력감을 느끼는 것 같았다.

평소 식욕이 왕성한 분이었음에도, 아버지는 식사에 손도 대려 하지 않고 계속 눈물만 흘렸다.

나는 식탁을 돌며 한 명 한 명 어깨를 껴안으며 다 괜찮아질 것이라고 말했다. 그 순간 내가 느낀 걱정은 나에 대한 것이 아니었다. 아직은 아니었다. 가족에 대한 걱정이 앞섰다. 폭동이 일어났을 때 크리스 크리스티가 한 말이 떠올랐다. 결정을 내리고 문제를 해결하는 데만 집중해서는 안 된다는, 그와 동시에 최고위로책임자도 되어야 한다는 그 조언 말이다. 이제 나는 내 가족을 위해 최고위로책임자가 되어야 했다.

나는 곧 내각 각료들과 청사 직원들, 친구와 지지자들, 그리고 불과 몇 달 전에 주의 미래를 내게 맡긴 수백만 명의 주민들을 위해서도 최고위로책임자가 되어야 한다는 것을 알았다.

나는 그 일을 잘하게 해달라고 기도했다.

나는 모든 것에 대해 절대적으로 투명하게 임하고 싶었다. 메릴랜드 주민들은 나를 신뢰하고 주지사로 선출했다. 그들은 나의 솔직하고 완전한 설명을 들을 자격이 있었다.

내 건강에 대한 막연한 소문이 이미 퍼지기 시작했다. 병원에 가서 검사를 받느라 두 차례의 회의에 참석하지 못했다. 〈워싱턴포스트〉는 내가 아시아 출장 중에 모종의 유행성 질병에 걸린 게 아닌지 추측하는 기사를 실었다.

즉시 그런 상황을 해결하고 싶었다.

그러나 월요일 아침에 나는 앤어런델 메디컬센터에서 골수 조직검사를 받기로 되어있었다. 3기인가, 4기인가? 과연 뼈에 전이되었는가? 내가 조직검사 결과에 대해 긴장했다고 말한다면, 그것은 말도 안 되게 절제된 표현일 것이다. 하지만 어쨌든 어느 쪽인지 알아야 했다.

그래서 나는 보다 당면한 위험에 불안감을 집중시켰다. 골수 샘플을 채취하기 위해 외과의가 내 엉덩이에 찔러넣을 30센티미터 길이의 금속 도구에.

간호사가 말했다. "전신 마취를 받게 될 겁니다. 그리고 아주 센 진통제도 놔드릴 거예요. 그래서 시술 후 마취에서 깨시면 집에 가서 좀 쉬셔야 해요. 운전하셔도 안 되고 중장비를 조작하셔도 안 됩니다. 음, 또 중요한 결정 같은 것도 내리시면 안 됩니다."

나는 운전에 대해선 걱정하지 말라고 말했다. "작년 11월에 당선된 이후로 주 경찰이 운전을 허락하지 않아요." 굴착기 같은 것도 손대지 않겠다고 약속했다. "하지만 오늘 오후에 예정된 기자 회견은 해야 해요."

간호사는 깜짝 놀랐다. "안 됩니다." 그녀가 말했다. "제 생각에 기자 회견은 불가능합니다."

나를 단념시키려 시도하다 실패하자 간호사는 준비실을 나가 수술실에서 외과의를 불러왔다. 그는 멸균 마스크를 쓴 채 엄중한 말투로 경고했다. "지사님, 오늘은 기자 회견 같은 것을 할 몸 상태가 되지 않습니다."

그에게 조언은 고맙다고 말했지만, 정말 선택의 여지가 별로 없었다. "하루 24시간 화학요법을 시작하기 위해 병원에 입원하기 전에 주민들에게 상황을 정확히 알려야 해서 그럽니다."

"아주, 아주 안 좋은 생각이십니다." 외과의가 주장했다. "오후에도 마침 기운이 남아 있을 것이고, 또 독한 진통제를 쓰기 때문에 약에 취해서 머리가 제정신이 아닌 것 같을 겁니다."

나는 조용히 쳐다보기만 했다. 그는 계속 단호하게 종용하다가 결국 내가 포기하지 않으리라는 것을 깨달았다. "기자들이 질문하거나 그러는 거는 아니죠?"

이 외과의는 메릴랜드주 청사 출입기자단을 상대로 한 회견장에 별로 와본 적이 없는 게 분명했다. "천만에요." 나는 그에게 알렸다. "장담컨대 아주 많은 질문을 할 거예요."

그는 예의 그 '미친 거 아니에요?' 하는 표정으로 나를 쏘아보았고, 잠시 후 그들은 나를 휠체어에 태워 수술실로 데려갔다.

시술을 마치고 깨어나자 두어 시간 동안 머리가 흐릿했다. 나는 정신을 가다듬고 청사로 돌아와 내각 전체와 고위 직원들을 소집했다. 기자 회견 전에 그들에게 먼저 내 상태를 알리고 싶었다.

나는 최대한 솔직하게 내 상태를 그들에게 얘기했다. 이들은 지난 5개월 동안 새로 맡은 직무에 마음과 영혼을 바친 사람들이었다. 말할 필요도 없이 이것은 충격적인 전개였다.

나는 그들에게 말했다. "우리 팀이 얼마나 자랑스러운지 말로 다 할 수 없습니다. 나는 여러분 모두가 한 걸음 더 움직여 한 치의 소홀함도 없이 직무를 수행할 것으로 믿어 의심치 않습니다. 나는 암을 이겨낼 것이며 우리는 더 나은 방향으로 메릴랜드를 계속 변화시켜 나갈 것입니다."

누구는 응원의 목소리를 내고 누구는 눈물을 흘리고 누구는 옆 사람의 어깨를 감싸 안았다.

몇 분 후 나는 수많은 기자들이 기다리고 있는 주 청사 2층의 주지사 리셉션룸에 들어섰다. 그곳은 법안 서명식이나 공식 환영연회 등 진지한 공무를 수행하는 장소였다.

기자들은 회견의 이유를 잘 모르고 왔지만, 무언가 중요한 일이라는 것은 알고 있었다. 영부인이 내 왼쪽에 섰고 부주지사가 그녀 옆에 섰다. 또 킴과 제이미, 그들의 남편 루이스와 벤, 그리고 나의 어린 손녀 다니엘라도 연단에 섰고, 나의 형제 패트릭과 팀도 함께 자리했다. 내각 각료들과 일부 참모들은 방 앞쪽에 섰다. 의자의 모든 자리가 찼다. 의자에 앉지 못한 기자들과 카메라맨들은 의자 줄 뒤에 서 있었다. 10여 대의 TV 카메라가 보였고 그중 몇 대는 생방송 중이었다. 나는 흰색 셔츠에 밝은 보라색 넥타이를 맨, 짙은 회색 정장 차림이었다. 전에도 수차례 약자의 입장에 처해봤지만, 이번에 내가 묘사하려는 투쟁은 내 인생의 싸움이 아니라는 것을 알았다. 그것은 사실 내 인생을 위한 싸움이었고, 패배를 감당할 수 없는 종류의 싸움이었다.

그리고 나는 그 어느 때보다 더 싸움에 임할 준비가 되어있었다.

"오늘 이렇게 여러분을 모신 이유는 제가 직면하게 된 새로운 도전에 대해 말씀드리기 위해서입니다. 개인적으로 다시 한번 약자의 입장에서 싸움을 벌여야 하는 도전입니다. 저는 그런 싸움을 잘하는 것으로 유명하다고 생각합니다. 며칠 전 저는 암 진단을 받았습니다. 공격적인 B 세포 비호지킨 림프종입니다. 림프절에 생긴 암입니다."

나는 좌중을 둘러보았다. 다들 무겁게 입을 닫고 있었다. 모두가 거의 미동도 없었다. 아직 상황이 잘 파악이 안 돼서 그러는 것 같기도 했다. 나는 아무것도 포장하고 있지 않았다.

"이 암이 많이 진행되었고, 또 매우 공격적이라는 사실을 지난 며칠 사이에 알았습니다. 몇 주 전 무역사절단과 함께 아시아에 갈 때는 전혀 몰랐었는데, 지난 10일 동안 많은 것을 알게 된 셈입니다."

나는 여전히 모든 세부 사항을 파악하는 중이라고 설명했다. "그러나 저는 지금까지 삶을 살아오면서 직면한 모든 장애를 극복하고 모든 언덕을 오를 때 의지했던 것과 동일한 에너지와 불굴의 투지로 이 도전에 응전할 것입니다."

난 그저 알려야 할 모든 내용을 쏟아 놓았다.

"좋은 소식은 제가 가지고 있는 암이 매우 공격적이며 매우 빠르게 확산하지만, 화학요법 치료에도 매우 적극적으로 반응하기 때문에 완치의 가능성도 매우 크다는 사실입니다. 암을 완전히 제거하고 생존할 수 있는 확률이 매우 높다는 겁니다."

나는 기자들 모두가 알게 된 낙관적 약자로서 많은 기자들이 쉽게 이해할 수 있는 용어로 소식을 전하려 했다.

"가장 좋은 소식은 제가 이것을 이겨낼 확률이 앤서니 브라운을 꺾고 메릴랜드 주지사가 될 애초의 확률보다 훨씬 높다는 것입니다." 이렇게 말하자 좌중에서 웃음이 터졌고, 나는 여타의 확률 비유를 이어나갔다. "빗물세를 마침내 없앨 확률보다도, 메릴랜드 주민들에게 세금을 감면해줄 확률보다도, 정부 지출에 고삐를 죄지 않으면서 세금은 인상하지 않는 예산을 통과시킬 확률보다도 높습니다." 순조롭게 굴러가고 있었다. "50년 만에 처음으로 통행료를 줄일 확률보다도 높습니다."

목록을 마무리할 단계였다. "그리고 확실히 〈볼티모어선〉이 저를 올해의 메릴랜드인으로 지명할 확률보다 높습니다." 마침 실제로 그런 일이 있었다.

"앞으로 몇 달 동안 수차례에 걸쳐 매우 공격적인 화학요법 치료를 받게 될 것입니다. 아마 머리카락을 잃을 것입니다. 이 멋진 회색 머리는 이제 잊어주십시오. 체중도 조금 빠질지 모릅니다. 하지만 더 나은 쪽으로 메릴랜드를 바꾸기 위해 일하는 것은 멈추지 않을 것입니다. 저는 계속 열심히 일하며 주민들이 제게 부여한 결정을 내릴 것입니다. 저는 매년 림프종 진단을 받고 그에 맞서 싸우고 무찌르며 그와 동시에 일을 계속하는 7만 명 이상의 사람들과 똑같아질 겁니다. 신앙이 있고 가족이 있고 친구들이 함께하므로 저는 혼자서 이 병과 싸우는 게 아닙니다. 제가 이 역경의 반대편으로 건너가면 분명히 더 건강하고 더 나은 인간이자 주지사가 될 것입니다."

회견이 진행된 대부분의 시간 동안 나는 평정을 유지했다. 다만 아버지의 날 주말에 가족들, '영부인과 우리 딸들, 그리고 제 역할 모델인 아버지 래리 호건 시니어'에게 소식을 전하던 상황을 얘기할 때, 그때만큼은 목소리가 다소 갈라지는 걸 막지 못했다. "이 투쟁의 한가운데서 저는 나 자신이 얼마나 많은 축복을 받았는지, 또 얼마나 운이 좋은지 다시 한번 상기했습니다."

기자들은 내가 외과의에게 말했던 그대로 많은 질문을 던졌다. 일부는 가벼웠지만, 일부는 매우 심각했다.

"담당 의사들은 공화당원입니까?" 기자 중 한 명이 알고 싶어 했다.

작은 웃음이 일었지만 약간의 불안함도 묻어났다. "그들은 자신이 공화당원인지 민주당원인지 말해주지 않았습니다." 내가 말했다. "하지만 저의 열렬한 지지자라고는 하더군요."

"몸 상태는 좀 어떠세요?"

"이것이 좀 퍼져서 제 복부에 많이 있고 제 척추도 압박하고 있습니다. 배에 그런 게 가득 차서 그런지 먹는 게 좀 힘들지만 아프지는 않습니다. 그래서 상황이 더 악화되기 전에 치료하려는 겁니다."

"지금 몇 기에 해당하고 치료 기간은 얼마나 걸리는지 알고 계십니까?"

방금 골수 조직검사를 받고 왔으며 그 결과를 기다리고 있다고 설명했다. "4기가 아니라면 적어도 많이 진행된 3기로 보고 있습니다. 아마 금주 안에 자세한 내용이 나올 겁니다. 치료와 관련해서는 저나 담당의들이나 모두 최대한 공격적으로 가길 원하고 있습니다." 그래서 몇 차례에 걸쳐 일정 기간은 입원해야 한다고 덧붙였다.

나는 이미 많이 의지하는 부주지사를 더욱 많이 의존하게 될 거라고 말했다. 그가 일부 공공사업위원회의 회의에 참석하고 필요한 경우 공식 문서에 서명하는 권한을 행사할 것이라는 의미였다.

"주지사 직위는 계속 유지하실 계획입니까?"

그 점은 분명히 밝혔다고 생각했다. "물론입니다." 나는 재차 강조했다. "겪어내는 게 쉽지 않은 과정이 될 겁니다. 회의에 참석하지 못하는 일도 몇 번 있을 겁니다. 하지만 결정을 내릴 수 있는 모든 역량은 늘 갖추고 행사할 겁니다. 가능한 한 많은 회의에 참석할 것이고 각종 행사에도 모습을 드러낼 것이며 허용되는 시간 대부분을 직무 수행에 할애할 것입니다. 제가 머무는 것은 아시다시피 여기서 길 건너로 수백 미터밖에 떨어져 있지 않습니다."

질문이 이어지던 가운데 기자 중 한 명이 '장기적으로 부주지사가 주지사 직위를 넘겨받는 상황도 생길 수 있는지' 알고 싶어 했다.

돌직구였다. 나는 그것을 받아쳐 오리올파크Oriole Park 담장 밖으로 넘겨버렸다. 적어도 그렇게 생각하고 싶다.

"제가 '죽으면' 그가 물려받을 겁니다." 이 대답은 내가 기대했던 웃음을 유발했고, 덕분에 긴장이 다소 누그러졌다. 나는 빨리 덧붙였다. "하지만 그런 일이 일어날 것 같지는 않습니다."

분위기가 조금 어두웠다. 하지만 내가 곧 그만두거나 영원히 사라질 계획은 없다는 것을 모두 이해한 것 같았다.

아나폴리스의 주 청사 출입기자들은 냉소적인 것으로 악명이 높다.

그들은 감히 질문을 피하려 시도하는 일부 정치인에게 때로 불만을 분출하는 것을 제외하고는 감정도 잘 드러내지 않는 경향이 있다. 그러나 내가 끔찍한 진단 소식을 공유하며 앞으로의 도전 과정에 대해 공개적으로 밝힐 때 실제로 몇몇 기자들이 눈가를 훔치는 모습이 눈에 들어왔다. 인생에서 가장 힘든 도전에 직면한 내용을 자세하고 솔직하게 밝히는 내 태도를 인정하는 것 같았다. 그런 다음 그들은 내가 전에 본 적이 없는 행동을 취했다. 실로 기자들에게서는 본 적이 없던 그 행동은 나의 눈시울을 적셨다. 내가 연단에서 내려올 때 그들은 모두 자리에서 일어나 우레와 같은 박수갈채를 보냈다.

기자들이 정치인에게?

내가 그런 장면을 언제 다시 보게 될지 확신할 수 없었다.

22장
호건 스트롱

내 몸에는 암 종양이 가득 차 있었다. 나는 여전히 힘겨운 화학요법을 앞두고 있었다. 4일 내내 독약을 투여받는 과정을 5~6개월에 걸쳐 여러 차례 밟아야 한다고 의사들이 설명했다. 하지만 최초 진단 이후 진정으로 고무적인 소식이 처음 나왔다. 골수 조직검사 결과에 따르면, 나의 암은 3기에서 최대한 진행되긴 했지만 4기는 아니라는 것이었다. 뼈에는 퍼지지 않았다니 정말 다행이 아닐 수 없었다. 크게 안도하는 마음이 들었다. 의사들도 조금은 놀란 것 같았다.

라포포트는 인정했다. "종양의 수와 크기를 고려하건대, 매우 다행인 상황입니다. 신께 감사드려야 할 일입니다."

어찌 보면 도쿄에서 골프공 크기의 혹이 목에 튀어나온 게 천운이었다. 그것이 계기판에서 깜박이는 경고등 역할을 한 셈이었다. 결과적으로 보면 그 덩어리가 내 생명을 구했다고 봐도 무방하다. 그런 일이 없었다면 나는 절대로 병원에 가지 않았을 것이다. 그사이에 암은 계속 퍼져 뼈에까지 침투했을 것이고.

나는 목요일에 언론에 밝혔다. "덕분에 확률이 훨씬 높아졌습니다." 지난 3일 동안 기자들은 '뭐 새로운 거 없냐'며 공보팀 직원들을 괴롭혔다. 좋은 소식이든 나쁜 소식이든, 그 어떤 소식이든 나는 그들에게 솔직하게 전하겠다고 약속했다. "이제 이 문제를 해결하는 일이 더 쉬워질 것입니다."

그것은 확실히 사실이었다. 특정 시점까지는 그랬다. 생존 확률은 이전보다 확실히 좋아졌다. 그러나 녀석은 여전히 매우 공격적이며 치명적인 질병이었다. "주지사님께 달려 있습니다." 라포포트가 말했다. "물론 우리는 가장 공격적인 옵션을 권장합니다. 겪어내기에 가장 힘든 종류로 말입니다. 하지만 결국 그것이 성공 가능성은 가장 큽니다."

"공격적으로 갑시다. 가능한 한 가장 공격적인 것으로." 내가 말했다.

주지사 직무는 지속적인 멀티태스킹을 요구한다. 항상 수없이 많은 사안이 처리되길 기다린다. 나는 불확실한 몇 주와 몇 달 동안 주지사 직무가 체계적으로 수행되도록 계획을 세웠다. 내각 각료 및 고위 참모진에게 그에 대한 지침을 하달하기 위해 회의를 했고, 내가 수술을 위해 마취를 받았을 때와 같은 타당한 상황이 생겼을 경우 부주지사가 나를 대신할 수 있다는 행정 명령에 서명했다. 그리고 모두에게 볼티모어에 있는 병원이 아나폴리스의 청사에서 채 50킬로미터도 안 떨어져 있다는 사실을 반복해서 상기시켰다. 메릴랜드 대학 의료센터에는 와이파이와 이동 통신 서비스가 갖춰져 있었고, 나는 필요한 만큼 많은 방문객을 맞이할 수 있었다. "6개월 동안 사라지는 게 아닙니다." 내가 말했다.

라포포트와 반다리는 한시라도 빨리 치료를 시작하기 위해 안달했다. 내 몸속의 종양이 마술처럼 성장을 멈추는 일은 없다는 것이었다. 나 역시 우리가 3기라는 행운을 날려버려서는 안 된다는 데 동의했다. "내일 바로 들어가기로 하겠습니다." 라포포트가 금요일에 내게 통보했다.

당장 치료에 착수해야 할 필요성을 이해했다. 나는 정말로 미적거리고 싶지 않았다. 그러나 체인지 메릴랜드의 연례 야유회가 토요일로 예정되어 있었다. 이는 우리의 허접했던 풀뿌리 조직이 새로운 주지사 선출을 도운 이후 처음 갖는 행사였다. 폭동 탓에 벌써 한 차례 연기된 터였다. 그 당시 우리가 볼티모어에서 각 가정을 돕고 지역사회를 재건하는 데 집중해야 할 시점이라고 이메일을 보냈을 때 모두가 이해하는 것 같았다. 나는 모두에게 도시에서 자원봉사를 하거나 구호 활동에 기부해줄 것을 촉구했다. 그랬던 만큼 다시 야유회 일정을 조정할 수는 없었다. 약 2,000명 정도가 참여할 것으로 예상되었다. 올해의 모임은 분명 어느 정도는 승리의 뒤풀이 성격을 띨 것이었다. 나는 친구들과 지지자들에게 감사하기 위해 그 행사에 참석하고 싶었다.

"일요일이나 월요일에 시작하면 안 될까요?" 내가 라포포트에게 물었다. "이번 행사에 참석하는 친구들과 지지자들은 다들 나를 보러 오는 거예요. 내가 참석해야 마땅하고 참석하고 싶기도 하고 그렇네요." 난 그저 친구들을 안아주고 내가 괜찮아질 거라는 걸 알려주고 싶었다. "행사가 끝나면 곧바로 병원에 갈게요. 그때부터 선생님 맘대로 하시면 됩니다."

그는 그 말을 들어주지 않았다. "아닙니다, 주지사님. 우리는 기다릴 여유가 없습니다."

"고작 이틀인데, 그사이에 무슨 일이 있을까요?" 나는 간청했다.

"아닙니다." 그는 고집했다. "다시 분명히 말씀드립니다만, 지금 당장 병원에 입원하셔야 합니다."

그 시점에서 모든 것이 더욱 현실적으로 느껴졌다.

진단을 들은 후에도, 의료 전문가들의 퍼레이드가 펼쳐진 후에도, 첨단 검사를 받고 조직검사를 위한 수술을 받은 이후에도, 주 청사에서 흉금을 털어놓는 회견을 가진 후에도 나는 상황의 긴급성을 충분히 흡수하지 못하고 있던 것 같았다. 라포포트가 못을 박을 때까진 말이다. "아닙니다, 더 이상 기다릴 수 없습니다. 살아남고 싶으시다면!"

"그렇다면, 알겠어요." 내가 그에게 말했다. "준비됐으니, 해봅시다."

이튿날 아침 경호팀이 아내와 나를 볼티모어로 데려갔다. 우리는 지하를 통해 병원에 들어갔고 뒤쪽 엘리베이터를 이용했다. 경호원들은 그렇게 예정된 경로를 따라 병실로 나를 인도했다. 나는 먼저 가슴 부위에 포트를 외과적으로 이식받았다. 그렇게 하면 새로운 약물을 투여할 때마다 바늘을 찔러넣을 필요가 없었다. 내 가슴의 포트는 가는 튜브를 통해 네다섯 종류의 약물이 담긴 플라스틱 백을 지탱

스틸 스탠딩

하는 금속 봉에 연결되어 있었다. 그 백에 담긴 독약이 교대로 내게 투여되는 방식이었다. 침대에 누워 있든, 의자에 앉아 있든, 서서 움직이든, 바퀴가 달린 카트에 장착된 그 봉이 항상 내 옆에 있을 터였다. 항암제는 하루 24시간 내내 중단없이 주요 동맥 중 하나에 똑똑 떨어져 들어갈 것이었다.

튜브에 기포가 생기면 모니터가 즉시 경고음을 울려 간호사에게 문제를 알린다고 했다. 일단 약물 투여가 시작되면 그들은 약물 투여 수준은 물론이고 혈압 및 여타 바이탈 사인까지 지속적으로 체크한다고 말했다. 그들은 나는 죽이지 않는 선에서 빠르게 움직이는 암세포를 죽일 수 있을 만큼 강력하게 나의 화학 약물 칵테일의 수준을 유지해야 했다. 섬세한 균형이 필요한 과업이었고, 나는 그들이 그것을 올바르게 하는 방법을 알고 있으면 좋겠다는 생각이 들었다.

체인지 메릴랜드 야유회는 내가 빠진 가운데 진행되었다.

그 토요일 날씨는 실로 끔찍했다. 앤어런델 카운티 전역에 걸쳐 거대한 폭풍과 더불어 장맛비 같은 폭우가 쏟아졌다. 텐트가 무너졌고, 실제로 산사태까지 발생했다. 그러나 폭우와 토네이도에 대한 경고에도 불구하고 약 1,500명이 행사장에 나타났다. 누구의 아이디어였는지 모르지만 누군가가 용감하게 그 자리에 온 사람들에게 라임빛 녹색 손목 밴드를 나눠주었다. 모든 종류의 암에는 그것을 나타내는 고유한 색이 있었다. 유방암은 핑크색, 백혈병은 오렌지색, 림프종은 라임빛 녹색이었다. 손목 밴드에는 '호건 스트롱HOGAN STRONG(강인한 호건)'이라는 두 단어가 새겨져 있었다.

사람들은 또한 나의 '쾌유'를 비는 커다란 현수막에 서명했다. 비디오 제작진이 돌아다니면서 메시지를 영상에 담았다.

"주지사님, 사랑합니다!"

"우리는 주지사님을 위해 기도하고 있습니다!"

"그 암이 승리할 확률은 제로입니다!"

많은 친구와 오랜 지지자들이 나를 응원하고 있었다. 무서운 여정을 시작하는 나로서는 정말 기운이 솟는 응원이 아닐 수 없었다. 나는 그렇게 병실에 누워서도 내가 참 운이 좋다는 생각이 들었다. 비범한 지지 시스템이 갖춰져 있었기에 그랬다. 병상 옆에 놓인 금속봉의 플라스틱 백에서 떨어지는 약물을 가슴에 연결된 튜브로 받는 동안, 나는 늘 많은 사람의 애정 어린 응원 소리와 글을 아이패드로 듣고 보면서 자리를 함께하는 것처럼 가깝게 느꼈다.

그렇다고 시간이 더 빨리 가지는 않았다. 간호사들이 항상 제시간에 맞춰 약물이 든 플라스틱 백을 바꿔주었기 때문이다. 때로 병실에 갇힌 죄수처럼 느껴지기도 했다. 하지만 나는 외롭다고 느끼진 않았고, 아직은 큰 고통에 휩싸이지도 않았다. 적어도 처음 몇 시간 동안은 내 몸이 약물을 상당히 잘 견뎌내는 것처럼 보였다.

일요일에 나의 페이스북 페이지에 꽤 긍정적인 보고를 올렸다.

"첫 번째 24시간의 화학요법을 통과했습니다. 몸은 건강하고 강한 상태입니다. 우리는 여기저기서 암세포를 죽이고 있고, 부작용은 없습니다."

물론, 나는 다음에 무엇이 올지 전혀 몰랐다.

스틸 스탠딩

카라 보우먼과 카일 맥콜건Kyle McColgan이 두꺼운 바인더를 들고 병실을 찾았다. 사람들의 기도와 동정과 응원이 담긴 카드와 편지로 가득 찬 바인더였다. 선출직 공무원과 외국의 고위인사들이 타이핑해서 보낸 편지도 있었고, 초등학교 2학년 학생들이 손으로 그려 보낸 쾌유 카드도 있었다. 사람들은 상상할 수 있는 모든 방법으로 내게 손을 내밀었다. 그날의 바인더는 결국 내가 받게 될 수만 통 우편물의 샘플에 불과했다. 나는 병상에 누워 밤늦게까지 바인더 페이지를 넘기면서 사람들이 보여준 정감 어린 관심에 눈시울을 적시기 시작했다. 처음에는 그저 그들의 친절한 말이 감성을 자극한 것으로 생각했다. 그러다가 그보다 훨씬 더 깊은 의미가 있다는 것을 깨달았다. 내가 얼마나 아픈 상태인지 서서히 절감한 것이었다.

이 모든 사람이 나를 위해 기도하고 응원하며 내가 죽지 않기를 간절히 바라고 있다면, 아마도 그것은 결국 내가 진짜 위험에 처해 있기 때문이리라! 나는 반무의식적으로 그런 생각을 밀어내려고 노력했지만, 직면해야 할 현실이기도 했다. 병상에 홀로 누운 이후 처음으로 겁이 덜컥 들었다. 그리고 말 그대로 소리 내어 울었다. 가슴이 들썩거리면서 숨이 차올랐다. 어머니가 돌아가신 이후로 그렇게 울어본 적이 없었다. 나는 주변의 모든 사람을 위해 강해지려고 노력했다. 그러면서 내내 참아왔던 공포가 밀려온 것이었다. 마침내 두려움과 취약성이 고개를 쳐든 것이었다. 불가피한 일이었다.

잠을 제대로 잘 수가 없었다. 계속해서 신호음을 울리는 모니터 때문만은 아니었다. 꾸준히 투입되는 항암제로 인해 메스꺼움이 느껴지기 시작했다. 게다가 스테로이드로 계속 힘을 강화하고 있는 것도 문제였다. 스테로이드는 내 몸 안에서 끊임없는 줄다리기가 벌어지는 와중에 화학 약물로 인해 무너지는 체력을 보존하는 데 도움이 되는 중요한 처방이었다. 그러나 스테로이드는 또한 누군가가 내게 독한 각성제를 먹이고 있는 것처럼 나를 흥분과 조증에 시달리게 했다.

나는 밤새 말똥말똥한 정신으로 가슴에 연결된 튜브와 병상 옆의 금속 봉을 번갈아 쳐다보며 마치 NASCAR 트랙을 달리는 스톡 자동차처럼 생각의 돌진에 빠져들었다. 모니터는 수시로 경고음을 냈고 간호사들은 계속해서 약물 백을 교체하거나 혈액을 채취하거나 바이탈 사인을 확인하러 들락거렸고, 눈이 마주칠 때마다 상태가 괜찮은지 물어보았다. "좀 잘 수 있다면 훨씬 나은 느낌일 것 같군요."

나는 다시 전화기를 응시하다 시계를 흘끗 보곤 텔레비전을 보려고 애썼다. 나는 메릴랜드주가 직면한 주요 문제 대부분을 해결했다. 머릿속으로 말이다. 'Live Like You Were Dying'을 서너 차례 재생했다. 참모들에게 문자를 보내고 다시 문자를 보냈다. 일부는 아침에 일어나자마자 그들이 해야 할 일을 적시해서 보낸 스무 통의 문자를 마주할 터였다. 나는 그들이 나의 디지털 맹공격에 어떻게 대응할지 상상할 수밖에 없었다. '주지사가 빨리 회복되어 우리 모두 평화를 얻을 수 있게 되기를 바랍시다!'

나는 정신적으로만 과도하게 달리고 있지 않았다. 종이라도 씹고 싶을 듯이 배도 고팠다. 투입되는 그 모든 액체로 인해 몸도 부어오르고 있었다. 그 당시 항암 치료를 받으면 어떤 느낌이 들 것으로 예상했는지는 기억나지 않지만, 그 모든 것이 나의 예상밖에 있었던 것만큼은 분명하다. 부분적으로는 맹렬한 스테로이드가, 부분적으로는

스틸 스탠딩

지루함이 나를 미치게 만들었다. 그리고 이런 생각이 들었다. '나는 이렇게 4일 밤낮을 병상에 누워있지 않을 테다. 계속 이러고 있으면 정말 미쳐 버리고 말 것이다. 병상에서 벗어나야 한다.' 병원에서 완전히 빠져나갈 수 있으리라고는 생각하지 않았다. 복도에 있는 경호원들이 길을 막거나 간호사들에게 일러바칠 게 빤했다. 그때 모종의 계획이 떠올랐다. 나는 바퀴 달린 화학요법 기둥을 부여잡고 주위를 둘러보기 위해 복도로 향했다.

23장
병원 친구들

　내 병실이 속한 층은 커다란 직사각형이었다. 생각해보니 그렇다면 복도가 기다란 사각 트랙을 형성하는 셈이었다. 나는 옆의 기둥을 밀며 문밖으로 나가 복도로 들어갔다. 몸에 기운이 없고 몰골도 끔찍했다. 내 모습이 결코 좋아 보이지 않는다는 것을 알았다. 그러나 병상에 누워있는 것은 더욱 끔찍하게 느껴졌다. '한 번에 한 걸음씩.' 나 자신에게 일렀다. 트레이닝팬츠에 폴로 셔츠, 언더아머Under Armor 운동화 차림으로 기둥을 끌면서 나는 막 새로운 루틴을 발견했다.

　약물 백을 매단 금속 봉을 밀며 병원 복도를 도는 사람은 나 혼자가 아니었다. 나는 복도에서 머리에 스카프를 두르고 얼굴에 큰 미소를 띤 여자를 만났다. 그녀의 이름은 셸리 존스-윌슨Shelly Jones-Wilson이

　　　　　　　　　　　　　　　　　　　　　　스틸 스탠딩

었고, 집은 프레디 그레이가 살던 볼티모어 서부에 있다고 했다. 셸리는 나와 같은 종류의 비호지킨 림프종을 앓고 있었지만, 치료가 많이 진행된 상태였다. 그녀는 그렇게 나의 첫 번째 암 친구가 되었다.

"당신은 결코 나를 따라잡을 수 없을 겁니다." 나는 앞으로 한 걸음 앞지르며 장난을 걸었다. 셸리는 어림없는 소리 말라며 내게 보조를 맞췄다. 나는 그녀의 유머 감각과 가식 없는 태도가 좋았다. "머리카락이 없는 머리도 아름다워요." 내가 그녀에게 말하자, 그녀는 엄중한 표정을 지었다. "그렇게 생각하세요? 곧 대머리 클럽에 가입하실 거예요."

나는 주지사였고 그녀는 볼티모어 서부에 사는 서민이었지만, 그런 구분이 전혀 중요하지 않은 것 같았다. 여기서는 그랬다. 우리는 동행을 반기며 서로를 격려하는 두 명의 암 환자일 뿐이었다. 셸리는 환자가 알아야 할 정보 중 중요한 한 가지를 알려 주었다. "열일곱 바퀴 돌면 1마일이 됩니다."

"나도 딱 당신만큼만 적응하게 되면 좋겠어요." 그녀에게 말했고, 진심이었다. 셸리는 영감을 주는 사람이었다.

그 복도는 물론이고 병원의 다른 층에서도 많은 환자를 만났다. 날이 갈수록 나는 점점 더 멀리 돌아다니며 사람들과 인사를 나누고 어떻게 지내는지 물었다. 복도를 '산책하는' 사람이 생각보다 많은 것을 확인하고 흡족한 마음이 들었다. 일어날 힘이 있는 환자들은 나만큼이나 누워있는 것을 싫어했다. 그리고 그들은 더할 나위 없는 친절과 미소로 나를 반겼고, 때마침 우연히 주지사인 것일 뿐 동료 환자와 다를 바 없이 대했다. 나는 타고났을 뿐만 아니라 자라면서도 체득한 특유의 사교성을 발휘했다. 다시 내 영역에 들어선 셈이었다.

"이봐요, 주지사님." 어느 날 오후, 복도를 걷는 나를 누군가가 불러세웠다. 목소리는 내 병실 근처의 열린 문을 통해 들려왔다. 나는 멈춰서서 그 병실로 고개를 빼꼼히 들이밀었다. 젊은 남자가 웃는 얼굴로 병상에 앉아 있었다.

"사람들은 나를 시장이라고 불러요." 그는 큰 미소를 지으며 내게 손을 내밀었다. "만나서 반가워요."

그의 이름은 지미 마이릭 주니어Jimmy Myrick Jr였고, 부모님인 짐Jim 및 샤론Sharon과 함께 있었다. 그는 백혈병과 다운증후군을 앓고 있었다. 지미가 내 인생에서 만난 가장 놀라운 사람 중 한 명임을 알아차리는 데 몇 분밖에 걸리지 않았다. 항상 행복해하며 긍정적인 태도를 보이는 그는 32세였지만 나에게는 훨씬 더 어려 보였다.

지미는 여덟 살 때부터 수영 선수와 농구 선수로 스페셜 올림픽 참가를 준비했다. 그는 매년 1월 스페셜 올림픽을 위한 모금 행사의 일환으로 메릴랜드주 경찰이 주최하는 북극곰 다이빙대회Polar Bear Plunge에 지난 20년 동안 한 번도 빠지지 않고 참가해 그 차가운 체사피크만에 뛰어든 슈퍼플런저Super Plunger였다. 그는 메릴랜드트위스터스Maryland Twisters 조직의 한 팀을 이끄는 치어리더였으며, 분명히 평생 주변의 기운을 돋는 치어리더였다.

나는 지미와 먼저 사진을 몇 장 찍었고 그의 부모님과도 사진을 찍었다. 그런 다음 내 페이스북 페이지에 사진 하나를 올려도 되는지 물었다.

"물론이에요." 지미가 말했다. "알아서 하세요. 나도 같이 돌까요?"

지미는 아버지가 밀어주는 휠체어에 올라 나와 함께 몇 바퀴를 돌았다. 사진이 페이스북에 게시되자마자 댓글이 쏟아지기 시작해 1,000개 이상이 붙었다. "스페셜 올림픽 선수 지미, 잘 압니다." …… "우리는 지미를 사랑합니다." …… "지미는 우리 응원팀에서 활동합니다." …… "매년 북극곰 다이빙대회에서 지미를 봅니다."

지미에게 사람들 반응이 대단하다고 말하자 그의 얼굴에 미소가 번졌다. "그래요, 내가 좀 거물이라니까요."

사람들은 지미와 내가 공통점이 거의 없다고 말할지도 모르지만, 사실 우리는 공유하는 게 많았으며, 당연히 거기에는 치명적인 암만 있는 게 아니었다. "지미." 내가 그에게 말했다. "자네 아주 유명하던 데. 사람들이 자네를 시장이라고 부르는 이유를 알 만해. 모두가 자네를 사랑해."

아내는 병원에서 나와 함께 많은 시간을 보냈다. 세인트메리스 카운티에서 검사로 재직하는 제이미는 휴가의 모든 시간을 내게 와서 보냈다. 킴은 직장에 다니랴 어린 다니엘라를 돌보랴 바쁜 와중에도 남편 루이스와 함께 종종 병문안을 왔다. 줄리는 앤아버의 집에서 잠깐씩 짬을 내 나를 찾았다. 오랜 친구들도 종종 병원에 들렀다.

앞으로 몇 달 동안 정기적으로 병원에 갇혀야 하는 상황이었지만, 주지사로서 나는 여전히 수행해야 할 직무가 있었고, 그것을 게을리 하지 않기 위해 노력했다. 입원할 때는 늘 노트북과 아이패드, 휴대폰을 지참했으며, 와이파이와 모바일 서비스가 모두 잘 작동하는 덕에 참모진도 큰 불편 없이 나와 연락을 취할 수 있었다. 나는 결코 잠자느라 시간을 낭비하지는 않았다. 물론 틈틈이 의사의 방문이나 요추 천자, PET 스캔을 받았고, 시간이 나는 대로 병원 내부를 돌며 계속해서 다른 환자들과 그 가족들, 특히 소아암 병동에서 많은 이를 만났다. 그렇다. 그런 마라톤 입원 사이사이에 10일씩은 아나폴리스로 돌아와 직무를 수행하기로 되어있었다. 나는 일의 진행이나 마무리를 미룰 수 없었고, 미루고 싶지도 않았다. 여전히 주지사 직무를 수행하는 데 많은 시간을 할애할 수 있었다는 뜻이다.

대개 카라나 카일, 아만다 등 비서 중 한 명이 항상 나와 함께하며 일정을 관리하고 내각 각료나 고위 참모의 전화를 받고 서류를 들여오거나 내보내고 나를 만나러 온 사람들을 안내했다. "주지사님은 지금 주치의 진료실에 가 계십니다. 삼십 분 후에 돌아오실 건데요. 기다리시겠습니까?" 비서실장 크레이그 역시 빈번히 나와 자리하며 여타 고위 참모들의 내방 업무 수행을 도왔다.

우리는 병실에서 회의를 열었고, 때로는 환자 휴게실에 모이기도 했으며, 보다 많은 인원이 참석하는 회의가 필요한 경우 복도 끝의 의사 회의실을 빌려 썼다. 의사 회의실은 장차관 전체회의나 경호팀 보고회를 갖기에 적합한 크기였다. 나는 약물 백이 걸린 기둥에 연결된 채 환자복 차림으로 회의에 참석하곤 했다. 솔직히 주 청사에서 갖는 회의와 크게 다를 건 없었다. 물론 청사에서는 내가 그렇게 환자복이나 트레이닝팬츠에 테니스화 차림으로 돌아다니지는 않았지만 말이다. 이런 식으로 주를 운영한 다른 주지사가 얼마나 있는지 잘 모르겠다. 하지만 분명히 말하건대 효과는 마찬가지였다. 일을 차질 없이 제대로 처리했다는 뜻이다. 우리는 내가 의료 시술을 받거나 항암제 백을 교체하거나 라포포트를 보러 잠시 자리를 비우는 시간 외에는 주의 공무를 수행했다. 어떤 경우에든 내가 다시 돌아와 우리가 하던 일을 마무리한 것은 물론이다. 평소와 마찬가지로 항상 8~10개의 의제가 나를 기다렸다. 폭동이 일어났을 때 볼티모어 시내에 있는 섀퍼타워로 지휘소를 옮긴 적이 있었다. 이제 우리는 거기서 여덟 블록 떨어진 메릴랜드 대학 의료센터에 지휘소를 차린 셈이었다. 그때나 지금이나 우리 팀은 훌륭했다.

사실을 말하자면, 팀원뿐 아니라 병원 직원들과 주민 모두 놀랍도록 훌륭하다는 생각이 들었다.

볼티모어 폭동과 관련해 많은 사람이 내가 리더십과 신속한 결단력, 스트레스를 견디며 위기를 관리하는 능력을 보여주었다고 평했다. 암 투병은 이제 나의 투지를 보여줄 기회로 드러나고 있었다. 나는 조금도 물러서거나 포기하지 않을 터였다. 그런 투지가 나를 여기에 이르게 한 것이었고, 앞으로 이 문제를 이겨내도록 이끌 무엇이었다.

"아직도 일하고 계신다는 게 믿기지 않아요!" 사람들이 계속 내게 말했다.

"주지사님, 잠시 쉬고 싶지 않으세요?"

"이 병에 맞서려면 거기에만 모든 힘을 집중하셔야 해요."

그들이 이해하지 못한 것은 일이 나에겐 일종의 치료제 역할을 하고 있었다는 사실이다. 만약 내가 밤낮으로 바쁘게 지내며 일하고 문제를 해결하는 대신 가만히 앉아 자신에 대한 연민에 빠지거나 죽게 될까 봐 걱정이나 했다면, 분명히 훨씬 더 힘든 과정을 겪었을 것이다. 직무 수행은 나의 의무였지만, 나의 선택이기도 했다. 그렇다. 이것은 내가 직면할 것으로 예상하지 못했던 엄청난 개인적 도전이었다. 하지만 나를 걱정하는 모든 사람에게 말했듯이 '나는 암에 걸린 다른 모든 사람처럼 이 문제를 해결해낼 것'이었다. "너무 바빠서 암 걱정을 할 수 없어요. 주지사 직무를 제대로 수행해야 하잖아요."

그렇게 말하면 눈을 치켜뜨는 사람들도 있었다. 어떤 사람들은 내가 자만에 빠져 있다고 생각했다. '자기 자신을 속이고 있는 거지 뭐. 하지만 그것이 상황을 다루는 데 도움이 된다면, 그것도 나쁘진 않지. 안 그래?' 의사, 간호사, 다른 환자들, 경호원, 참모, 가족과 친구, 나는 그들 모두를 사랑했다. 어떻게든 함께, 우리가 이것을 극복해낼 것임을 나는 알았다.

그 무렵 라임빛 녹색의 '호건 스트롱' 밴드가 사방에서 튀어나오고 있다. 아내와 제이미도 밴드를 차기 시작했고, 볼티모어 오리올스의 선수인 애덤 존스Adam Jones와 매니 마차도Manny Machado도 그랬다. 메릴랜드 전역에서 그 손목 밴드를 번쩍이는 사람들이 늘고 있다고 했다. 수요 상승 곡선이 가팔랐다. 사람들은 그것을 사기를 높이고 인식을 늘리는 기회로 보았다. '호건 스트롱' 범퍼 스티커와 티셔츠도 나왔다. 메릴랜드 대학 3학년생이 창업한 캠퍼스 벤처기업인 루트원어패럴Route One Apparel은 신속하게 '호건 스트롱' 티셔츠 제품라인을 출시하고 한 벌 팔릴 때마다 림프종 및 백혈병 연구기관에 5달러를 기부한다고 약속했다. "우리는 래리 호건 주지사님의 완전한 쾌유를 응원합니다." 창업자 알리 본 패리스Ali von Paris의 메시지였다.

모두 내 기자 회견을 보았거나 나의 곤경에 관한 기사를 읽었거나 선거운동 기간에 나를 만났거나 폭동 현장에서 나를 접했거나 어딘가에서 나와 셀카를 찍은 지지자들이었다. 어쩐지 그들은 나와 연결되어 있다고 느꼈고 그런 만큼 관심을 기울였다. 나는 확실히 이와 같은 정감의 분출을 기대하지 않았었다. 하지만 내 병이 고유한 제품 라인의 창출에 영감까지 주지 않았던가!

손목 밴드는 메릴랜드 밖으로까지 빠르게 퍼졌다. 뉴햄프셔주 로체스터의 한 유권자는 대통령 선거유세에 나선 크리스 크리스티에게 오른쪽 손목에 찬 라임빛 녹색 밴드에 대해 물었다. 그는 '소중한 친구'를 위한 것이라고 답했다. "리더십에 대한 완벽한 이해와 믿을 수 없는 용기를 갖춘 친구입니다." 그런 다음 크리스티는 이렇게 덧붙였다. "의사 선생이 래리에게 완쾌했다는 좋은 소식을 전하는 날 이 밴드를 끊어낼 겁니다."

세상의 거의 모든 사람이 어떤 식으로든 암과 관련을 맺게 된다. 자신이 환자가 될 수 있고 가족이나 연인, 이웃, 동료, 친구 등이 환자가 될 수 있기 때문이다. 그리고 알다시피 우리 주변에는 암을 이겨낸 수많은 생존자가 있다. 이 모든 경우에서 다른 사람들의 지원은 실로 중요한 역할을 한다. 내가 아는 것은 메릴랜드와 여타 지역의 많은 이들이 내가 살아남기를 바라고 기도하고 있다는 것뿐이었다. 그것이 놀라운 차이를 만든다는 사실을 믿지 못한다면, 살기 위해 싸워본 경험이 없는 사람이기 때문일 것이다. 그럴 때는 정말 받을 수 있는 모든 도움이 필요하다.

병원에서 아나폴리스의 관저로 돌아올 때마다 나는 즉시 잠에 곯아떨어졌다. 스테로이드라는 연료를 쓰는 120시간 병원 마라톤은 나를 완전히 궤멸시켰다. 스테로이드 주입이 멈추면 그제야 비로소 잠을 잘 수 있었다. 하지만 10일 간의 주도 생활은 결코 휴가가 아니었다. 집무실의 각종 회의와 어떻게든 참석해야 하는 공식 행사 등 늘 나를 바쁘게 만들 많은 일이 기다렸다. 게다가 의사들은 반다리의 지시에 따라 완전히 다른 고문 과정을 준비해놓곤 했다. 반다리는 더 많은 백혈구를 생성하도록 골수를 자극하는 뉴라스타Neulasta 등의 새로운 약물 세트로 내 몸을 맹폭격했다. 그 역시 중요한 치료 과정이었다. 내 몸은 면역력 강화를 절실히 필요로 했다. 하지만 그놈의 뉴라스타는 정말 끔찍했다. 손가락 끝부터 발가락 끝까지 내 몸의 모든 뼈가 죽을 만큼 아팠다. 병원에서 나와 기뻐하다가 곧 트럭에 치인 것과 같았다. 몇 가지 면에서 외래 치료는 입원 치료보다 더 나빴다. 모든 것이 더 아팠다. 시간이 가면서 점점 몸이 굳었고, 움직이기가 더 어려워졌다.

"우리 선생님들, 이거 좀 완화해줄 생각은 없는 거죠?" 내가 반다리에게 말했다.

"우리는 주지사님이 건강해지기를 바랍니다." 그가 답했다.

거기에 대고 무슨 말을 할 수 있겠는가?

일은 적어도 정신적으로는 더 나은 느낌을 갖는 데 도움이 되었다. 나는 되도록 빨리 집무실 일과로 돌아가곤 했다. 참모진이나 입법부 지도자와 회의하고 공공사업위원회의 보고를 받고 언론의 질문에 답했다. "예, 괜찮습니다. …… 예, 직무를 완수하고 있습니다. …… 아니요, 주 행정에 차질이 생기고 있지 않습니다." 나는 정말로 한 걸음 더 뛰는 부주지사와 내각 각료들, 그리고 나머지 팀원들과 힘을 모아

스틸 스탠딩

일을 처리하며 병원행의 새로운 여행을 준비했다.

앞으로 몇 주와 몇 달 사이에 나는 주에 장기적으로 영향을 미치는 몇 가지 주요한 결정을 내릴 예정이었다. 북미 최대의 공공-민간 대중교통 프로젝트로서 메릴랜드에 속한 워싱턴 교외 지역을 위한 퍼플라인Purple Line 경전철 프로젝트를 승인하는 것도 포함되었다. 오랫동안 기다려온 볼티모어 도시 교통 시스템의 재정비도 승인할 것이었고, 폭력 사건이 빈발하는 볼티모어시 구금 센터의 폐쇄도 명령할 것이었다.

내가 림프종 진단을 받고 가진 첫 번째 기자 회견에서 주지사 직무 수행에 관해 밝힌 내용은 모두 사실로 드러나고 있었다.

첫 번째 항암 화학요법을 받은 후, 생각했다. '그렇게 나쁘진 않군. 이 정도면 두 번째도 얼마든지 받을 수 있겠어.' 두 번째는 조금 더 나빠졌고, 나는 생각했다. '전보다 좀 더 힘들었지만, 세 번째도 해낼 수 있겠어.' 그렇게 각각의 라운드는 더 힘들어졌고 매번 고유한 타격을 가했다. 나는 화학요법이 초래하는 신체적 피폐에 대해 불평하는 것을 좋아하지 않았다. 많은 암 환자 주변을 어슬렁거리면 한 가지 사실을 절감하게 된다. 슬프게도 언제나 자신보다 상태가 더 좋지 않은 환자가 있기 마련이라는 사실이다. 나는 그런 사람들을 많이 만났고, 그들의 놀라운 용기에 감탄하곤 했다. 이런 현실을 접하면 자기 연민 따위는 잠재워버리는 게 일반적이다. 내가 스스로 정한 태도는 이랬다. '오케이, 의사 선생. 그냥 하고 싶은 대로 하시오. 무엇이든 상관하지 않겠소. 어떻게든 견뎌낼 것이오.' 그러나 지금 인정하지만, 치료 과정은 정말 힘들었고 갈수록 더 힘겨워졌다.

병원에 세 번째로 입원한 후 샤워실에서 머리를 감던 중이었다. 내 손에 머리카락 한 움큼이 잡혔다. 그런 다음 또 한 움큼, 또 한 움큼이 빠졌다. 그 멋진 회색 머리칼이 배수구에서 원을 그리며 서로를 쫓는 것을 지켜보자 한숨이 나왔다.

샤워실에서 나와 거울을 응시했다. 체르노빌에 다녀온 것처럼 보였다. 화학요법은 모낭을 완전히 풀어놓았다. 나는 나머지 머리를 면도기로 밀어버리기로 결정했다. 선택의 여지가 없었다. 아내는 나를 보고 거의 기절할 뻔했다. 얼마 지나지 않아 몸의 모든 털을 잃었다. 털이라는 털은 모두 빠졌다는 뜻이다. 개중 으뜸은 속눈썹이었다. 속눈썹이 눈에 들어오는 먼지를 막는 데 얼마나 중요한지 몰랐다. 나는 그것이 그저 이성을 유혹하는 데나 쓰이는 것으로 생각했었다. 누가 알았겠는가!

내가 처음 머리카락을 잃었을 때 유능한 커뮤니케이션 전문가인 더그와 매트는 이구동성으로 말했다. "대머리 모습을 처음 보면 사람들이 충격을 받을 겁니다. 사진부터 내보내야 할 것 같습니다."

일리가 있었다. 어떤 식으로든 관리할 필요가 있었다. 하지만 머리카락을 잃고 쓸쓸히 병상에 누워있는 모습의 사진을 나돌게 하고 싶진 않았다. 그건 너무 우울한 그림이었다. 그때 좀 더 나은 생각이 떠올랐다. "이렇게 합시다. 우선 내 최상의 파워슈트를 입고." 내가 더그와 매트에게 말했다. "그리고 레이밴 선글라스를 쓰는 거요. 누구도 본 적이 없는 강력한 보스 스타일의 주지사로 연출하자는 거지." 우리는 집무실 문밖으로 나가 '주지사 래리 호건'이라고 적힌 문패 옆에 서서 포즈를 취한 사진을 찍었다.

스틸 스탠딩

팔짱을 끼고 거만하게 뒤로 제친 자세였다. 눈은 선글라스로 가려져 있었다. 그 사진은 즉시 입소문을 탔고, 우리의 소셜미디어에서 그 사진을 본 140만 명의 사람들에 의해 모든 곳에 공유되었다. 내가 바랐던 메시지가 정확히 전달된 셈이었다 "림프종, 자네는 상대를 잘못 골랐어. 이 사람은 웬만한 싸움으로는 무너지지 않아."

물론 나는 세상에서 가장 허영적인 사람이 아니다. 내가 얼마나 끔찍한 모습인지 눈치채지 않을 수 없었다. 스테로이드가 일부 요인으로 작용해 맹렬한 속도로 체중이 불어나고 있었다. 머리가 고르지 않게 부어올랐고 피부도 변색했다. 게다가 이제 머리카락도 없었으니. 나는 일부 암 환자가 그러듯이 집 안에 숨어 지낼 수도 없었다. 내 모습을 판단하는 것은 주지사 관저의 거울만이 아니었다. 나는 연설을 하고 대규모 행사에 참석하고 기자 회견을 열고 기자와 인터뷰하고 거의 매일 밤 텔레비전에 모습을 드러내야 했다. 굳이 사람들이 내 모습을 어떻게 생각할지 미루어 짐작해볼 필요가 없었다. 증거는 도처에 넘쳐났으니까.

다시 메릴랜드 대학 메디컬센터로 돌아왔다. 사람들의 왕래는 절대로 줄어들지 않았는데, 복도뿐만이 아니었다. 병원장이 들렀고, 암센터 책임자인 케빈 컬런도 방문했으며, 밤 얼릭 전 주지사도 병문안을 왔다. 다른 환자들과 그 가족들도 끊임없이 인사차 내 병실을 찾았다. '이런, 집무실보다 여기가 더 바쁘군.' 키퍼 미첼이 갓 짜낸 오렌지 주스를 가져왔다. 키퍼는 수석고문 역할을 수행하는 것에 더해 볼티모어 농산물 시장에서 신선한 주스를 만들어 판매하는 부업을 했다. 그가 진정한 재능을 찾았다고 말할 순 없었지만, 어쨌든 그가 만든 주스는 아주 훌륭했다. 나만큼 먹는 걸 좋아하는 제이미는 피자와 치킨 윙, 파이브가이즈Five Guys 버거 등을 밀반입하고 있었는데, 주모자는 나였다는 사실을 덧붙여야 마땅하겠다. 그것도 체중 증가와 관련이 있었음은 말할 필요가 없을 것이다!

아내는 보다 건강한 음식을 먹어야 한다고 끊임없이 잔소리했다. 그녀는 급기야 자신의 그 캠페인에 라포포트를 참여시키려고 했다. "선생님이 남편에게 건강한 식사를 해야 한다고 좀 말씀해 주시겠어요?" 어느 날 유미가 그에게 요청했다.

"아닙니다." 의사가 답했다. "저는 그 문제에 관한 한 주지사님 편입니다. 무엇을 드시든 계속 드시길 권합니다. 음식을 먹는 그 자체가 중요합니다. 약물 요법을 쓰는 한 계속 체중을 유지하셔야 합니다. 원하지 않으면 채소는 드시지 않아도 됩니다. 밀크셰이크와 피자를 원한다면 그걸 드시게 하면 되고요."

유미는 깜짝 놀랐다. "채소류가 당연히 더 좋잖아요." 그녀가 주장했다. 하지만 남편과 아내 사이의 길고 긴 영양 논쟁은 마침내 존경받는 의사의 평결에 따라 나의 승리로 끝났다. "내가 그랬지? 라포포트가 천재라고." 내가 아내에게 말했다.

24장
축복

    내가 받은 최고의 조언 중 일부는 다섯 살짜리 아이에게서 나왔다. 메릴랜드 주지사는 볼티모어 오리올스의 캠든야즈와 볼티모어 레이븐스의 엠엔티뱅크 스타디움, 워싱턴 레드스킨스의 페덱스필드FedEx Field에서 스카이박스를 이용한다. 이 직위가 누리는 멋진 특전 중 하나이다. 마이애미 돌핀스Dolphins를 상대로 레드스킨스의 홈 개막전이 열리던 9월 13일, 나는 쿨키즈캠페인Cool Kids Campaign이라는 그룹의 소아암 환우 몇 명을 주지사의 관람실에 초대했다.

    몸 상태가 좋지 않았다. 일련의 외래 치료는 입원 치료만큼이나 맹렬하게 나를 짓눌렀다. 그러나 우리는 경기 전에 함께 필드로 향했고, 그곳에서 아이들과 부모들은 몇몇 선수와 악수를 하고 환담을 나눴다. 선수들은 더할 나위 없이 친절하게 질문에 답하고 아이들과 사진을 찍었다. 그런 후 우리는 위층의 스카이박스로 돌아와 경기장 핫도그로 에너지를 보충했다. 레드스킨스의 치어리더('팀 앰배서더'라고 불림) 몇 명이 스카이박스에 들렀다. 우리 일행 중 가장 어린 소년은 앤드루 오벌Andrew Oberle이라는 다섯 살 꼬마였다. 앤드루의 병은 내가 걸린 것과 다른 T 세포 급성 림프구성 백혈병이었다. 벌써 2년 동안 골수가 제 기능을 하도록 만드는 치료를 받고 있었다. 앤드루는 어린 아이답게 조금도 부끄러워하지 않았다. 치어리더가 떠난 후 앤드루는 내게 다가와 말했다. "주지사님, 제가 암에 걸린 사람이 지켜야 할 목록을 만들었거든요. 엄마가 도와줬어요. 제가 읽어드릴게요." 나는 스카이박스에서 가장 작고 가장 사랑스러운 아이에게서 어떤 현명한 조언이 나올지 궁금했다.

"처음에는 의사 선생님들이 맘에 들지 않을 거예요. 하지만 선생님들은 우리를 도와주기 위해 있는 거니까 그분들을 좋아하는 법을 배워야 해요."

나는 잊지 않겠다고 앤드루에게 말했다. 그는 계속 읽었다.

"우는 것은 괜찮아요."

"좋아."

"포옹하는 사람을 찾아야 해요." 그러면서 덧붙였다 "저는 엄마랑 포옹해요."

앤드루는 그렇게 자신이 적어 온 열 가지 준수사항을 모두 읽었다. 그중 가장 기억에 남는 것은 "콕 찌르는 '아야'를 맞기 전에 '호호' 크림을 발라주는지 확인해야 해요"였다.

스틸 스탠딩

아이가 무엇을 말하는지 곧바로 이해가 되었다. "알았어." 내가 앤드루에게 약속했다. "'호호' 크림 안 발라주면 '아야'는 안 맞는다."

경기는 돌핀스의 17 대 10 승리로 끝났고, 앤드루와 나는 계속 연락하기로 하고 헤어졌다. 다음에 병원에 갔을 때 나는 그 이야기를 들려주고 간호사들에게 농담했다. "아니, 왜 나는 '아야' 놓기 전에 '호호' 크림 안 발라주는 거예요? 계속 그렇게 그냥 막 찔러도 되는 거예요?"

"우리는 아이들에게만 그런 거 발라줍니다, 주지사님." 그들 중 한 명이 웃으며 말했다.

앤드루가 이 말을 들었다면 믿기 힘든 변명이라고 했을 것 같았다.

의사들은 내가 손상된 면역 체계를 충분히 조심스럽게 보호하지 못하고 있다고 계속 불평했다. 지당한 지적이었다. 하지만 나는 언제나 사람들을 만나고 어울리는 것을 좋아했다. 그것이 내가 날로 번성하는 이유이기도 하다. 나는 지금까지 살아오면서 10만 회 이상의 악수를 했고, 아마 그에 버금가는 횟수의 셀카를 찍었을 것이다. 그리고 포옹은 나에게 연료와도 같다.

나의 암 투병에 대해 들은 사람이 많아질수록 나를 만나 얘기를 나누고 싶어 하는 사람들도 많아졌다. 나도 그들과 대화하고 싶었다. 퇴원할 때마다 의사들에게 더 조심하겠다고 약속했지만, 매번 나는 충분히 조심하지 않았다. 라포포트의 우려 수준에서 보면 그랬다.

"주지사님, 제 아내가 주지사님 페이스북 페이지를 보여주었는데요." 다음 4일간의 화학요법 마라톤에 참석했을 때 그가 내게 말했다.

"보니까 수백 명과 악수를 하는 것 같았습니다. 정말 계속 그렇게 하면 안 됩니다."

"그래요." 나는 설명하기 시작했다. "나는 단지……."

그가 차단했다. "아닙니다. 심각하게 말씀드리는 겁니다."

"손 소독제를 사용하거든요." 나는 항의했다.

"그것으로는 충분하지 않습니다. 면역 체계가 심하게 약해진 상태입니다. 병세가 정말 극심해질 수 있습니다."

"알겠어요." 나는 수그러들었다.

그러나 내가 가는 곳마다 사람들은 내게 손을 내밀었다. 나는 악수 대신 팔꿈치 부딪히기를 시도했는데, 그것은 열악한 대체물처럼 느껴졌다. 너무 비인간적인 방식이었다. 나는 그저 팔꿈치나 내미는 그런 종류의 사람이 아니었다.

소아암 어린이들을 캠든야즈로 데려갔다. 이번에도 우리는 선수들을 만나기 위해 필드로 내려갔다. 모두 악수하고 인사하고 포옹하고 셀카를 찍었다. 나는 최대한 친절하게 굴려고 노력했다. "미안해요." 수차례 반복하지 않을 수 없었다. "나는 악수하면 안 된대요."

여전히 '호건 스트롱' 밴드를 차고 있던 오리올스 외야수 애던 존스가 내 말을 들었나 보다. 그는 한마디도 없이 더그아웃으로 뛰어가더니 두 개의 새로운 볼티모어 오리올스 배팅 글러브를 들고 나왔다.

"주지사님." 그가 말했다. "이걸 끼세요. 그러면 얼마든지 악수하실 수 있을 겁니다." 나는 그 타자용 장갑을 끼고 나머지 오후를 악수하며 보냈다. 볼티모어 레이븐스의 경기를 보러 갔을 때는 타자용 대신 와이드 리시버의 장갑을 끼고 간접 악수를 반복했다. 이것도 효과가

스틸 스탠딩

있었지만, 리시버의 장갑이 그 정도로 끈적거리는지는 미처 몰랐다. 리시버가 어떻게 패스받은 공을 떨어뜨릴 수 있는지 이해가 안 갈 정도였다! 악수를 마칠 때마다 손을 떼어놓기가 어려웠다. 그렇게 풀을 바른 듯 손이 붙었지만, 아무도 개의치 않는 것 같았다.

9월 24일 목요일 아침, 나는 4일간의 5회차 입원 화학요법을 마쳤다. 4일 입원에 10일 원외 체류의 패턴은 그대로 유지되었지만, 새로운 라운드는 매번 이전보다 더욱 끔찍했다. 몸이 약해졌고 메스꺼움도 심해졌다. 내 신체 내부가 그렇게 혼란에 빠져 있다는 의미였다. 다섯 번째 라운드에서는 정말 피폐해졌다.

도널드 우얼Donald Wuerl 추기경이 내 사무실에 연락을 취해 아내와 나를 교황의 북미 순방 행사에 초대했다. 쿠바를 거쳐 미국에 들어온 프란치스코 교황이 워싱턴 DC를 방문하고 있었다. 그는 그날 아침 교황청 역사상 최초로 미국 연방의회의 양원 합동회의장에서 연설했다. 그런 다음 워싱턴 대교구의 가톨릭 자선회 사무실에서 소정의 행사를 치른 후 오후 늦게 뉴욕으로 비행할 예정이었다.

나는 암 투병 전체 과정에서 가장 최악인 상태에 처해 있었다. 워싱턴에 가는 것은 말할 것도 없고 침대에서 몸을 끌어낼 수 있을지조차 확신하지 못했다. 그러나 내가 교황을 만나야 할 필요가 있다면, 지금이 최상이었다.

겉모습이 좋아 보이지 않았고 통증이 심해 기분도 좋지 않았다. 화학요법이 너무도 잔인한 영향을 가해서 SUV에서 내려서는 것조차 쉽지 않았다. 건물 내부로 발걸음을 옮기면서 쓰러질지도 모른다는 생각이 들었다.

아내와 내가 작은 리셉션룸에 들어가자마자 우얼 추기경이 교황에게 다가가 우리를 소개했다. "성하, 호건 주지사 부부입니다."

"교황 성하, 만나 뵙게 돼서 정말 영광입니다." 내가 인사했다.

교황은 이미 나의 사연, 즉 내가 누구이고 무엇과 싸우고 있는지 등의 이야기를 모두 들어서 알고 있는 것이 분명했다.

나는 평생 가톨릭 신자였다. 스스로 대표적인 가톨릭이라 자부할 순 없었지만, 거기에 속한 것만큼은 확실했다. 교황은 두 손을 내밀어 내 두 손을 잡으며 내 눈을 바라보았다. 그 반짝이는 눈과 아름다운 미소……. 그 순간은 마치 그 방에 아내와 나만 있는 것처럼, 아니 온 세상에 우리만 있는 것처럼 느껴질 정도로 강렬했다.

"교황 성하, 암과 싸우는 모든 사람에게 축복을 내려주시길 간청드립니다." 내가 요청했다.

그는 땀에 젖고 부어오른 내 벗겨진 머리에 손을 얹었다. 그리고 라틴어로 기도를 올린 후 오른손 손가락으로 내 이마에 성호를 그었다. 그런 다음 영어로 "하느님의 축복이 함께합니다"라고 말했다. 나와 아내에게 묵주도 하나씩 건넸다.

나는 다섯 명의 대통령을 만나봤지만, 교황을 알현한 것은 처음이었다. 전 세계의 암 환자를 대신해 교황에게 축복을 받은 것은 너무도 감동적인 경험이었다. 미처 준비도 안 된 상태에서 그런 감동의 도가니에 빠져든 셈이었다.

아내와 함께 가톨릭 자선회 건물에서 천천히 걸어 나오면서 내가 얼마나 복 받은 사람인지 다시금 음미했다. 동시에 한시라도 빨리 집에 가 잠자리에 들어야겠다는 생각이 드는 것은 어쩔 수 없었다. 그러나 SUV에 앉자마자 보좌관 카일이 아나폴리스의 아만다에게서 전화가 빗발쳤다고 보고했다. 오바마 대통령과 바이든 부통령이 그날 오후 메릴랜드의 앤드루스 합동 기지Joint Base Andrews에 마련된 교황의 환송 행사에 부득이하게 불참하게 되었다는 전갈이었다. 백악관은 내가 오후 4시에 앤드루스 기지에서 존 케리John Kerry 국무장관과 함께 대통령과 부통령을 대신해 뉴욕행 비행기에 오르는 교황을 배웅하길 바라고 있었다.

놀랍도록 영광스러운 일이었다. 나는 그 점을 이해했다. 그러나 내가 그것을 받아들일 처지가 아니라는 것도 이해했다. 나는 카일에게 말했다. "솔직히 해낼 수 있을 것 같지가 않네. 앤드루스의 그 뜨거운 태양 아래 서 있을 수 있을는지도 모르겠어. 언제까지 알려줘야 하나?"

"지금, 바로 답해주셔야 합니다." 그가 말했다. "주지사님이 프란치스코 교황님을 만나러 들어가셨을 때부터 계속 전화가 왔습니다." 교황을 경호하는 스위스 경비대는 어떤 경호팀이든 무색하게 만들 정도로 철두철미했다. 카일이나 주 경호원이 나의 교황님 알현에 끼어들 방법은 없었다.

나는 잠시 생각한 후 말했다. "어떻게 해낼지 모르겠지만, 하긴 해야 할 일이네. 백악관에 전하게. 기꺼이 그렇게 하겠다고." 그 순간에는 이 일이 '호건 스트롱'에 완전히 새로운 의미를 안겨주리라는 것은 알지 못했다.

이미 점심시간이 지난 직후였다. 아나폴리스로 돌아가 두 시간 정도 눈을 붙이고 일어나 샤워한 후 옷 갈아입고 움직이면 제시간에 앤드루스에 도착할 수 있었다.

앤드루스에 도착한 아내와 나는 테레사Teresa 및 존 케리 부부를 비롯해 공군 장성 몇 명과 바티칸 시국의 국무부 관리들을 만났다. 우리는 프란치스코 교황이 도착할 때까지 작은 대기실에서 기다렸다. 그러고 나서 모두 함께 교황의 전용기인 세퍼드원Shepherd One이 대기하고 있는 활주로로 걸어 나갔다.

활주로 옆에 마련된 옥외 관람석은 교복을 입은 워싱턴 지역 가톨릭 학교 학생들로 가득 차 있었다. 모두 교황을 만난다는 흥분에 들떠 있었다. 그런데 우리가 활주로로 들어서자 학생들이 뜻밖의 구호를 외쳐대기 시작했다. "호건 스토롱! 호건 스트롱!" 그것은 마치 스테로이드 주사처럼 오후의 태양 아래에서 내게 절실히 필요하던 에너지를 듬뿍 주입해 주었다.

"우리 모두 당신을 위해 기도하고 있어요." 국무장관이 내게 속삭였다.

우리는 교황의 비행기에 연결된 이동식 계단이 시작되는, 레드 카펫의 맨 끝에 자리를 잡았다. 머리 위로 쏟아지는 오후의 햇볕이 너무 따갑게 느껴졌다. 몇 분 후 교황이 도착했다. 교황은 장성들과 국무부 사람들을 한 명 한 명 거치며 걸어왔고, 그러는 동안 내 몸에서는 화학요법으로 인한 열기가 치솟았다. 등 뒤로 땀이 물줄기처럼 흐르는 것을 느낄 수 있었다.

교황이 우리 앞에 다가섰을 때 내가 말했다. "교황 성하, 오늘 아침 전 세계의 암 환자들에게 축복을 내려주신 데 대해 감사드립니다."

교황은 내 앞으로 한 걸음 다가와 다시 내 눈을 바라보았다. 그런 후 한 손을 내 오른쪽 어깨에, 다른 한 손은 내 왼쪽 어깨에 얹고 양 어깨를 부드럽게 쥐었다.

그의 영어는 약간 약했지만, 의미는 강하고 분명했다.

"당신을 위해 기도합니다." 그가 양손을 여전히 내 어깨 위에 둔 채 말했다. 그러고 나서 한 차례 더 강조해서 말했다. "나는 '당신'을 위 해 기도합니다."

그것은 전 세계의 모든 암 환자를 위한 일반적인 기도가 아니었다. 분명히 나만을 위해 특별히 신성한 개입을 구하는 것으로 들렸다. 나 는 가톨릭 학교를 나왔고 오랜 세월 많은 가톨릭 의식에 참여했지만, 내가 전에 경험하거나 느꼈던 것과 완전히 달랐다.

하루에 두 번이나 교황을 알현했고 특별한 축복까지 받았다. 어떻 게 반응해야 하는지도 몰랐고, 그것이 나의 궁극적인 회복에 어떤 의 미가 있는 건지도 잘 몰랐다. 하지만 나 같은 하급의 가톨릭교도도 이 정도는 알았다. '교황님께서 특별히 나를 위해 기도해주신다면, 그것은 절대로 나쁜 게 아니다!'

10월 중순, 마지막 4일간의 24시간 화학요법을 받았다. 6회차였다. 예상했듯이 무척 끔찍했다. 이전의 것들과 근본적으로 다르지는 않 았지만, 몇 가지 처치는 더 강화되었다. 몸이 약해진 상태라 같은 치 료조차도 더 고통스럽고 더 강렬하게 느껴졌다. 나는 이 단계만 마치 면 얼마나 안도감이 들지에 생각을 집중하려 애썼다. 어쨌든 한 국면 은 넘기는 것 아니겠는가. 누구에게도 불평하지 않았지만, 내 인내의 한계에 도달하고 있다는 것을 알았다.

이 모든 고통이 그만한 가치가 있는 걸까? 모든 암세포를 죽이는데 성공한 걸까? 정기적으로 검사를 받고 있었다. 병원의 스캔 기사는 매번 내게 조영제를 주입하고 곳곳에 안전 경고판이 붙어 있는 커다란 금속 기계 안으로 나를 밀어 넣었다. 스캔 시간은 영원처럼 느껴졌다. 나는 움직이지 않고 가만히 누워있어야 했다. 기사는 계속 나에게 "숨 쉬세요. 숨을 참으세요. 좋습니다, 다시 숨 쉬세요"라고 지시했다.

조영제는 종양을 빛나게 하는 역할을 한다고 들었다. 처음에 나는 크리스마스트리처럼 불이 들어왔다. 그러나 시간이 지남에 따라 빛을 내는 색이 어두워지기 시작했다. 종양의 크기도 계속 작아졌고 개수도 사십몇 개에서 삼십, 이십, 열 개로 줄어들었다. 라포포트는 고무된 것처럼 보였지만 이것이 무엇을 의미하는지에 대해서는 명확하게 설명하지 않았다. 그는 의사다운 신중함을 유지하며 계속 이렇게만 말했다. "고무적인 진전을 보고 있습니다. 확실히 줄어들고 있습니다. 별일이 없는 한 계속 이렇게 가면 됩니다."

그리고 마침내 내 종양이 '95퍼센트 사라졌다'는 진단이 나왔다. 훌륭한 성과였지만, 결정적이진 않았다. 매우 공격적이고 빠르게 움직이는 림프절 암은 5퍼센트에서도 다시 기세를 떨칠 수 있었다. 여전히 기다려야 했다. 화학요법의 마지막 라운드가 끝났음에도 그 무엇도 확신할 수 없었다. 나는 즉각적으로 결론을 듣고 싶었다. 하지만 의사들은 화학요법 종료 30일 후에 다시 스캔해 봐야 한다고 말했다. 그 전에는 어떤 결정도 내릴 수 없다는 것이었다.

치료 기간 중 가장 긴 30일이었다. 나는 고통스러운 외래 치료를 견뎌내고 스테로이드를 끊어가는 가운데 지나가는 시간과 날짜를 세지 않으려고 노력했다. 일에 정신을 쏟으면 가능한 일이었다. 고맙게도 중간에 주의를 돌릴 만한 몇 가지가 생겼다.

10월 24일 토요일에 메릴랜드 대학 소아병원이 주최하는 자선공연이 조지프 메이어호프Joseph Meyerhoff 심포니홀에서 열릴 예정이었다. 그것은 지난 몇 달 사이에 나에게 더욱 중요해진 특정한 대의를 표방하는 콘서트였다. 물론 나는 아이들과 병원, 그리고 나를 그토록 잘 돌봐준 훌륭한 의사와 간호사들을 위해 거기에 참석하고 싶었다. 하지만 또 다른 이유가 있었다. 콘서트의 주인공이 바로 팀 맥그로였다. 그의 노래 'Live Like You Were Dying'은 가장 필요로 할 때 내게 힘과 위로를 준 곡이었다. 나는 심지어 주 청사의 집무실 책상 위에 가사를 출력해 놓았을 정도였다.

공연 전에 무대 뒤에서 팀을 만날 기회가 있었다. 당시 나는 뭘 기대했는지 모르지만, 그 세계적인 가수는 그가 응원하는 대의에 진심으로 관심이 있어 보였다. 그는 이미 오후에 병원을 방문해 병동을 돌아다니며 아이들을 만나고 의사와 간호사 및 직원들의 노고에 감사를 전했다. 그는 매우 친절했고 전형적인 슈퍼스타와는 확연히 달라 보였다.

나는 'Live Like You Were Dying'이 림프종과 싸우는 내 주제곡이 되었다고 그에게 말했다. 그 노래를 얼마나 자주 듣는지도 얘기했다. "기분이 안 좋거나 기운을 내야 할 필요가 있을 때마다 당신의 노래를 듣습니다." 잠시 멈추고 그의 눈을 바라보았다. 그것이 내게 얼마나 큰 의미가 있는지 이해하는 걸까? "당신의 노래가 나에게 얼마나 많은 영감을 주는지 알았으면 해서 얘기하는 겁니다." 내가 말했다.

팀은 천천히 고개를 끄덕였다. 그의 커다란 검은색 카우보이모자가 앞으로 기울여졌다. 그는 그렇게 말씀해 주셔서 실로 감사하다고 말했다.

"사실, 그 노래가 가장 많이 팔린 건 아닙니다. 그보다 더 히트한 노래들이 좀 있거든요. 하지만 그 노래는 정말 많은 사람을 감동시키는 것 같습니다. 저도 그 노래를 부를 때마다 아버지가 생각납니다."

팀의 아버지 터그 맥그로Tug McGraw는 메이저리그 야구 선수로 뉴욕 메츠New York Mets와 필라델피아 필리스Philadelphia Phillies에서 20년 동안 구원투수로 활약했다. 그는 솔직한 태도와 자조적인 유머 감각으로 유명했다. 그는 신인 시절 휴스턴 아스트로돔Astrodome의 새로운 인조잔디가 천연잔디보다 맘에 드는지 질문을 받았을 때 이렇게 답함으로써 나름의 풍조를 확립했다. "잘 모르겠어요. 인조잔디는 아직 안 피워봤거든요." 메츠팀에서 수십 년 동안 응원구호로 쓰인 'Ya Gotta Believe(무조건 믿어)'라는 문구를 만든 인물도 터그였다. 그는 1980년 월드시리즈에서 캔자스 시티 로열스Kansas City Royals의 윌리 윌슨Willie Wilson을 삼진으로 돌려세움으로써 필라델피아 필리스에 창단 후 최초의 월드 챔피언십을 안겨주었다.

터그 맥그로는 2003년 뇌종양으로 입원했고, 3개월의 시한부 선고를 받았다. 그는 9개월 후인 2004년 1월 5일 세상을 떠났다.

소아병원 기금모금 콘서트는 만원사례를 이뤘다. 나는 2,000명의 청중에게 인사말을 할 기회를 얻었다. 병원의 어린 환우인 다섯 살의 데지리아 브라운Desiriah Brown과 열세 살의 로건 라이히Logan Reich도 나와 함께 무대에 올랐다. 데지리아는 소아암 병동에서 신경 모세포종 치료를 받고 있었고, 로건은 트램폴린에서 놀다가 팔이 심하게 골절되어 수술을 받은 상태였다.

짧은 인사말 중에 나는 팀 맥그로와 관련된 얘기를 청중과 공유했다. "처음 진단을 받았을 때 병원을 나와서 가장 먼저 한 일이 아이패드로 팀의 노래를 들은 거였습니다. 가사도 출력해서 책상 위에 두고 수시로 봅니다. 그러니 제가 오늘 얼마나 영광이겠습니까. 영감을 주신 팀 맥그로에게 감사를 전합니다."

그런 후 팀이 공연을 시작하도록 빠르게 무대에서 내려왔다. 실로 대단한 공연이었다.

나는 발코니석에 올라 공연을 감상했다. 콘서트가 끝나자 사람들은 우레와 같은 기립 박수로 앙코르를 청했다. 팀은 그날 밤의 두 번째 앙코르이자 마지막 노래를 위해 다시 무대로 나왔다.

그는 트레이드마크인 검은 카우보이모자와 빛바랜 청바지 차림으로 무대 중앙에 섰다. 그러고는 아무런 예고도 없이 발코니석에 앉은 나를 가리키며 말했다. "이 노래는 주지사님을 위한 겁니다. 좋은 분이신데 지금 힘겨운 싸움을 벌이고 계십니다. 이 노래를 그분께 바치고 싶습니다."

밴드의 연주에 맞춰 팀이 노래하기 시작했다. 나는 즉시 무슨 노래인지 알아차렸다. 내 생명을 구하는 데 도움이 된 노래의 첫 구절이 흘러나왔다.

I was in my early forties(고작 사십 대 초반이었지)

With a lot of life before me(살 날이 많이 남았었는데)

And a moment came that stopped me on a dime.(갑자기

삶을 멈추는 순간이 찾아왔네)

나는 팀 맥그로의 노래를 따라 불렀다. 아래층 관람석에서도 사람들의 따라 부르는 소리가 들려왔다.

I spent most of the next days,(다음 날 대부분의 시간을)

Looking at the X-rays,(엑스레이를 들여다보고)

Talkin bout the options,(선택안을 의논하고)

And talkin bout sweet time.(즐거운 시간에 대해 얘기하며 보냈지)

팀은 이제 몸을 웅크렸다. 목소리가 감정으로 가득 차올랐다. 자신이 가진 모든 것을 쏟아내고 있었다. 청중 중에 나를 올려다보며 가리키는 사람들이 눈에 들어왔다. 발코니석의 옆자리 사람들이 흐르는 눈물을 닦을 생각도 없이 울고 있었다. 부어오른 나의 얼굴에도 눈물이 흐르기 시작했다. 노래가 코러스에 접어들자 심포니홀의 모두가 함께 따라 부르는 것 같았다.

He said, "I went skydiving.(그는 말했어, "나는 스카이다이빙을 하러 갔고)

I went Rocky Mountain climbing.(나는 록키산에 등반하러 갔지)

I went 2.7 seconds on a bull named Fu Manchu.(나는 푸맨

스틸 스탠딩

추라는 황소에 올라 2.7초를 버텼어)

And I loved deeper,(그리고 나는 더 깊이 사랑했어)

And I spoke sweeter,(그리고 나는 더 달콤하게 말했어)

And I gave forgiveness I'd been denying."(그리고 나는 외면

하던 용서를 했어")

And he said,(그리고 그는 말했지)

"Someday I hope you get the chance("언젠가 당신도 기회를

갖게 되기를 바라)

To live like you were dying."(곧 죽을 사람처럼 살게 될 기회를")

그날 밤 심포니홀에 울려 퍼진 '사랑'을 알아차리지 못한 사람은 아무도 없었다. 맹세컨대, 손을 뻗으면 잡을 수도 있을 것 같았다. 그것은 단지 무대에서만 나온 것이 아니었다. 팀 맥그로의 노래를 들으며 사람들은 거의 동시에 박수하고 환호하고 울었다. 나는 승리의 주먹을 위로 뻗었다. 지금 나를 막을 수 있는 것은 아무것도 없다는 의미였다.

정말 감동적인 밤이었다!

우리가 자리를 뜨려고 할 때 팀 맥그로의 투어 매니저가 내게 달려왔다. 그녀는 손에 기타를 들고 있었다. "팀이 이것을 주지사님께 드리라고 했습니다." 그녀가 말했다. "주지사님께서 받아주시길 바랍니다."

기타 앞부분에 쓰인 글씨에 시선이 갔다. 매니저는 그것이 잘 보이도록 내 앞으로 기타를 들어 올렸다.

'호건 주지사님, 곧 죽을 사람처럼 사세요. 팀 맥그로 드림'.

25장
암 완치

11월 16일 아침, 라포포트가 최근 스캔 결과를 들고 검사실로 들어왔다. 암 센터의 책임자인 컬런과 함께였다. 상황이 희망적이었지만, 나쁜 얘기를 듣더라도 의연함을 잃지 말자고 스스로 다짐했다. 아내도 그 자리에 데려왔다. 진실의 순간이 될 것임을 알았기 때문이다.

"주지사님." 라포포트가 말했다. "우리의 기도가 응답을 받았습니다. 몸에 암의 징후가 없습니다. 주지사님은 이제 암에서 벗어났습니다."

그는 그렇게 호들갑 없이 있는 그대로의 사실을 전한 후 덧붙였다. "아주 멋진 소식이며 우리가 기대할 수 있었던 최상의 결과입니다."

스테로이드보다 열 배는 더 강한 안도의 물결이 내 몸을 휘감았다.

정말 하늘을 날 것 같은 기분이 들었다 '암에서 벗어났다'는 말을 들을 때까지 나는 진정한 안도감이 어떤 것인지 몰랐다.

나는 두 의사를 껴안았다. 아내와도 포옹했다. 복도로 나가서 경호원들과 간호사들도 껴안았던 것 같다. 정말 안심이 되었다. 하지만 라포포트가 분명히 밝혔듯이 나는 아직 숲에서 완전히 벗어난 것은 아니었다. 분명 여섯 차례의 대규모 화학요법은 치료의 끝이 아니었다. 그는 후속 치료에 대해 의논해야 한다고 말했다. 추가적인 치료는 강도는 약하지만 1년간 진행해야 한다고 했다. 그것은 다른 종류의 화학요법이었다. "암의 재발 가능성을 크게 줄이기 위한 겁니다." 의사가 말했다.

나는 세부 설명을 기다리지 않았다. 그는 내게 두 번 물어볼 필요도 없었다. "그게 뭐든 간에 해봅시다." 내가 말했다. 지금까지 그 모든 것을 겪어낸 나는 일을 완전히 매듭지을 준비가 되어있었다. 라포포트는 자신과 반다리가 나중에 더 자세히 설명할 것이라고 말했다.

그가 방을 떠나기 전에 할 말이 있었다. 내가 무슨 말을 하려는지 그가 알고 있다고 확신했지만, 그것을 크게 입 밖으로 꺼내놓고 싶었다. "선생님, 뭐라 감사해야 할지 모르겠군요. 선생님과 간호사와 직원들, 실로 대단한 팀입니다. 내 생명을 구해줘서 정말 감사합니다. 그리고 나는 우리가 이 암을 재발하게 놔두지 않을 것임을 믿어 의심치 않습니다."

그는 신앙심이 깊은 정통파 유대교도로서 히브리어 성경을 인용하는 것을 좋아했다. 하지만 이번에는 그런 구절에 기대지 않았다. "주지사님의 말씀을 여호와께서 들으셨습니다."

그날 늦게 나는 주지사 리셉션룸으로 들어섰다. 5개월 전에도 그 자리에 함께했던 기자들 다수와 참모진, 암 환자, 환자 가족, 지지자들 앞에 선 나는 이번에는 전보다 훨씬 밝은 소식을 전하려 했다. 암에서 나오는 것은 들어가는 것보다 진정 더 달콤했다.

이상한 것은 5개월 전보다 내가 훨씬 끔찍해 보였고 몸 상태도 좋지 않았다는 사실이다. 여섯 차례의 24시간 4일 화학요법과 동맥에 들어간 암을 죽이는 독물, 외래로 받은 골수 형성 약물 등의 맹폭은 실로 나를 무너뜨렸다. 약해지고 피폐한 기색이 역력히 드러났다. 아 이러니했지만 사실이 그랬다. 호전된 건강 상태에 대한 축하의 발표를 하려는 사람이 죽어가고 있는 것처럼 보였으니 말이다. 그러나 좋은 소식은 나의 외모나 몸 상태와 관계없이 좋은 소식일 뿐이었다. 나는 받아 마땅한 충만한 환희를 더해 희소식을 알릴 생각이었다.

"놀랍게도." 나는 카메라와 세상을 향해 선언했다. "오늘 현재부로 제 몸에서 암은 완전히 사라졌습니다."

내 몸에 수십 개의 종양과 수백만 개의 탐욕스러운 암세포가 가득 차 있다고 발표한 지난 6월 이후 수만 통의 쾌유 기원 편지와 카드가 청사에 날아들었다. 보좌관들이 그중 일부를 리셉션룸 탁자 위에 펼쳐 놓았다. 그 모든 놀라운 호의는 여전히 따뜻한 빛을 발산하며 내게 온기를 안겨주었다. 이번에 방을 가득 채운 가족과 친구, 지지자 가운데는 나의 가장 어린 영웅 한 명도 자리를 함께했다. 암을 이겨내고 내게 '호호' 크림과 포옹할 사람의 필요성에 대해 현명한 조언을 해준 앤드루 오벌이 그 영웅이었다. 암 환자에게 많은 도움이 되는 앤드루의 조언 목록은 나의 책상 위, 팀 맥그로의 가사 바로 옆에 자리를 잡

스틸 스탠딩

았다. 그날 이후로 앤드루와 나는 서로 격려의 말을 전하는 펜팔 친구가 되었다. 모든 사람의 맨 앞에 앉아 있던 이 용감한 소년은 내가 발표하는 동안 연단으로 걸어와 내게 가장 멋진 포옹을 안겨주었고, 새 카드까지 건네주었다. 카드에는 그가 직접 쓴 '호건 주지사님, 참 잘했어요!'라는 글귀와 함께 '펜팔 친구 앤드루'라는 서명이 적혀 있었다. 이 카드도 책상에 놓아야겠다는 생각이 들었다.

"이 전투에 힘을 보태주신 많은 분께 진심으로 감사를 전합니다." 주체할 수 없는 감동에 목소리가 가볍게 떨렸다. "여러분의 친절과 호의 덕분에 저는 더욱 강인한 몸과 마음으로 버틸 수 있었습니다. 제가 회복의 길에 들어선 원인 중 하나는 분명 여러분의 응원입니다."

특히 동료 환자들의 힘이 컸다. "제가 이 끔찍한 질병의 치료법을 개발하는 연구를 장려하고 인식을 높이는 데 계속 전념하기로 결심한 것은 당연히 이 동료 환자들 때문입니다."

나는 아직 위험에서 완전히 벗어난 게 아니었다. 그 점도 명확히 밝히고 싶었다. 계속 스캔을 받고 나름의 신체적 어려움이 따르는 후속 치료 과정에 즉시 들어갈 것이라고 설명했다.

그리고 몸 상태가 곧 나아지기를 바란다고 덧붙였다. "누가 압니까, 혹시 머리카락 일부라도 되찾게 될지도 모르는 일입니다." 하지만 그것은 희망적인 바람이었을 뿐이다! 5개월 전에 체중이 좀 줄어들지도 모른다고 말했던 것과 같았다!

처음 암 진단을 받은 6월 중순부터 의사들이 내 몸에서 암이 사라졌다고 선언한 11월 중순까지 5개월 내내 정말 머리가 핑핑 도는 롤

러코스터를 타고 지낸 기분이었다. 병원에 입원해서 고문을 당했고 병원을 나와서도 더 많은 고문을 당했다. '이 독물과 저 독물 중에 하나를 골라라'라는 표현을 들어본 적이 있는가? 제정신인 사람이라면 그것이 건강으로 돌아가는 길을 약속해주지 않는 한, 그 어느 쪽도 선택하지 않을 것이다. 여기까지 왔다는 것 자체가 신의 가호였다. 하지만 암이 내 몸에서 사라졌음에도 아직 다 끝난 것이 아니었고 심지어 근처에 이른 것도 아니었다.

암 치료는 5개월 동안의 입원 및 원외 치료 여정으로 끝나지 않았다. 앞으로 1년 동안 '예방적 유지관리'에 들어가야 했다.

의사들은 이전에 받았던 것과 다른 종류의 화학요법이 될 것이라고 설명했다. 나름의 독특한 방식으로 강력하게 작용하며 완전히 새로운 부작용이 따를 수밖에 없는 요법이라는 의미였다. 모두 암세포가 다시 으르렁거리며 돌아오는 것을 막기 위해 고안된 과정이었다.

다음 단계의 치료에 들어가면서도 나는 지금까지의 진전을 간과하고 싶지 않았다. 암이 내 몸에서 사라졌다. '우리는 이제 그것이 돌아오는 것만 막으면 된다. 나는 최선을 다해 승리의 라운드를 뛸 것이다.'

대통령 선거유세장에서 때 이른 크리스마스 선물이 날아왔다. 친구 크리스 크리스티가 공화당 대선 후보 경선에 출마해 뉴햄프셔에서 선거운동을 벌이고 있었다. 그는 대선 출마를 공식 선언하기 이전부터, 그러니까 그 밴드가 처음 나왔을 때부터 라임빛 녹색의 '호건 스트롱' 밴드를 착용했다. 토론회에 임하거나 인터뷰를 하는 그의 모습을 때때로 TV 화면으로 접할 수 있었다. 자세히 살펴보면 항상 라임빛 녹색이 그의 손목에서 반짝였다.

내 건강이 좋아졌다는 소식을 듣자마자 그는 즉시 축하 전화를 걸어왔다. "드디어 그 손목 밴드를 제거할 수 있게 되었습니다." 내가 그에게 말했다.

그러나 항상 자신의 방식대로 가는 것을 즐기는 크리스티답게 그는 다른 아이디어를 가지고 있었다. "아니요. 안 벗을 거예요." 그는 말했다. "당신이 뉴햄프셔에 와서 이것을 잘라내 줘야 해요."

그렇게 해서 나는 12월 21일 일요일 밤에 뉴햄프셔주 피터버러에서, 일반인도 참여하는 뉴햄프셔 프라이머리를 위한 4일간의 버스 선거유세 둘째 날 일정을 소화하던 크리스티 옆에 앉았다. 뉴햄프셔 유권자들과의 타운홀 미팅town hall meeting(정책결정권자나 선거입후보자가 지역 주민을 초대해 정책이나 주요 현안에 대하여 설명하고 의견을 듣는 비공식적 공개 회의) 자리에서 나는 가위를 들고 크리스티에게 다가가 더 이상 필요하지 않은 그 녹색 손목 밴드를 잘라냈다. "우리 모두 자신이 누리는 것에 감사해야 할 크리스마스 시즌입니다." 크리스티가 말했다. 나는 확실히 내가 누리는 것에 감사하고 있었다.

아내도 나와 마찬가지로 어린이 환우들에게 깊은 애착을 갖게 되었다. 내가 더 이상 병원에 입원하지 않게 된 이후에도 아내는 아이들을 만나러 계속 병원을 찾았다. 그녀는 그중 두 명을 잃었을 때 너무도 비통해했다. 특히 줄리아나 카버Juliana Carver라는 아름다운 소녀가 우리의 마음을 울렸다. 줄리아나는 2007년 다섯 살 때 폐포 횡문근육종ARMS 진단을 받았다. 이제 거의 열네 살이 된 줄리아나는 그 이후로 계속 질병과 싸워오고 있었다. 그 아이가 어느 날 아내에게 다가와 말했다. "여사님께서 미술가라는 얘기 들었어요."

"그렇단다." 아내가 답했다. "나는 화가야."

줄리아나는 "저도 크면 미술가가 되고 싶어요"라고 말했다.

아내는 미소를 지으며 소녀에게 제안했다. "그럼 다음에 내가 여기 오면 같이 그림을 그리도록 하자."

아내는 다음 방문 때 색연필과 커다란 스케치북을 가져갔다. 그녀와 줄리아나는 함께 여러 가지를 스케치하며 시간을 보냈다. 그들의 그런 만남은 여러 차례 반복되었다. 하지만 안타깝게도 줄리아나는 숨을 거두었다. 그들이 함께한 시간을 공식적으로 미술 치료라고 부를 수 있을지는 모르겠지만, 이것만큼은 분명하다. 유미와 줄리아나는 시간을 함께 보내며 서로에게서 많은 것을 얻었다.

"정말 오랜 기간 병원에 입원해 있는 아이들이 대부분이에요." 한번은 병원을 방문하고 온 아내가 말했다. "그러니 스트레스가 얼마나 심하겠어요. 스트레스를 받을 땐 그림으로 감정을 쏟아내는 게 도움이 돼요. 그림 그리기는 자신이 처한 상황도 잊도록 만들어주고요."

줄리아나 및 여러 환우와의 그러한 관계에서 유미케어스Yumi CARES라는 미술 치료 조직이 탄생했다. 여기서 케어스는 '아이들의 회복과 역량 및 기운 증진을 위한 그림 그리기Children's Art for Recovery, Empowerment, Strength'의 두문자어였다. 유미와 그녀의 친구들은 전문적인 미술 치료와 미술용품, 여타의 지원품을 병원에 제공하기 위해 기금을 모금하고 있다. 아이들은 자신의 감정을 그림으로 표현하고 있는데, 모든 것을 안에 담아 두는 것보다 훨씬 나은 방법임이 틀림없다. 아주 어린 아이들도 말로는 표현하지 못하는 감정을 그림으로 표출하고 있다.

스틸 스탠딩

테리 누나와 그 집의 온 가족이 우리와 함께 추수감사절을 보내기 위해 메릴랜드로 왔다. 입원 화학요법의 마지막 라운드를 마친 상태였기에 그들과 함께 지내는 게 무척 좋았다. 누나와 매형, 조카들과 질손들, 그들과 함께 있으면 늘 기운이 샘솟았다. 그렇게 명절을 함께 보낼 때는 모두 괜찮아 보였다. 하지만 신년이 된 직후, 조카 베키Becky에게서 매우 걱정스러운 전화가 걸려왔다. 베키는 우는 목소리로 엄마가 괜찮아 보이지 않아서 걱정이라고 말했다. 걷거나 말하는 것에는 문제가 없어 보이지만 마땅히 기억해야 할 것을 잊기 일쑤고 때로는 말도 안 되는 얘기를 한다니 무언가가 잘못된 것은 확실했다. 한번은 전국 뉴스에 나온 나의 영상을 본 후 마치 내가 자신과 함께 방에 있던 것처럼 가족들에게 "래리가 여기에 왔었어"라고 했단다. 그런 걱정스러운 일이 빈번해지고 있다는 것이 베키가 전화한 이유였다.

누나와 가족들은 여러 병원과 여러 의사를 방문한 끝에 마침내 답을 얻었다. 나는 누나와 조카들을 보기 위해 샬럿으로 날아갔다. 진단명은 마음을 그 이상 심란하게 만들 수가 없었다. 누나는 크로이츠펠트 야콥병이라는 치명적인 퇴행성 뇌 질환에 걸렸다. 미국에서도 연간 350건밖에 발병하지 않는 희귀병으로 기억 상실과 행동 및 시력 장애를 수반하며 대개 60세 전후에 증상이 발현된다고 했다. 치료법이 별로 없고 치료제도 없는 상태라 환자의 잔여 수명이 몇 년이 아닌 몇 개월 단위로 측정되었다. 불과 두어 달 만에 누나는 완벽하게 괜찮은 상태에서 혼란이 빈번해지는 단계를 거쳐 입원이 필요한 수준이 되었다. 나는 2월 말에 누나의 상태가 더욱 나빠졌다는 연락을 받았다. 그리고 곧 누나는 호스피스에서 일시적인 처방만 받게 되었다.

이와 같은 파괴적인 소식은 삶에 대한 새로운 관점을 제공한다. 누나와 그 가족이 겪는 고초를 생각하니 갑자기 림프종과의 싸움은 공원 산책이나 마찬가지라는 느낌이 일었다. 누나의 시간이 거의 남지 않았다는 것을 우리 모두 깨달았다.

나는 상을 하나 새로 제정했다. '주지사 용기 상Governor's Courage Award' 이라는 이름의 그 상은 매년 가장 큰 영향을 미친 스페셜 올림픽 선수에게 수여하는 것이었다. 나는 그 상의 제1회 수상자를 병원에서 만난, 내가 가장 좋아하는 친구 지미 마이트릭 주니어 '시장'으로 결정했다.

1월에 수천 명이 체사피크만의 차가운 바다로 뛰어드는 북극곰 다이빙대회에서 그 상을 수여하고 싶었다. 하지만 평소 열성적인 지미가 그해에는 다이빙을 할 만큼의 몸 상태가 아니었다.

지미가 속한 스페셜 올림픽팀의 일부 선수가 그를 대신하여 상을 받기로 했다. 행사가 끝나고 얼마 후 나는 병원으로 지미를 찾아갔다. 그는 미칠 듯이 흥분하며 좋아했다. 시상식을 비디오로 봤다고 했다. 그리고 이제 지미는 자신의 친구인 주지사에게서 직접 상패를 받았다.

지미가 흥분한 또 다른 이유는 다른 좋은 소식도 들었기 때문이었다. "주지사님, 의사 선생님이 저 이제 퇴원해도 된대요." 참으로 기쁜 소식이었다.

지미는 2월 1일에 퇴원하여 집으로 돌아갔다. 하지만 거의 동시에

스틸 스탠딩

특정한 감염병에 걸리고 말았다. 약해질 대로 약해진 그의 면역 체계는 새로운 감염을 물리칠 수 없었다. 2016년 2월 12일 지미는 세상을 떠났다. 불과 서른세 살의 나이였다. 그 충격적인 소식에 나는 가슴이 찢어졌다. 지미는 그 큰마음과 삶에 대한 열정으로 세상을 더나은 곳으로 만들어놓고 우리 곁을 떠났다.

그의 장례식은 체스터에 있는 성 크리스토퍼Saint Christopher's 가톨릭교회에서 수백 명의 조문객이 애도하는 가운데 거행되었다. 지미의가족은 내게 추도사를 부탁했다. 교회에 모인 모든 이가 지미를 사랑했고 나 역시 마찬가지였다.

나는 어떻게 그와 내가 친구가 되었는지 그리고 암과 싸우는 동안그가 나에게 얼마나 의미 있는 친구였는지에 대해 이야기했다. "주지사 용기 상'의 이름을 바꿀 것입니다. 앞으로는 매년 '지미 마이트릭 주니어 용기 상'이 수여되는 겁니다."

앞줄에 앉은 그의 부모님이 우는 모습이 보였다. 장례식에 참석한사람들의 절반 이상이 눈물을 흘렸다. 지미의 삶은 계속해서 사람들에게 영감이 될 터였다.

나는 2월 29일에 PET 스캔을 받고 암이 아직 재발하지 않았음을확인했다. 병원을 나서자마자 아내와 세 딸, 손녀를 데리고 볼티모어워싱턴 국제공항으로 향했고, 샬럿행 비행기에 올랐다. 고맙게도 우리는 그 무렵 의식의 안팎을 드나들던 테리 누나와 약간의 시간을 보낼 수 있었다. 누나는 고통에 시달리진 않았지만, 누나를 보는 우리는 몹시 고통스러웠다. 누나는 13년 전에 어머니가 돌아가신 이후로 우리 가족의 정신적인 지주였다. 우리는 4일간 그녀와 함께 지낸 후 입법부 회기가 진행 중인 메릴랜드로 돌아왔다. 누나는 이틀 뒤인 3월 5일, 향년 67세를 일기로 세상을 떠났다.

"마음이 너무 아픕니다." 내가 페이스북 페이지에 올린 글이다. "오늘 아침 하나뿐인 누나가 돌아가셨습니다. 메리 테레사 라자러스Mary Theresa Lazarus는 상상할 수 있는 최고의 누나였습니다."

우리는 모두 노스캐롤라이나로 돌아가 누나의 장례식에 참석했다. 3월 12일, 온 가족이 샬럿의 성 토마스 아퀴나스Saint Thomas Aquinas 교회에 모였다. 유미와 우리 딸들, 아버지, 내 남동생 넷, 그리고 그 모두의 배우자와 자녀들이 참석했고, 온다는 연락도 없이 주지사 비서실의 카라와 아만다, 카일 맥콜건, 카일 길버트 등이 밤새 차를 몰고 달려와 자리를 함께해 주었다. 그것은 나에게 정말 많은 것을 의미했다.

나는 순직한 경찰관이나 소방관, 군대의 영웅, 전임 주지사들의 장례식에서 추도사를 맡은 적이 많았다. 언제나 그 일은 쉽지 않았다. 내가 너무 쉽게 감상에 젖어드는 성격이어서 그랬다. 누나의 장례식에서 추도사를 하는 것은 그 어떤 경우보다 훨씬 더 힘들었다. 나는 그저 마음에서 우러나는 대로 말하기로 마음먹었다. 랜도버놀스에서 보낸 어린 시절부터 모든 추억이 쇄도하듯 밀려왔다. 나는 그 시절 누나를 보면서 '하이틴'이 되는 꿈을 꾸었다. 추도사를 시작하자마자 목이 메어 말을 제대로 이어가질 못했다. 특히 조카인 베키와 키스, 케빈, 매형 밥을 바라보자 내가 추도사를 끝까지 마무리할 수 있을지 확신이 서지 않았다.

나는 누나를 사랑했고 평생 존경했다. 누나는 세상의 누구보다 나를 잘 알았다. 그런 누나의 죽음은 단지 슬픔으로만 다가오지 않았다. 너무도 비현실적으로 느껴졌다. 매형과 조카들도 몹시 힘들어했다. 어머니에 이어 누나까지 잃고 나니 비로소 상실과 슬픔과 상심의 의미와 느낌이 절절히 이해되는 것 같았다.

암이 사라졌다는 판정을 받고 거의 1년이 지난 2016년 10월 초, 그러니까 처음 암 진단을 받고 16개월이 지나서 예방적 유지관리 차원의 후속 조치를 포함한 모든 치료가 마침내 완료되었다. 끝나지 않을 것으로 생각했던 날들도 있었다. 화학요법으로 인한 일부 영속적인 손상은 결단코 사라지지 않았다. 의사들은 앞으로 몇 년 더 나를 꾸준히 지켜볼 것이라 했다. 정기적으로 PET 스캔을 받으러 계속 병원에 오라는 얘기였다. 하지만 드디어 "이만하면 충분합니다"라는 말을 들었을 때 나는 너무도 감격스러워 가슴이 벅차올랐다. 내 기도가 모두 응답받았다. '호건 스트롱'은 내가 힘을 잃지 않도록 도왔다. 그 과정에서 우리는 암 연구 기금을 모으고 사람들의 인식을 높이는 데 도움을 주었다.

나는 마지막 화학요법 세션을 끝낸 후 사진 한 장을 페이스북에 올렸다. 팔을 구부리고 웃는 모습의 사진이었다. 그 밑에 '100퍼센트 완치'라고 자랑스럽게 썼다. "가족과 친구, 직원들의 전폭적인 지원과 의사와 간호사들의 놀라운 팀이 없었다면 지금 이 단계에 도달할 수 없었을 것입니다……. 저의 마음과 생각과 기도는 이제 다른 모든 암 환자와 그 가족들을 향해 움직입니다. 저는 주어진 매일매일을 최대한 활용할 계획이며 이 끔찍한 질병에 대한 치료제가 발견될 때까지 싸움을 멈추지 않을 것입니다."

그날 오후 관저로 돌아오자 수십 명의 직원이 나를 기다리고 있었다. 그들은 내가 그동안 질질 끌어온 한 가지 개인적인 용무를 처리할 의사가 있는지 물었다. 나의 치료가 시작된 이래로 그들의 손목을 점유하고 있던 '호건 스트롱' 손목 밴드를 잘라내는 일이 바로 그 개인적 용무였다.

"그런 기회를 주다니 참으로 영광이라오." 내가 그들에게 말했다.

그런 후 작은 가위를 들고 한 사람 한 사람씩 다가가 손목 밴드를 잘라냈다.

"1년 하고도 반이 지났군요." 나는 모두에게 말했다. "여러분이 없었으면 정말 해낼 수 없었을 겁니다. 모두가 더한층 열심히 일하며 내가 빈둥거리는 동안 밀린 일을 처리해주었습니다. 여기 있는 모든 사람의 사랑과 지원, 그리고 응원은 실로 믿을 수 없을 정도로 놀라웠습니다."

메릴랜드 주민들을 돌보고 내 뒤를 지켜주는 이 사람들을 팀으로 둔 것은 정말 행운이 아닐 수 없었다.

나는 어떻게 축하하면 좋을지, 그 방법을 정확히 알고 있었다.

11월 6일 일요일, 나는 제3회 연례 어크로스더베이Across the Bay 10킬로미터 경주대회에 참가해 2만 명 이상의 주민과 함께 뛰었다. 이 대회는 체사피크만 다리의 서단에서 출발하는 집단 달리기 행사로 메릴랜드의 자연미를 강조하기 위해 설계된 것이었다. 사람들은 팀을 조직해 달리며 선호하는 자선 단체를 위한 기금을 모금했다. 보좌관 카라는 림프종 연구를 지원하는 '호건 스트롱' 팀의 조직을 도왔다.

나는 분명 그날 아침 거기에서 가장 빠른 주자는 아니었다. 하지만 그날 그 다리 위를 나보다 더 기쁜 마음으로 뛴 사람은 거의 없었을 것으로 확신한다. 나는 살아 있었다. 건강했다. 내가 얻은 놀라운 삶에 대해 완전히 새로운 감사를 느꼈다. 내가 지지하는 대의의 구현을 돕고 있었다. 나는 멋진 선글라스를 쓰고 림프종을 상징하는 라임빛 녹색으로 가장자리를 댄 트랙슈트를 입었다. 내가 사랑하는 사람들, 내 곁을 지켜준 사람들이 나와 함께 뛰었다. 우리는 내가 겪은 것과 같은 전투를 벌이고 있는 사람들을 위해 달리기를 하고 있었다. 다리 건너 이스턴쇼어에 마련된 결승선에 몇 번째로 도달하는지는 중요하지 않았다. 경주대회에 참가한 것 그 자체가 내가 원할 수 있는 최상의 보상이었다.

가족과 직원과 친구, 그리고 무한히 관대한 메릴랜드 주민들의 지원이 없었다면 과연 내가 병을 이겨내고 무한한 기쁨을 누릴 수 있었을까? 내게는 처음 진단받았을 때부터 내 곁을 지키며 누구보다 큰 사랑을 쏟아준 지지자가 한 명 더 있었다. 바로 반려견 렉시였다.

개에 대해 이런 식으로 말하는 것이 이상하게 들릴 수도 있겠지만, 반려동물 애호가들은 내 말을 이해할 것이다. 나는 개야말로 최상의 친구라는 말을 들으며 평생을 살아온 사람이었다. 하지만 투병 생활에 들어가기 전에는 내가 렉시에게 얼마나 의존하는지 제대로 알지 못했었다.

렉시는 노는 걸 좋아하고 늘 기운이 넘치던 작은 시추였다. 녀석은 지난 16년 동안 늘 내 곁을 지켰다. 2000년에 10주 된 강아지였을 때

입양했으니까 아내보다 조금 더 오랜 세월을 나와 함께한 셈이었다. 유미와 데이트하던 시절 렉시는 세 딸의 환심을 사야 하는 나의 비밀 병기였다. 렉시처럼 귀여운 강아지를 기르는 사람이라면 결코 나쁜 사람일 리 없잖은가. 15년 후 항암 치료를 마치고 관저로 돌아올 때마다 렉시는 꼬리를 흔들며 반기고 내 얼굴을 핥았다.

영원히 사는 개는 없으며, 녀석의 나이라면 시간이 거의 다 되었음을 아는 사람은 다 알 것이다. 내 후속 치료가 착실히 진행되던 2016년, 렉시의 돌아다니는 속도가 하루가 다르게 둔화하고 걸음걸이도 불편해지는 게 확연해졌다. 그해 크리스마스가 다가올 무렵, 렉시의 삶이 얼마 남지 않았음이 분명해졌다. 마침 크리스마스 시즌이라 온 가족이 다 모였다. 녀석은 거의 걸을 수도 없었지만, 가족 모두와 함께하는 것에 기뻐하는 것 같았다. 녀석은 크리스마스트리 아래에 몸을 말고 앉아 주위의 모든 움직임을 조용히 눈으로만 따랐다. 다행히 모두가 녀석과 작별 인사를 할 기회를 가졌다.

우리는 그것이 렉시와 함께하는 마지막 시간이라는 것을 알고 있었다. 나는 렉시도 그것을 가족 모두와 함께하는 마지막 시간으로 알고 있었다고 생각한다. 녀석은 크리스마스 이틀 후에 내 품에서 눈을 감았다.

과연 우리가 다시 또 반려견을 키울 수 있을까?

한국 사위 메릴랜드 주지사 래리 호건, 그 불굴의 삶과 원대한 비전

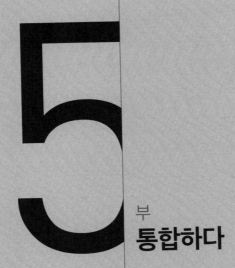

5 ^부
통합하다

26장
도널드 누구?

2015년 6월 16일 도널드 트럼프가 황금빛 에스컬레이터를 타고 트럼프 타워의 로비로 내려와 대통령 출마를 선언했을 때, 나는 별다른 주의를 기울이지 않았다. 당시 나는 메릴랜드 주지사로 5개월을 재직하며 볼티모어 폭동과 민주당이 지배하는 의회를 견뎌낸 상태였다. 그 2주 전쯤 무역사절단을 이끌고 동아시아를 순방하던 중 도쿄에서 목에 난 혹을 발견했다. 의사들이 내 몸에 40~50개의 악성 종양이 있다며 나를 놀라게 한 것이 트럼프가 출마 선언을 하고 이틀 뒤였다.

따라서 뉴욕의 부동산 개발업자이자 리얼리티 TV 쇼 호스트가 이 나라를 운영하고 싶다고 선언했을 때, 나는 다른 데 정신이 팔려있었다고 하면 그럭저럭 적절하겠다. 솔직히 당시 사람들 대부분이 트럼프의 입후보를 '어프렌티스The Apprentice' 시리즈에서 더욱 유리한 계약을 따내기 위한 그의 홍보용 깜짝쇼라고 생각했다. 부동산 업계의 정치적 외부인은 공직 선거에 출마해서는 안 된다고 생각했기에 그런 것은 아니었다. 나 역시 부동산 개발사업에 종사하다 주지사에 출마하지 않았던가? 아무도 트럼프의 입후보가 진지한 움직임이라고 믿지 않았기에 그랬던 것뿐이다. 미디어도 믿지 않았고 정치 전문가들도 믿지 않았으며 나 역시 그랬다. 그리고 잊지 말아야 할 것은 그 시점에는 트럼프 본인도 마찬가지였다는 사실이다.

7월 15일, 화학요법으로 몸이 약해지고 머리카락이 빠지기 시작하는 것을 보면서 나는 크리스 크리스티를 대통령감으로 공개적으로 지지했다. 그가 나를 지원한 것에 따른 의리로만 그런 것은 아니었다. 나는 진심으로 그를 좋아하고 존경했다. 그는 똑똑하고 강인하며 노련했다. 그는 나와 마찬가지로 일을 처리하는 방법을 알고 있는, 민주당세가 강한 북동부 주의 중도우파 공화당 주지사였다. 많은 유력한 후보들이 대선 경선 도전을 선언했지만, 크리스티야말로 내 지원을 받을 자격이 충분한 인물이었다.

그 후 몇 달 동안 트럼프의 선거 캠페인은 거의 모든 사람을 놀라게 했다. 이제 그는 미디어가 초점을 맞추는 유일한 후보였다. 그는 초기의 토론을 지배하며 여론 조사에서 승승장구했다. 그의 현혹적인 슬로건은 특정 사람들의 구미를 자극하는 것으로 보였다. '장벽을 세워라! 누구 돈으로? 멕시코! 문단속을 하라!' 그가 상대에게 낙인찍을 의도로 붙이는 모욕적인 별명은 나름의 생명력을 띠고 회자

되었다. '포카혼타스!' '리틀 마르코!' '비실이 젭Low-Energy Jeb!' '비뚤어진 힐러리!' '거짓말쟁이 테드!' 그렇게 뉴욕 출신의 유명한 억만장자는 자신보다 자격이 우월한 16명의 다른 공화당 후보를 하나씩 제거해나갔다. 아이오와 코커스에서 테드 크루즈Ted Cruz에 이어 2위를 차지한 트럼프는 2월 9일 뉴햄프셔 공화당 프라이머리예비 선거에서 무려 20퍼센트포인트 차로 1위를 거머쥐었다. 나는 그날 밤 뉴햄프셔에서 내 친구 크리스티의 옆자리를 지켰다. 크리스티는 다음 날 경선 하차를 선언했다.

2주 후 크리스티는 텍사스주 포트워스에 있는 자신에게 전화해달라는 전화 메시지를 남겼다. 내 답신을 즉시 받지 못한 그는 두 번째 메시지를 남겼다. "트럼프와 관련해 얘기하고 싶어요. 빠를수록 좋아요."

나는 회의에 묶여 있었던 까닭에 그에게 바로 전화할 수가 없었다. 30분 후, 대선 캠페인을 뒤흔드는 발표가 나왔다. 뉴저지 주지사가 방금 공화당 현역 주지사로는 처음으로 도널드 트럼프에 대한 공개 지지를 선언했다는 소식이었다.

거의 모든 사람이 믿을 수 없게도 이제 트럼프는 공화당 대선 후보 지명에 거침없이 다가서고 있었다. 당연히 메릴랜드의 기자들이 내게 트럼프에 대해 질문하기 시작했다. 사실 나는 양당의 대선 선거운동에서 드러나는 작태에 실망하고 있던 터였다. 선거일까지 9개월이 남은 시점에서 양쪽의 선거운동은 이미 너무나 비열하고 씁쓸하며 지독할 정도로 인신공격적이어서 그런 고통스러운 과정에서 과연 미

26장 도널드 누구?

국에 정말로 필요한 리더십이 창출될 수 있을지 의심스러웠다.

"나는 현재 민주당과 공화당 모두의 국가 정치에 크나큰 혐오감을 느끼고 있습니다." 3월 8일 기자들이 친구 크리스티를 따라 트럼프의 선거 캠페인에 합류할 것인지 물었을 때 내가 말했다. "그다지 관심을 기울이지 않고 있습니다. 나는 여기 메릴랜드에 집중하려고 합니다."

그 모든 것이 사실이었고, 정말로 내가 느끼는 그대로였다. 눈에 들어오는 양상이 마음에 들지 않았고, 그래서 그 어느 것에도 끌려 들어가고 싶지 않았다. 나는 50번 국도의 서쪽으로 얼마 떨어져 있지 않은 수도 워싱턴의 분열적인 정치에서 가능한 한 멀리 떨어져 주지사 본연의 직무에 충실하고 싶었다. 그런데 만약 트럼프가 정말로 우리 당의 대통령 후보가 된다면? 그렇게 되면 결국 내가 피할 수 없는 몇 가지 문제가 대두될 터였다. 그중 주된 문제 한 가지는 내가 그에 대한 지지를 선언해야 하느냐는 것이었다. 나는 평생 공화당원이었다. 그리고 트럼프도 공화당원이었다. 하지만 그는 과거에 주로 민주당을 지지했고, 민주당원과 독립당원으로 등록해 활동한 전력이 있었다. 우리는 매우 다른 종류의 공화당원이었다. 나는 1980년과 1984년에 로널드 레이건을 위해 열정적으로 뛰었다. 트럼프는 1980년에 지미 카터를, 1984년에는 월터 몬데일Walter Mondale을 지지했으며, 1987년에는 〈뉴욕타임스〉에 공산국 소련에 너무 강경한 자세를 취한다고 레이건을 공격하는 신문 광고를 게재하기도 했다. 주지사 선거에 출마했을 때 나는 분노의 수사와 분열적인 정치를 종식한다는 공약에 집중했다. 내 주지사 임기 전체를 관통한 주제는 사람들을 모아 초당적이며 상식적인 해결책을 찾는 것이었다. 물론 트럼프와 나는 변화를 원하는 외부인이라는 공통점은 있었다. 우리는 둘 다 워싱턴과 정치에 질려 있는 상태였다. 그러나 우리의 접근방식은 그 이상 상극일 수 없었다. 트럼프는 국가를 분열시키는 선동적인 분노의 수사를 사용하고 있었다. 워싱턴에 대해 좌절하고 화가 난 사람들이 많았기에 그 전략은 그에게 유리하게 작용하는 것처럼 보였다.

"나는 트럼프의 팬이 아니에요." 3월 24일 AP 통신 기자에게 내가 말했다. "그가 후보가 돼서는 안 된다고 생각합니다. 현재로서는 누가 후보가 될지, 누구에게 투표할지 전혀 알 수 없습니다……. 엉망진창이 따로 없어요. 모든 게 맘에 들지 않습니다." 물론 내 의견은 몇몇 언론에 인용되며 논란을 일으켰다. 공화당 주지사가 공화당 대선 경선에서 선두를 달리는 주자에 대해 그렇게 말했으니 말이다.

그 모든 것을 어떻게 다루어야 할지 확신이 서질 않았다. 내가 생각하기에 힐러리 클린턴은 절대로 대통령으로 선출되어선 안 될 인물이었다. 솔직히 내게는 양당이 모두 받아들일 수 없는 후보를 선택하려고 하는 것만 같았다. 당시 내가 아는 것은 그저 나는 도널드 트럼프를 지지할 의사가 별로 없다는 것 정도였다.

3월 말, 프린스턴 대학과 해군사관학교의 야구 시합이 아나폴리스에 있는 해군사관학교에서 열렸다. 크리스티와 그의 아내 메리 팻^{Mary Pat}이 프린스턴 팀의 선발 포수였던 아들 앤드루를 응원하러 아나폴리스로 왔다. 나는 그들을 주지사 관저로 초대해 브런치를 대접했다.

"도널드가 당신에 대해 불만을 표하더군요." 자리에 앉아 잠시 환담을 나눈 후 크리스티가 내게 말했다. "나한테 전화해서 이러더이다. '아니, 당신 친구 호건은 대체 왜 그러는 거요?'"

크리스티는 그 통화에서 자신이 최대한 트럼프가 이해할 수 있는 말로 설명하려고 애썼다고 했다. 그가 전한 통화 내용은 이랬다. '저기요, 도널드. 그는 미국에서 가장 민주당 색채가 강한 주에서 당선된 신참 주지사입니다. 메릴랜드는 당신이 별로 인기가 없는 주라는 얘기지요. 저에게 의견을 묻는다면, 저는 그가 나름대로 아주 적절하게 처신하고 있는 거라고 봅니다.'

그에 대해 트럼프는 '오케이, 일리가 있는 것 같군'이라고 말했단다. 비즈니스맨인 트럼프에게 내 '처신'이 합리적인 비즈니스 결정인 것처럼 보인 모양이었다.

나는 크리스티가 이 모든 것에 대해 어떻게 느끼는지 알고 싶었다. 그는 트럼프가 슈퍼 화요일에 다섯 개 프라이머리 중 네 개에서 승리한 후 30분 동안 슬픈 표정으로 멍하니 앉아 있었던 것으로 언론에 소개되었다. 어떤 사람들은 기자 회견장에서 크리스티가 보인 태도를 테러범이 보내온 비디오에 나오는 인질의 모습에 비유하기도 했다. "당신이 트럼프와 함께한 기자 회견을 놓고 이런저런 얘기가 나오고 있잖아요." 내가 그에게 말했다. "잘 이해가 안 가요. 대체 왜 그런 겁니까?"

"그가 그렇게 나쁘진 않아요." 크리스티가 웃으며 말했다. "사석에서 일대일로 만나보면, 무대 위에서와는 사뭇 다른 모습을 보여요. 무대 위의 모습은 단지 트럼프의 페르소나일 뿐이에요. 당신도 정말 그를 좋아하게 될 거예요."

"그건 잘 모르겠는데요." 내가 말했다.

"봐요." 크리스티가 말했다. "그가 대통령이 되기에 가장 잘 준비된 후보라고 내가 생각하는 것 같아요? 아니에요. 그럼 내가 더 나은 후보가 되었을 것으로 생각할까요? 그래요, 그래서 내가 출마했던 거예요. 하지만 당신이나 나나 힐러리가 대통령이 되어서는 안 된다는 것을 알고 있잖아요. 그래서 나는 도널드를 더 나은 후보로 만들기 위해 내가 할 수 있는 모든 것을 다 해야 한다고 생각하는 거예요."

"당신이라면 그를 더 나은 후보로 만들 수 있을 거예요." 나는 크리스티에게 말했다.

트럼프는 계속 승리했다. 크루즈가 3월 말과 4월 초에 7개의 프라이머리 중 4개를 차지했음에도, 트럼프가 더 많은 대의원을 확보했다. 4월 26일 메릴랜드 프라이머리가 다가왔을 때에도 나는 누구도 지지하지 않았다. 지지하고 싶은 사람을 찾을 수 없었고, 프라이머리에서도 트럼프에게 투표하지 않았다. 그는 확실히 내가 돕지 않아도 잘나갔다. 그날 트럼프는 메릴랜드에서 공화당 투표의 55퍼센트를 얻었고, 이른바 아셀라Acela 프라이머리에 속하는 코네티컷, 델라웨어, 펜실베니아, 로드아일랜드의 4개 주에서 쉽사리 승리를 챙겼다. 이제 누구도 트럼프를 잡는 것은 불가능해졌다.

4월 29일 기자 회견에서 대선 캠페인에 대한 질문이 거듭 나오자 나는 지난번과 똑같이 대답했다.

"전에도 말씀드렸다시피 저는 관여하지 않을 것이고 어떤 후보도 지지하지 않을 것이며 여기 메릴랜드에 계속 집중할 겁니다." 기자들은 메릴랜드와 관련된 문제나 나의 주지사 직무 또는 주 정부의 업무에 대해서는 완전히 관심을 잃은 것 같았다. 그날의 기자 회견은 나답지 않게 짜증을 내며 끝냈다. "다들 트럼프 말고는 물어볼 게 없는가 보네요?"

도널드 트럼프를 나를 잡는 미끼로 쓰려고 애쓰는 자들은 언론계에만 있는 게 아니었다. 민주당은 모든 총을 내게 겨누고 인기가 높은 공화당 주지사와 지역적으로 인기가 없는 공화당 대통령 후보를 연결할 기회를 엿보았다. 당시 2018년 주지사 선거에서 내게 도전할 계획을 품고 있던 민주당 의원 존 딜레이니John Delaney는 내게 타격을 가하며 사람들의 관심을 끌기 위해 아나폴리스에서 유치한 쇼를 벌였다. 그는 광고판을 장착한 차량을 빌려 그것을 몰고 주 청사 주변을 빙빙 돌았다. 광고 트럭 한쪽에는 찌푸린 표정의 거대한 트럼프 사진과 '호건 주지사, 공화당 대선 후보로 트럼프를 지지합니까?'라는 문구를 박았고, 반대편에는 똑같은 사진에 '침묵은 곧 지지'라는 메시지와 더불어 그 밑에 '트럼프가 이기면 메릴랜드의 모두가 패자가 됩니다. 존 딜레이니 의원'이라는 문안을 새겼다.

나는 그런 딜레이니를 그냥 무시했고, 그는 얼마 후 떠났다. 그가 고용한 여론 조사원들이 2018년에 나를 이길 가능성이 없다는 결과를 보고했기 때문이다. 그는 결국 2020년 대선에 눈을 돌려 나름의 캠페인을 출범시켰는데, 그 역시 가망이 없기는 마찬가지였다. 5월 초 민주당 주지사 협의회는 내게 '침묵의 9인' 중 한 명이라는 꼬리표를 달았다. 트럼프 거부의 목소리를 충분히 높이지 않는 공화당 주지사 아홉 명에 속한다는 의미였다. 이것의 정치적 의도는 충분히 분명했다. 나의 반대자들은 내가 어느 쪽으로 결정을 내리든 내가 손해를 볼 수밖에 없는 구도라고 판단했다. 내가 트럼프를 지지한다면 메릴랜드에서 29퍼센트의 지지를 받는 인물과 동일 선상에 놓이게 될 것이었고, 트럼프를 지지하지 않는다면 처음부터 나를 지지해주던 강경파 공화당 유권자들을 소외시키게 될 터였다. 민주당 지도부는 어느 쪽이 되든 내가 메릴랜드에서 정치적 입지에 손상을 입고 2018년 재선 가능성을 훼손할 것으로 생각했다.

5월 3일 인디애나 프라이머리에서 트럼프가 승리함에 따라 공화당 경선은 사실상 종결되었다. 존 케이식John Kasich과 테드 크루즈 둘 다 경선 중도하차를 선언했다. 과장을 일삼는 뉴욕 부동산 개발업자는 그렇게 우리 당의 대선 후보로 간주되었다.

그때쯤 나는 트럼프가 말하거나 트윗한 내용에 대해 논평해달라는 요청을 받는 일에 신물이 나 있었다. 그가 대개 비열하거나 모욕적이거나 터무니없는 무언가를 말하거나 트윗한 것에 대해서 말이다. 나는 6월 9일 주 청사 출입 기자들에게 말했다. "내 생각은 꽤 분명해요. 지난 4~5개월 동안 지겹도록 얘기했잖아요. 내 생각은 변하지 않았습니다. 추가적으로 말할 게 아무것도 없습니다."

WJZ의 정치담당 기자 팻 워런Pat Warren이 트럼프의 캠페인에 대한 합류 여부를 끈질기게 물었을 때도 나는 똑같이 답했다. "나는 그것에 관여하지 않아요. 그것에 관여하고 싶지도 않고요. 나는 누구도 지지하지 않을 것이며, 무엇보다 여기 메릴랜드의 일에 집중하고 싶습니다."

하지만 트럼프가 대통령직에 적합한 인물이라고 생각하느냐는 질문이 이어졌다. "글쎄요. 방금 말씀드린 바와 같이 나는 더 이상 도널드 트럼프에 대해 이야기하지 않을 겁니다. 나는 도널드 트럼프와 아무런 관련이 없습니다."

6월 14일, 트럼프가 올랜도에서 발생한 총격 사건 직후 무슬림에 대한 이민 금지를 다시금 요구했을 때, 나는 이렇게 말했다. "그가 어떤 입장을 취하고 있는지 잘 모릅니다. 나는 도널드 트럼프에 대해 관심이 없습니다. 나는 도널드 트럼프의 말에 귀를 기울이지 않습니다."

도널드 트럼프에 대해 달리 뭐라고 말할 수 있었겠는가?

나는 그가 추구하는 종류의 정치를 좋아하지 않았다. 그것의 본질이든 형식이든 내 맘에 들지 않았다. 나는 그를 위해 선거운동을 하고 싶지 않았고, 7월 18일에서 21일까지의 클리블랜드 공화당 전당 대회에서 거행될 그의 대관식에 참석할 계획도 없었다. 그렇다면 11월에는? 그에게 투표할 것인가? 지난 몇 달 동안 거의 매일 기자들의 질문 세례에 시달렸는데도 정작 그 질문은 나온 적이 없었다. 6월이 되자 나는 그 마지막 질문이 제기될 시점이 다가오는 것을 느낄 수 있었다.

나는 내가 무슨 말을 하든 화낼 사람이 많다는 것을 알았다. 이미 트럼프를 강력하게 공격하라는 민주당원과 '우리'의 후보를 지지하라는 공화당원으로부터 적대적인 페이스북 메시지가 빗발치고 있었다. 나는 개인적 가치관과 정당에 대한 충성심 사이에 곧 충돌이 발생할 것을 잘 알고 있었다. 그리고 그러한 갈등이 수반할 수 있는 대가도 알고 있었다. 내 마음은 어느새 워터게이트 사건으로 한층 더 뜨겁던 1974년 여름을 더듬고 있었다. 당시 나는 열여덟이었고, 아버지는 지금의 내가 처한 것과 비슷한, 본질적 의미를 규정하는 선택에 직면해 있었다.

나는 과연 많은 메릴랜드 사람들이 믿고 선출한, 독립적인 초당파적 지도자인가? 나는 진정 아버지의 아들인가? 나는 정치적 미래에 실질적인 위험이 초래되더라도 어려운 선택을 내릴 수 있는 사람인가?

"도널드 트럼프를 지지할 겁니까?" 6월 15일 프린스조지 카운티 커뮤니티 칼리지 밖에 모인 기자들 중 한 명이 물었다.

"아니요." 내가 답했다.

"정말입니까?"

"네." 내가 단호하게 말했다.

"크리스 크리스티 주지사가 러닝메이트로 지명된다 해도 그 생각에 변함이 없는 겁니까?"

"이미 여러 차례 같은 얘기를 반복해서 말했습니다. 나는 도널드 트럼프의 지지자가 아닙니다. 나는 그에 대한 공개 지지를 선언하지 않을 겁니다. 나는 대선 선거운동에 참여하지 않을 것이고, 전당대회에도 참석하지 않을 것입니다."

"11월에는요? 대선 선거일에도 그에게 표를 던지지 않을 겁니까?" 드디어 한 기자가 그 질문을 처음으로 던졌다.

"네, 그럴 계획이 없습니다." 내가 말했다.

단호한 태도에 모두가 놀라는 눈치였다.

그럼 누구에게 투표할 것인가? 힐러리? 아니, 그것도 아니었다. "기표소에 들어가서 생각할 겁니다." 내가 말했다. "누군가의 이름을 써넣을 겁니다."

이제 머리를 돌려 생각해봐야 할 아이디어가 생겼다. 품위 있고 성실한 누군가, 손을 내밀어 사람들을 모으는 것의 가치를 믿는 누군가, 상식적인 태도와 애써 체득한 경험을 보유한 누군가, 나와 같은 유형의 공화당원인 누군가를 떠올릴 수 있다면, 그의 이름을 적어넣을 것이었다.

27장
주민을 위한 주정

미국 생활의 장점 중 한 가지는 국가 정치의 중심지에서 그 어떤 미친 짓이 횡행한다고 해도 각 주의 주도에서는 필수적인 일들을 착착 진행해나간다는 사실이다. 가장 심한 기능부전에 빠진 주 정부조차도 긴급히 처리해야 할 일들이 있기 마련이다. 아이들을 교육해야 하고, 공공 안전을 보존해야 하며, 취약한 시민을 돌봐야 하고, 홍수나 토네이도, 허리케인에 대응해야 하며, 고속도로를 정비해야 한다. 이것들은 추상적인 책무가 아니다. 모두 현대 사회의 일상적인 운영과 실제 사람들의 삶에 매우 중요한 것들이다. 주 정부의 책무가 제대로 이루어지지 않으면 주민들이 고통받고 정치인들은 쫓겨난다.

이것이 바로 소속 당이나 이념에 상관없이 주지사가 연방의 상원의원이나 하원의원보다 대개 더 실용적이고 효율적인 이유 중 하나이다. 주지사는 그저 위원회 청문회에서 논쟁만 벌이거나 특정 이해집단에 영합하기 위한 열렬한 연설만 토해낼 수 없다. 특히 메릴랜드처럼 입법부가 여소야대로 구성된 주에서 효과적으로 통치하려면 주지사는 타협의 힘에 의존해야 한다. 나는 6만 명의 직원을 둔 460억 달러 규모 사업장의 CEO인 셈이다. 그냥 논쟁만 벌이고 있을 수는 없다. 실제로 통치하고 일을 진행해야 한다.

안타깝게도 최근 워싱턴 DC에서는 상식적인 통치가 완전히 무너진 것 같다. 양당 모두에 책임이 있다. 그래서 우리에게 무엇이 남았는지 한번 보라. 악다구니와 교착 상태, 그리고 국가가 직면한 가장 큰 문제들에 대한 해결 능력의 완전한 결여를 볼 수 있다.

대조적으로 메릴랜드를 보라. 국가가 갈수록 분열되고 워싱턴이 기능부전에 빠져드는 동안 우리는 메릴랜드 주민들에게 중요한 일을 돌보고 있었다. 나는 민주당이 상원과 하원 모두를 장악한 주를 책임지는 공화당원이었지만, 어떻게든 일을 완수해나갔다. 집권 2년차에 접어든 우리 행정부는 여전히 구현해야 할 의제가 많았다. 일부는 엄청나게 복잡하고 일부는 비교적 간단했다. 어쨌든 팀장이 힘겨운 외래 환자 화학요법을 받고 있던 가운데 우리 팀은 그것들을 하나하나 이뤄나가고 있었다.

한 가지 자랑스러운 업적은 2016년 입법부와 협력하여 미국 내 모든 주의 형사 집행 시스템 중 가장 포괄적인 개편에 해당하는 정의재투자법Justice Reinvestment Act을 제정한 것이다. 우리는 메릴랜드의 수감 인원을 어떤 주보다 많이 줄이고 보다 합리적인 처벌 및 재활 체계를 촉진하며 범죄 피해자에게 완전히 새로운 범위의 서비스를 제공하는 등의 개편안을 통해 관련 예산의 절감 및 전환을 이뤄냈다.

이것은 진보주의자와 보수주의자 모두가 지지하는 실용적인 조치였다. 새로운 법안은 비폭력 마약 범죄자에 대해 투옥보다 치료를 장려했고 덜 심각한 범죄에 대해선 최대 형량을 줄여주었으며 가석방을 처리하는 방식을 개선하여 심각한 폐해와 기술적 위반을 구분했다. 이러한 변화 중 일부는 외부인에게 비현실적으로 들릴 수 있지만, 긍정적 영향 측면에서 실질적인 효과를 거두고 있다. 누구라도 바람직하게 생각할 한 가지 예를 들어보겠다. 새로운 시스템은 사례별 접근방식에 기초해 고령 수감자나 중증질환 수감자를 보다 영리하게 조치하는 방안을 포함했다. 그런 수감자가 너무 많아 교도소가 요양원이나 병동처럼 보이기 시작하고 비용도 엄청나게 들어가는 문제를 해결한 것이다. 그렇게 해서 확보한 자원은 실제로 대중을 위협하는, 진정으로 위험한 범죄자를 관리하는 부문에 재투자되었다.

이것은 킴 카다시안Kim Kardashian, 카니예 웨스트Kanye West 부부가 백악관 대통령 집무실인 오벌오피스Oval Office에서 도널드 트럼프를 만나 교도소 개혁안의 추진을 촉구하기 훨씬 이전이자, 트럼프가 '퍼스트 스텝First Step' 프로그램으로 우리가 도모한 것과 유사한 변화를 연방 차원으로 확대하기 훨씬 이전의 일이었다. 나는 우리가 그런 행보의 촉발을 도왔다고 생각한다.

우리의 정의 재투자법을 관철하는 데에는 입법부와의 실질적인 '기브앤테이크'가 필요했다. 하지만 많은 중요한 개선은 내가 행정 조치를 취함으로써 이뤄낼 수 있었다. 6월에 우리는 주 정부 기관을 이용하는 모든 주민과 기업을 돕기 위해 고객서비스이니셔티브 Customer Service Initiative를 출범했다. 이것의 개선 사항에는 정부 기관 직원들에 대한 수준 높은 고객 서비스 교육과 그들의 성과를 측정하기 위한 검증된 직무 테스트 방안이 포함되었다. 운전 면허증을 갱신하거나 허가를 신청하거나 문제에 대한 도움을 구하기 위해 공무원과 접촉하는 사람들은 도움이 되는 답변을 신속하고 친절하게 받을 권리가 있다. "메릴랜드 주민들은 주 정부에 가능한 최상의 고객 서비스를 기대합니다. 그들은 당연히 그럴 자격이 있습니다." 해당 이니셔티브를 시작할 때 내가 한 말이다.

고객서비스이니셔티브의 가장 고무적인 측면 중 하나는 주 공무원 대부분이 매우 열정적으로 참여했다는 점이다. 공무원 대다수는 헌신적으로 직무를 수행하며 실제로 대중에게 효과적으로 봉사하기를 원한다. 그들은 올바른 리더십과 격려가 필요했을 뿐이다.

그러고 나서 여름방학 수호에 나섰다.

정말이다.

그림처럼 완벽한 여름날(80년대 중반처럼 맑고 습도가 낮았던 날)에 나는 오션 시티의 산책로로 나가 시민들이 지켜보는 가운데 메릴랜드의 모든 공립학교에 대해 노동절(9월 첫째 주 월요일) 전의 학년 개시를 금하는 행정 명령을 발동했다. 수년 동안 주내 학군들은 학생들을 더 일찍 학교로 불러냄으로써 전통적인 여름방학을 갉아먹는 방안을 채택했다. 법정 수업일수는 늘 그랬듯이 180일로 유지되고 있었지만, 교육위원회는 계속해서 수업일수를 늘려왔다. 교사와 학부모의 압도적 다수, 그리고 학생들 거의 모두가 그것을 싫어했다.

그날 산책로에서 나는 이렇게 말했다. "9월에 학년을 시작하면 이번 주에 휴가를 보내는 가족뿐만 아니라 이곳 오션 시티에서 아르바이트하는 교사와 학생들에게도 큰 혜택이 돌아갈 것입니다." 민주당원인 주 감사관 피터 프랑콧Peter Franchot은 햇살을 받으며 내 옆에 서서 진정한 경제적 이익을 적시했다. 한 연구에 따르면 노동절 이후에 학년을 시작하는 것이 주 경제에 연간 7,400만 달러의 이득을 안겨주는 것으로 나왔다.

카운티 교육위원회의 일부 위원에게서 예상하던 불평불만이 쏟아져 나왔다. 내가 그들의 일정 조정 권한을 앗아갔다는 것이었다. 입법부의 당파적인 의원 중 일부도 나를 비난했다. 그들 대부분이 내가 당선되기 직전에는 민주당 주지사에게 그 공로가 돌아갈 것으로 생각하고 9월 개학안에 찬성했으면서 말이다.

이처럼 사람들의 삶을 조금이라도 향상할 수 있는 일을 할 수 있다는 점은 주지사 직무의 진정한 즐거움 중 하나다. 그 후 어디를 가든 학부모와 학생들이 내게 다가와 말했다. "여름을 여름답게 만들어주셔서 감사합니다."

전국의 공화당원들이 2016년 대선 후보로 도널드 트럼프를 지명하기 위해 클리블랜드에 모였을 때, 나는 800여 킬로미터 떨어진 크리스필드의 이스턴쇼어에서 열린 제40회 연례 제이밀러드토스J. Millard Tawes 꽃게 및 조개 축제에서 꽃게 안주에 맥주를 마시며 수천 명의 메릴랜드 주민들과 어울렸다. 메릴랜드에서는 대형 행사에 속하는 축제였다. 거기가 내가 속한 곳이고 내가 선호하는 곳이었다.

"저는 메릴랜드 주민들이 선출한 주지사입니다." 그날 내가 설명했다. "클리블랜드에 가서 정치놀이를 해야 할 의무가 없습니다."

메릴랜드의 작고한 주지사 이름을 딴 그 해산물 축제는 시골 고향의 정취를 맛볼 수 있는 서민적인 행사이다. 화학요법 때문에 전년도는 건너뛰었지만 나는 수십 년 동안 기회가 될 때마다 그 행사에 참가했다.

"병원에 앉아 있는 것보다 훨씬 낫습니다." 나는 꽃게찜과 조개튀김, 삶은 옥수수, 붉은 수박 조각을 조금씩 맛보며 말했다.

공화당 전당대회 참가자들이 트럼프에 대해 열광하는 척하고 있던 동안 나는 해산물과 시원한 맥주를 즐겼을 뿐 아니라 그날의 공무도 수행했다. 몽고메리 카운티를 지나는 270번 주간고속도로를 비롯해 특히 교통체증이 심한 몇몇 도로의 상습정체 문제를 해결하기 위한 숙원사업에 해당하는 혁신적인 혼잡관리프로젝트Congestion Management Project를 발표했다.

"전당대회가 있어요?" 의도치 않게 주차장을 형성하고 있던 베데스다의 그 정체 구간 옆 인도에 서서 내가 기자들에게 농담했다. "말씀드렸듯이 저는 메릴랜드에 집중하고 있습니다. 전당대회에는 관심이 없습니다. 그래서 거기에 가지 않은 겁니다."

메릴랜드의 운전자라면 누구나 그 구간이 수시로 교통지옥이 된다는 사실을 알고 있었다. 도로 상황의 총체적 개선을 위해 5억 6,000만 달러를 책정했으며 그중 2억 3,000만 달러가 270번 주간고속도로를 목표로 삼는다고 밝혔다. 평일 아침이면 25만 대 이상의 차량이 캐피털벨트웨이 근처의 주간고속도로를 운행했다. "문제는 이 고속도로가 그런 규모의 운행을 감당할 수 없다는 겁니다."

그렇다면 도로를 새로 건설해야 하는 거 아닌가? 단순히 거기서 그쳐서는 안 될 일이었다. 우리의 혼잡관리프로젝트는 일반적인 도로 건설을 위한 프로젝트가 아니었다. 그렇게 처리하기에는 문제가 너무 컸다. 우리는 참신한 아이디어가 필요했다. "우리는 중요한 인프라 프로젝트에 대한 투자를 계속하는 한편, 한 걸음 더 나아가기 위해 운송업계에서 가장 창의적인 사람들의 참여를 촉구할 겁니다. 훌륭한 아이디어를 내는 누구와도 계약할 겁니다."

그런데 만약 우리가 바라는 훌륭한 아이디어가 나오지 않는다면?

"우리는 계약을 체결하지 않을 것입니다." 메릴랜드 교통부 장관인 피트 란Pete Rahn이 끼어들어 덧붙였다.

나는 이미 도널드 트럼프에게 투표하지 않을 것이라고 밝혔고, 그렇다고 힐러리 클린턴에게 표를 준다는 것은 어불성설이었다. 메릴랜드 표는 이미 결정이 나 있었다. 메릴랜드가 너무도 확고한 민주당 텃밭이었기에 내 투표는 대통령 선거 결과에 아무런 영향을 미치지 않을 터였다. 하지만 여전히 내 선택을 의미 있게 만들 수는 있을 것 같았다.

10월 28일, 앤어런델 카운티의 7개 조기 투표 장소 중 하나인 아나폴리스의 힐탑레인에 있는 핍모이어레크리에이션센터Pip Moyer Recreation Center로 향했다. 나는 등록부에 서명하고 기표소로 들어갔다. 그런 다음 약속한 대로 나열된 후보자에게 투표하는 대신 다른 이름을 적어 넣었다.

나의 88세 아버지의 이름이었다. Lawrence J. Hogan Sr. 전에는 그렇게 투표용지에 이름을 써넣은 적이 없었다. 하지만 나는 상징주의를 좋아했고, 그래서 받아들일 수 없는 두 후보 대신에 내가 믿는 무언가를 옹호하는 명예롭고 품위 있는 인물을 선택했다. 그는 워터게이트 스캔들로 인해 가장 어두웠던 시기에, 당에 대한 충성심보다 국가 이익을 우선시하는 방법을 세상에 보여주고 개인적인 대가를 치렀다.

기자들은 내가 누구에게 투표할 계획인지 여름부터 물었다. 나는 실제로 그렇게 하기 전까지는 아무에게도 말하지 않았다. 그날 오후 더그 메이어는 내가 느꼈던 감정을 정확히 요약한 성명서를 내놓았다. "지난 몇 달 동안 꾸준히 밝혔듯이 주지사는 양당의 후보자에 대해 극도로 실망했으며, 그래서 자신에게 공직에 임하는 것이 무엇을 의미하는지 가르쳐준 인물의 이름을 적어넣기로 결정했습니다. 바로 자신의 아버지인 래리 호건 시니어입니다."

내 투표가 실질적인 영향을 미치지 않을 것임을 이해했다. 선거일의 흥미성 기사가 아버지에게 쏠리길 기대한 것도 아니었다. 메릴랜드에서는 비공식적인 기명 투표는 개별적으로 계산되지도 않는다. 그것들은 주 선거관리위원회의 '기타'라고 표시된 파일함에 들어갈 뿐이다. 그러나 나는 그 모든 것이 괜찮았다. 그냥 나의 투표가 자랑스러웠다.

나는 트럼프와 클린턴을 무시한 유일한 공화당 정치인이 아니었다. 내 친구이자 매사추세츠 주지사인 찰리 베이커Charlie Baker는 보스턴에서 기자들에게 생애 처음으로 대통령 투표용지를 빈칸으로 남겼

스틸 스탠딩

다고 말했다. 조지 W. 부시 전 대통령과 그의 아내 로라Laura도 양당의 후보자 어느 쪽에도 투표하지 않았다고 밝혔다. 미트 롬니는 자신의 아내 앤Ann의 이름을 써넣었고, 존 케이식은 존 매케인이라고 적어넣었다.

28장
변화

    도널드 트럼프는 대통령으로 선출되는 과정에서 메릴랜드를 필요로 하지 않았다. 그로서는 참으로 다행한 일이 아닐 수 없었다. 우리 주에서는 참패했기에 하는 말이다. 우리 주의 투표는 뉴욕의 억만장자가 고작 34퍼센트, 힐러리가 60퍼센트를 얻은 것으로 집계되었고, 그에 따라 10명의 대의원 표 모두 힐러리에게 돌아갔다. 내가 아는 한, 아버지의 마지막 개표 결과는 한 표에 머물렀다. 메릴랜드는 결단코 트럼프의 나라가 아니었다. 하지만 선거일 밤, 마지막 주들의 개표 결과가 보도되고 트럼프가 선거인단에서 힐러리 클린턴을 앞지른 것으로 드러나자 나는 러스와 더그, 론 등 나의 정치 팀원들에게 당시로서는 지나칠 정도로 드라마틱하게 들릴 수 있는 말을 했다.

"우리가 알고 있던 삶은 이제 사라졌다네. 많은 것이 바뀔 걸세."

실제로는 내가 깨달은 것보다 더 많은 변화가 기다리고 있었다.

대선 선거운동 기간 동안, 트럼프는 내가 관리해야 하는 요소였지만 일상적 현실이라기보다는 정신을 산만하게 하는 부차적 사안에 가까웠다. 그러나 이제 트럼프가 실제로 이겨서 대통령에 취임할 것이었기 때문에 그러한 산만함이 10배로 증폭될 터였다. 내가 항상 염두에 두어야 할 부분이 되었다는 뜻이다. 매일 모든 면에서 주변 사람들이 메릴랜드에 집중하도록 잡아두려면 내가 훨씬 더 열심히 일해야 할 터였다.

내가 그를 지원하지 않았다는 사실은 신경 쓸 일이 아니었다. 우리의 정치와 기질이 그 이상 다를 수 없다는 사실도 마찬가지였다. 문제는 이제 나의 반대자들과 언론이 내가 메릴랜드에서 말하고 행하는 거의 모든 것을 도널드 트럼프라는 왜곡된 필터를 통해 볼 것이라는 점이었다.

신문과 방송의 너무 많은 부분이 대통령 당선인에게 쏠렸던 탓에 메릴랜드에 실제로 영향을 미치는 문제에 대해 이야기하는 것이 훨씬 더 어려웠다. 사람들이 우리의 어젠다에 집중하도록 만드는 일이 확실히 힘겨운 투쟁이 되었다. 기자 회견이 있을 때마다 기자들은 트럼프 땅에서 벌어진 최근의 화산 폭발을 놓고 나를 닦달했다.

'취임 다음 날로 예정된 여성 행진Women's March 시위는 어떻게 생각하십니까? 미국 전역의 공항에서 벌어지고 있는 여행 금지 반대 시위는 어떻게 생각하십니까? 최근의 조잡하거나 무감각하거나 인종적으로 조롱하는 트럼트의 트윗에 대해선 어떻게 생각하십니까?' 이 사람에게서는 항상 무슨 일이 벌어졌고, 어떤 이유에서인지 미디어는 내가 그 모든 것에 대해 의견을 내야 한다고 믿었다. 트럼프가 어떤 인물인가? 정신없고 파괴적인 폭발이 끝없이 발생했다. 도발적인 선거운동을 펼친 이 인물은 전형적인 대통령이 될 리도 만무했다.

내가 분명히 아는 것은 이것이었다. '온종일 그의 트윗에 반응하며 보낸다면, 메릴랜드를 위해 일을 처리하는 내 본연의 직무에 할애할 시간이 거의 없게 될 것이다.'

또 다른 것도 있었다. 개인적인 감정을 섞어서 받아들이지 않을 수 없다는 것. 이번에 메릴랜드에서는 힐러리 클린턴이 26퍼센트포인트 차로 앞섰다. 그런 주에서 내가 주지사 재선에 성공할 수 있을까? 그에 이르는 길이 매우 가파른 등반으로 보이기 시작했다. 트럼프의 협박성 발언은(실제로 그렇게 느껴졌다) 정치적으로 내게 고충을 안겨주었다. 나를 선출한 연합체에는 공화당원은 물론이고 많은 민주당원과 무당파가 포함되었다. 그런 광범위한 초당파적 지지 세력이 있기에 나에 대한 지지율 여론 조사가 트럼프보다 40~50퍼센트포인트 높은 70퍼센트대로 나오고 있었던 것이다. 나는 취임 이후 2년 가까이 압도적인 역경과 싸우며 정치적 독점세력에 맞서 아무도 가능하다고 믿지 않았던 일들을 성취해내고 있었다. 하지만 지난 1년 사이에 내 업적이 트럼프의 선거운동으로 인해 복잡해졌다. 나는 그것을 무시하고 메시지를 유지하며 맡은 바 직무를 계속 수행해왔지만, 어쨌든 상황은 그랬다. 이제 트럼프는 내가 더 이상 무시할 수 없는 대통령이 되었다. 그의 양극화 정치 행위는 공화당원인 내가 2018년 주지사 재선에서 승리할 가능성을 완전히 무너뜨릴 수 있었다.

스틸 스탠딩

나는 어떤 일이 전개될지 알고 있었다. 아나폴리스와 워싱턴 DC의 민주당 지도부는 인기 없는 트럼프를 모종의 장애처럼 내 목에 묶기 위해 할 수 있는 모든 일을 다할 터였다. 이것이 오늘날 분열의 정치가 수행되는 방식이며, 내가 아무리 양당의 분열적인 전술을 싫어하더라도 그것을 저지할 방법은 거의 없었다. 나는 트럼프를 개인적으로 공격하지는 않겠지만, 내가 전혀 동의할 수 없거나 메릴랜드 사람들에게 직접적인 영향을 미치는 상황이 전개되면 분명하게 입장을 밝힐 것이었다. 그러한 경우가 아닌 한 어떤 미끼도 물지 않을 터였다.

내가 정확히 어떤 경로를 따랐는지 살펴보자. 2월 1일 주 상원 의회 연설에서 나는 도널드 트럼프라는 이름을 한 번도 언급하지 않았다. 대신, 나는 입법부에 세금 공제 방안을 창출해 제조업 일자리를 늘리고 점점 증가하던 아편양제제 중독의 재앙에 효과적으로 맞설 것을 촉구했다. 그렇게 입법부의 공화당원과 민주당원에게 그러한 노력에 동참할 것을 요청했지만, 일부 민주당원들은 그들의 표현을 빌자면 '트럼프 당'의 주지사와 협력하기를 강력히 거부하는 것처럼 보였다.

"우리를 정의하는 것은 당이나 이데올로기가 아니라 문제를 해결하고 진보를 이루고 메릴랜드에 실질적이고 지속적인 변화를 가져오기 위한 공동의 목적과 통합된 책무에 있습니다." 나는 그날 주 상하 양원의 합동회의에서 이렇게 말했다. "우리는 이미 많은 것을 성취했습니다. 하지만 함께 힘을 모으면 더 많은 것을 이룰 수 있고 또 마땅히 그렇게 해야 합니다."

워싱턴에서는 누구도 이런 이야기를 자주 하지 않았다.

트럼프에 대해 논쟁하는 대신 메릴랜드에 붙은 추진력을 계속 늘려가고 싶었다. 트럼프가 대통령이 되기 전 2년 동안 우리는 실업률을 거의 절반으로 줄였다. 이제 주 역사상 그 어느 때보다 더 많은 사업체가 운영되고 있었다. 경제 성과 면에서도 50개 주 중 49위에서 10위권으로 진입했다. 미국에서 가장 큰 경제 회복을 이루어낸 주에 속했다. 나는 그러한 진전을 지속시키는 데 정말 집중하고 있었다.

그때까지 최소한 1년 동안 내 인생의 한 요소였음에도, 나는 도널드 트럼프나 그의 가족 중 누구도 만난 적이 없었다. 그런 상황이 곧 바뀔 터였다.

취임하고 한 달이 조금 지난 2017년 2월 26일, 도널드 트럼프 대통령과 영부인 멜라니아 트럼프Melania Trump는 백악관의 이스트룸에서 연례 주지사 만찬을 주최했다. 전국에서 주지사 46명이 참석한다고 했다. 그 자리에서 어떤 일이 벌어질지 무척 궁금했다. 나는 행사가 열리기 전 공화당 주지사 협의회에서 크리스티와 대화를 나누었다.

"오늘 밤, 각오 단단히 해야 할 거요." 그가 나에게 경고했다. "도널드가 분명 당신을 조롱할 기회를 호시탐탐 노릴 테니까."

"흠, 그건 그다지 놀랍지 않네요." 내가 말했다. "그 정도는 내가 감당할 수 있다고 생각해요."

"원래의 당신 모습을 잃지 말고 곧바로 되받아쳐야 해요." 크리스티가 조언했다. "그는 그런 방식을 존중하니까."

"나를 잘 알잖아요, 크리스." 내가 그에게 말했다. "달리 뭘 어쩌겠어요?"

그래서 아내와 함께 영접 줄에 섰을 때 나는 대통령이 비난을 쏟아낼

스틸 스탠딩

상황에 대한 충분한 대비를 갖추었다. 나는 트럼프가 자신을 100퍼센트 지지하지 않는 사람에게 얼마나 까칠하게 나올 수 있는지 잘 알았다. 트럼프의 눈에 나는 쉽사리 적으로 분류될 수 있는 사람이었다.

그와 멜라니아는 우아한 응접실의 상석에 나란히 서서 차례로 다가오는 여러 주지사와 그들의 배우자에게 인사를 건넸다.

"대통령님." 백악관 사진작가가 사진을 찍기 시작했을 때 내가 말했다. "만나 뵙게 돼서 영광입니다."

"지금 농담해요?" 트럼프는 고함치듯 말했다. "당신을 만난 내가 영광이지요. 그 민주당이 판치는 주에서 당신이 얼마나 인기가 높은지 믿을 수 없을 정도라오."

이건 뭐지? 트럼프는 내게 정말 친절하게 굴고 있었다!

그는 멜라니아에게로 몸을 돌렸다. "여보." 그가 말했다. "내가 메릴랜드에서 얼마나 참패했는지 알아요? 고작 35퍼센트 얻었다니까."

실제로는 34퍼센트였다. 하지만 그걸 따질 계제는 아니었다.

"그런데 이 친구는?" 트럼프는 나를 가리키며 말을 이었다. "주민들이 얼마나 사랑하는지, 지지율이 칠십몇 퍼센트야. 믿을 수 있소?!"

마치 마지못해 존중하는 것 같았다. 트럼프는 리얼리티 TV 쇼의 스타였다. 그는 블록버스터급 시청률을 높이 평가하는 사람이었다. 한 가지는 확실했다. '그는 지지율 여론 조사에 세심한 주의를 기울인다.'

하지만 내가 백악관 만찬에서 약간의 긴장을 기대했다면, 그 저녁은 완전한 실망을 안겨주진 않았다. 재러드 쿠슈너Jared Kushner와 관련된 부분이 그랬다. 어느 시점에서 나는 이방카 트럼프Ivanka Trump와 재

있는 대화를 나누고 있었다. 대통령의 딸은 실물로 보니 TV에서 보던 것보다 더 아름다웠다. 똑똑하고 매력적이었다. 그녀는 그 이상 친절할 수 없었다. 나는 그녀에게 코디시Cordish 가족 얘기를 꺼냈다. 그 가족에 우리 둘 다 아는 좋은 친구가 있었기 때문이다. 데이비드 코디시David Cordish는 볼티모어의 부유한 투자자이자 개발업자로 볼티모어 워싱턴 국제공항 근처 아룬델밀스에 있는 라이브Live! 카지노 및 호텔에도 지분을 갖고 있었고, 그의 아들 리드Reed는 프린스턴 대학 시절 테니스 선수로 활약했고 지금은 가족 사업에 참여하고 있었는데, 이방카의 가장 친한 친구와 결혼했다.

트럼프 가족과 코디시 가족의 인연은 십수 년 전으로 거슬러 올라간다. 도널드 트럼프는 2004년 카지노와 관련된 분쟁으로 데이비드 코디시에게 수억 달러를 청구하는 민사소송을 걸었다. 그러나 그들은 해당 소송을 합의로 해결했고, 그 일을 계기로 단짝 친구가 되었다. 내가 전해 들은 바에 따르면, 데이비드는 이방카에게 아들인 리드가 어서 좋은 여자를 만나 정착했으면 좋겠다고 한탄했다. 이방카는 그 무렵 싱글이 된 친구 매기 카츠Maggie Katz를 리드에게 소개했다. 그들만의 서클을 더욱 강화하려는 듯 리드 코디시는 최근 대통령 직속 정부간 및 기술 이니셔티브 담당 보좌관으로 백악관에 입성했고, 재러드 쿠슈너와 긴밀히 협력하며 일하는 관계가 되었다.

세상 참 좁지 않은가?

"재러드." 이방카는 특유의 부드러운 목소리로 남편을 불렀다. "이리 와서 호건 주지사님이랑 인사해요."

그는 걸어와서 내가 받은 중 가장 차가운 시선으로 나를 쏘아봤다.

"아, 그래요." 그가 말했다. "호건 주지사님 잘 압니다."

나는 그 차가운 인사는 무시했다. "재러드, 방금 이방카에게 나도 코디시 가족과 친구 사이라는 말을 하고 있었어요."

"네, 알아요." 그가 심드렁하게 답했다. "프라이머리에서 우리 장인 어르신을 지지하지 않으셨더군요."

"재러드, 나는 프라이머리에서 크리스 크리스티의 강력한 지지자였어요." 내가 말했다. 재러드는 그 말에 진저리를 쳤다. "하지만 솔직히 말하면 나는 어쨌든 전반적으로 당신의 장인을 지지하지 않았어요."

나는 그에게 대통령과 그의 행정부가 성공하기를 바라지만 나는 평소처럼 주지사 직무에 계속 집중할 것이라고 말했다. "내각 각료나 대통령 참모 대부분과는 달리 내가 개인적으로 대통령을 공격하는 일은 없을 거예요."

이방카는 계속해서 즐거워했다. 하지만 나의 마지막 말은 아무런 효력이 없었다. 재러드와 나는 그냥 그렇게 대화를 마쳤다.

다음 날 아침, 크리스 크리스티는 백악관에서 트럼프와 나 사이에 어떤 일이 벌어졌는지 알고 싶어 했다. "당신에게 거칠게 대하던가요?" 크리스티가 물었다.

전혀 그렇지 않았다고 답했다. "대통령은 꽤 친절했어요. 내 지지율에 깊은 인상을 받았더군요."

나는 이미 재러드 쿠슈너 가족과 크리스티 사이의 악연에 대해 알고 있었다. 뉴저지의 연방 검사 시절 크리스티는 재러드의 아버지인 찰스 쿠슈너Charles Kushner를 탈세와 불법 선거자금 모금 혐의로 기소해 감옥에 보냈다. 재러드는 최근 크리스티를 대통령직 인수위원회 위원장 자리에서 쫓아내는 것으로 원수를 갚았다. 그 뉴저지 주지사가 백악관의 주요 임명직에 발을 붙이지 못하는 이유가 재러드의 입김이 작용하기 때문인 것으로 보였다. 이즈음 악감정은 확실히 양방향으로 흐르고 있었다.

"당신이 재러드에 대해 품고 있는 의심이 틀린 게 아니라고 생각해요." 내가 크리스티에게 말했다. "당신과 나의 공통점이 하나 더 생겼네요. 그 친구가 나도 아주 싫어하는 게 분명하거든요."

2017년 부활절 일요일에 동생 팀이 아버지를 모시고 나가 점심을 대접했다. 둘은 배 위에서 딱지가 연한 게를 먹으며 길고도 느긋한 오후를 보냈다. 그런 후 아버지는 관저로 돌아와 우리 부부와 함께 저녁을 먹었다. 식욕이 왕성한 아버지는 디저트를 한 개 더 요구했다. 그렇게 저녁 식사를 마치고 우리 셋은 아래층 쉬는 방으로 내려갔다.

아버지는 가죽 안락의자에 자리를 잡았고 나와 아내는 카우치에 앉았다. 늘 그렇듯이 아내는 아버지의 와인잔을 가득 채웠다. 우리는 CNN 방송을 틀어놓고 대화를 나누었다. 작고한 북한의 독재자 김정일에 대한 보도가 나왔다. 88세의 아버지가 입을 열었다. "흠, 평양에 갔을 때 저 친구 만났었지."

아버지는 그 이야기를 풀어놓기 시작했다. 전직 의원 대표단의 일원으로 평양을 방문하게 된 경위에서부터 방문 미국인의 수가 어떤 식으로 제한되었는지, 북한 정부가 모든 것을 얼마나 엄격하게 통제했는지, 전체 방문 과정이 어떻게 복잡한 쇼처럼 연출되었는지 등에 대해 이야기했다. 래리 호건 시니어의 고전적인 스토리로서 재미있고 독선적이며 다소 과장되는 게 특징이었다.

"우리를 위해 노래하고 춤추는 사람들을 대기시켰는데, 다들 똑같이 행복한 표정을 짓더군. 호수에서 배를 타고 놀면서 웃는 사람들도 다 배우들이더라고. 우리는 진짜 평범한 시민들과 대화를 나눠보고 싶었지. 그래서 밤에 몰래 빠져나가려고 했는데, 어느새 알고 쫓아와선 우리를 도로 데려다 놓더구나. 어디를 가든 그렇게 정부의 감시자들이 따라다녔어."

"거기 가셨을 때 어디에 묵으셨어요?" 내가 아버지에게 물었다.

"그들은 우리를……."

대답하던 아버지의 목소리가 갑자기 끊어졌다.

"아버지?" 내가 불렀다.

아버지는 나를 똑바로 쳐다만 볼 뿐 아무 말도 하지 않았다.

"아버지, 괜찮으세요?" 내가 물었다.

나는 아내를 힐긋 쳐다봤다. 몹시 놀란 표정이었다. 나는 일어나 아버지가 앉은 의자로 갔다. "아버지, 괜찮으세요?"

아버지는 안락의자에 푹 늘어진 채 움직이지 못했다. 말도 못 하고 눈은 공포에 휩싸였다.

나는 경호원들이 있는 복도로 달려갔다. 그들은 911에 전화를 걸며 나와 함께 아래층 쉬는 방으로 내달렸다. 1~2분도 지나지 않아 아나폴리스의 구급대원들이 도착해 아버지를 들것에 올렸다. 워낙 몸집이 큰 분이라 들것에 올려 옮기는 게 쉽지 않았다. 아버지는 무언가 말을 하려고 애쓰는 것 같았지만, 들리는 것은 아무것도 없었다.

구급대원들은 아버지를 신속하게 병원으로 옮겼고, 의사들은 보자마자 심각한 뇌졸중이 발병한 것으로 판단했다. 내 형제들이 곧 그들의 어머니 일로나와 함께 병원에 도착했다. 우리는 응급실에서 거의 밤새도록 아버지 곁을 지켰다.

의사들은 상상할 수 있는 모든 테스트를 수행했다. 그들은 우리에게 해줄 낙관적인 말을 찾지 못했다.

네 명의 이복동생 중 맏이인 매트가 다음 주말에 코스타리카에서 결혼식을 할 예정이었다. 아버지와 일로나를 포함하여 우리 모두 그곳에 가는 것을 고대하던 터였다. 이제 아버지가 중환자실에 들어간 뜻밖의 상황에서 그 계획을 예정대로 실행에 옮길 수 있을지 의문스러웠다. 그렇다고 결혼식을 취소하자니, 여러 정황상 너무 늦은 시점이었다. "너희들은 모두 너희 어머니 모시고 거기 가서 예정대로 식을 치러라." 내가 형제들과 일로나 앞에서 말했다. "아버지는 내가 여기 남아서 돌볼 테니까 걱정하지 말고."

아버지는 뇌졸중 발병 4일 후인 4월 20일 목요일에 돌아가셨다. 우리는 가족들 모두가 결혼식에서 돌아온 4월 29일에 아나폴리스에서 장례식을 치렀다.

주 청사에서 몇 블록 떨어진 성 마리아 성당Saint Mary's Church은 조문객들로 가득 찼다. 네 명의 현직 주지사를 위시하여 소속 당과 관계없이 과거와 현재의 정치인들이 줄을 이었다. 나한테 의석을 빼앗길 뻔했고 여전히 아버지의 예전 자리를 꿰차고 있던 스테니 호이어 의원도 왔고, 크리스 크리스티도 달려왔다. 아버지는 생전에 많은 사람에게 감명을 주었다. 그것은 확실했다. 윌리엄 로리William Lori 대주교가 장례 미사를 집전했고, 나는 추도사를 맡았다.

나는 워터게이트 사건 당시 아버지가 취한 행보에 대해 들려주었다. 그것이 국가에 어떤 의미가 있었는지, 그리고 아버지에게는 어떤 의미가 있었는지 이야기했다. "그것이 아버지 인생의 결정적인 순간이었습니다." 나는 화려하게 장식된 가톨릭교회의 제단에 서서 말했다. "아버지께서 가장 많이 기억되고 가장 많이 존경받는 것은 그 역사적인 순간에서 올바른 선택을 했기 때문입니다." 나는 이어서 아버지의 학창 시절과 FBI 요원으로 근무한 이력, 모두를 놀랜 출마 선언, 주지사 집무실 문에서 자신의 이름을 보고자 했던 꿈, 40년 후 예기치 않은 방식으로 실현한 그 꿈에 대해서 이야기했다.

어머니처럼 아버지도 마지막 날을 평소와 다름없이 즐겁게 보내셨다. 기분 좋게 외출해 한 아들과 점심을 먹고 다른 아들과 저녁을 먹었다. 아버지는 자신이 속한 것으로 생각한 주지사 관저에서 와인잔을 들고 아들과 며느리에게 이야기를 들려주었다.

"래리 호건 시니어는 제가 가장 자랑스러워하는 저의 영웅이었습니다." 나는 그날 조문객들에게 이렇게 말했다. "제 아버지는 이길 가능성이 희박할 때조차도 일어나 싸웠습니다. 제 아버지는 자신의 신념을 위해 용감하게 싸우며 평생을 보내셨으며, 저는 그것이 영원토록 그분의 유산이 될 것이라고 믿습니다."

29장
어려운 설득

주지사로 재임하면 많은 재미있는 일을 할 수 있다. 저택에 거주하고 백악관 저녁 식사에 초대되고 공항에서 검색 및 심사 과정을 건너뛰는 등의 예측 가능한 일만 의미하는 것이 아니다. 취임 이후로 레이븐스와 레드스킨스, 오리올스의 스타 선수들과 어울리게 되었고, 좋아하는 컨트리 가수들을 무대 뒤에서 만날 수 있었으며, 엠지엠내셔널하버MGM National Harbor에서 복싱 세계챔피언 세 명에게 타이틀 벨트를 수여했고, 프리크네스 스테이크스 이후 핌리코에서 트리플 크라운 우승마 아메리칸 패로American Pharoah에게 우드론베이스Woodlawn Vase를 수여했다. 나는 심지어 솔트레이크 시티의 한 무대에서 마리 오스몬드Marie Osmond와 팻시 클라인Patsy Cline의 '크레이지Crazy'를 듀엣으로 부르며 춤을 추기도 했다. 내가 레잇나잇Late Night에 출연했을 때 세스 마이어스Seth Meyers에게 말했듯이(네, 그것도 했습니다), 무대에 올라 노래하고 춤춘 것은 (체중 감량 제품 전문회사인) 뉴트리시스템Nutrisystem의 광고 계약을 따낼지도 모른다는 바람에서 한 것이었다!

2017년 전몰장병 추모일 주말에 샬럿 자동차경주장에서 열리는 NASCAR의 58회 연례 코카콜라Coca-Cola 600에 명예 출발신호원으로 참여해 달라는 요청도 들어왔다. 내가 도대체 무슨 일까지 해야 하는지 확신이 서질 않았지만, 10만 관중과 전국의 TV 시청자가 지켜보는 가운데 깃발을 휘두르는 것도 꽤 멋질 거라는 생각이 들었다. 그날 행사 시작을 여는 그랜드 마샬grand marshal로서 명예를 나누는 초대 인사는 배우 채닝 테이텀Channing Tatum이었다. 여성 팬이라면 '매직 마이크Magic Mike'에서 스트리퍼 역할을 한 채닝을 기억할 것이다. 그는 자신의 최신작인 '로건 럭키Logan Lucky'를 홍보하고 있었는데, 마침 그 영화에서 맡은 배역이 샬럿 경주장의 지하 금고를 털려고 모의하는 주동자 역할이었다.

경주대회 전날 밤, 채닝과 나는 NASCAR 명예의 전당에서 열린 전야제의 연사로 무대에 섰다. "여러분 중 일부는 왜 메릴랜드 주지사가 내일 열리는 그 큰 대회의 공식 출발신호원으로 선정되었는지 궁금하실 겁니다." 경주팀과 후원자로 구성된 청중 앞에서 내가 말했다. "음, NASCAR는 보다 많은 여성 팬을 유치하기 위해 심혈을 기울이고 있습니다. 그래서 채닝 테이텀을 그랜드 마샬로 초빙한 겁니다. 하지만 사실을 말씀드리자면 그들의 그런 의도는 기대만큼 먹혀들지 않고 있습니다. 하필이면 그를 지원하는 인물로 저를 골랐기 때문입니다."

청중은 웃음을 터뜨렸다. 좌중의 모든 여성이, 솔직히 너무 크게 웃었다. 채닝도 마찬가지였다. 마이크 앞에 선 그는 같이 무대에 선 육중한 체구에 머리가 거의 벗겨진 중년 남성을 바라보며 이렇게 말했다. "도움을 주셔서 감사합니다, 주지사님. 저는 정말로 주지사님의 지원을 높이 평가합니다."

하지만 모든 주말을 마리와 함께 춤을 추거나 NASCAR 경주를 출발시키면서 보낼 순 없었다. 더욱이 나만의 중요한 경주가 있지 않았던가. 우리는 4년 전에 불가능한 일을 달성했다. 자금이 부족하고 거의 알려지지도 않았던 공화당원 사업가가 민주당 색이 가장 짙은 메릴랜드에서 주지사 선거에 승리하여 그해의 가장 큰 이변을 연출했다. 그러나 이제 나는 성공적인 현역 주지사였다. 당연히 시도만 하면 한 번 더 할 수 있었다.

'당연한 거 아닌가?'

"힘든 전투가 될 겁니다." 새로운 캠페인 관리자 짐 바넷Jim Barnett이 2018년 재선 선거운동 계획을 세우면서 내게 말했다. "우리가 이길 확률이 50퍼센트 미만입니다."

'나의 캠페인 관리자'에게서 나온 분석이었다!

부정적으로 평가하는 사람은 그 혼자만이 아니었다. 더그 메이어와 러스 슈리퍼, 스티브 크림, 그리고 지난 4년 동안 수석 고문으로 활동한 론 건즈버그도 그 정도로 부정적이진 않지만 거의 비슷한 견해를 피력했다. 불가능하지는 않다는 데 모두 동의했지만, 모든 것이 아무런 차질 없이 진행될 때 가능하다는 의견이었다. 그리고 아무런 차질 없는 진행은 정치 세계에서 거의 일어나지 않는 현상이었다.

처음에는 이런 비관론의 홍수가 납득되질 않았다. 나는 모든 것이 우리에게 유리하게 돌아가고 있다고 느꼈다. 물론 메릴랜드는 민주당 텃세가 심한 주였다. 그러나 나는 현직의 모든 장점을 보유했다. 선거 자금을 모으는 것은 결코 쉬운 일이 아니지만, 이번에는 현직자로서 적잖이 모을 수 있다는 것을 알았다. 우리 팀은 그동안 일을 훌륭하게 수행했다. 자랑할 만한 기록도 보유했다. 주를 되살린 것에 대해 전국적인 관심이 일고 있었다. 나는 볼티모어 폭동을 잠재우고 말기 림프종도 이겨냈다. 우리는 850개가 넘는 규제를 철폐했으며 주 전역의 모든 시설에서 통행료를 삭감했다. 우리는 미국에서 가장 큰 경제 회복을 이뤄냈으며 빌어먹을 빗물세도 폐지했다. 입법부의 민주당 의원들은 꾸준히 나를 공격하고 있었지만, 결국 나의 의제 중 상당 부분을 지지한 상태였다.

나의 직무 지지율은 또 어떠한가? 그것은 여전히 고공행진 중이었고 메릴랜드 역사상 어떤 주지사보다 높았으며 내 친구인 매사추세츠 주지사 찰리 베이커를 제외하고는 미국의 어떤 주지사보다도 높았다. 취임 이래로 직무 지지율은 57퍼센트에서 63퍼센트, 68퍼센트, 70퍼센트로 꾸준히 상승했다. 여론 조사원들은 계속해서 "더 이상은 올라갈 수 없다"라고 말했지만, 그런 다음 다시 올라가곤 했다. 재선 캠페인이 시작될 무렵 그 핵심 척도는 73퍼센트로 저 높은 성층권 위로 솟아 있었다.

진심이다. 지지율이 이러한데 어떻게 재선 승리가 어려울 수 있다는 말인가?

그런데 내 주변의 똑똑한 사람들 모두가 매우 매우 어려울 수 있다는 데 동의하는 것 같았다.

우선 주 역사상 공화당 주지사가 재선에 성공한 경우는 단 한 차례 밖에 없었다. 1954년 시어도어 맥켈딘 이후로 누구도 성공하지 못했다. 오랜 친구 밥 얼릭은 2002년 깜짝 승리로 주지사가 된 후 2006년과 2010년에 연거푸 고배를 마심으로써 그 교훈을 힘겹게 배웠다. 그는 민주당의 마틴 오말리에게 두 차례 참패한 후 과연 어떤 통찰을 얻었을까? 그것은 자신의 실수나 한계와는 아무런 관련이 없었다. 얼릭은 아무리 영리하고 아무리 추진력이 좋아도 공화당 후보는 메릴랜드주 전역을 관할하는 공직에 다시 선출될 수 없다고 결론지었다. 그는 우리 주가 단순히 공화당원은 승리할 수 없는 지역이 되었다고 말했다.

2017년 말, 재선 캠페인이 개시되자 메릴랜드의 정치 전문가들은 나를 제2의 얼릭으로, 즉 운 좋게 한 번 승리했지만 두 번째는 가능성이 별로 없는 주자로 평가했다. 그들의 견해에 따르면, 4년 전 나의 승리는 민주당 지지자들의 낮은 투표율과 앤서니 브라운이라는 활기 없는 상대, 마틴 오말리라는 인기 없는 현직 주지사 등의 요인이 한꺼번에 맞물려 발생한 우연적 결과였다. 내 지지율이 아무리 높아도 선거의 번개가 다시 칠 것으로 믿는 사람은 많지 않았다. 메릴랜드는 여전히 메릴랜드였고, 이번에는 걷어차기에 딱 좋은 상대도 없었다. 민주당에서는 공화당의 침입자에게서 권력을 되찾기 위해 할 수 있는 모든 것을 다할 터였다. 전문가들은 정말로 민주당원들이 해야 할 일은 계속해서 '트럼프'라는 한 단어만 언급하고 모두 투표에 참여하는 것뿐이라고 했다.

우리가 메릴랜드의 변혁을 지속시키려 애쓰고 있을 때 백악관의 대통령은 마치 거대한 풍선처럼 선거 경주에 나선 내 머리 위를 떠다녔다. 주황색 피부에 작은 손을 벌리고 기저귀를 찬 채 호박색 갈기를 세운 '아기 트럼프' 풍선처럼 말이다. 게다가 트럼프는 메릴랜드에서 자신의 인기를 떨어뜨리는 언행을 두 배로 늘려나가고 있었다. 분열적인 수사와 혼란을 초래하는 트윗, 모욕적 언사, 끊임없는 이민자 배척, 블라디미르 푸틴이나 김정은과 같은 독재자들에 대한 고집스러운 포용 등으로 메릴랜드의 우리와 달리 항상 사람들을 통합하려는 대신 분리하려고 애썼다. 어디나 그렇듯 여기에도 트럼프의 팬들은 있었다. 그들은 그가 무엇을 하든 그와 함께할 것이었다. 그러한 트럼프 지지자 기반 중 상당수가 내가 대통령에 대한 감정을 감추지 않았음에도 나를 지지해주었다.

우리의 선거운동이 개시될 무렵 메릴랜드에서 트럼프의 직무 지지율은 29퍼센트로, 나보다 44퍼센트포인트 낮았다. 나는 아프리카계 미국인의 60퍼센트, 민주당원의 67퍼센트의 지지를 받았다. 트럼프는 그런 유권자층에서는 거의 언급도 되지 않았다. 그러나 누군가를 좋아하는 것과 그에게 표를 주는 것은 완전히 다른 별개의 문제이다. 여론 조사원이 메릴랜드 주민들에게 나의 재선에 투표할 것인지 물었을 때, 나에 대해 호의적인 의견을 갖고 내가 해온 일을 지지한다는 사람들에게서조차 엄청난 반대표가 나왔다. 그 시점에서 메릴랜드 유권자 가운데 47퍼센트만이 나의 재선에 투표하겠다고 답한 것이다.

참으로 이상한 시기였다.

여론 조사원에게 이렇게 말하는 사람들이 많았다. "지금 주지사가 훌륭한 것은 맞아요. 하지만 나는 그에게 투표하지 않을 거예요. 이번에는 공화당 후보에 투표하지 않습니다. 도널드 트럼프에게 메시지를 보낼 겁니다." 투표소에 나오겠다는 메릴랜드 유권자 중 48퍼센트가 그런 메시지를 보내기 위해 어떤 공화당 후보에게든 투표하지 않을 계획이라고 답했다. 그것이 백악관을 차지한 그 인물에 대해 그들이 혐오하는 정도였다.

짐과 더그, 론, 러스는 물론이고 여론 조사원과 데이터 담당자, 선거운동 전문가들 모두 이와 비슷한 현상은 본 적이 없다고 말했다. 직무 지지율과 재선 지지율이 26퍼센트포인트나 차이가 났으니 말이다. 그 모든 것이 도널드 트럼프 덕분이었다. 민주당 주지사 후보로 누가 나오든 그는 나를 인기 없는 공화당 대통령과 연결하기 위해 가능한 모든 일을 할 것이었다. 내 고문들은 내게 그렇게 경고했다. 민주당은 2018년에 래리 호건이나 호건-러더포드를 상대로 싸우지 않을 터였다. 그들은 '트럼프 - 호건'을 상대로 삼을 게 뻔했다.

4월 24일, 나는 기쁜 마음으로 메릴랜드의 동물 보호 관련 여러 법안에 서명했다. 한 법안은 반려동물 입양을 장려하는 것이었고, 다른 하나는 동물 학대에 대한 법 집행을 강화하는 것이었으며, 또 다른 하나는 강아지 공장에 철퇴를 가하는 것이었다. 그날 메릴랜드는 캘리포니아에 이어 미국에서 두 번째로 상업 공장에서 사육한 강아지와 새끼 고양이를 반려동물 가게에서 판매하지 못하게 조치했다. 그런 공장 중 일부는 동물 학대와 관련된 형언할 수 없는 기록을 보유했다. 나는 우리 주에서 그런 것을 막기 위해 할 수 있는 모든 일을 하기를 원했다. 나는 그날 아침 출근길에 청사 밖의 로이어스 몰Lawyer's Mall 앞에서 잠시 멈추었다. 수십 명의 동물 애호가들이 좋은 가정을 필요로 하는 보호소 강아지들과 함께 기다리고 있었기 때문이었다.

다음에 무슨 일이 일어났는지는 미루어 짐작할 수 있을 것이다.

16개월 전 렉시가 죽었을 때 아내와 나는 다른 반려견을 들이지 말기로 결정했다. 당분간은 그럴 작정이었다. 하지만 거기서 강아지 몇 마리를 껴안기 시작하자 내 결심은 녹아내리기 시작했다. 녀석들은 내 목과 어깨에 코와 입을 비벼댔다. 그중 한 녀석은 내 턱을 입으로 지분거렸다. 나는 그들 모두와 인사를 나누었다.

"강아지들이 투표할 수 있다면 모두 나한테 할 겁니다." 나는 웃으며 말했다.

그날 아침 청사 밖에서 만난 반려견 중에 작은 시추 강아지 네 마리와 그들의 어미 개가 있었다. 볼티모어의 BARCS 동물 보호소에서 나온 녀석들이었다. 어쩔 수 없었다. 나는 폭동이 있었던 볼티모어 서부에서 구조된 그 가족 모두와 사랑에 빠졌다. 그들을 보호소로 돌려보내는 걸 상상할 수 없었다. 나는 아내에게 우리는 정말 반려견이 필요하다고 말했다. 약간의 망설임이 수반되었지만 결국 다섯 마리 모두, 즉 네 마리의 작은 강아지와 그들의 어미에게 가정을 구해주기로 결정했다.

손녀 다니엘라가 강아지 한 마리를 데려갔다. 언론담당 비서인 슈리스 처칠Shareese Churchill은 두 딸을 위해 강아지 한 마리를 입양했고, 그녀의 부모도 다른 한 마리를 데려갔다. 아내와 나는 새끼 중 가장 작은 강아지와 어미 개를 입양했다. 하지만 이름은 무엇으로 해야 하지? 결정하는 데 도움이 필요했다. 수천 명의 사람들이 제안을 했다. 우리는 많은 좋은 이름 가운데 마침내 두 개를 골랐다. 어미 개는 (아나폴리스를 줄인) 아나, 강아지는 (체사피크를 줄인) 체시였다. 아나와 체시는 그렇게 볼티모어 거리를 헤매다가 보호소를 거쳐 주지사 관저로 들어왔다. 진정한 강아지판 신데렐라 이야기가 아닐 수 없었다.

나는 강아지에게서 다시 힘을 얻기 시작했다!

당내 친트럼프 인사 중 한 명이 나를 상대로 주지사 후보 경선에 도전할지도 모른다는 얘기가 돌았다. 하지만 그 얘기는 그냥 뜬소문으로 끝났다. 그런 인물이 나타나질 않았다. 공화당원들 사이에서 내 지지율이 87퍼센트였기 때문이었으리라. 따라서 걱정거리 하나는 줄어든 셈이었다. 사실 누가 내게 경선 도전장을 내밀었어도 쉽사리 물리쳤을 것이다. 그러나 만약 공화당 경선을 치렀다면 그만큼 선거자금이 낭비되었을 것이고, 당 지지 기반 일부를 격분시켜 11월 선거일에 투표소에 나오지 않게 만들었을 것이다. 아무리 수월한 경선이라도 아무런 상처 없이 마무리하는 것은 불가능했다. 어쨌든 이제 맞설 준비를 해야 할 상대는 민주당 후보들이었고, 그들은 이미 줄을 서고 있었다.

등록당원 수의 우위와 트럼프에 대한 크나큰 반감을 고려한 9명의 민주당원이 나에게 도전하기 위해 시동을 걸었다. 그중 가장 강력한 세 명은 프린스조지 카운티의 카운티장인 러선 베이커Rushern Baker와 볼티모어 카운티의 카운티장인 케빈 카메네츠Kevin Kamenetz, 그리고 민주당의 진보파가 아끼는 선동가로 NAACP의 전국 회장을 역임한 벤 젤러스Ben Jealous였다. 모두 막강한 상대였다. 대규모 카운티의 수장인 베이커와 카메네츠는 이미 확고한 지지층을 보유하고 있었고, 젤러스는 미디어에서 관심을 기울이는 시민권 운동가로서 전국적 인지도를 갖추고 있었다.

젤러스는 버니 샌더스Bernie Sanders와 코리 부커Cory Booker, 카말라 해리스Kamala Harris 등의 상원의원과 어린 시절 친구인 코미디언 데이브 샤펠Dave Chappelle에게서 공개 지지를 받았다. 그의 선동적인 웅변술과 대학 등록금 무료화, 마리화나 합법화, 최저 임금 15달러 등의 공약이 민주당 유권자들과 연결되는 듯했다. 비극적이게도 카메네츠는 6월 26일로 예정된 프라이머리 6주 전인 5월 10일에 심장마비로 세상을 떠났다. 그러한 뜻밖의 공백과 열정적인 진보 자원봉사자 군단에 힘입어 젤러스가 베이커보다 10퍼센트포인트 앞서는 40퍼센트의 득표율로 민주당 프라이머리에서 승리를 거두었다. 그리고 진짜 경주가 시작되었다.

벤 젤러스는 자신이 보유한 모든 자금을 경선에서 승리하는 데 소비했다. 그는 잠시 멈춰서 재장전할 필요가 있었다. 이번에는 2014년과 달리 우리에게 선거자금 측면의 이점이 따랐다. 우리는 그가 자신을 정의할 기회를 마련하기 전에 우리가 먼저 그를 정의하기로 결정했다. 4년 전 앤서니 브라운을 상대로 그랬던 것처럼, 신속하게 페이스북 비디오를 제작해 젤러스를 '너무 극단적'이고 '너무 위험'한, 메릴랜드 주민들이 감당할 수 없는 비주류 정치인으로 묘사했다. 우리는 정부에서 건강보험료를 내게 하겠다는 그의 예산 파괴적인 계획을 집중적으로 공략했다. "〈워싱턴포스트〉조차도 젤러스의 프로그램을 뜬구름 잡는 소리라고 평했습니다." 비디오의 내용이다. 공화당 주지사 협의회는 자체적으로 젤러스를 정의하는 두 가지 TV 광고를 내놓았다. 이번에는 도움을 간청할 필요가 없었다.

젤러스는 자신이 부당하게 묘사되었다고 반박했다. "래리 호건, 당신은 아무런 생각이 없군요." 비디오가 나가자마자 그가 선언했다. "오늘 아침에 나온 당신의 공격은 통탄할 작태라오, 친구." 한 번도 만난 적이 없는데 젤러스는 종종 나를 '친구' 또는 '형제'라고 불렀다. 하지만 안타깝게도 그는 자신에 대해 다른 정의를 제공하는 데 실패했다.

전 NAACP 회장이 우리가 드러내고자 하는 극단주의자가 아니라면, 그렇다면 그는 무엇이란 말인가? 메릴랜드에 대한 그의 비전은 무엇인가? 나는 그와 그의 캠페인팀이 할리우드에서 자금을 모으느라 너무 바쁜 나머지 메시지를 개발하지 못한 것으로 생각한다. 어쨌든 우리의 초기 광고 공세와 그의 반격 실패 덕분에 벤 젤러스의 이미지가 이미 유권자들에게 각인되고 있었다. 메릴랜드에서 실제로 그를 아는 사람은 거의 없다는 사실 때문에 그를 정의하는 일이 더 쉬워졌다. 그는 주에서 활동한 경력이 별로 없었다. 그의 부모는 볼티모어에서 만났지만, 그는 캘리포니아주 샌프란시스코에서 남쪽으로 2시간 거리에 있는 몬터레이반도에서 태어나 자랐다. 그 후 뉴욕의 컬럼비아 대학교에 진학했고, 로즈Rhodes 장학금을 받으며 영국 유학을 했다.

"만약 여러분이 마틴 오말리를 마음에 들어 하셨다면." 내가 고개를 저으며 말했다. "이 사람도 마음에 드실 겁니다. 세금 인상으로 수

백억 달러의 예산을 마련하는 것에 대해 이야기하는 사람이기 때문입니다."

분명히 치열한 선거운동이 될 터였다.

하지만 본격적으로 싸움이 전개되기도 전에 젤러스는 우리의 어떤 도움도 없이 자력으로 거대한 혼란을 자초했다. 8월 8일 오전, 그는 메릴랜드 중부의 타우슨에서 기자 회견을 열어 몇몇 선출직 공무원들의 지지 표명을 발표했다. 〈워싱턴포스트〉의 에린 콕스Erin Cox 기자는 그의 값비싼 사회복지 계획에 대한 최근의 몇몇 논쟁을 언급하면서, 젤러스에게 스스로 사회주의자라고 생각하는지 물었다. 새로운 지지 표명자들이 그의 뒤에서 눈에 띄게 움츠리는 가운데 그는 기자에게 이렇게 답했다. "염병할, 지금 나랑 장난하자는 거요(Are you fucking kidding me)?"

에린 콕스가 던진 질문은 터무니없는 것이 아니었다. 젤러스는 자신을 민주적 사회주의자라고 칭하는 버니 샌더스의 2016년 대선 캠페인에서 주요한 대리인으로 활동한 바 있었고, 최근에는 '메디케어포올Medicare for All(국가가 직접 관리하는 전 국민 대상의 보편적 의료서비스 – 옮긴이)'을 추진하고 있었다. 젤러스의 답변은 즉시 입소문을 탔다. 사람들을 강타한 것은 공식 기자 회견장에서 내뱉은 저속한 표현만이 아니었다. 그의 과민 반응도 화제가 되었다. 공화당 주지사 협의회는 즉시 그 욕설 클립을 트윗하며 젤러스를 '불안정한 인물'로 칭했다. 주 공화당은 '벤 젤러스를 주지사로? 지금 나랑 장난하자는 거요?(Ben Jealous for governor? Are you f – ing kidding me?)'라는 공식 메시지를 내보냈다. 우리의 선거운동을 대변하는 더그 메이어는 우리가 아나폴리스에서 강조하려 애쓰는 고상한 통합의 어조를 대비시키며 트럼프에 대한 미묘한 비꼬기까지 추가했다. "호건 주지사는 우리 주 및 우리 나라에서 정치적 담론의 수준을 높이는 것의 가치를 믿습니다. 기자의 질문에 욕설을 섞어 답하는 것은 당연히 그에 반하는 행태입니다. 우리는 언사와 어조가 중요하다는 것을 이해하는 사람들이 공직에 더 많이 진출해야 한다고 믿습니다. 그렇지 않은 사람들이 이미 워싱턴에 많이 있기 때문입니다."

이른 오후, 젤러스는 트위터에 사과문을 올렸다. "〈워싱턴포스트〉의 콕스 기자에게. 오늘 아침 질문에 대한 나의 부적절한 언사에 대해 사과합니다. 저 역시 기자 출신으로서 자유 사회에서 기자를 존중하고 그들의 질문에 정직하게 대답하는 것이 얼마나 중요한지 잘 알고 있습니다." 뒤늦게나마 그는 그녀의 질문에 깔끔한 답변을 제공했다. "저는 사회주의자가 아니라 벤처 자본가입니다. 저는 나 자신을 사회주의자라고 언급한 적이 없으며 사회주의자로 정치에 임하지도 않을 겁니다."

애초에 그런 식으로 대답했다면 불필요한 곤경에 처하지 않았을 텐데……

우리의 캠페인에는 핵심 메시지가 있었다. 우리가 '효과적인 독립 리더십'이라고 압축한 것으로, 사람들을 분열시킬 필요가 없다는 개념이었다. 얘기인즉슨 우리가 상식적인 일련의 원칙을 중심으로 사람들을 모아 주를 올바른 길로 이끌고 필요한 일을 완수할 수 있다는 것이었다. 일자리 증진과 사업체의 성장, 사회적 관용, 재정적 책무,

교육, 환경 등의 모든 일을 가혹하게 굴거나 대가를 지나치게 치르지 않고도 할 수 있었다. 그런 식으로 우리는 민주당의 벤 젤러스와 공화당의 도널드 트럼프에 직접적으로 대비되는 포지션을 취했다. 젤러스와 트럼프는 분열의 정치를 추구하는 것처럼 보였다. 나는 양쪽 모두에게 이치에 닿는 말을 할 수 있는 중간자적 입장이었다. 이른바 '공화당 개념'이니 '민주당 개념'이니 하는 것들에 신경 쓰지 않았다. 나는 단순히 좋은 개념이 무엇인지에 관심을 기울였다. 그래서 '독립'이란 부분을 집어넣은 것이다.

우리의 메시지는 친숙하게 들렸지만, 이를 중심으로 구축한 우리의 캠페인은 2014년의 주제와 거의 대척점에 섰다. 우선, 나는 현직 주지사로서 일과 중에 수행해야 할 직무가 있었다. 그 일과는 매우 바쁘고 부담이 컸으며 종종 밤이나 주말 시간을 잡아먹기도 했다. 나는 시간제 주지사가 아니었고, 선거철이라고 그런 식으로 움직이고 싶지도 않았다. 4년 전에는 주지사 출마를 위해 거의 1년이란 시간 동안 회사를 비울 수 있었다. 든든한 캠페인 버스를 타고 메릴랜드의 구석구석을 온종일 돌아다닐 수 있었다. 또 그렇게 돌아다닌다면 신이 나겠지만, 지금은 그럴 수도 없었고 그래서도 안 되는 일이었다. 선거전이 최고조로 치닫는 상황에서 나는 그저 두 배 더 열심히, 두 배 더 빨리, 두 배 더 똑똑하게 움직여야 했다. 주지사와 후보자로서 해야 할 일 모두에 나의 모든 것을 바치기 위해 필요한 것은 무엇이든 하면서 말이다. 각료 회의를 마치고 캠페인 행사장으로 달려갔고, 상원의장과의 회의와 주 경찰과의 브리핑 사이에 정치 연설을 하는 시간을 짜 넣었다. 11월까지는 단 하루나 단 한 시간의 휴식도 허용되지 않을 터였다. 지난 4년 동안에도 휴식 시간은 별로 갖지 않았지만, 지금은 조금의 늦춤도 없이 끝까지 페달을 밟아야 할 시기였다.

다행히도 더 이상 나는 자금이 부족해 책임자에게 불평하고 간청해야 하는 외부인이 아니었다. 상대 당이 여전히 입법부를 장악했지만 지난 3년 이상 주를 책임진 사람은 나였다. 이번에는 다른 사람을 비판하는 대신 나 자신의 성과를 알리는 데 주력해야 했다. 메릴랜드가 훨씬 더 나은 곳으로 개선되었다는 것은 주지의 사실이었다. 사업체를 운영하기 좋은 주로 거듭난 덕분에 메릴랜드의 경제 성과는 50개 주 중 49위에서 8위로 뛰어올랐다. 교육과 교통 개선에 대한 투자도 사상 최고치를 기록했다. 우리는 오바마케어의 일부 문제를 완화하여 아무도 건강보험 혜택을 잃지 않도록 조치했고 보호와 청소를 통해 체사피크만의 수질을 30년래 최고 수준으로 끌어올렸다. 빗물세 같은 거 없이 말이다! 선거운동을 위해 들르는 곳마다 나는 그런 내용을 납득시켰다. 여론 조사 결과가 계속 우리에게 말했듯이 메릴랜드 주민들의 상당수가 이 모든 것을 좋아했다. 이제 우리가 해야 할 일은 사랑을 표로 바꾸고 내가 도널드 트럼프가 아니라는 것을 계속 증명하는 것뿐이었다.

선거자금을 모으는 일은 전보다 훨씬 쉬웠다. 기부자는 이길 가능성이 크다고 생각되는 후보자에게 훨씬 편한 마음으로 수표를 건넨다. 그러나 이번에는 지난번 선거운동보다 훨씬 더 비용이 많이 들터였다. 메시지를 적절히 전파하려면 보다 많은 인력이 필요했다. 우리의 상대 역시 전국의 민주당원과 할리우드 친구들로부터 많은 돈을 모을 것이었다. 그는 또한 민주당 주지사 협의회와 교원 노조, 그리고 메릴랜드투게더위라이즈Maryland Together We Rise 등과 같은 이름을 내건 다양한 정치 활동 조직의 막대한 지원도 기대할 수 있었다. 조만간, 아마도 곧 상대방이 공격적인 TV 광고로 나를 계속 때릴 것임을 나는 알았다. 우리는 그 각각에 대응해야 했다. 이상적으로는 먼저 예측하고 한발 앞서 나가야 했다.

30장
내게 투표해야 하는 이유

젤러스의 선거운동본부는 전국 및 주의 민주당과 함께 나를 도널드 트럼프의 재림으로 그리려고 계속 노력했다. 나는 이민자 가족 분리와 오바마케어, 체사피크만 자금 조달, 러시아 대통령 블라디미르 푸틴에 대한 트럼프의 입장과 그의 모든 미친 트윗에 대해 비난을 받았다.

나는 그 말도 안 되는 공격 대부분에 대답하지 않았다. 논쟁의 주제를 그쪽으로 설정하려는 젤러스 팀의 의도에 말려들지 않기 위해서였다. 나는 나 자신의 경제적 메시지를 고수하며 4년 전 호건-러더포드 행정부가 집권한 이후 메릴랜드가 얼마나 나아졌는지 유권자들에게 계속 상기시켰다.

그러면서 우리는 주로 페이스북을 통해 간간이 잽을 날렸다. 벤 젤러스를 그의 게임에서 몰아내기 위해 대개 통렬한 유머를 곁들여 고안한 영상이었다. 그중 하나가 '벤 젤러스의 7초 침묵'이라는 영상이었다. 그는 ABC 47 TV에서 라이언 엘드레지Ryan Eldredge와 인터뷰 도중 메릴랜드의 이스턴쇼어에 대한 질문에 멍하니 침묵으로 답했다. 지켜보기가 불편한 침묵이었다. 젤러스는 어떻게 대답해야 할지 모르는 눈치였다.

기자들이 그 어색한 침묵에 대해 물었을 때, 그는 자신이 지역이나 주제에 대한 지식이 부족했기 때문이 아니라 평생 말더듬증을 극복하기 위해 사용해온 기술인 '단어 교체'를 적용하다가 응답이 늦어졌다고 말했다. 그 말을 곧이곧대로 믿는 사람들은 거의 없었다.

브라운과의 경쟁에서와 마찬가지로, 우리의 영상은 상대를 흥분시켰다. 우리가 텔레비전 메시지를 완전히 긍정적으로 유지하는 동안 그는 맹렬한 네거티브 캠페인을 전개해 나갔다. 또 한 번 먹혀들고 있었다.

한 가지는 확실했다. 우리가 이 선거에서 이기려면 사람들, 특히 도널드 트럼프에게 충격받아 그에게 메시지를 전하기 위해 나에게 표를 주지 않겠다고 말한 사람들에게 나한테 투표할 수 있는 구실을 만들어주어야 했다. 그들이 메릴랜드 유권자의 대다수였다. 나에 대한 호감도나 직무 지지율을 높이는 문제가 아니었다. 내 인기가 훨씬 더 높아질 수는 없었다. 교외 지역의 여성과 아프리카계 미국인, 젊은 유권자 등 많은 사람이 나를 훌륭한 주지사로 생각했지만, 나에게 표를 주는 데에는 어려움을 겪었다. 그들은 도널드 트럼프에 대한 분노에 갇혀 있었다. 우리는 그들이 그런 거부감을 극복하도록 도와야 했고, 심지어 나와 아무 상관이 없는 일로 나를 처벌하는 것에 대해 죄책감까지 느끼게 만들어야 했다. "교외 지역 여성 표를 잃는다면, 우리는 이번 선거에서 지게 될 겁니다." 러스는 나에게 굳게 상기시켰다.

그렇다면 해결책은? 역할 모델이 필요했다. TV 광고에 나가 왜 래리 호건에게 투표하는지를 설명하는 실제 유권자들의 증언, 특히 예상치 못한 사람들의 증언이 필요했다. 그보다 더 긍정적인 게 어디 있을까?

러스는 대본 없이 그저 사람들이 카메라를 향해 말하게 하는 일련의 30초 광고를 제작했다. 한 광고에서 샌드라Sandra라는 몽고메리 카운티의 여성은 자신을 호건을 지지하는 민주당원이라고 소개했다. "그는 교통 문제를 엄청나게 개선했습니다." 그녀는 말했다. "환경을 위해서도 많은 일을 했고요. 그는 여성 문제에 진심으로 관심을 쏟습니다." 그러고 나서 결정적인 게 나왔다. "호건 주지사가 계속 통로 너머로 손을 내밀었으니까, 유권자들도 반대편으로 손을 내밀 수 있다고 생각해요." 트럼프에 대한 반감에도 불구하고 나에게 투표할 수 있는지 궁금해하는 교외 여성들에게 구실이 주어졌다!

사람들을 정말 놀라게 한 광고는 프랭클린스퀘어에 있는 루스엠커크Ruth M. Kirk 레크리에이션 및 학습 센터의 아더 '스퀴키' 커크Arthur 'Squeaky' Kirk가 볼티모어 거리의 목소리를 들려준 것이었다. "이 지역사회에서 여기 이 거리는 아무도 신경 안 쓰는 단절된 곳입니다." 그는 지난 선거 시즌에 나를 만났는데 내가 이기든 지든 그의 조직을 돕겠다고 약속했고 그 약속을 지켰다고 설명했다.

"그는 여러 차례 여기에 왔는데, 그 사실을 공개하지 않았어요." 스퀴키가 광고에서 한 말이다. "우리 사이에 우정이 생겼습니다. 실제로 그렇습니다. 그게 가능하냐고요? 나를 만나면 보통 사람처럼 행동하는 백인 공화당 주지사와는 가능합니다."

나의 직무 수행은 높이 평가하지만 공화당에는 투표할 수 없다고 생각하는 흑인 유권자들에게 구실이 주어졌다!

그냥 사람들이 자신의 느낌을 얘기하는 내용이라 광고 자체는 거의 무작위로 느껴졌지만, 당연히 우리는 메시지와 메신저를 선택할 때 세심한 주의를 기울였다.

이번에는 표준적인 정치 여론 조사로는 얻을 수 없는 수준의 깊이 있고 정교한 데이터 분석으로 몇 가지 멋진 일을 수행할 수 있는 돈이 있었다. 우리는 메릴랜드 전역에서 무작위로 선택한 800명의 사람을 인터뷰하는 대신, 수만 명을 대상으로 설문조사를 실시해 투표소에 나올 것이라는 유권자들이 무슨 생각을 하고 어디에서 정보를 얻으며 무엇에 움직이는지 조사했다. 그러한 데이터 수집에 수십만 달러를 썼는데, 아마도 주 단위 선거에 쓰인 정보 수집 비용으로는 전국 최고의 수준일 터였다. 우리는 그것을 통해 유권자 개개인 단위까지 대상으로 삼아 설득력 있는 메시지를 전할 수 있었다.

특히 교외 지역 여성 유권자에 대해서는 더욱 깊이 파고들었다. 그들이 우리의 중요한 공략 대상이었기 때문이다. 우리는 대부분이 민주당원이거나 무당파인 24명의 미결정 여성 유권자로 포커스그룹을 구성해 수개월 동안 운용했다. 지금은 호건-러더퍼드 티켓을 지지하지 않지만 흔들릴 수 있는 것처럼 보이던 유권자들이었다. 그들은 어떤 문제를 진정으로 신경 쓰는가? 우리의 상대방에 대해서는 무엇을 염려하는가? 전국적 사건이 그들의 주 및 지역적 선택에 영향을 미치는가? 우리는 도널드 트럼프 때문에 내게 표를 주지 않는 것은 공정하지 않은 처사라고 어떻게 설득할 수 있을까?

이 여성들은 우리가 듣기 싫어하는 말을 할 때조차도 놀랍도록 솔직하고 개방적이었다. 때로는 주의 깊게 들으면 실로 흥미로운 것을 배울 수 있다. 우리는 이 여성들에게서 많은 것을 배웠다. 진정한 보상을 안겨줄 지식이었다.

9월이 다가오면서 캠페인팀이 내놓은 그 모든 초기의 경고에도 불구하고 자신감이 붙기 시작했다. 벤 젤러스는 나름대로 전력을 다하고 있었다. 메릴랜드 밖에서 소수의 기부자로부터 거액의 자금을 모금했고, 교원 노조와 시민권 활동가, 뉴욕과 캘리포니아, 워싱턴 DC에서 지원 나온 진보주의자들과 함께 도널드 트럼프의 과도한 행위에 대한 비판에 열을 올렸다. 그러나 우리는 우리 나름의 메시지를 꾸준히 내보냈다. 미묘하게 대조되는 스타일과 이미지로 사람들이 애초에 나를 좋아하는 이유를 상기시켰고, 그의 이름을 언급하지 않으면서 내가 도널드 트럼프가 아니라는 사실을 각인시켰다.

젤러스는 여전히 자신을 재정의하는 데 어려움을 겪고 있었다. 그리고 그는 고위 공직에 출마한 후보자답지 않게 공식 석상에서 결코 편안해 보이지 않았다. 그는 기자 회견에서 말을 더듬거렸고, 대본이 없는 상황에서는 긴장하고 불편해했다. 그는 지옥의 불을 연상시키는 전달력으로 좌중을 뒤흔들 수 있는 자극적인 연설가였다. 그러나 선거전이 치열해지면서 그의 단점이 더욱 두드러졌다. 가장 큰 단점 중 하나는 압박을 받으면 눈에 띄게 불안해하고 질문에 잘 대답하지 못한다는 것이었다.

정치에는 때로 이상한 측면이 생긴다. 이것도 그에 대한 증거에 해당할 것이다. 몇 달에 걸쳐 전쟁을 치르고 있었음에도 젤러스와 나는 실제로 만난 적이 없었다. 일반적으로 도전자는 가능한 한 많은 토론을 원한다. 4년 전, 나는 사실상의 현직인 앤서니 브라운을 토론장에 끌어들이고 싶어 안달했다.

젤러스는 전혀 토론을 벌이고 싶어 하지 않는 것 같았다. 두 선거 본부가 세부 사항을 협상하면서 밀고 당기기가 벌어졌다. 상대측은 우리가 제안한 많은 날짜를 모두 거부하며, 받아들일 수 없는 이유에 대한 변명만 계속 늘어놓았다. 우리가 '언제 어디서든 좋다. 오늘 오후는 어떤가?'와 같은 태도로 나갔는데도 그들은 계속 거절했다. 젤러스의 선거본부는 언론으로부터 지속적인 압박을 받은 후에야 마지못해 단 한 차례의 토론회를 갖는 데 동의했다.

9월 24일 월요일, 나는 그렇게 조심스럽게 합의된 대면 토론을 위해 메릴랜드 공영 텔레비전의 스튜디오에 갔다. 내가 연단에 서서 시작할 준비를 마치고 나서야 상대방은 흐트러진 옷매무새에 땀까지 흘리며 스튜디오로 뛰어들어 왔다. 그는 내 앞을 지나치며 인사도 하지 않았다. 카메라가 들어오기 전에 나는 그에게 다가가 악수를 하고 행운을 빌어주었다. 우리가 나눈 첫 대화였다. 그는 다소 놀라는 눈치였다. 그러나 토론이 시작되자 그는 내가 예상했던 것보다 훨씬 더 잘했다. 코치를 잘 받았는지 거침없이 내게 덤벼들었다. 하지만 나도 토론 공격이라면 누구에게도 밀리지 않는 인물이었다. 그는 재빠른 응수는 잘하지 못했지만, 공격 문구는 잘 기억하고 있었다.

젤러스가 나의 가장 큰 강점인 메릴랜드의 훨씬 개선된 경제에 도전하면서 토론회는 예상대로 전투적으로 시작되었다. "불황이 끝나고 몇 년이 지난 후 약간 더 나아진 경제를 놓고 공로를 인정받으려 한다면, 모든 지역에서는 아니겠지만 일부 지역에서는 태양이 떠오르는 것에 대한 공로를 인정받으려 하는 것과 같은 거지요, 주지사님." 그가 말했다. "신화가 아니라 기록에 근거해서 선거운동을 하셔야죠."

마침내 '친구'에서 '주지사님'으로 승격된 모양이었다.

나는 그가 우리의 인상적인 일자리 성장 수치를 잘못 해석했다고 비판했다. "지금 후보님이 하신 말씀은 단 한마디도 사실이 아닙니다." 내가 잘라 말했다.

그는 내게 사실을 알고 싶다면 그의 웹사이트 벤젤러스닷컴 benjealous.com에 들어와서 확인하면 된다고 받아쳤다. "그런 델 뭐 하러 들어갑니까." 나는 웃으며 무시했다.

나를 인기 없는 사람들과 연결하는 것은 젤러스 선거운동 전략의 큰 부분이었다. 그날 밤의 토론회에서 거론된 인물은 도널드 트럼프만이 아니었다. 젤러스는 1988년 대선으로 거슬러 올라가 조지 부시가 마이클 듀카키스 주지사를 상대로 이용한, 인종 차별적인 '법과 질서' 광고에 등장한 강간범이자 살인범 윌리 호턴Willie Horton을 상기시켰다. 젤러스가 말하려는 요점은 내가 지금 메릴랜드에서 수감자를 늘리는 정책을 펴고 있다는 것 같았다. 그 연관성이 잘 이해되지

　　　　　　　　　　　　　　　　스틸 스탠딩

않았다. "윌리 호턴에서 도널드 트럼프에 이르기까지, 당신의 공화당은 똑같은 플레이 북에 의거해 움직이고 있습니다." 그가 단언했다. "당신은 거짓말을 하며 사람들을 겁먹게 하고 있습니다."

나는 우선 그의 발언을 수정해 주었다. 사실은 우리가 메릴랜드의 교도소 수감자 수를 9퍼센트 줄여놓았다고 말이다. 다시 나는 비웃음을 날리지 않을 수 없었다. "윌리 호턴과 도널드 트럼프는 이것과 뭐 별로 관련이 없잖아요." 내가 말했다. 그리고 나를 트럼프에 연결하려고 또 한 차례 시도했을 때에는 젤러스와 나 사이에 유일한 공통점이 하나 있는데 그것은 바로 우리 둘 다 트럼프에게 표를 주지 않았다는 것이라고 농담했다.

그럼에도 젤러스가 계속 나를 트럼프와 묶으려 했기에 나는 그를 (그가 태어나 자란) 캘리포니아와 묶는 게 낫겠다고 생각했다. "젤러스 후보는 자신의 고향인 캘리포니아주를 생각하고 있는 게 틀림없군요." 어느 시점에 내가 말했다. 젤러스는 이 말에 감정적으로 응수했다. "제가 왜 여기서 자라지 않았는지 궁금하십니까? 그것은 우리 부모님의 결혼이 주법에 어긋났기 때문입니다." 그의 어머니는 흑인이고 아버지는 백인이다.

토론회가 열리기 전 사람들 대부분은 젤러스를 그리 높게 평가하지 않았다. 그에 대한 기대치가 낮았다는 뜻이다. 그는 확실히 그런 기대를 뛰어넘었다. 토론회의 승자는 나였지만, KO 승을 거둔 것은 아니었다.

만만한 상대가 아니었음을 인정한다. 그는 나와 정면으로 맞서 꽤 괜찮은 펀치도 몇 차례 날렸다.

그 밤이 그가 선거전에서 희망을 품을 수 있는 마지막 순간이었을 것이다.

얼마 지나지 않은 10월 8일, 우리는 또 하나의 유머러스한 소셜미디어 재담을 내보냈다. 자신이 목표로 삼은 공직을 잘못 말하는 경향을 포함해 젤러스의 당혹스러운 여러 실수를 강조하는 재담이었다. "@벤젤러스는 정확히 어떤 공직에 출마한 걸까요?" 우리는 이렇게 트위터에 질문을 올리며 증거 영상을 확인할 수 있는 페이스북 링크까지 달았다. "대통령? 버지니아 주지사? 도무지 알 수가 없습니다."

해당 영상을 보면 캘리포니아 출신의 상대 후보는 자신이 어떻게 나를 '백악관에서'('주 청사에서'가 아니라) 쫓아내고 최초의 흑인 대통령(메릴랜드 최초의 흑인 주지사가 아니라)이 될 것인지에 대해 말한다. 그리고 그 전 주말에는 자신이 '버지니아의 차기 주지사'가 될 것이라고 말했다.

그는 다음 날 기자 회견을 열어 내가 자신의 언어 장애를 조롱했다고 비난했다. 그는 어렸을 때부터 말더듬증으로 고초를 겪었다면서 이제 나의 촌평으로 인해 악동들이 말을 더듬는 다른 아이들을 괴롭히는 일이 늘어날 것이라고 말했다.

"지켜야 할 선이 있는 겁니다." 젤러스가 고함치듯 말했다. "그는 도리를 벗어났습니다. 그런 행태는 당장 멈춰야 합니다."

'버지니아 주지사' 말실수에 대해서는 이렇게 설명했다. "연설의 마지막에 나온 표현이고 저는 그것을 알아차리지도 못했습니다. 솔직히, 그것은 우리의 두뇌가 작용하는 방식일 뿐입니다. 저는 15초 후

스틸 스탠딩

에 그 얘길 듣고 '오!' 그랬을 정도입니다."

우리는 젤러스가 내뱉은, 말더듬증과 아무런 관련이 없는 다른 미친 소리를 여러 개 모아 제시하는 것으로 응답했다. "기자에게 욕설을 하든 버지니아 주지사로 출마하든 세금 인상을 약속하든, 젤러스 후보는 유권자들과 문제가 생길 때마다 단순히 본인의 말과 의절하고 넘어가서는 안 됩니다." 우리 선거운동본부의 홍보 책임자인 스콧 슬루프먼Scott Sloofman의 작품이었다.

우리는 끝까지 전속력으로 내달렸다. 마지막 몇 주 동안의 많은 집회에서 군중들은 "4년 더! 4년 더!"를 외쳤고, 나는 종종 "맥주 네 잔 더! 맥주 네 잔 더!"로 화답했다.

나는 계속 스스로 채찍질했고 직원들도 계속 나의 분발을 촉구했다. 주지사로 일하랴 열심히 캠페인을 벌이랴 연설하러 다니랴 자금을 모으랴 여전히 암에서 회복하랴, 정말 눈코 뜰 새 없이 바빴다. 선거일이 가까워지면서 이루 다 형언할 수 없을 정도로 지치고 피곤했다. 밤낮으로, 휴식도 휴가도 주말도 없이, 잠도 충분히 못 자고 식사도 제대로 못 하면서 뛰었다. 그렇게 지치고 피곤했는데도 정말 멍청한 말은 한 적이 없다는 사실이 놀라울 따름이었다. 하지만 결국 내 두뇌의 회로가 엉키기 시작했다. 우리의 부비서실장은 앨리슨 메이어Allison Mayer로 선거본부 부본부장인 더그 메이어와 부부 사이였고, 재무 책임자는 앨리슨 마이어스Allison Meyers였다. 마지막 모금 행사(378번째)에서 나는 이렇게 인사말을 했다. "우리의 재무 책임자인 앨리슨 메이어와 그녀의 팀이 이룬 이 모든 놀라운 성과에 깊은 감사를 전합니다."

앨리슨 마이어스는 눈을 똥그랗게 뜨고 나를 쳐다보았다. "5년 동안 주지사님을 위해 필사적으로 일했는데, 제 이름도 모르세요?"

"앨리슨." 내가 용서를 구했다. "내가 어떻게 당신의 이름을 모르겠어요. 내가 지금 서 있는 것조차 힘들 정도로 지쳐서 그래요. 내 이름조차 기억이 나질 않아요."

그날 오전에는 카라를 '카일'이라고 불렀다. 둘 다 나의 가장 가까운 비서였고, 서로 전혀 닮지 않았는데 말이다.

"어서 이게 끝나야 해." 내가 카일에게 말했다. 이번에는 확실히 카일이었다. "더 이상 버틸 힘이 없어."

일반적으로 나는 이런 행사를 끝까지 함께하며 참석자 모두와 개별적으로 대화를 나누고 감사 인사를 전하는 것을 좋아한다. 이번에는 인사말을 마치자마자 곧장 SUV에 올라타 좌석을 뒤로 젖히고 집으로 가는 내내 한마디도 하지 않았다.

31장
푸른 파도

민주당원들은 선거일에 모두 투표장에 나와 트럼프에 대한 반대 의사를 확실하게 표명하자는 운동을 벌였다. 동기 부여된 새로운 유권자들과 힘을 합쳐 정당성 면에서나 역사적으로나 자신들의 주인 메릴랜드를 되찾자는 것이었다.

젤러스 선거운동본부는 벌써 수개월 동안 투표율이야말로 나를 묻어버릴 수 있는 슈퍼파워라고 역설하고 있었다. 메릴랜드에서는 어떤 공화당 후보도 90만 표 이상을 받은 적이 없다는 것이 그들의 '정확한' 지적이었다. 따라서 그들은 100만 명에 가까운 지지자만 분기시키면 도널드 트럼프에 대한 유권자들의 증오로 약해진 유명 공화당 후보를 무너뜨리고 전국 정치 점수판의 민주당 쪽에 또 하나의 큰 승리를 기록할 수 있을 것으로 계산했다.

충분히 그럴듯하게 들렸다. 걱정스러울 정도로 이치에 닿았다.

결과적으로 민주당과 젤러스 선거본부의 공로를 치하하지 않을 수 없다. 그들은 실로 많은 민주당원을 투표소에 불러냈다. 2018년 11월 6일 메릴랜드 주지사 선거에서 투표한 유권자는 총 230만 명으로 역사상 최고치를 기록했다. 4년 전 내가 앤서니 브라운과 겨뤘을 때 나왔던 170만 표보다 60만 표가 더 많았다. 여기에는 지난번에 투표하지 않은 40만 명 이상의 새로운 민주당원이 포함되었다.

젤러스 팀은 프린스조지 카운티와 몽고메리 카운티, 볼티모어시 등의 전통적인 민주당 지역의 투표소 밖에 길게 늘어선 줄(즉 그들이 고대하던 '푸른 파도')을 발견했을 때 늦게나마 낙관적인 희열에 휩싸일 수 있었다. 그들은 반드시 이루어야 한다고 말한 것을 정확히 그대로 이루었다. 사람들을 투표소로 불러내 기표소에 들어가게 만든 것 말이다. 이제 남은 것은 서로 등을 두드리고 하이파이브 하고 자신들의 폭발적인 웅변가 후보가 호텔 연회장을 가득 채운 지지자들을 향해 승리의 연설을 하는 것뿐이라고, 그들은 흥분의 목소리를 높였다.

민주당의 승리 냄새가 공기 중을 떠올랐다. 혹은 그들은 어떻게든 그렇게 믿으려 했다.

나는 2014년 승리의 현장인 아나폴리스 웨스틴 호텔에서 개표를 지켜보기로 했다. 우리는 4년 전보다 더 많은 사람이 몰려올 것으로 예상했다. 캠페인 직원들에서부터 자원봉사자, 암 생존자, 볼티모어 폭동 때 만난 사람들, 행정부 직원들, 어린 시절과 아버지의 선거운동을 함께 한 친구들, 체인지 메릴랜드의 초창기부터 함께 뛴 사람들, 그리고 그저 주가 이룬 성과를 축하하고 싶은 사람들까지, 적잖은 인원이 참석할 터였다. 캐피탈볼룸이 충분히 크지 않아 불편할 정도로 혼잡한 밤이 될지도 몰랐지만, 어떻게든 효과적으로 진행해보자는 것이 우리의 계획이었다. 향수였을 수도 있고 미신이었을 수도 있다. 사실 잘 모르겠다. 어쨌든 나는 마법이 일어난 그곳으로 다시 돌아가는 게 좋았다. 그것이 옳다고 느껴졌다.

이번에는 모든 여론 조사에서 우리가 앞서 있었다. 선거 전야의 예측은 내가 앤서니 브라운을 상대했을 때보다 훨씬 더 낙관적이었다. 〈폴리티코〉와 폭스뉴스, 〈워싱턴포스트〉 등 모든 주요 언론이 메릴랜드 주지사 선거를 '공화당 당선 유력 지역'으로 분류했다. 4년 전 나의 패배를 예언했다가 굴욕을 맛본 선거 예측가 네이트 실버는 과거의 죄를 만회하려는 것인지, 아니면 새로 발견한 존경심을 보여주려는 것인지 잘 모르겠지만, 어쨌든 그의 파이브서티에잇 블로그는 메릴랜드 주지사 선거를 '확실한 공화당 우세'라고 선언했다.

그럼에도 소위 전문가들이 2014년에도 수없이 잘못 짚었다는 사실과 엄청난 민주당원 투표율을 감안하면 장담할 수 있는 것은 아무것도 없었다.

전국적으로 공화당 후보들의 분위기가 암울했다. 취임 2년 동안 도널드 트럼프는 현대의 미국에서 가장 인기가 낮은 대통령임을 입증했다. 그날 밤 그는 또한 푸른 주(민주당 강세 주)의 공화당 후보를 끌어내리는 매우 무거운 닻이었다. 그의 직무 지지율은 30퍼센트대로, 나보다 40퍼센트포인트 낮았다. 물론 그는 여전히 열렬한 지지자들을 보유했다. 그가 무슨 말을 하고 어떠한 행동을 하든 그들은 떨어져 나가지 않는 것처럼 보였다. 하지만 2016년 선거 이후 대통령은 아직 그를 지지하지 않는 사람들에게 손을 내밀기 위해 거의 아무런 노력도 하지 않았다. 모든 정치 분석가들은 교외 지역 여성들이 특히 그의 약점이라고 말했다. 약자를 괴롭히는 듯한 그의 행동거지와 트위터 분출, 그리고 강경한 견해는 펜실베이니아주 체스터 카운티와 캘리포니아주 오렌지 카운티, 메릴랜드주 몽고메리 카운티 등과 같은 지역에서 중요한 여성 유권자들을 쫓아내고 있었다. 그는 자신의 의제 중 가혹한 부분을 두 배로 늘리고 분열적인 수사의 볼륨을 높였다. 트럼프는 공화당 텐트를 확장하기 위해 노력했던 로널드 레이건과 정반대로 움직이고 있었다. 트럼프가 계속 이런 식으로 가면 공화당 전체가 결국 그 작은 강아지 텐트 중 하나에 들어갈 것 같았다.

민주당이 이번 중간 선거에서 의회의 과반수를 차지할까? 그날 선거를 치른 36개 주에서 어느 정당이 주지사직을 더 많이 차지할까? 그리고 지역별 선거에서는 어떤 결과가 나올까? 사람들은 미래를 위한 경로를 설정했다. 트럼프는 실제로 얼마나 많은 영향을 미칠까? 그 모든 질문에 대한 답이 몇 시간 내에 나올 터였다. 공화당 후보들에게는 길고도 힘든 밤이었다.

나는 우리가 나름의 긍정적이고 포용적인 메시지를 전달하면서 메릴랜드에서 해야 할 일을 했다고 느꼈다. 주 경제의 개선을 강조했고 무당파와 민주당원에게 다가섰으며 공화당을 의심하는 여성과 아프리카계 미국인, 노조원, 아시아계, 라틴계, 청년 등의 유권자들에게 특별한 노력을 기울였다. 마지막 순간까지 녹초가 되도록 일했으며 모든 사람에게 내가 도널드 트럼프가 아니라는 사실을 반복해서 상기시켰다. 사실 젤러스는 우리가 촉각을 곤두세우며 대비하고 있던 강력한 상대는 아니었다. 그는 나에게 예리한 공격을 가하는 등 나름대로 열심히 선거운동을 펼쳤다. 그러나 우리의 포용적인 메시지와 그가 너무 극단적이라는 주장 앞에서 그는 실제로 자신의 입지를 다지지 못했고 변화가 필요한 이유에 대해서도 설득력 있는 설명을 내놓지 못했다. 투표소 앞에 길게 늘어선 줄을 보고 민주당원들이 뒤늦게 어깨를 펴고 있었음에도 나는 낙관적인 기분으로 아나폴리스 웨스틴에 도착했다. 사람들이 이미 연회장에 모여들고 있었다. 아내와 나는 곧바로 위층 스위트룸으로 향했다.

카라와 카일이 캠페인 의장 톰 켈소, 캠페인 관리자 짐 바넷과 더불어 우리와 함께했다. 러스 슈리퍼와 더그 메이어, 론 건즈버거도 스위트룸에 자리했고, 잠시 후 우리 가족과 부주지사 및 그의 가족, 그리고 재무위원회의 핵심 구성원들이 들어섰다. 나는 방을 둘러보며 생각했다. '우리의 이너서클이 다 모였는데, 아버지는 어디 계신가?' 잠시 가슴에 애절한 아픔이 밀려오며 아버지가 그 자리에 있었으면, 하는 마음이 일었다. '정말로 이 자리에 계셔야 하는데.' 내가 이 여정을 시작할 때만 해도 다 끝내기 전에 아버지가 떠날 수도 있다는 생각은 조금도 들지 않았다. 사람들로 북적거리는 방이 지난번에 함께했던 아버지와 누나가 없는 탓에 조금은 빈 것처럼 느껴졌다.

우리는 결과가 나올 때까지 기다렸고, 나는 정치인들이 보통 선거일 밤에 하는 일을 했다. 초조하게 TV를 응시하다가 방을 서성거리며 캠페인팀에 뭐 새로 들어온 소식이 없는지 계속 물어보는 것 말이다. 아직 별다른 소식이 없었다. 뉴스 채널은 모두 선거 방송을 내보내고 있었다. 벌써 몇 시간째 그러고 있는 상태였다. 하지만 미국 전역의 투표가 이제 막 끝나기 시작했기에 앵커나 현장 기자, 스튜디오에 나온 전문가들에게도 실질적인 뉴스거리가 없었다. 폭스에서 CNN, MSNBC, 볼티모어와 워싱턴의 지역 채널에 이르기까지, 모두 끝없는 추정과 예측과 분석만 내보내고 있었다. 그들은 전체적으로 높았던 투표율에 대해 이야기했다. 그들은 '트럼프 효과'에 무게를 두었는데, 모두 공화당 후보에게 불리하게 작용할 것이라는 데 동의했다. 그리고 그 밤의 '푸른 파도'가 얼마나 클지에 대해 다들 크게 궁금해하며 나름의 관점을 반복해서 피력했다.

나는 그런 뉴스의 소강상태를 이용해 승리를 거둔다는 가정하에 연설에서 어떤 내용을 말하는 게 좋은지 생각했다. 일단 감사를 전해야 할 사람들이 많았지만, 모종의 중요한 주제로 선거를 정의하고 싶기도 했다.

우리가 이기면 그 승리는 특별한 무언가를 의미했다. 이번에는 단지 민주당원이 두 배 더 많은 주에서 승리한 공화당 후보가 되는 것만이 아니었다. 메릴랜드 역사상 재선에 성공한 두 번째 공화당 주지사가 되어 시어도어 맥켈틴 혼자 들어있던 그 매우 배타적인 클럽에 가입하는 것이었다. 게다가 나는 공화당에서 별다른 성과를 올리지 못하는 밤에, 특히 푸르디푸른 메릴랜드에서 그 일을 해내는 것이었다.

그때 그 생각이 머리를 때렸다.

"모두가 붉은 주와 푸른 주, 그리고 거대한 푸른 파도에 대해 말하고 있잖아." 내가 러스와 더그에게 말했다. "푸른 파도를 계속 언급한

스틸 스탠딩

단 말이야."

"그런데요?" 러스가 애매하게 반문했다.

"내가 보라색 서프보드에 올라 푸른 파도를 탔다고 하면 어떨까?"

"멋진데요." 더그가 화답했다.

"반드시 그렇게 말씀하셔야 합니다." 러스가 동의했다.

누군가가 나를 위해 써준 대사가 아니었다. 나는 그것이 특정 정당이나 경직된 이데올로기의 포로가 되지 않는다는 개념을 전하는, 의미 있는 무엇이라고 생각했다. 붉지도 푸르지도 않은 다른 무엇을 말하는 것이다. 붉은색과 푸른색을 모두 모아 스스로 생각하며 메릴랜드 주민들에게 최선이 되는 일을 한다. 누구와도 보조를 맞추지 않는다. 설령 그 누군가가 미국 대통령이라 하더라도. 상황이 요구하는 바에 따라 격동하는 파도를 누비며 어떻게든 내 발로 일어선다. 보라색 서프보드의 이미지는 그렇게 내가 믿었던 바와 실제로 나에게 일어나는 일을 제대로 포착했다.

푸른 파도에 대한 전문가들의 예측은 옳았다. 메인주에서 캘리포니아주에 이르기까지 모든 곳에서 공화당 후보들은 고전을 면치 못했다. 결론부터 얘기하자면, 밤이 끝날 무렵, 민주당은 연방 하원에서 공화당 의석 41개를 빼앗아가며 과반수를 차지함으로써 워싱턴에서 공화당 독점 체제를 무너뜨린 것으로 드러났다. 공화당 주지사 스콧 워커Scott Walker는 위스콘신에서 패했고, 공화당 주지사 브루스 로너 Bruce Rauner는 일리노이에서 패했다. 그리고 민주당은 공화당의 손에 있다가 공석이 된 다섯 개 주, 즉 메인, 미시간, 캔자스, 네바다, 뉴멕시코에서 주지사직을 챙겼다. 민주당은 또한 각 주에서 350개의 의석을 빼앗아 콜로라도주 상원과 코네티컷주 상원, 미네소타주 하원, 메인주 상원, 뉴욕주 상원, 뉴햄프셔주 하원 및 상원 등 7개 입법부를 장악했다. 민주당 후보가 이기지 못한 붉은 주에서도 그들은 과거의 격차를 줄이며 2년 전 힐러리 클린턴이 얻은 것보다 훨씬 나은 성과를 거두었다.

저녁 내내 공화당 후보에 관해 보도된 소식은 온통 나빴다. 메릴랜드만 제외하고.

아니, 좀 더 구체적으로 표현하는 것이 옳겠다. 메릴랜드 주지사 선거만 제외하고.

주내 23개 카운티와 볼티모어시에서 결과가 나옴에 따라 아래층에 은밀히 마련한 상황실에서 우리의 데이터 귀재들이 수치 분석에 들어갔다. 때때로 그들 중 한 명이 새로운 업데이트 자료를 들고 뛰어 올라왔다. 전국의 공화당 후보들에 대한 암울한 뉴스와 비교해 볼 때, 우리의 선거에 대한 뉴스는 확연히 달랐다. 범주별로 살펴볼 때 우리는 승리에 필요한 표를 확보해나가고 있었고, 어떤 범주에서는 여론 조사원들의 예측과 4년 전 우리 자신의 놀라운 성과를 쉽사리 제치는 결과가 나왔다.

출구조사가 마감되고 한 시간이 채 지나지 않은 오후 9시 7분, AP는 호건-러더포드 팀이 메릴랜드에서 두 번째 집권에 성공했다고 선언했다. 그리고 이것은 박빙의 승부도 아니었다. 모든 표가 집계되자 러더포드와 나는 55퍼센트의 득표율을 얻은 것으로 나왔다. 벤 젤러스와 그의 러닝메이트 수전 턴불Susan Turnbull이 얻은 득표율은 43퍼센트였다. 공화당 후보들에게 수년래 가장 힘들었던 밤에 우리는 12퍼센트포인트 차로 승리를 거둔 것이다. 그렇다. 벤 젤러스가 기대했던 대로 수십만 명의 추가적인 민주당원이 투표소에 나왔다. 그에게는 불행하게도 그중 다수가 나에게 표를 던졌다.

우리는 모든 민주당원의 31퍼센트, 무당파의 3분의 2, 그리고 거의 모든 공화당원의 표를 얻은 것으로 분석되었다. 볼티모어시에서는 4년 전의 22퍼센트보다 높은 약 33퍼센트를 획득했다. 민주당 색채가 특히 강한 몽고메리 카운티에서는 45퍼센트라는 전례 없는 득표율을 기록했다.

공화당원보다 민주당원이 두 배로 많은 메릴랜드에서 결국 나는 소속 당에 상관없이 주 역사상 가장 많은 득표수를 얻으며 주지사에 당선된 후보가 되었다.

그 민주당원들과 무당파들이 특히 우리가 거둔 승리의 열쇠였다. 그리고 그들은 올바른 종류의 공화당 후보는 원한에 찬 반트럼프 정서가 팽배하고 모든 지역에서 공화당원들이 뭇매를 맞는 해에도 실제로 지지 정당을 초월해 유권자들의 표를 얻을 수 있다는 사실에 대한 증거였다. 우리가 젤러스에게서 분리해낸 민주당 유권자들은 우리에게 결정적인 힘을 실어주었다. 우리는 교외 지역 여성 유권자 범주에서 압도적으로 승리했다. 여성 포커스그룹과 '몽고메리 카운티의 샌드라' 광고, 그리고 여성에 대한 우리의 여타 지원 활동이 차이를 만든 게 분명했다. 결국 모든 사람이 내가 확실히 도널드 트럼프와는 다르다는 것을 이해한 것 같았다.

훨씬 더 놀라운 점은 내가 아프리카계 미국인 표의 30퍼센트를 얻었다는 사실이다. 백인 공화당 후보가 NAACP 회장 출신의 아프리카계 미국인 민주당 후보에 맞서서 그런 성과를 거두었다는 것은 확실히 주목할 만한 일이 아닐 수 없었다. 세계 기록 기네스북에 그것에 관한 공식 범주가 있는지 모르겠지만, 지금까지 그 누구도 이에 버금가는 기록을 낸 적이 없다는 사실은 장담할 수 있다. '스퀴키' 커크의 역할이 컸다!

또한 볼티모어 폭동 당시 시장이 상황에 압도되어 헤맬 때 내가 얼마나 단호하게 대응했는지에 대한 기억도 역할을 했다.

볼티모어 소재 가우처 대학의 정치학 교수인 밀리 크로머Mileah Kromer는 나의 승리를 누구보다도 간결하게 설명했다. "그는 공화당원들을 교통 정리했고, 무당파들 사이에서 벤 젤러스를 이겼으며, 충분한 수의 민주당원을 끌어들였다. 그것이 바로 호건 연합체이다." 그가 〈워싱턴포스트〉에 말한 내용이다.

젤러스 선거본부는 AP가 너무 빨리 승자를 선언한다고 판단했는지, 지지자들에게 마지막 순간까지 다급한 트윗을 날렸다. "줄에서 이탈하지 말고 계속 투표하십시오." 우리의 격차가 얼마나 크게 나왔는지 고려하면, 나는 그들이 무슨 생각으로 그랬는지 잘 모르겠다. 나는 젤러스의 패배 인정 전화를 기다릴 필요 없이 연회장에 내려가 지지자들에게 승리 연설을 할 수 있게 된 상황이 그저 기뻤다. 당선 확정 발표가 나오지 않았다면 나는 아주 오랫동안 기다려야 했을 것 같았다.

내가 짙은 회색 양복에 반짝이는 보라색 넥타이를 매고 연회장으로 들어서자 사람들은 황홀경에 빠져들었다. 아내는 밝은 노란색의 정장 차림으로 내 옆에 섰다. 우리 가족 모두가 무대에 올라 그 큰 무대를 채웠다. 연회장은 우리의 캠페인팀과 이 승리를 실현하기 위해 헌신한 많은 지지자와 자원봉사자들로 넘쳐났다. 얼마나 멋진 승리의 파티인가!

"사람들은 메릴랜드에서는 불가능한 일이라고 했습니다." 내가 연설을 시작했다. "하지만 여러분 덕분에 우리는 그저 나가서 해냈습니다."

그런 다음 그날의 핵심 메시지를 전달할 준비를 했다.

"4년 전, 여러분은 우리가 미국에서 가장 큰 정치적 이변을 일으키도록 도왔고, 저는 메릴랜드에서 지난 50년 사이에 선출된 공화당 소속의 두 번째 주지사가 되었습니다. 그리고 오늘 밤, 이 푸르디푸른 주에서, 푸른 파도가 넘실대던 이 푸른 해에 제가 서핑을 할 수 있다는 사실이 밝혀졌습니다!"

사람들은 이미 일어서서 박수하고 있었다.

"그리고 우리에게는 보라색 서프보드가 있었습니다!"

그들은 그것을 좋아했다. 연회장은 박수갈채와 환호성으로 뒤덮였다.

"감사합니다. 저는 우리 주의 242년 역사상 두 번째로 재선에 성공한 공화당 주지사가 되었습니다. 그것을 실현해준 여러분 모두에게 공로를 돌리고 싶습니다."

나는 초당파적 정신으로 다시 통로 건너로 손을 내밀고 싶었다. "잠시 시간을 내서 활발한 선거운동을 전개하고 메릴랜드 주민들에게 진정한 선택권을 제공한 젤러스 후보에게도 감사의 말씀을 드리고 싶습니다. 우리는 이런저런 문제에 동의하지 않았지만, 저는 그를 존경합니다. 앞으로 그가 추구하는 어떤 일에서든 잘되기를 진심으로 기원합니다."

나는 여전히 사랑받는 민주당 대통령의 말을 인용함으로써 이번 선거에서 당을 초월한 민주당원들에게 특별한 감사를 표했다. "오늘 밤, 수십만 명의 민주당원들이 '때때로 정당은 너무 많은 충성심을 요구한다'고 말한 존 F. 케네디의 지혜를 재차 확인해주었습니다." 나는 바로 그 정서의 부정할 수 없는 수혜자였다.

"이 위대한 주의 주민들은 정중함과 초당파주의, 상식적인 리더십을 위해 투표했습니다." 나는 말했다. 그리고 나는 그들이 내게서 그것을 발견한 것으로 믿었다는 사실이 너무도 자랑스러웠다.

우리는 놀라운 승리를 거두었다. 그런 일이 완전히 불가능해 보이던 밤에 거둔 진정한 쾌거였다. 그러나 불행히도 승리 팀은 우리뿐이었다. 주 전역과 전국의 많은 친구들에게는 길고도 힘든 밤이었다.

트럼프 효과는 메릴랜드의 주요 공식에 출마한 동료 공화당원들에게도 실로 파괴적으로 작용했다. 2014년에 나는 공화당 주지사 후보 중 가장 많은 수의 동반 승리를 이끌며 당선되었다. 당시 우리는 공화당 카운티장들과 주 상원의원 및 하원의원뿐만 아니라 주 전역의 카운티 위원, 법원장, 지방 관료의 당선을 도왔다. 그러나 그렇게 확보한 거의 모든 입지가 도널드 트럼프에 대한 부정적인 반응으로 하룻밤 만에 무너졌다. 선거 이전에 주 공화당 지도자들은 대담하게도 '다섯 석 쟁취Fight for Five' 선거운동에 대해 공언했다. 메릴랜드주 상원에서 다섯 석을 뒤집어 나의 모든 거부권을 기각할 수 있는 민주당의

스틸 스탠딩

슈퍼다수당 지위를 박탈하려는 노력이었다. 나는 모금 행사와 집회, 우편물, TV 광고 등을 통해 모든 공화당 후보의 선거운동을 열심히 도왔다. 거의 파산 상태에 이르렀던 주 공화당을 위해 960만 달러를 모금하기도 했다. 하지만 그랬음에도 민주당의 '트럼프와 싸우는' 메릴랜드 검찰총장 브라이언 프로시Brian Frosh에 도전한 공화당의 재향 군인 변호사 크레이그 울프Craig Wolf를 포함해 모든 후보가 패배했다. 우리의 어떤 노력도 투표에 반영되는 반트럼프 정서를 극복할 수 없었다. 전체적으로, 우리 당은 3개의 주요 카운티와 8개의 의석, 그리고 주 전역의 다른 수많은 카운티와 지방의회 의석을 잃었다.

앤어런델 카운티장 스티브 슈Steve Schuh와 하워드 카운티장 앨런 키틀먼Allan Kittleman은 선거운동을 훌륭하게 수행한 탁월한 지도자였음에도 모두 민주당 도전자에게 자리를 빼앗겼다. 볼티모어 카운티에서는 보험심사평가원장을 역임한 내 친구 앨 레드머Al Redmer가 진보적인 민주당원인 조니 올제스키Johnny Olszewski와 겨뤄 고배를 마셨다. 이는 메릴랜드의 입법부 외에도 가장 인구가 많은 관할 구역 모두가 민주당의 통제권 안에 들어갔다는 것을 의미했다.

밤이 한창 무르익은 어느 시점에(정확한 시간이 기억나지 않는다) 카일이 휴대전화를 머리 위로 쳐들고 나에게 다가왔다. 나는 연회장의 열광적인 축하 분위기에 젖어 도움을 준 사람들과 그 즐거운 시간을 나누는 데 열중하고 있었다.

"벤 젤러스 선거본부에서 전화가 왔습니다." 카일이 내게 소리쳤다.

"뭐? 뭐라고?" 나는 소음 너머로 소리쳤다.

"벤 젤러스가 마침내 패배 인정 통화를 하려나 봅니다." 그가 다시 외쳤다.

"미안하지만……." 내가 말했다. "이런 난리통에서는 전화를 받을 수 없을 거 같아. 너무 시끄러워서 말이 하나도 안 들릴 거야."

벤 젤러스와 나는 결국 선거운동의 대부분 동안 그랬던 것처럼 서로 연결할 기회를 갖지 못했다.

어쨌든 이 모든 것이 미래에 대해 갖는 함의는 무엇이었을까? 주 전체와 전국의 언론 매체도 그것을 알아내고 싶어 안달을 내고 있었다.

스틸 스탠딩

32장
보라색 서프보드

선거 다음 날 기자들은 나에게 그토록 컸던 푸른 파도에 대한 설명을 요구했다. 나는 그 책임을 그것이 속한 곳으로, 즉 도널드 트럼프의 발밑으로 돌렸다. "트럼프 대통령은 이번 선거가 자신에 대한 평가가 되어야 한다고 말했습니다. 본인은 투표용지에 이름이 오르지도 않았는데 말입니다. 메릴랜드에서 정확히 그런 일이 일어났습니다. 대통령에 대한 거부 의사가 그대로 표출되었다는 얘깁니다. 대통령은 지난번에 메릴랜드에서 거의 30퍼센트포인트 차로 패배하지 않았습니까."

AP 보트캐스트VoteCast의 출구조사는 확실히 그것을 입증하는 것처럼 보였다. 메릴랜드 유권자의 3분의 2는 누구에게 투표할 것인지 결정할 때 대통령이 한 요소로 작용했다고 답했고, 또 3분의 2는 그에 대해 비판적인 견해를 가지고 있다고 답했다. 메릴랜드 주민의 3분의 1만이 국가가 올바른 방향으로 가고 있다고 믿었는데, 이것은 그렇지 않다고 답한 3분의 2와 극명하게 대조되었다. 그리고 끝으로, 메릴랜드 주민의 77퍼센트라는 놀라운 대다수가 트럼프가 미국의 대통령으로서는 부적절한 기질의 소유자라는 데 동의했다.

나에 대한 지지율은 대통령보다 약 40퍼센트포인트 앞서 있었다. 주 전역의 민주당원과 무당파 사이에서뿐만 아니라 공화당원과 보수 성향의 사람들 사이에서도 그를 훨씬 능가했다.

그런 연유에서 거의 즉각적으로 내가 2020년 공화당 대선 프라이머리에 출마할 가능성이 점쳐지기 시작했다. 사람들은 나를 트럼프를 비판하는 중도 우파이자 총선에서 초당파적 매력을 발산한 공화당원으로 보았다. 그런 내가 공화당 프라이머리에서 트럼프의 대항마로 뛰는 것을 고려해야 한다고, 사람들이 말하기 시작했다. 그가 전국의 프라이머리 유권자 기반에서 여전히 열렬한 지지를 받고 있었다는 점을 고려하면, 내가 나설 가능성은 확실히 희박했다. 그러나 선거 후 몇 주 동안, 그 주제는 희미한 속삭임에서 정계 내부자 및 언론계 전문가들이 케이블 TV나 워싱턴 정가의 술집에서 거론하는 '만약의 문제'로 커졌다.

나는 그런 논의에 일절 개입하지 않았다. 내가 대선 프라이머리에 나가는 것을 고려할 것이라는 추측을 부추기는 어떤 말도 하지 않았다. 그 모호한 추정은 부분적으로는 그럴듯한 대안이 없는 까닭에 유기적으로 축적되었다. 대통령에 대해 주저 없이 할 말을 하고 민주당원과 무당파를 끌어들일 정도로 인기가 높은 공화당 현직 고위 공직자? 이 세 가지 요건을 모두 충족시키는 다른 누군가가 또 있는가? 거의 없었다. 연합 정치로 공화당의 외연을 확장하길 꿈꾸는 공화당 인사들은 대통령에게 크게 실망했는데, 그렇다고 대통령에 맞설 만한 뛰어난 대권 주자가 즐비한 것도 아니었다. 집권 중반기의 상황이 그다지 유쾌하게 돌아가고 있지 않았다는 얘기다.

대통령에게 도전할 의향이 있는 사람들은 너무 겁이 나서 나서질 못하거나 그래봤자 헛수고라고 생각하는 상황이었다.

그들은 공화당 프라이머리 유권자들 사이에서 대통령의 지지율이 여전히 막강하다는 사실을 잘 알고 있었다. 또한 감히 자신을 비판하는 사람에게 트럼프가 얼마나 사악하고 감정적인 트윗을 날리는지도 잘 알고 있었다. 그런 그를 상대로 경선에 도전한다? 그럴 자격이 있는 어느 누구도 아직 줄을 서고 있지 않았다. 그런데 선거가 끝나자 메릴랜드의 선거 결과를 분석한 정치 전문가 중 일부가 대놓고 나를 쳐다보기 시작했다. 인정하건대 우쭐한 기분이 들었던 게 사실이다.

선거 일주일 후 우익 성향의 싱크탱크인 니스카넨 센터 Niskanen Center 가 워싱턴 DC에서 컨퍼런스를 개최했다. 주제는 '새 출발 : 트럼프 이후의 중도 우파'였다. 그들은 나에게 개회사를 해달라고 요청했다. 흔히 메릴랜드 주지사를 초빙하는 그런 종류의 자리가 아니었다. 청중 중 일부는 단순히 나에게서 지혜를 얻기 위해 참석하는 것이 아니라는 인상을 뚜렷이 느낄 수 있었다. 그들은 갈아탈 새로운 말을 찾고 있었다. 그룹의 회장인 제리 테일러 Jerry Taylor 는 나를 소개하며 공화당 후보들이 그토록 끌어들이기 위해 애써온 여성과 아프리카계 유권자층의 상당한 지원에 힘입어 재선에 성공했다는 점을 강조했다. "우리는 호건 주지사님이 제시하는 방향에 주의를 기울여야 합니다."

청중 앞에 선 나는 그들과 마찬가지로 나 역시 현재의 정치 풍토에 완전히 질려버린 상태라고 말했다. "솔직히 말해서 요즘은 그 어느 때보다 더 지긋지긋합니다. 타협과 온건을 불결한 단어로 간주해서는 안 됩니다. 당파적 외침을 멈출 때 비로소 우리는 진정으로 서로의 목소리와 우려를 들을 수 있습니다."

개회사를 마치자 제리가 앞으로 나와 내게 감사를 표하며 뉴햄프셔에 관한 책을 한 권 선물했다. 뉴햄프셔는 4년마다 첫 번째 대선 후보 경선이 열리는 지역이었다. "우리 모두 주지사님이 곧 그곳을 방문하게 되기를 바랍니다." 그가 말했다.

그룹이 나의 연설을 고무적으로 생각했는지 여부는 모르겠지만, 그들은 열띤 토론을 이어나갔다. 이 행사에 참석한 보수파 논평가 빌 크리스톨Bill Kristol은 지난 몇 개월간 트럼프에 맞설 강력한 공화당 후보를 찾기 위해 노력했다. 그러다 갑자기 그가 내 이름을 언급하기 시작했다. 케이블 TV는 그렇게 며칠 밤을 기존과 다른 이야기로 채웠다.

이 모든 소문은 내가 있는 곳을 훨씬 앞지르고 있었다. 나는 이제 막 두 번째 임기를 시작한 주지사로서 메릴랜드에서 할 일이 많았다. 나는 대통령 선거운동을 출범하기 위한 그 어떤 조치도 취하지 않았다. 특히 트럼프를 상대로 벅찬 캠페인을 벌일 생각이 없었다. 하지만 가는 곳마다 사람들이 물었다. "그래서, 출마할 건가요? 트럼프를 상대할 건가요?" 그리고 이렇게 말하는 사람들도 있었다. "우리는 주지사님의 대선 출마를 희망합니다!"

나는 모두에게 진실을 말했다. 나는 그런 계획이 없으며, 그와 관련된 어떤 계획이든 세울 계획도 없다고 말이다.

하지만 그런 질문이 제기되는 동안 나의 머릿속은 비어 있지 않았다. 나는 그동안의 삶과 주지사 재임 4년을 통해 몇 가지 교훈을 배웠다. 사랑하는 조국의 정치가 갈수록 불량해지는 상황이 견디기 힘들 정도로 걱정스러웠다. 나는 토론의 분위기와 공화당의 나아갈 방향에 영향을 미칠 수 있는 힘을 원했다. 11월의 압도적인 승리 이후 전국의 많은 사람이 갑자기 나를 주목하기 시작했다. 나는 1월에 두 번째 주지사 임기를 위한 선서를 할 때 주 청사 밖에서 큰 의미를 담은 취임 연설을 하기로 마음먹었다. 나는 그것이 몇 가지 비전을 펼칠 완벽한 기회가 될 수 있음을 알았다.

나는 주지사가 된 이후로 매년 크리스마스 전 주에 내각 각료와 참모진, 관저 직원, 경호팀 등 내 일을 돕는 사람들을 위해 일련의 파티를 주최하곤 했다.

금년도 예외가 아니었다. 만 4년에 가까워진 시점이었다. 다시 4년을 보장받았다는 사실에 모두 더없이 기뻐했다. 일상적으로 나와 긴밀히 협력한 사람들이었다. 이들은 또한 상상할 수 있는 모든 방법으로 우리 부부를 도왔다. 모두 우리의 진정한 가족이었다.

경호팀과 파티하는 날이었다. 우리는 평소처럼 20달러 미만의 장난 섞인 선물을 주고받고 서로의 약점을 가볍게 놀리며 그해의 기억에 남는 순간을 되새겼다. 나는 그들이 나와 우리 가족을 위해 해준 모든 일에 감사를 표하며 내가 그들을 얼마나 아끼는지 밝히고 모두 즐거운 성탄절과 즐거운 연말을 보내기 바란다는 인사말을 건넸다.

두 명의 경호원이 잠깐 양해를 구하고 자리를 떴다. 1분 후 주 경찰의 요인경호대 대장인 제프 페레이라Jeff Ferreira가 말했다. "주지사님을 위해 조금 특별한 선물을 준비했습니다." 그때 두 명의 경호원이 실물 크기의 진짜 보라색 서프보드를 들고 들어왔다. 익숙한 빨강과 하양, 검정, 금색의 조합이 아닌 보라색으로 메릴랜드 주기를 크게 그려놓은 서프보드였다. 그리고 전면에는 선거일 밤 승리 연설에서 내가 강조한 내용을 살짝 압축한 문구가 새겨져 있었다.

"푸른 파도가 넘실대는 이 푸르른 해에 이 푸르디푸른 주에서, 내가 서핑을 할 수 있다는 사실이 밝혀졌다."

— 주지사 래리 호건

그들 모두 선거일 밤에 호텔에 있었고 내가 한 말을 들었다. 인수위 시절부터 팀에 합류해 나와 함께 폭동의 거리를 누비기도 했던 경호원 리치 네비Rich Nevy에게 이스턴쇼어에 맞춤형 서프보드 가게를 소유한 친구가 있었다. 모든 경호원이 아이디어를 내고 그 가게에서 맞춤 제작한 그 아름다운 보라색 서프보드를 나는 기쁜 마음으로 받아들었다.

그들이 그렇게 사려 깊게 노력을 기울인 것은 정말 내게 많은 것을 의미했다. 그들은 경호팀의 일원인 것을 자랑스럽게 생각했고, 그 선물은 그 점을 보여주는 나름의 방법이었다. 그 서프보드는 내가 가장

스틸 스탠딩

좋아하는 크리스마스 선물이 되었다.

어린 시절 나는 서핑에 별로 재능이 없었지만, 오션 시티의 놀이 공원에서 아르바이트할 때 몇 가지 동작을 익히긴 했다. 그 시절과 관련해 기억나는 것 하나는 내가 서프보드를 들고 다니면 여학생들이 나를 멋지게 봐주었다는 것이다. 그때 새 보드를 어디에 가져가면 좋을지 생각이 났다. 당연히 해변은 아니었다.

2019년 1월 16일, 아나폴리스는 기온이 영하로 떨어지진 않았지만 바람이 거세게 불고 추웠다. 서핑에 적합한 날씨가 아니었다. 아침에는 안개가 끼고 흐렸다. 그날의 행사는 훈훈한 상원 의회에서 비공개 선서를 하는 것으로 시작되었다. 메릴랜드 항소법원의 수석 판사인 메리 엘렌 바버라가 보이드와 나의 취임 선서를 인도했다. 우리는 각각 "편견이나 편애 없이 성실하고 충실하게" 의무를 다하겠다고 맹세했다. 이어서 부응할 가치가 있는 표준 의식이 거행되었다. 하지만 진짜 재미는 주 청사 옆의 눈 덮인 땅 위에 있었는데, 천여 명의 사람들이 거기서 추위를 참으며 우리를 기다리고 있었다. 이제 여섯 살이 된 손녀 다니엘라가 앞장서 나가 행사의 열렬한 출발을 알렸다. 태양이 구름 뒤에서 막 고개를 내밀고 있었다.

다니엘라는 자신의 아버지이자 내 사위인 루이스의 격려를 받으며 연단 뒤의 계단식 걸상에 올라 행사 참석자 모두의 '국기에 대한 맹세'를 이끌었다. 보이드가 먼저 다시 4년간의 메릴랜드 부주지사로 취임 선서를 했다. 그리고 내 차례였다. 나는 내 역할 모델인 시어도어 맥켈딘이 1955년에 사용한 바로 그 성경책 위에 오른손을 올려놓고 선서했다. "나는 미합중국의 헌법을 지지하고, 메릴랜드주에 충실하고 진정한 충성을 바칠 것이며 메릴랜드주의 헌법과 법률을 지지할 것을 선서합니다." 오래전부터 전해 내려온 의례적 수사였지만 사람들이 잠시나마 시간을 내어 그 말의 진정한 의미를 숙고해주었으면 하는 바람이 들었다. 나는 그랬다.

주지사의 취임식은 두 번째 임기에 들어선 경우에도 격식을 다 갖춰 체계적으로 치러진다. 평소와 마찬가지로 군 장교들이 차렷 자세를 취한 가운데 전통에 따라 19발의 예총이 발사되었다. 메릴랜드주 방위군의 제트기 네 대가 편대 비행을 하며 날아갔다. 모두 감동적이고 정교하게 이루어졌다. 하지만 나는 이 특별한 날에 특별히 전하고 싶은 메시지가 있었다. 처음부터 끝까지, 우리가 메릴랜드를 얼마나 더 살기 좋은 곳으로 변화시켰는지 강조하는 한편, 더욱 중요한 것으로 미국 전역에 걸쳐 다른 종류의 정치를 촉구하는 원대한 비전을 펼쳐 놓고 싶었다. 우리가 지금까지 워싱턴에서 보고 들은 모든 것과 극명히 대조되는 비전이었다. 나는 우리가 그렇게 초당파적인 성과를 이뤄낸 것이 만족스러웠다. 그날의 내외 귀빈에는 공화당원인 밥 얼릭 전 주지사와 마이클 스틸 전 부주지사, 그리고 민주당원인 마이크 밀러 상원의장과 마이클 부시Michael Busch 하원의장, 패리스 글렌데닝Parris Glendening 전 주지사 등이 포함되었다.

특히 영광스럽게도 나를 무대에 올리는 소개 인사말은, 미국의 정치가 갈수록 거칠어지는 상황에 대해 나름의 불만을 표출해온 또 한 명의 중도 우파 공화당원인 전 플로리다 주지사 젭 부시Jeb Bush가 맡아주었다. 젭은 2016년 조롱과 분열의 정치가 낳은 가장 초기의 희

스틸 스탠딩

생자 중 한 명이 아니던가. 마이크 앞에 선 전 플로리다 주지사는 나를 '오늘날 워싱턴 DC에서 벌어지고 있는 일의 대척점에 선 인물'이라고 설명하면서 "제가 존경하는 지도자 목록의 1위에 올랐습니다"라고 덧붙였다.

대본이 있는 게 아니었다. 나는 그가 이어서 어떤 말을 할 것인지 전혀 몰랐다. 곧 그가 메릴랜드에 관심을 기울이고 있었다는 사실이 드러났다.

"워싱턴은 단지 우리 나라의 수도가 아닙니다. 그곳은 또한 교착 상태와 기능 장애의 수도이기도 합니다. 그리고 의회의 분열 양상을 보건대 조만간 상황이 그다지 나아질 것 같지도 않습니다. 하지만 DC 외부의 삶까지 항상 그런 것은 아닙니다. DC 외부에서는 훌륭하고 흥미로운 아이디어와 강력한 리더십이 여전히 우리의 각종 기관과 제도를 정비하고 활력을 불어넣는 실권을 발휘하고 있습니다……. 래리 호건은 현재 미국이 필요로 하는 강력하고 독립적인 리더십을 구현하는 인물입니다."

젭은 발생 초기의 '호건을 백악관으로' 논의를 장려하기 위해 확실히 그의 역할을 다하고 있었다. 이제 내 역할이 더욱 중요해졌다. 곧바로 열렬한 옹호의 분위기에 젖어 들어서는 안 될 일이었다. 지금 할 일은 가능한 한 강력하게 모두를 아우르는 큰 메시지를 전달하는 것이었다.

나는 이 특별한 순간을 이용하여 미국 정치의 상당 부분을 옥죄는 구분과 불화 조장을, 특히 워싱턴에서 실행되는 유형의 그것들을 비난하고 싶었다. 젭과 마찬가지로 나 역시 도널드 트럼프라는 이름은

32장 보라색 서프보드

언급하지 않았지만, 누구도 나와 대통령의 어조에 드러나는 뚜렷한 차이를 놓칠 수 없었을 것이다.

"4년 전, 저는 메릴랜드에서 초당파적 협력과 번영의 새로운 시대를, 희망과 낙관으로 가득 찬 시대를 열겠다고 약속했습니다. 저는 예의 바르고 겸손하게 직무를 수행하고 우리를 좌우 어느 쪽이든 극단으로 몰아넣으려는 시도를 피하고 '중간 기질의 주'라는 메릴랜드 역사의 근간이 되는 미덕을 옹호하기로 맹세했습니다." '중간 기질의 주'라는 구절은 저 옛날 식민지 시대인 1634년 앤드루 화이트_{Andrew White} 신부가 나중에 메릴랜드주가 되는 지역을 둘러보며 밝힌 소감에 나온 표현이었다. "[뉴잉글랜드와 버지니아] 사이의 중간 기질을 보여주며 각각의 장점은 누리고 각각의 악은 피하는 땅이로다."

"저는 우리가 당파보다 문제 해결을 우선시하고 갈등보다 타협을 우선시하겠다는 그 약속을 지켰기 때문에 제가 오늘 이 자리에 다시, 첫 임기를 시작할 때와 마찬가지로 겸손과 열성과 경외심을 간직한 채 다시 설 수 있게 된 것이라고 믿습니다."

나는 오랫동안 존경해온 미국 지도자 세 명의 이름을 차례로 거명했다. 공익에 대한 관심이 순간의 증오를 넘어설 수 있다는 것을 증명한 그리 멀지 않은 과거의 지도자들이었다. 내가 주지사가 된 이후로 그 세 인물 모두 유명을 달리했다. 먼저 젭의 아버지인 고故 조지 H. W. 부시 전 대통령으로, 바로 한 달 전 나도 워싱턴 국립 대성당에서 거행된 추도식에 참석한 바 있었다. "놀라운 삶을 통해 그분은 우리에게 명예와 청렴, 용기와 겸손의 진정한 의미를 보여주셨습니다." 또 다른 인물은 역시 고인이 된 존 매케인 상원의원으로 아름다운 돔

양식의 미국 해군사관학교 예배당에서 거행된 그의 장례식에도 참석했다. 내가 지금 서 있는 주 청사의 잔디밭에서도 그 예배당이 보였다. "매케인 상원의원은 쉽게 양보하는 사람이 아니었습니다. 하지만 그분은 일을 완수하기 위해 통로 건너편에 손을 내미는 것을 결단코 주저하지 않았으며 항상 국가를 자신이나 당보다 앞에 두었습니다." 상원의원의 오랜 친구이자 연설원고 작성가인 마크 솔터_{Mark Salter}가 내 취임사에 멋진 구절을 일부 보태준 것은 우연이 아니었다. 마지막으로, 나는 워터게이트 스캔들 당시 하원 법사위원회에서 리처드 닉슨 탄핵을 촉구하는 최초의 공화당 의원이 되면서 남긴 내 아버지의 웅변을 인용했다. "로렌스 호건 시니어는 그날 말씀하셨습니다. '당에 대한 충성심과 개인적인 애정 그리고 과거의 전례는 인간 행동의 결정권자인 법 자체보다 우선할 수 없습니다. 그 어떤 사람도, 설령 미국의 대통령일지라도 법 위에 설 수는 없습니다.'"

사람들이 기립 박수로 그에 호응했다.

"저는 아버지로부터 성실과 공직 수행에 대해 많은 것을 배웠습니다." 내가 말했다. "특히 오늘은 유난히도 아버지가 그립습니다."

내가 추구하는 종류의 정치는 단독 행위가 아니라고 설명했다. 모든 측면의 기여를 필요로 하는 정치였다. 그것이 내가 지난 4년 동안 서로 싸우고 협력하기를 반복한 입법부의 '내 파트너들'을 특별히 초청한 이유였다. "이 대담하고 새로운 길을 계속 가겠다는 우리의 약속을 재차 확인하는 데 동참해주십시오." 내가 그들에게 말했다. "단순히 수사적 슬로건에 동조하는 데서 그치는 것이 아니라 우리를 여기로 보낸 사람들에게 계속해서 진정한 성과를 안겨주기 위한 노력에 함께 해주시길 충심으로 청하는 바입니다."

분명히 분위기가 무르익었다.

"당파의 이익보다는 국민의 이익을 우선시해야 합니다." 내가 계속 말했다. "우리의 공동 책임을 받아들이고 공통의 문제를 해결하는 데 계속 매진해야 합니다. 워싱턴 정가를 포함하여 다른 곳에서 행해지는, 국가 기관을 약화하는 정치를 거부해야 합니다. 모욕이 토론을 대체하고, 비난이 협상을 대체하고, 교착 상태가 타협을 대체하는 그런 정치, 흥분과 손가락질과 증오가 빛을 가려 분열과 기능부전만 초래하는 그런 정치, 국민을 위해 무언가를 하는 것이 더 이상 우선순위가 아닌 그런 정치는 단호히 거부하고 비난해야 합니다."

그렇다. '국민'이다. 기억하는가? 우리 모두 이 자리에 선 이유는 그들에게 봉사하기 위해서였다. 나는 그 국민을 직접 거론했다.

"국민은 당 소속에 상관없이 공직 선출자들의 성격과 능력을 신뢰할 수 있어야 합니다. 국민은 우리가 문제를 해결하기 위해 최선을 다하리라는 것을 믿을 수 있어야 합니다. 국민 여러분의 신뢰로 축복받는 우리는 마치 국민과 별개의 무엇인 양 돌아가는 정부가 아니라 국민의, 국민에 의한, 국민을 위한 정부를 국민에게 제공해야 합니다. 우리 중 누구도 모든 해답이나 모든 권한을 갖고 있지 않다는 사실을 인정하는 정부, 다양한 국민을 적으로 만들거나 그들의 애국심을 의심하지 않고 다양한 반대 의견을 용인하는 정부, 위협하는 게 아니라 설득하기 위해, 악마로 몰아세우거나 무찌르는 게 아니라 격려하기 위해 열정만큼이나 예의를 갖춰 토론하고 논의할 수 있는 정부, 우리는 그런 정부를 국민에게 제공해야 합니다. 그것이 바로 우

스틸 스탠딩

리가 메릴랜드 주민들에게 성공적으로 제공한 정부입니다."

메시지가 전달되었으므로, 이제 마침내 긴장을 풀 시간이었다.

그날 밤 프린스조지 카운티의 MGM 내셔널 하버National Harbor에서 열린 2019 취임 축하연은 매진 사례를 이뤘다. 3,000명 이상이 참석하여 열정적인 댄스 밴드와 오픈 바, 치킨 및 햄버거 슬라이더, 굴과 새우를 즐겼다. 나와 많은 남성 손님이 턱시도를 입고 여성들은 화려한 드레스에 가운 차림이었다는 사실만 제외하면, 우리의 축하연은 워싱턴에서 4년마다 의례적으로 열리는 고루한 대통령 취임 축하 무도회와 백팔십도 달랐다.

비치보이스Beach Boys의 고전적 히트곡인 '서핑유에스에이Surfin' USA'가 호텔의 라스베이거스 수준의 음향 시스템을 통해 폭발하듯 울려 퍼졌다. 만면에 웃음을 띤 아내와 보이드, 그의 아내 모니카, 그리고 그들의 모든 자녀와 우리의 모든 자녀와 손주들(현대 메릴랜드의 아름다운 다문화적 초상)을 대동하고 번쩍이는 대머리에 선글라스를 쓴 내가 반짝이는 보라색 서프보드를 들고 무대로 행진했다. 경호원들이 선물한 그 서프보드였다. 군중은 열광했다.

나는 이런 행사에서 연설하는 그 어떤 정치인보다도 짧게 연설했다. "5년 전에 우리가 처음으로 행사를 열었을 때가 기억납니다. 관계자 빼고 한 일곱 명 정도가 모였던 것 같습니다. 이후로 참 멀리도 왔습니다. 이제 우리는 셰어Cher나 브루노 마스Bruno Mars처럼 MGM 그랜드를 매진시키고 있습니다."

정치적 연설의 밤이 아니었다. 축하의 밤이었고 큰 감사의 밤이었다. "우리를 신뢰하고 메릴랜드를 더 나은 쪽으로 바꾸어 다른 주들에 모범이 되도록 만드는 데 계속 집중하도록 기회를 주신 메릴랜드 주민들에게 감사를 전합니다. 우리는 모두 열심히 일하는 사람들입니다. 하지만 오늘 밤만큼은 맘껏 파티를 즐길 자격이 있습니다!"

내 연설은 금방 끝났고, 또 다른 완벽한 노래가 나의 '무대 퇴장' 음악으로 나왔는데, 양당의 극단적 행태에 대한 나의 감정을 멋지게 포착한 노래였다. 가사가 이랬다. "내 왼쪽에는 광대, 오른쪽에는 조커. 나는 여기 여러분과 함께 중간에 갇혀 있다네.(Clowns to the left of me, Jokers to the right. Here I am, stuck in the middle with you.)"

그곳이 바로 내가 있고 싶은 곳이었다.

나는 무대 한쪽으로 내려와 와글거리는 사람들 무리 속으로 들어섰다. 아내는 반대편 쪽으로 내려갔고, 보이드와 모니카와 우리의 아이들도 나름의 길을 헤치며 군중 속으로 들어갔다. 우리는 가능한 한 많은 사람과 인사를 나누기 위해 넓게 퍼졌고, 경호원들은 우리 모두를 따라잡기 위해 분주히 움직였다.

밴드가 다시 무대로 돌아왔고, 연회장의 조명이 바뀌었다. 이제 실내 전체가 보라색으로 물들었다.

밴드는 그 놀라운 MGM 음향 시스템을 통해 프린스Prince의 '퍼플레인Purple Rain'을 내가 들어본 중 가장 훌륭한 버전으로 들려주었다.

이후 몇 시간 동안 나는 실로 모든 사람과 포옹하고 악수하고 거의 모두와 셀카를 찍었다.

멋진 메릴랜드 군중이었다. 지지자와 의원, 친구 등의 공화당원이 압도적으로 많았지만, 프린스조지 카운티장 안젤라 올소브룩스Angela

Alsobrooks, 상원의장 마이크 밀러, 볼티모어 시의회 의장 잭 영Jack Young 등의 민주당원도 많이 참석했다(잭 영은 나중에 볼티모어 시장이 된다). "주지사가 나를 초대했습니다." 영은 얼마 후 '그날 밤 도대체 거기에 뭐 하러 갔느냐'는 기자의 질문에 이렇게 답했다. "나는 그가 어떤 당 소속인지 상관하지 않습니다. 주지사가 초대하면 가는 겁니다. 나는 통로를 가로질러 일할 수 있는 사람입니다."

그날 행사는 내 평생의 투쟁과 성취의 정점이었다. 그러나 또한 보다 중요한 무언가를 내포한 순간이었다. 분열된 사람들이 하나로 뭉쳐서 축하한 행사였다. 선거일 밤도 훌륭했지만, 축하연의 밤은 훨씬, 훨씬 더 컸다. 사람들은 춤추고 축하하며 멋진 시간을 보냈다. 나는 나를 믿어준 사람들에게 밤새도록 감사했다.

보라색 서프보드에 오른 사람은 나 한 명이었는지 몰라도, 내가 그 거대한 파도를 타도록 도와준 사람은 말 그대로 수천 명이 넘었다.

33장
출마 권유

그 후 몇 날 몇 주에 걸쳐 나의 출정을 촉구하는 북소리가 더욱 끈질기고 크게 울려 퍼졌다. 케이블 뉴스와 개인적인 통화에서, 동료 공화당원과의 대화에서, 기부자들과 미디어 기자들에게서, 심지어 트럼프 행정부의 장관 두어 명에게서도 유사한 질문과 권유가 계속 쏟아졌다.

"도널드 트럼프에게 도전해서 대선에 출마하는 것을 정말로 고려해야 합니다."

"미국은 당신을 필요로 합니다."

"다른 사람은 아무도 없습니다."

"공화당의 미래가 당신의 출마에 달려 있습니다."

　　　　　　　　　　　　　　　　　　　스틸 스탠딩

어쨌든 사람들은 그렇게 종용했다.

솔직히, 진심 어린 개인적인 호소와 전 국민적인 관심은 특히 정치 분야에서는 당사자를 취하게 만들 수 있다. 다행히도 나는 그 모든 과정에서 전혀 현실 감각을 잃지 않았다.

언론계는 충분히 이해되었다. 그들은 2020년에 싸움이 벌어지길 갈구했다. 공화당 프라이머리는 훌륭한 뉴스거리였다. 3년 동안 '가짜 뉴스'와 '국민의 적'이라는 오명을 뒤집어쓴 기자와 논평가들은 현 상황에 질려버린 상태였다. 그들은 또한 선거 성공의 입증된 기록을 보유한 인기 있는 공화당 주지사이자 진정한 공화당원이 공화당 내부에서 도널드 트럼프와 대결을 벌인다는 아이디어에 매료되었다.

하지만 장관들은? 나보고 그들의 보스인 대통령에 맞서 출마하라고 격려하다니! 그 부분은 나를 놀라게 했다. 그러나 백악관을 방문하는 동안 내게 속삭이는 그들의 말은 분명했다. "감사합니다." 한 내각 각료가 말했다. "많은 사람이 당신이 말하는 내용을 높이 평가하고 있습니다. 당신은 당신의 비전이 우리 당과 국가에 얼마나 중요한지 전혀 모를 겁니다."

분석가와 칼럼니스트들은 내 취임 연설의 표현을 샅샅이 훑으며 나의 의도에 대한 단서를 찾았다. 그들은 젭 부시가 추켜세우기 위해 한 말을 인용해 나를 도널드 트럼프의 '대척점'이라고 불렀다.

트럼프를 반대하는 논평가인 빌 크리스톨은 나에 대해 이렇게 말했다. "그는 현명한 정치가입니다. 그는 자신이 국가 정치에 관심이 있다는 것을 사람들이 알아주길 원했습니다."

"전문가와 정치인들이 품어야 할 의문은 메릴랜드 주지사 래리 호건이 2020년에 트럼프 대통령을 상대로 경선 출마를 고려하는 이유가 아니라 래리 호건처럼 행동하는 정치가가 많지 않은 이유여야 한다." 반트럼프 보수주의자인 제니퍼 루빈Jennifer Rubin이 〈워싱턴포스트〉에 쓴 글의 일부이다.

잡지의 인물소개 기사와 TV에서 기자들은 래리 호건이라는 메릴랜드 공화당원이 자신의 정당에서 대통령에게 맞설 시기를 조명하며, 계속 워터게이트 사건과 관련된 내 아버지 이야기를 결부시켰다. 이제 그들은 궁금해했다. 내가 그 유산에 부응할 수 있을까? 3월에 아이오와 여행을 예약했다는 소식이 퍼지자 훨씬 더 많은 수다가 발생했다. 대통령 출마에 대해 진지하게 생각하고 있지 않다면 무슨 이유로 2020년 대선 캠페인의 첫 번째 공화당 전당대회가 열리는 아이오와에 가겠는가? 몇몇 논평가들은 내가 7월에 공화당 주지사 협의회의 차기 회장 선거 출마를 선언할 것이라고 지적했다. 그것은 그 자체로 대통령 선거운동을 출범시키는 데 귀중한 플랫폼이 될 것이라고 그들은 말했다. 짙푸른 메릴랜드에서 거둔 압도적인 재선 승리와 여전히 고공행진 중인 여론 조사 수치를 고려하건대 내가 활동 무대를 더 큰 곳으로 옮기는 게 마땅하다는 것이 그 모든 사람의 거듭된 주장이었다.

백악관은 분명 촉각을 곤두세웠다. 당연히 기쁜 마음으로 그러는 게 아니었다. 논평가들은 대통령의 정치팀이 메릴랜드의 상황을 면밀히 모니터링하고 있다고 말했다. 〈폴리티코〉에 따르면, 트럼프 보좌관들은 "호건의 취임식 연설을 오해의 여지가 없는 침략 행위로 간주했다." 그들은 '2016년 트럼프의 프라이머리 경쟁자였던 젭 부시가 취임식에서 특별 연설을 했으며 오랜 경력의 공화당 연설원고 작성가이자 격렬한 트럼프 비평가인 마크 솔터가 취임식 연설의 작성을 도왔다는 사실'에 주목했다.

나는 그 어떤 추측도 장려하지 않았다. 그러나 '래리 출마 응원' 엔진이 탄력을 받고 있었기에 그런 추측을 침묵시키기 위한 어떤 일도 하지 않았다. 나는 아이오와를 방문하는 것과 같은 도발적인 움직임이 나의 인지도를 높이고 국가와 당의 미래를 논의할 수 있는 영향력을 안겨준다는 것을 잘 알았다.

확실히 기회가 있는 것 같았다. 공화당 내부의 '트럼프 불가파'는 여전히 2016년에 입은 상처를 달래며 몸을 추스르고 있었다. 잠재적 후보의 명단은 길어지고 있었지만, 아직 진정으로 두드러지는 인물은 나오지 않은 상태였다. 그런 잠룡 목록에는 네브래스카 상원의원 벤 새스Ben Sasse와 전 애리조나 상원의원 제프 플레이크Jeff Flake, 전 테네시 상원의원 밥 코커Bob Coker, 전 UN대사 니키 헤일리 등이 포함되었다. 모두 훌륭한 인물들이었지만, 누구도 출마 의사를 밝히지 않았다. 여기서 주목할 점은 그들 대부분이 어떤 연유로 직책명 앞에 '전former'을 갖게 되었는가 하는 부분이다. 2월 14일, 2016년 자유당 소속으로 부통령에 출마했던 전 매사추세츠 주지사 빌 웰드Bill Weld가 이번에는 공화당 소속으로 출마를 모색한다고 발표했다. 4년 전 트럼프를 상대로 뛰었던 전 오하이오 주지사 존 카시치John Kasich도 다시 경선에 뛰어들 생각을 하고 있는 것으로 알려졌다.

그러나 그동안 익명으로 부정적인 견해를 밝혀왔던 사람들을 포함해 공화당의 유명 인사 대다수는 이번 경선에 뛰어들 의향이 없었다.

그들은 지난 3년 동안 공공연히 침묵을 유지했다. 이 시점에서 그들은 링 안으로 뛰어오르는 것은 고사하고 입을 벌리려 하지도 않았다.

인정컨대 나는 워싱턴에 상식과 예의를 되돌려 놓는 것에 반대하지 않았다. 나는 메릴랜드에서 사람들을 하나로 모아 실질적인 성과를 얻는 것에 대해 많은 것을 배웠다. 그리고 그 교훈을 어디에나 적용할 수 있다고 진정으로 믿었다.

모든 것이 어떻게 될지 모르는 상황이 전개되면서 전국 방송들로부터 들어오는 출연 요청이 이전보다 확연히 늘어났다. 실제로 거의 모든 방송사와 케이블 뉴스 쇼에서 계속 전화가 걸려왔다. 그들이 갑자기 우리의 최근 메릴랜드 이니셔티브에 관심이 생긴 것인가? 전혀 아니었던 것 같다. 나는 그런 요청 대부분을 거절했지만, 소수의 출연 제의는 받아들였다. 사람들에게 내가 무엇을 옹호하고 우리 당과 우리 나라에 무엇이 가장 필요하다고 생각하는지는 알려야 했기 때문이다.

2월 20일, 나는 CBS 디스 모닝This Morning에 출연해 도널드 트럼프가 너무도 빈번히 '비이성적으로' 행동하고 '공화당과 국가 또는 본인과 본인의 어젠다에 이롭지 않은' 방식으로 처신함으로써 '자기 자신의 최악의 적'이 되고 있다고 말했다.

최근에만 해도 트럼프는 불법 체류 문제로 비상사태가 초래된 만큼 국경 장벽을 세우겠다는 자신의 특별한 프로젝트에 의회의 거부 여부와 상관없이 자금을 조달하도록 허용해야 한다는 명령을 발동했다. "비상시 권력을 그런 식으로 사용하는 것은 옳지 않다고 생각합니다." 내가 말했다. "나는 의회와 공화당의 여타 지도자들이 대통령의 의견에 동의하지 않거나 대통령이 무언가 잘못하고 있다고 생각할 때 이의를 제기하는 모습을 본 적이 없습니다. 나는 두려움 없이 그렇게 해왔습니다."

진행자는 나에게 출마를 종용하는 그 모든 사람에게 어떻게 반응하고 있는지 물었다. 나는 미소를 지으며 대선 경선 출마 얘기가 나온 이래로 줄곧 말해왔던 바와 똑같이 답했다. "그에 대한 나의 반응을 가장 잘 표현하자면, '그들을 내 집무실 밖으로 내치진 않고 있다' 정도가 되겠습니다."

2월 24일, 동료 주지사들과 함께 다시 백악관을 방문했다. 2년 전에 냉담한 대접을 예상할 만한 타당한 이유가 있었다면, 이번에는 진정으로 기대하지 않을 수 없었다. 2년 전에는 단지 트럼프 후보를 대통령으로 지지하지 않았고 그에게 투표하지 않았을 뿐이다. 이번에는 언론에서 내가 트럼프 대통령에 대항해 경선에 출마할 수도 있다는 이야기를 쏟아내고 있었다. '나쁜 경찰' 재러드는 이 새로운 전개를 놓고 과연 어떤 식으로 나올까?

이와 같은 전미 주지사 협의회의 백악관 방문은 연례행사다. 회장과 부회장, 내각의 주요 각료들과 대통령이 일요일에 만찬을 갖고, 월요일에 다시 하루 내내 회합한다. 나는 오바마 정부 시절에 두 차례에 그 모임에 참석했고, 이번은 트럼프 정부 들어 세 번째였다.

이번에는 마이크 펜스 부통령이 매력 공세를 펼쳤다.

나는 마이크를 내 친구라고 생각한다. 그가 부통령이 되기 전에 우리는 공화당 주지사 협의회 집행위원회에서 2년 동안 함께 봉사했다. 내가 처음 주지사 선거에 출마했을 때 나를 지원하려는 크리스 크리스티의 계획에 찬성하고 지지해준 인물이 펜스였다. 나는 그것을 잊지 않았다. 대통령 선거 일주일 후, 펜스는 부통령 당선자의 신분으로 공화당 주지사 협의회에 참석해 연설했고, 그때 내게 따로 크리스티가 트럼프에 대해 했던 것과 거의 똑같은 말을 했다. "그는 무대 위에서 보이는 모습과 아주 다른 사람이에요. 닫힌 문 뒤에서 일대일로 만나보면 당신도 정말로 그를 좋아하게 될 거예요."

나는 여전히 설득되지 않고 있었다.

"주지사님은 메릴랜드에서 자신만의 길을 개척했어요." 그날 백악관에서 나를 만난 그가 말했다. "아주 훌륭해요. 하지만 우리도 힘을 보탤 거라고 약속해요."

"기대합니다, 부통령님." 내가 말했다. "그리고 축하합니다. 주지사를 하셨던 분이 부통령으로 계시니까 아주 든든합니다. 부통령님이 자랑스럽습니다."

펜스와 많은 일을 함께 겪은 터라 나는 그가 대통령과 입장이 다르고, 그 때문에 엄청난 압력을 받고 있다는 것을 알았다. 나는 그 2019 주지사 만찬에서 우리 부부의 자리가 마이크와 카렌 펜스 부부의 테이블로 배정되었음을 알고 놀랍도록 기뻤다.

"부통령님." 내가 말했다. "이렇게 부통령님 테이블에 앉게 되어 정말 영광입니다. 나는 사실 부엌 테이블로 밀려나는 게 아닌가 걱정했었습니다."

그는 그 말에 껄껄 웃었다.

"그래요." 그는 농담했다. "나도 조금 놀랐어요. 하지만 아니, 진지하게, 당신은 우리 부부를 잘 알고 나는 당신 부부를 사랑하잖아요."

다음 날 아침 대통령은 북한 독재자 김정은과의 회담을 위해 베트남으로 떠나기 전에 주지사들 앞에서 출국 연설을 했다. 나는 연단 근처의 작은 원형 테이블에 앉아 있었다. 이번에는 이방카가 내 옆에 앉도록 자리가 배치되었다. 재러드가 그 자리에 없어서 다행이었다. '이런, 진짜로 나를 배려하는 건가?'

연설을 마친 대통령은 연단에서 바로 내 쪽으로 내려왔다. 이번에는 그에게서 약간의 긴장감을 느낄 수 있었다. 그는 나에게 어떻게 지내는지도 묻지 않았고 내 지지율을 칭찬하지도 않았다. 그저 몸을 기울여 이방카에게 작별 포옹을 했다.

그런 후 그는 나와 악수하며 왼손을 내 어깨에 얹고 말했다. "주지사님, 만나서 반가워요. 내 딸 잘 좀 돌봐주세요." 조금 어색하다고 생각했지만, 기대했던 것보다는 훨씬 나았다.

민주당의 모든 선출직 공무원과 폭스를 제외한 모든 케이블 채널의 논평가, 존 카시치와 같이 환멸을 느낀 몇몇 공화당원 등 실로 많은 사람이 매일 대통령을 때리며 일과를 보낸다. 그들은 그저 트럼프를 싫어하고 무슨 수를 써서라도 그를 파괴하기를 원한다. 그리고 다른 한쪽에는 모든 수준의 공화당 공직자 대다수를 포함하여 대통령이 어떤 미친 말이나 행동을 해도 공개적으로 이의를 제기하거나 대통령에 대한 부정적인 말을 꺼내길 거부하는 사람들이 있다. 그들은 트윗으로 공격당할까 봐 두려워하고 대통령의 기저 지지층을 화나게 하고 싶어 하지 않는다. 그들은 1순위 타깃이 되는 것을 극도로 무서워한다.

나는 이 두 범주 중 어느 쪽에도 속하지 않는다.

나는 대통령을 결단코 개인적으로 공격하지도, 욕하지도 않는다. 그에 대해 말하는 것 자체를 좋아하지 않는다. 나는 주지사로서 내 직무에 계속 집중한다. 하지만 무언가가 정말 내가 동의할 수 없는 수준까지 올라가거나 너무 공격적이거나 메릴랜드 사람들에게 직접적인 해를 끼치는 경우가 발생하면 나는 앞으로 나서서 할 말을 한다. 그것이 나의 책무이다. 그는 여전히 대통령이다. 나는 오바마 대통령을 존중했고, 트럼프 대통령도 존중한다. 하지만 다른 많은 공화당원들과 달리 나는 침묵하고 충성을 맹세하고 무조건 시키는 대로 하지는 않는다. 나는 결코 입 닥치고 가만히 앉은 채로 살아오질 않았다.

내가 3월 4일 아이오와에 모습을 드러내자 전국의 언론이 촉각을 곤두세웠다. 내가 전미 주지사 협의회의 회합에 참석하려고 디모인에 왔다는 사실은 신경도 쓰지 않았다. 사실 나는 두어 달 후 협의회의 부회장으로 지도부에 합류할 준비를 하고 있었다. 나는 그곳에 온 주된 목적이 협의회의 회장인 몬태나 주지사 스티브 불록Steve Bullock을 지원하려는 것이라고 기자들에게 설명했지만, 아무도 그 말을 곧이곧대로 믿으려 하질 않았다. 스티브 불록은 공화당 강세 주에서 당선된 민주당 주지사로서 그 나름의 대선 출마를 준비하고 있었다. 나처럼 중간에서 양쪽을 아우르는 정치를 펼쳐온 그와 나는 마음이 잘 통했다. 아이오와에서 그는 '모든 미국인을 위한 더 나은 일자리'를 강조하고 있었다. 어쩌면, 정말 어쩌면 불록은 전국적인 관심을 유도하기 위해 이번의 회합 장소를 아이오와로 잡은 건지도 몰랐다.

스틸 스탠딩

"나는 선거 캠페인을 위해 이 자리에 온 게 아닙니다." 나는 이렇게 말하면서도 다음 사실은 인정하지 않을 수 없었다. "당 안팎의 많은 이들이 내게 다가서고 있다고 말해도 무방하겠네요."

나는 상황을 가볍게 유지하려고 노력했다. 디모인을 도보로 짧게 돌아보던 길에 나를 막아 세우는 기자들에게 (나를 띄우는 분위기의) 온도가 두 배로 올라서 기쁘다고 말했다. "1도에서 2도로 말입니다." 나는 자신이 속한 당의 현직 대통령에게 도전하는 것이 얼마나 어려운 일인지 충분히 이해했고, 그래서 그것이 내가 특별히 서둘러 마음을 정하지 않는 이유라고 말했다. "현재 자신의 당에서 이 정도의 지지율을 보이는 대통령에게 도전한다는 것 자체가 말이 안 됩니다. 그렇지만 상황은 바뀔 수 있는 것이며 지금부터 몇 달 후에는 상황이 어떠할지 알 수 없는 법이지요."

34장
맥주통 정당

나의 대권 도전에 관한 논의가 여전히 식을 줄 모르는 가운데 나는 성 패트릭의 친절한 아들 협회Society of the Friendly Sons of Saint Patrick가 매년 성 패트릭의 날 전야에 워싱턴에서 여는 기금모금 만찬의 기조연설을 맡아달라는 초대를 받았다. 복장 규정이 준정장 차림인 이 만찬 행사는 자선기금 마련이 목적인데 재계와 정계, 언론계의 유명인을 포함하여 워싱턴의 명사들로 늘 만원을 이룬다. 연사는 그 자리에 어떤 메시지든 가져올 수 있지만, 전통에 따라 감성적이며 악의 없이 놀리고 조롱하는 방식으로 전달해야 한다.

나는 아일랜드에서 태어나 자라지 않은 사람 중에서는 가장 아일랜드인 기질을 많이 지닌 편이다. 그 기금모금 만찬은 통로 양쪽의 협력에 관한 나의 메시지를 전할 수 있는 훌륭한 장소처럼 보였다. 누가 아는가? 나를 트럼프의 잠재적 도전자로 보는 그 모든 이야기에 대해 약간의 장난을 치는 자리가 될 수도 있었다. 나를 초대한 것이 초당파주의에 대한 아일랜드계 인물의 조언을 얻으려는 의도인지 아니면 더 많은 메릴랜드 사람들을 행사가 열린 캐피탈 힐튼Capital Hilton 호텔에 참석시키려는 영리한 계략인지 잘 알 수 없었다. 그러나 이 협회의 전설적인 익살은 그날 저녁 다량으로 소비된 아이리시 위스키 제임슨Jameson만큼이나 거침없이 쏟아져 나왔다.

연단에 오른 나는 아일랜드 유산과 이민 조상에 대해 밝히며 아일랜드계라는 것이 '마틴 오말리와 나의 유일한 공통점'이라고 외쳤다. 나는 워터게이트 사건과 관련된 아버지 이야기와 체벌리에 있는 세인트앰브로스가톨릭스쿨 7학년에 다니던 시절 의회에서 아버지 옆에 서서 같이 '선서'하며 메릴랜드 5선거구의 두 번째 표결권을 가질 준비를 한 일화를 들려주었다. "스테니 호이어로 인해 저는 실제로 의회에서 표결권을 행사할 기회를 잡지 못했습니다. 이 자리를 빌려 그에게 감사를 전하고 싶습니다. 저를 그 모든 분열과 기능부전의 장에서 구해주셔서 감사합니다."

나는 사랑하는 모교 드마타 시절을 회상하며 워싱턴 지역 가톨릭 남학교들 사이의 여전히 치열한 경쟁의식을 찬미했다. 생각해보니 드마타의 응원구호인 '수사슴 파이팅Go, Stags!'은 친절한 아들들의 슬로건이 될 수도 있었다. '가정환경'으로 인해 2학년을 마친 후 어쩔 수 없이 전학 갔지만, 최근 학교 관계자들로부터 명예 졸업장을 수여하겠다는 제안을 받은 사실도 밝혔다. "저는 선거가 끝날 때까지 명예 졸업장 수여 행사를 미룰 수 있는지 그들에게 물었습니다. 〈워싱턴포스트〉가 '고교 중퇴 호건, 위조 학위 취득'이라는 헤드라인을 게재할까 봐 두려웠던 겁니다."

이어서 림프종으로 끔찍한 고통에 시달린 과정과 교황이 내려준 축복에 대해 이야기했다. 그리고 역사상 누구보다 오랫동안 주 상원의장으로 봉직한 아일랜드계 메릴랜드 주민(그리고 내 어린 시절의 베이비시터)인 마이크 밀러에게 특별한 경의를 표했다. "워싱턴의 친절한 아들들은 정확히 90년 전 오늘 첫 번째 연회를 열었습니다." 내가 잘 차려입은 청중에게 말했다. "허버트 후버Herbert Hoover는 미국의 대통령을 지냈고 윌리엄 호워드 태프트William Howard Taft는 대법원장에 올랐으며 마이크 밀러는 메릴랜드주의 상원의장이었습니다."

친절한 아들들의 밤은 그렇게 주요 회원을 기리기에 좋았다. 분위기는 내가 예상하던 그대로 고조되었다.

이윽고 2020년 대통령 선거와 공화당의 미래, 그리고 그 둘 모두에서 내가 역할을 할 것이라는 소문 등 그 방의 모든 명사가 기다리고 있던 주제에 도달했다. 트럼프를 때리기 위해 모인 자리가 아니었고 그런 시도 어떤 것에도 나는 관여하지 않았다. 분명히 명시적으로는 그러지 않았다.

"2020년 대선과 관련해서 이런저런 추측이 나왔고 전국의 언론에서 약간의 관심을 기울였습니다. 얼마 전 제가 아이오와를 다녀왔지만, 이번 여행은 대권 도전을 위한 정치적 행보와는 아무런 상관이 없음을 이 자리에서 확언하는 바입니다."

방 여기저기서 신음 소리가 새어나왔다.

스틸 스탠딩

"그저 디모인의 영하의 날씨에서 48시간을 보내는 것이 재미있을 것 같아서 다녀온 것뿐입니다."

보수 성향의 칼럼니스트이자 논평가인 조지 윌George Will은 최근 내게 대권 도전을 독려하는 내용의 칼럼을 썼다. "저는 그의 멋진 평가에 감사하게 생각합니다." 나는 인정했다. "하지만 그는 제가 '반항적 태도를 갖춘 맥주통을 닮았다'라는 글로 칼럼을 시작했습니다. 우선 조지 윌이 실제로 맥주통 전문가인지는 모르겠지만, 이런 비유는 요즘 살을 빼기 위해 열심히 노력하고 있는 저로서는 약간 민감하게 받아들이지 않을 수 없습니다. 저는 요즘 저탄수화물 다이어트를 하면서 맥주와 감자를 줄이고 있습니다. 아마도 이것은 제가 더 이상 100퍼센트 아일랜드인이 아니라는 의미가 될 것입니다."

그러나 나는 그 모든 맥주통 얘기를 받아들이기로 결정했다고 말했다. "오늘 밤 저는 성 패트릭의 친절한 아들들에게 제가 새로운 정당을 구상하고 있다는 것을 처음으로 밝히는 바입니다. 우리는 그것을 맥주통 당이라고 부를 것입니다. 저는 맥주 파티를 주최한 경험이 꽤 많은 인물입니다. 우리의 이 운동은 크리스 매튜스Chris Matthews와 브렛 베이어Brett Baier 같은 인물들이 한 우산 아래에 모여 손을 잡도록 도울 것입니다." 두 TV 앵커는 내가 다음에 언급하는 사람과 마찬가지로 나와 함께 헤드테이블에 자리했다. "아, 이것은 심지어 브렛 캐버노Brett Kavanaugh조차도 동참할 수 있는 일이라고 생각합니다."

이 청중에게는 그 새로운 대법관이 자신의 인준 청문회에서 "저는 맥주를 좋아했습니다. 그리고 여전히 맥주를 좋아합니다"라고 자랑한 사실을 상기시킬 필요가 없었다. 친절한 아들 협회의 여러 구성원은 캐버노를 공개적으로 옹호하거나 비난했고, 혹은 해당 논란에서 적어도 9일 동안 칼럼 소재를 얻었다.

나는 유머에 날카롭게 엮어 넣은 중요한 메시지를 좌중에서 음미하도록 충분한 시간을 주었다. 나의 익살에 터져 나온 웃음과 박수를 보면 DC 우편 번호를 쓰는 사람들이 대다수임에도 매우 수용적인 청중이라 아니할 수 없었다. "여기 계신 많은 분들과 마찬가지로 저는 이곳 워싱턴의 국력을 쇠약하게 만드는 정치에 완전히 신물이 난 상태입니다. 모욕이 토론을 대체하고, 비난이 협상을 대체하고, 교착 상태가 타협을 대체하고, 국민을 위해 무언가를 하는 것이 더 이상 우선순위가 아닌 행태를 보이기에 드리는 말씀입니다."

나는 손가락질을 하기 위해 이런 말을 하는 것이 아니라고 말했다. "비난은 이미 충분히 난무하고 있습니다. 문제는 통로의 양쪽에 있는 사람들이 서로 조금도 양보하지 않는 데에 있는 겁니다. 조금만 양보하면 많은 일을 할 수 있는데 말입니다." 변화가 필요하다고 했다. "최근에 우리는 메릴랜드에서 많은 진전을 이루었습니다. 우리는 당파보다 문제 해결을 앞세우고 분쟁보다 타협을 중시하며 통로를 가로질러 손을 뻗음으로써 메릴랜드 사람들에게 이로운 초당파적이고 상식적인 해결책을 하나하나씩 찾아냈습니다."

그렇게 복잡하지도 않다고 설명했다. "현재 우리 나라가 직면한 가장 큰 위기는 멕시코와 미국 사이의 장벽이 아니라 바로 이 나라의 이곳에서 우리를 갈라놓고 있는 장벽입니다."

나는 나의 영웅인 로널드 레이건을 인용하면서 그날 그 자리에 맞춰 트럼프 시대의 강조법을 섞어 약간 바꾸었다. "우리는 '바로 이'

장벽을 허물어야 합니다."

한 번의 만찬 연설로 운동을 일으킬 수는 없다. 나는 그 점을 이해했다. 하지만 호랑이굴이나 다름없는 워싱턴에서 이런 청중으로부터 우레와 같은 기립 박수를 받을 수 있다면, 내가 같은 메시지를 전하러 가서는 안 될 곳이 없다는 의미였다. 박수갈채가 사그라지기도 전에 나는 벌써 그 메시지를 가져가 전할 곳을 머릿속으로 찾고 있었다.

나의 뉴햄프셔 방문은 아이오와 여행보다 훨씬 더 진지한 움직임으로 여겨졌다. 나는 맨체스터 소재 성 안셀모Saint Anselm 대학에서 4월 23일 열리는 '폴리틱스 앤드 에그스Politics & Eggs'에 초청되었다. '폴리틱스 앤드 에그스'는 미국 대선의 첫 번째 프라이머리가 열리는 뉴햄프셔에서 재계의 인사들이 주요 당의 대선 후보나 잠재적 후보를 초빙해 토론회를 갖는 오랜 전통의 검증 무대이다. 대권으로 가는 길목에서 반드시 거쳐야 하는 관문인 셈이다. 하지만 그곳으로 가기도 전에 나의 방문은 백악관 주변에 우려를 불러일으키는 것처럼 보였다.

공화당 전국위원회에서 메릴랜드를 대표한 바 있는, 트럼프 정부 정보기관의 고위인사 데이비드 보시David Bossie가 급히 메릴랜드 정가를 쑤시고 다니며 나를 정치적으로 당혹스럽게 만들기 시작했다. 그의 전술은 주 공화당 상원의원과 대의원 그리고 여타 관계자들에게 대통령 재선을 위한 움직임에 일찍 돌입하도록 압력을 가하는 것이었다. 내가 출마를 결심하기도 전에 정치적 산소를 빼앗아 홈그라운드에서조차 약하게 보이도록 만들기 위해서였다. "지난 수개월에 걸쳐 호건의 비판이 계속 보도되고 그의 전국적 인지도가 높아짐에 따라 백악관은 그의 움직임을 예의 주시하지 않을 수 없게 되었다." 〈폴리티코〉의 기사 일부다.

입법부 회기가 진행되는 중에 여러 가지로 제한된 공화당 전당대회에서 불화를 일으키는 것은 멍청한 짓이었다. 입법부의 우리 당 의석은 지난 선거에서 반트럼프 유권자의 분노로 이미 급감하지 않았던가.

뉴햄프셔로 떠나기 전에 보시에게 전화했다. "대체 왜 그러는 거요?" 내가 말했다. "그냥 조찬 모임에서 연설해달라는 요청을 받아들인 것뿐이에요. 무엇 때문에 다들 그렇게 화들짝 놀란 듯 움직이냐고요?"

그는 시기가 우연히 겹친 것뿐이라며 전국의 모든 주에서 지금 똑같이 이렇게 트럼프 캠페인이 전개되고 있다고 헛소리를 했다. "이봐요, 데이브." 내가 말했다. "당신이 그런다고 내가 상처를 입는 게 아니에요. 오히려 나는 더 많은 관심을 받게 되고 대통령은 약해 보이게 된다고요. 하지만 그런 것들은 중요하지 않아요. 중요한 것은 입법 회기 중간에 의원들에게 메릴랜드에서 26퍼센트의 표를 받은 인기 없는 대통령과 78퍼센트 지지율의 주지사 중에서 선택하도록 강요하면서 당에 분열을 일으켜서는 안 된다는 거예요."

아직 할 말이 남았다.

"내가 백악관에 다녀온 지 얼마 지나지도 않았잖아요." 보시에게 말했다. "부통령은 매우 친절하게, 이방카는 엄청 부드럽게 나를 대했어요. 그래놓고 저들은 이제 당신을 중국 가게로 돌진하는 황소처럼 여기로 보내 입법자들을 겁주고 괴롭혀서 내게서 떼어놓으려 한다는 게 말이 되냐고요? 분명히 말하지만, 그런 것은 먹혀들지도 않을 것이고 외려 역효과를 낼 가능성이 크다는 것을 알아야 해요."

그는 즉시 꼬랑지를 내리고 당분간 자신의 계획 실행을 연기하는 데 동의했다.

'폴리틱스 앤드 에그스'는 깔끔한 경험이었다. 오래전부터 그 모임에 관해 익히 들어 알고 있었지만, 그곳에서 연설한 것은 처음이었다.

내 메시지는 좌중에 잘 전달되었을 뿐 아니라 케이블 텔레비전 네트워크 C-SPAN으로 생중계까지 되었다. 전국적으로 적어도 수십 명의 시청자는 봤으리라는 생각이 들었다. 그러나 진정한 액션은 조찬장 밖에서 벌어졌다. 전국 미디어 기자들의 거대한 스크럼이 나를 기다렸다. 그들은 방금 발표된 특별 검사 로버트 뮬러Robert Mueller의 보고서에 관해 물었다. 대통령이 2016년 러시아의 미국 대선 개입 의혹에 대한 FBI 수사와 관련해 '정당한 법집행을 방해하려고 시도'했다는 내용이 담긴 보고서였다. 나는 단도직입적으로 답했다. "대통령의 책임이 전혀 없다고 밝히고 있는 것은 아닙니다."

물론, 질문은 곧 나의 대권 도전 가능성에 대한 문제로 전환되었다. 아이오와에 갔다 왔으며, 또 다른 주들을 방문할 계획도 있었다. "히치하이킹으로 그냥 전국을 돌아보려는 것은 아니고요." 농담부터 했다. "저는 계속해서 그저 사람들의 말에 귀를 기울이고 그들의 바람을 체감하려고 하는 겁니다."

나는 내가 이길 가망이 있다는 생각이 들지 않는 한 '자살 임무'에 뛰어들 의향이 없다고 말했다. 하지만 짧고 열정적인 선거운동이 내게 적합할 수도 있었다. "저는 소매형 정치를 꽤나 잘합니다." 내가 말했다.

몇몇 기자들은 트럼프 공화당의 다른 비판자들은 어디에 있는지, 어째서 아주 가볍고 부드러운 불만이나 비판을 제기하는 공화당 공직자조차 거의 없는지 알고 싶어 했다. "우리 당에 용기 있는 인사가 별로 없는 게 사실입니다." 내가 말했다. "그들은 1순위 타깃이 되는 것을 두려워합니다. 그들은 트윗으로 공격당하는 것을 두려워합니다. 그래서 우리가 진정으로 생각하는 바를 기꺼이 입 밖에 내놓는 인물이 극소수인 겁니다."

한동안 나는 트럼프가 내게 모욕적인 별명 하나를 붙여줄 것으로 기대했다. 나는 그 일이 언제라도 벌어질 것으로 생각했다. 대통령은 카시치나 플레이크, 웰드 등과 같은 잠재적 라이벌에게 거리낌 없이 모욕적인 트윗을 날렸다. 나는 그가 '뚱보 래리Fat Larry'와 같은 별명을 들고나올 것으로 추측했다. 암 투병 이래로 체중이 불었음을 인정하지 않을 수 없는 나로서는 그것이 그가 취할 수 있는 명백한 선택으로 보였다. '암 소년Cancer Boy' 같은 것도 좋은 선택안이었다. 그러나 그런 일은 일어나지 않았다. 트럼프는 2016년 당시의 크리스 크리스티를 제외하고는 거의 모두를 언제라도 공격 대상으로 삼을 수 있는 것처럼 보였다. 그런데 나를 그렇게 대하지 않았다. 왜 그런지 설명할 수가 없다. 트럼프가 나의 높은 지지율을 정말로 존중한 것인지도 모른다. 어쩌면 잠자는 개를 괜히 깨울 필요가 없다고 생각했는지도 모른다. 내가 공개적으로 그를 비판하고 있을 때조차도 그는 나에게 단 한 발의 총격도 가하지 않았다.

어쨌든, 아직은 그랬다.

스틸 스탠딩

35장
최고의 희망

그래서 호건은 과연 대통령 후보로 출마할 것인가 말 것인가?

이 논란은 2019년 봄까지 계속 이어졌다. 나는 다른 부류의 공화당원으로 치켜세워지고 있었다. 현재의 분열 너머로 국가를 인도할 수 있는 인물, 양측과 협력해 연합을 구축할 수 있는 인물, 그저 싸워 이기려고만 드는 게 아니라 나라의 문제를 해결해 나갈 수 있는 인물, 민주당 집권을 꿈꾸는 대부분의 소망처럼 국가를 무모하게 왼쪽으로 치우치게 만들지 않고 도널드 트럼프의 4년 후 미국을 다시 하나로 모을 수 있는 인물······.

이 모든 대화를 촉발한 것은 우리의 경이로운 재선 승리였다. 나의 두 번째 취임식이 그것을 정의했고, 미디어는 6개월 내내 그것과 함께 달렸다.

〈워싱턴포스트〉는 나를 젭 부시가 말한 '워싱턴에서 전개되는 상황의 대척점'에 선 정부를 운영하는 사업가 출신의 주지사로서 '반트럼프 공화당원'이라고 규정했다. 모든 진영에서 표를 받을 수 있고 현 대통령에 맞서는 것을 두려워하지 않으며 대단한 성취의 기록을 보유한 인기 있는 공화당 공직자라는 것이었다. 2020년 선거는 가까워지는데 해당 범주에 속하는 다른 사람은 그리 많지 않았다.

그 모든 법석은 내게 조금 낯설게 느껴졌다. 나는 언제나 내가 하겠다고 말한 바를 그대로 실행에 옮기는 사람이었다. 4년 동안 나는 국가 정치에서 벗어나 있기 위해 최선을 다했다. 내 계획은 낮은 인지도를 유지하며 메릴랜드에 집중하는 것이었다. 그런데 갑자기 출마를 응원하는 전국적인 관심의 소용돌이가 일어나 나의 사상과 내가 가치 있게 생각하는 것들을 위한 훨씬 더 큰 무대를 제공했다.

하지만 어느 시점에서 나는 정말로 결정을 내려야 했다.

"서두를 게 뭐 있나요?" 나의 고위 정치 고문 중 일부는 그렇게 말했다. 모두 똑똑한 사람들이었다. 그들은 2020년 2월 11일 뉴햄프셔 프라이머리 지원 마감일인 2019년 11월 세 번째 금요일까지는 시간이 있는 셈이라고 지적했다. 그러나 나는 그렇게 오래 결정을 미루는 일이 옳지 않다고 느꼈다. 나는 그런 식으로 논란을 질질 끌고 싶지 않았다. 출마에 대해 생각하고 출마에 대해 암시하다가 주변의 모두가 지친 후에야 플러그를 뽑아버리는, 그렇게 정치적으로 간을 보며 사람들을 애태우게 만드는 그런 흔한 부류에 속하고 싶지 않았다. 그것은 내가 아니었다. 하거나 하지 않거나 둘 중 하나여야 했다. 나는 항상 있는 그대로 말하는 사람이었다. 그리고 그런 정치 게임을 하는 것 자체가 싫었다.

결정을 내릴 때 나는 주지사 출마를 처음 생각했을 때 이용한 것과 동일한 테스트를 적용했다. 거기에 나서려 할 때 확실히 승리가 보장되어야 할 필요는 없었다. 하지만 적어도 성공에 이를 수 있는 몇 가지 길은 있어야 했다. 대통령 출마는 치명적으로 심각한 과업이다. 나는 가미카제 임무에 돌입하는 데 관심이 없었다. 나는 우리가 잠재적 승리를 위한 실제 전략과 진정한 차이를 창출할 합리적인 전망이 있는지 알고 싶었다.

일부 공화당 지도자와 컨설턴트들은 내게 트럼프가 결국 모종의 선을 넘을 것이라고 강조했다. 그가 당의 충성파에서 용인할 수 있는 한계점을 넘어 마침내 경선 도전에 취약한 상태가 될 것이란 얘기였다. 그러나 현실적으로 나는 도널드 트럼프가 스스로 무너지기를 기다리는 것이 선거운동을 전개하기 위한 실행 가능한 전략이 아니라는 것을 알고 있었다.

내 주변의 정치 환경을 연구하면서, 솔직히 나는 그런 면을 볼 수 없었다.

도널드 트럼프는 분명히 전국 선거에서는 취약했다. 사실 그런 취약성은 연일 늘어나고 있었다. 그는 당의 외연을 넓히려던 레이건의 연합 정치 정책을 따르지 않았다. 그는 여성, 청년, 백인 남성이 아닌 거의 모든 사람 등 미결정 유권자 그룹을 차례로 소외시켰다. 그의 직무 지지율은 끔찍했다. 단 한 번도 국민의 절반 이상이 그의 직무 수행에 찬성한 적이 없었다. 나라는 그 어느 때보다도 심하게 분열되어 있었다.

그러나 그는 공화당 후보 지명 과정 내에서는 여전히 믿을 수 없을 정도로 강해 보였다. 그에 대한 지지율은 주마다 달랐다. 하지만 공화당 프라이머리 유권자 기반에서 그는 80퍼센트대의 지지율을 꾸준히 유지했다. 그들은 국민의 작은 일부에 불과했지만, 그를 사랑하는 사람들은 어떤 경우에도 흔들림이 없는 것 같았다. 어쩌면 트럼프가 2016년 1월 아이오와에 모인 가장 열렬한 추종자들에게 한 말은 사실인지도 몰랐다. "제가 5번가 한가운데에 서서 누군가를 총으로 쏴도 유권자를 잃지 않을 것 같습니다. 안 그렇습니까? 정말 놀랍지 않습니까?"

그렇다. '그런 상황'에 놀라지 않을 사람이 어디 있겠는가.

나의 메시지를 개진하고 내가 열정적으로 관심을 갖는 사안에 대해 이야기할 수 있게 된다는 것은 매력적이었다. 나의 정치와 메시지에 찬동할 청중은 분명히 미국 전역에 걸쳐 있었다. 미국인 대다수가 나와 똑같이 느낀다고 생각했다. 그러나 그런 청중이 공화당 프라이머리 유권자 기반을 점유하는 상황이 아니었다. 그들은 여전히 트럼프에게 올인하는 것처럼 보였다.

뮬러 특검의 보고서조차도 그것을 흔들지 못했다. 미디어를 채우는 수천 개의 부정적인 이야기도 마찬가지였다. 주 단위로 쌓여가던 민주당이나 전직 각료 및 고위 공직자들의 공격도 소용이 없었다.

커져만 가던 탄핵의 위협도 아무런 영향을 미치지 않았다.

적어도 현재로서는 대통령에게 도전할 수 있는 믿을 만한 즉각적인 경로가 보이질 않았다.

스틸 스탠딩

6월 1일 토요일, 나는 대권 도전 논란에 종지부를 찍기로 결정했다. "2020년 대선 출마를 고려해 달라는 전 국민의 독려와 성원에 진심으로 감사드립니다." 그날 내가 말했다. "그러나 저는 후보가 되지 않을 것입니다."

나는 대선에 출마하는 대신 주지사로서의 두 번째 임기에 충실히 임하며 계속해서 메릴랜드를 더욱 살기 좋은 곳으로 바꿀 것이라고 설명했다. 그리고 우리는 상식적이고 초당파적인 리더십이 오늘날의 심각한 문제의 해결 과정에서 실제로 어떻게 작동하는지 보여주면서 국가의 모범이 될 것이었다.

7월부터는 전미 주지사 협의회 회장으로서 미국의 주지사들을 이끌게 될 터였다. 전국의 공화당과 민주당 지도자들이 어떻게 초당적 방식으로 함께 일할 수 있는지 보여줄 수 있는 좋은 기회였다. 워싱턴의 정치인들은 전혀 할 수 없을 것 같은 무엇이었다.

나는 또한 정치에 신물 난 사람들을 위해 전국적인 비영리 압력단체인 '하나의 미국(www.AnAmericaUnited.org)'을 출범시켰다. 이 단체의 중점 사안은 망가진 정치를 고치고 사람들을 한데 모아 국가가 직면한 심각한 문제에 대한 초당적이고 상식적인 해결책을 모색하는 것이다.

"나는 공화당에 도널드 트럼프를 넘어서는 미래가 있을 것이라고 믿습니다." 나는 〈워싱턴포스트〉에 이렇게 말했다. "내년 또는 4년 후가 되겠지요. 중요한 점은 특정 시점이 되면 우리가 미래의 바람직한 양상을 찾게 될 것이라는 사실입니다."

기자는 나의 정치적 미래는 어떻게 될 것 같은지 물었다. "나는 공화당에서 맞이할 나의 미래에 대해서는 그다지 개의치 않습니다. 나는 공화당의 미래를 훨씬 더 신경 씁니다."

그 사안은 그렇게 일단락되었다. 이제 나는 메릴랜드의 문제를 해결하는 데 100퍼센트 집중할 수 있었다.

하지만 오늘날의 미국 정치에 대해서는 짚고 넘어가야 할 문제가 있다. 특히 도널드 트럼프가 공화당을 적대적으로 장악하고 백악관을 점령한 이후의 정치에 대해서 말이다. 예측할 수 없는 미친 듯한 일들이 번개처럼 계속해서 일어나고 있다. 머리를 긁적이게 만드는 무언가, 터무니없는 무언가, 당혹스러운 무언가, 분열적인 무언가가 계속 발생한다. 아무것도 아닌 일이 하나도 없다.

뮬러 보고서가 발표된 후 대통령 탄핵의 가능성이 대두되는 것처럼 보였다. 하지만 2019년 9월 트럼프 대통령과 볼로디미르 젤렌스키 우크라이나 대통령 간의 부적절한 통화에 대한 연방 내부 고발자의 보고서가 언론에 유출되었다. 보고서의 주장에 따르면 그 통화에서 트럼프는 젤렌스키에게 전 부통령 조 바이든Joe Biden과 그의 아들 헌터Hunter에 대한 범죄 수사를 개시하도록 압력을 가했다. 백악관이 젤렌스키를 분발시키기 위해 미 의회에서 이미 우크라이나에 할당한 군사 원조금 4억 달러의 지급을 차단했다는 내용도 들어있었다. 당시 바이든은 2020년 대선에서 트럼프와 상대할 가장 유력한 민주당 후보였으며 우크라이나는 푸틴의 러시아가 가하는 군사적 위협을 막아내고 있었다.

며칠 지나지 않아 백악관은 해당 통화의 녹취록 요약본을 언론에 배포했다. 보고서의 주장이 대체적으로 사실임을 보여주는 요약본이었다. 그러나 그 녹취록의 내용은 예상대로 정치적인 로르샤흐 테스트Rorschach test(좌우 대칭의 불규칙한 잉크 무늬를 어떤 모양으로 보느냐에 따라 성격이나 정신 상태, 무의식적 욕망 따위를 판단하는 인격 진단 검사 - 옮긴이)가 되었고, 각 진영은 스스로 보고 싶은 것만 보며 가능한 한 가장 큰 목소리로 투영된 각자의 요점을 중심으로 결집했다. 민주당은 공식적인 탄핵 조사와 증인 소환을 원했고, 공화당은 녹취록 요약본으로 대통령의 책임이 없음이 완전히 밝혀졌다고 주장했다. 내가 보기엔 많은 민주당원이 일부 공화당원의 확고한 트럼프 찬성 행태와 마찬가지로 반사적으로 트럼프를 반대하고 있었다.

그렇다면 나는 어디에 서 있었는가? 전국 미디어는 아버지가 나오는 1974년 워터게이트 청문회 영상을 방송하며 나는 어떻게 생각하는지 알고자 했다. 10월 10일, 내게 처음으로 직접 질문한 사람은 PBS 프로그램 '파이어링 라인Firing Line'의 진행자인 마거릿 후버Margaret Hoover였다. 나는 그녀에게 이렇게 답했다. "조사가 필요하다고 생각합니다. 탄핵을 통해 대통령을 해임하는 것에 찬성한다고 말할 준비가 되어있지 않습니다. 사실을 알 수 있는 다른 방법은 없다고 봅니다."

아버지처럼 나도 증거의 인도를 받고 싶었고, 증거는 조사해야 할 무언가가 있음을 암시하고 있었다. 그렇다고 펠로시와 민주당 하원의원들이 증거와 사실에 기반해 대통령에게 공정한 청문회를 마련해줄 것으로 생각한 것은 아니었다. "걱정되는 부분은 과연 청문회가 객관적으로 공정하게 진행될 수 있을까, 하는 부분입니다. 민주당이 장악한 의회에서 그것이 가능할지 잘 모르겠습니다." 인터뷰에서 내가 후버에게 한 말이다.

이번에는 전국의 공화당 주지사 가운데 나 혼자만 그런 의견을 낸 것이 아니었다. 버몬트의 필 스콧Phil Scott과 매사추세츠의 찰리 베이커도 탄핵 여부를 판단하기 위한 조사를 지지했다. 연방 상원에서도 유타주의 미트 롬니가 같은 내용으로 발언했다. 그러나 이런 입장은 여전히 공화당 공직자가 발을 들여놓기에 외로운 곳이었다. 공화당 정치인의 대다수는 무조건 당론을 신봉하는 자세를 취하며 사실조사 자체를 거부하거나 더욱 빈번하게는 (정치적 이유로) 그에 대해 거론하는 것 자체를 두려워했다. 결국 탄핵 절차가 진행되고 증인이 의사당에 하나둘 소환되기 시작하자 예측 가능한 상황이 전개되었다. 양당은 즉시 각각의 전쟁 캠프로 분리되었다. 이 탄핵 절차는 리처드 닉슨의 미래가 걸려 있던 시절 아버지가 거듭 요구했던 공정하고 균형 잡힌 절차와 정반대로 진행될 것임이 곧 분명해졌다. 이번에는 당파와 진영 논리가 모든 것에 우선했다. 워싱턴에 있는 대부분의 사람들이 불편한 사실에는 결단코 관심을 두려 하지 않았다. 미국의 지도자들은 그렇게 평소처럼 분열적 정치에 갇혀버렸다.

새해와 새로운 10년이 다가오던 무렵 대통령은 당론 투표로 하원에 의해 탄핵 소추되었고, 워싱턴은 예의 그 광란과 분노, 기능부전에 빠져들었다. 정체와 비난, 양 진영 전반에 걸친 그럴듯한 의혹 제기와 저격이 난무했다. 민주당원과 공화당원이 동의할 수 있었던 유일한 것은 상대방이 얼마나 틀렸는가였다. 탄핵 소추안에 따르면 도널드 트럼프는 '권력 남용'과 '의회 방해' 혐의로 기소되었다. 이는 의회에서 냉정하게 사실에 기반해 발표해야 마땅한 심각한 혐의였다. 어쨌

스틸 스탠딩

든 누구든 유죄가 입증될 때까지는 무죄로 추정해야 하지 않는가. "사실을 우리의 지침으로 삼아야 합니다"라고 아버지는 말했었다.

그러나 이것은 오늘날의 국가 정치 환경, 특히 대선이 있는 해에는 절대로 이뤄지지 않을 이상이었다. 민주당 하원의장인 낸시 펠로시 Nancy Pelosi와 공화당 상원의원 미치 맥코넬Mitch McConnell은 트럼프에 대한 탄핵 심판이 시작되기도 전에 자신들이 도출한 또 하나의 밀고 당기기에 갇혀버렸다. 이 드라마가 공화당이 이끄는 상원에서 어떻게 끝날지 의심의 여지가 없었다. 민주당이 이끄는 하원에서 의심의 여지가 없었던 것보다 더 그랬다. 양당은 각자의 내러티브만 밀어붙였다. 하원과 상원에서 어디에 앉았느냐에 따라 입장이 결정되는 것 같았다. 그러는 동안 워싱턴은 국민을 위한 사업을 거의 수행하지 못했다.

리처드 닉슨이 탄핵에 직면했을 때 아버지는 어느 쪽에든 공정하고 객관적인 청문회를 열기 위해 싸웠다. 그러나 그 46년 후의 의회는 그 일을 제대로 하지 못했다. 하원도 상원도 아버지가 정한 높은 기준을 충족시키지 못했다.

우연히도 상원의 탄핵 투표와 나의 제6차 연례 주의회 연설이 2월 5일로 잡혔다. 그러한 우연한 병렬이 그 이상 냉혹하게 느껴질 수 없었다. 몇 시간 뒤 워싱턴에서 있을 상원의 탄핵 투표에 대한 이런저런 예측이 쌓이던 정오 시간, 나는 아나폴리스의 역사적인 주의회 의사당에 들어섰다. 나는 의원들로 꽉 들어찬 의사당에서 적을 찾는 대신 동료와 친구를 찾았다. "우리가 이 오랜 전통을 위해 다시 모인 오늘, 주 역사상 최초로 '미스터'가 아닌 '마담'으로 의장님을 호칭하며 주지사 연설을 시작하게 된 것은 분명 저의 영광스러운 특권입니다."

두어 달 전, 에이드리엔 존스_{Adrienne Jones}는 아프리카계 미국인 여성으로서는 최초로 메릴랜드주 하원의장으로 선출되었다. 그녀는 강한 신념과 봉직에 대한 진정한 열망을 지닌 볼티모어 카운티의 민주당원이었다. 서로 동의하지 않는 것이 많았지만 나는 통로를 사이에 두고 모욕을 주고받기보다는 공통의 기반을 찾고자 했다. 나는 그렇게 새로운 의장을 향한 기립 박수를 유도했다. 그녀가 의장으로서 참석한 첫 번째 주지사 의회 연설 자리에서 기립 박수를 받았다! 따사로운 기운이 흐르지 않을 수 없었다.

나는 입법부의 다수당에 폭력 범죄를 줄이고 공교육에 기록적인 자금을 지원하고 초당파적으로 선거구를 조정하고 퇴직자를 위한 20년래 최대의 세금 감면을 제공할 수 있도록 도와달라고 호소했다. 이들 모두 정치적으로 무거운 사안이었지만, 나는 낙관적인 어조를 유지했다. "지난 5년 동안 메릴랜드에서 우리가 경험한 모든 일과 우리가 함께 이룩한 모든 진전을 되돌아보면, 저는 두려움을 가질 필요가 없다는 확신이 듭니다. 과거의 경험이 저를 희망으로 채워준다는 얘깁니다. 저는 오늘날 미국에서 우리를 분열시키는 그 모든 것에도 불구하고 우리를 하나로 묶어주는 것이 훨씬 더 많이 있다고 믿습니다."

한편, 미국 상원은 모두가 예상했던 대로 당론 투표가 대세를 이뤄 두 가지 탄핵안 모두를 부결시켰다. 새로운 증거를 채택하지도 않았고, 증언도 청취하지 않았다. 결국 양측에서 당론을 거부한 상원의원은 공화당의 미트 롬니가 유일했다. 그는 대통령이 자신의 직권을 남용한 혐의를 유죄로 보았다. 미트는 자신이 옳다고 느끼는 그대로 행동을 취한 지조 있는 인물이라고, 나는 믿는다. 그는 수십 년 전 나의 아버지처럼 양심에 따라 표를 던졌다는 이유로 공격을 받았다.

다시 아나폴리스로 돌아와서 보자면, 모든 일이 화합을 통해 이뤄지지는 않았다. 나는 여전히 민주당이 장악한 주의 공화당 주지사였다. 우리는 철학이 달랐다. 그것도 아주 많이. 상대 당은 입법부의 압도적 다수를 점유했으며, 따라서 나의 거부권을 언제든 쉽게 무력화할 수 있었다. 그리고 인정컨대, 나는 때때로 옴짝달싹도 하지 않으려는 입법부 민주당 의원들을 보며 좌절감을 느끼기도 했다. 일을 완수하기 위해 그렇게 열심히 협상하고 그렇게 맹렬히 작전을 펼칠 필요가 없었다면 얼마나 좋았겠는가. 솔직히, 어떤 날은 내 머리를 쥐어뜯고 싶었다. 곧 쥐어뜯을 것도 별로 없다는 자각이 들긴 했지만 말이다. 하지만 종종 우리 모두가 함께 설 수 있는 중간 지대를 찾았다는 느낌도 들었다. 많은 예를 들 수 있지만, 하나만 살펴보자. 워싱턴 외곽을 에워싸며 버지니아와 메릴랜드를 관통하는 주간고속도로인 캐피탈 벨트웨이는 미국에서 두 번째로 극심한 교통 혼잡으로 수십 년 동안 고통을 안겨주었다. 2020년 초 워싱턴이 탄핵 논의로 인해 여전히 교착 상태에 빠져 있을 때 우리는 해당 지역을 위한 주요 교통 개선 프로그램을 출범시키는 데 성공했다. 〈워싱턴포스트〉는 이 프로그램을 1970년대 이후에 나온 가장 중요한 인프라 이니셔티브라고 칭했다.

우리는 지역 협정에 따라 매일 수십만 명의 통근자를 위한 우회로를 보완하고 포토맥강을 가로질러 메릴랜드와 버지니아를 연결하는 아메리칸리전메모리얼브리지American Legion Memorial Bridge를 새롭게 확장

35장 최고의 희망

할 계획이다. 이 프로그램은 현재 미국에서 가장 큰 공공-민간 교통 파트너십에 속하며 우리가 메릴랜드의 민주당 의원들은 물론이고 버지니아의 민주당 주지사 랠프 노섬Ralph Northam과도 협상을 벌여 얻어낸 성과다.

결과적으로 이것은 정당과 인종, 연령, 성별에 상관없이 거의 모든 사람이 필사적으로 갈구하던, 정확히 그런 종류의 리더십이었다. 이에 대한 가장 최근의 증거는 곤잘레스 리서치Gonzales Research가 메릴랜드 주민을 대상으로 실시한 독립적인 여론 조사에서 나왔다. 도널드 트럼프의 직무 지지율은 37퍼센트로 형편없었으며 그에 대한 반감은 61퍼센트로 표출되었다. 대조적으로 우리가 얻은 수치는 놀라웠다. 민주당이 압도적으로 강세를 띠는 메릴랜드에서 집권 5년 차를 넘긴 나의 직무 지지율은 75퍼센트로 나왔다. 못마땅하게 여긴다는 비율은 고작 17퍼센트였다. 분명히 정치적 스펙트럼 전반의 모든 사람이 우리가 '워싱턴의 대척점'에 서서 선택한 통치 방식을 선호했다. 격렬한 종족주의와 전투적 진영 논리가 판치는 이 시대에 우리는 모든 인구 집단의 70퍼센트 이상에서 승인을 얻었다.

아프리카계 미국인의 70퍼센트.

민주당원의 73퍼센트.

여성의 75퍼센트.

공화당원의 77퍼센트.

무당파의 78퍼센트.

여론 조사 전문가 패트릭 곤잘레스Patrick Gonzales는 다음과 같이 말했다. "이 극단적인 정치적 양극화 시대에 남성과 여성이 같은 비율로,

그리고 50세 미만 유권자와 50세 이상 유권자가 같은 비율로 호건의 직무를 지지한다는 사실은 실로 놀랍지 않을 수 없다. 또한, 지난 35년 동안 메릴랜드 유권자들을 대상으로 설문 조사를 실시해오면서 이렇게 민주당원 73퍼센트, 공화당원 77퍼센트, 무당파 78퍼센트가 지지하는 상황은 처음 접한다. 이 숫자는 우리가 이전에 어떤 정치인에게서도 목도한 바 없는 강력하고 다재다능한 매력을 시사한다."

우리는 승승장구했다. 우리는 열심히 일했다. 우리는 가치관을 고수했다. 그리고 우리는 진정으로 놀라운 일들을 성취해나가고 있었다. 나는 또한 내가 이 통치 업무에 꽤 능하다는 느낌이 들었다. 나의 역할에 대해 정말 편안한 마음과 자신감이 들었다. 현실에 안주하게 되었거나 자기만족에 빠져든 것이 아니었다. 주지사 직무에 대한 나의 접근방식은 여전히 하루 24시간 연중무휴였다. 나는 결단코 고삐를 늦추지 않았다. 나는 2023년 1월에 후임자에게 집무실을 넘겨줄 때까지 내가 가진 모든 것을 다 쏟아부을 것임을 알았다.

그러나 그 모든 일을 겪었는데도 나는 아직 주지사로서 가장 큰 도전에 직면한 것이 아니었다. 전혀 예기치 못한 무서운 녀석이 나를 기다리고 있었다.

조용하고,

보이지도 않고,

치명적이며,

날마다 기하급수적으로 늘어나는 녀석이었다.

한국 사위 메릴랜드 주지사 래리 호건, 그 불굴의 삶과 원대한 비전

6

부
생명을 구하다

36장
증가하는 위협

나는 코로나바이러스가 무엇인지 전혀 몰랐다.

정치 과학을 제외하면 나의 유일한 과학적 배경은 플로리다 주립대에 다니던 시절 모든 축구 및 농구부원들의 필수 과목으로 기상학 개론Meteorology 101을 수강한 것이 전부였다. 나는 메릴랜드주 에미츠버그의 마운트 세인트메리 대학교와 한국 서울의 한양대학교에서 명예 박사학위를 받았다. 때때로 주지사에게 수여되는 그런 학위로, 당연히 내가 진짜 박사라는 의미는 아니다. 그 근처에도 못 간다.

사실 팬데믹에 대해서는 조금 알았다. 지난 5년 동안 우리의 비상 관리팀은 팬데믹 발생 시 취할 계획에 대해 내게 브리핑했다. 때때로 그들은 돼지 독감이나 사스SARS 또는 다른 무서운 전염병에 대한 우리의 대응 방안을 놓고 탁상 연습을 실행했다. '그런 일이 생기는 상황에 대한 준비가 되어있다고 할 수 있는가?' 우리는 확실히 그러고 싶었다. 그러나 항상 실제 상황은 학술적 연습과 달랐다. 내가 주지사로 취임한 이후로 전 세계적으로 이런저런 유행병이 발발했다. 그러나 고맙게도 그런 치명적인 질병 중 메릴랜드 해안까지 휩쓴 것은 없었다. 그리고 나와 대화를 나눈 사람 중 누구도 2019년 말에 중국 우한에서 동물을 통해 인간에 전염된 신종 코로나바이러스 같은 것을 예측한 적도 없었다.

작게 시작되었지만 빠르게 퍼졌다.

가는 곳마다 질병과 죽음, 경제적 파괴를 야기하며 곧 전 세계를 뒤덮었다.

이 바이러스가 우리를 사로잡으면서 나를 포함한 모든 사람의 삶이 바뀌었다. 나는 리더로서 완전히 새로운 경기장에 들어가야 했다. 공직 생활의 가장 힘든 요구에 직면하며 사람들의 주시를 받아야 했다. 그리고 메릴랜드주의 600만 명의 생명을 책임져야 했다. 전미 주지사 협의회 회장으로서 나는 미국 대통령에 맞서 전국의 국민을 돕기 위해 매일 싸워야 했다.

글로벌 팬데믹 상황이 전개되면서 내가 확신할 수 없는 것들이 많아졌지만, 확실히 아는 한 가지는 있었다. 다가오는 도전이 무엇을 요구하든 절대로 극복에 실패해서는 안 된다는 것이었다.

2020년 1월 11일 중국의 관영 매체는 신종 코로나바이러스의 첫 번째 사례를 전 세계에 공개했다. 우한의 유명한 수산시장 단골이었

스틸 스탠딩

던 61세 남성이었다. 이 수산시장은 신선한 생선과 농산물도 팔고 박쥐를 비롯해 여타의 야생 동물도 그 자리에서 도살해 판매하고 있었다. 우리는 이 발표가 코로나바이러스의 확산이 실제로 시작되고 적어도 두 달 후에 나왔다는 것을 알았다. 그들의 초기 보고서에는 이것이 글로벌 위기로 확대될 것으로 짐작할 만한 어떤 것도 없었다. 예상대로 중국의 공산당 정권이 이 사태를 대단치 않게 여겼기 때문이다. 그러나 나는 중국의 발표를 곧이곧대로 믿지 않고 아나폴리스의 비상관리팀과 보건부 책임자, 공위 당직자들에게 "예의 주시하고 몇 가지 계획을 미리 세워두라"라고 지시했다.

바이러스는 시간을 조금도 낭비하지 않았다. 중국 이외 지역의 첫 발병 사례들이 1월 20일 세계보건기구WHO에 의해 확인되었다. 일본과 한국, 태국이 그에 해당했다. 다음 날, 워싱턴주에서 미국의 첫 사례를 발표했다. 우한 여행에서 막 돌아온 30대 남성이었다. 미국 질병통제예방센터는 성명을 발표했다. "원래는 동물에서 사람으로 감염되는 것으로 생각되었지만, 사람 간에 제한적인 확산이 일어나고 있다는 징후가 증가하고 있습니다."

'제한적'이라는 단어를 제외하고는 모두 사실이었다.

이 모든 뉴스가 불길하게 들렸다. 시애틀에서 일어난 일이 메릴랜드에서는 벌어지지 않으리라는 법이 어디 있겠는가? 비상관리팀의 탁상 연습이 갑자기 현명한 아이디어처럼 여겨졌다.

우리 팀은 즉각 작업에 착수해 초기에 많은 정보를 수집했다. 나의 수석고문 론 건즈버거와 최근에 참모진에 합류한 젊은 변호사 매트 맥대니얼Matt McDaniel은 해당 질병에 대한 도처의 보고서를 추적하고 예비 계획을 세우기 시작했다. 우리의 보건부 차관인 프랜 필립스 Fran Phillips는 회의실에서 훌륭한 전문 지식을 펼쳐 놓았다. 비서실장 매트 클락은 메릴랜드 전역의 전염병 및 공중보건 전문가들에게 연락을 취했다. 우리 주에는 존스홉킨스 대학교와 메릴랜드 의학대학원 및 병원, 그리고 국립보건원이 있다. 우리의 의료 및 과학계의 인재는 세계 최고의 수준이다. 우리는 배워나가며 일을 진행하는 상황이었지만 미국 대통령을 포함한 대부분의 리더들이 많은 관심을 기울이기 전에 그러한 노력을 기울이고 있었다.

1월 25일 토요일, 메릴랜드에서 처음으로 무서운 상황이 발생했다. 중국에 머물렀던 세 명의 여행객이 신종 바이러스 감염을 의심할 만한 증상인 기침과 콧물, 폐의 통증을 안고 볼티모어 워싱턴 국제공항에 도착했다. 주 보건 당국은 신속하게 대응하여 세 명의 여행자를 모두 테스트하고 자가 격리를 명령했다. 그들의 테스트 결과는 음성으로 나왔지만, 우리는 이미 주지사 집무실에 모여 첫 번째 양성 사례가 발생하는 경우의 대응 방안을 다각적으로 검토하고 있었다.

"조만간 닥칠 일입니다." 내가 팀에 한 말이다.

1월 29일 수요일, 메릴랜드 공공사업위원회 회의에서 나는 다가오는 공중보건 위협에 대해 첫 공개 발언을 했다. 아직은 메릴랜드에서 단 한 건의 사례도 발생하지 않은 상태였다. 누구라도 공포심을 갖게 하고 싶지는 않았지만, 우리에게 다가오고 있는 것으로 보이는 위험에 대해 사람들이 경각심을 갖기를 바랐다. 항상 그렇듯이 나는 설령 실수가 되더라도 투명하게 일을 처리하고 싶었다.

"제 지시에 따라 주 정부는 코로나바이러스에 대응하는 데 필요한 어떤 자원이든 준비하고 동원하기 위해 모든 예방 조치를 취하고 있습니다. 주 정부 팀은 연방 공무원들과 긴밀하게 의사소통을 하고 있으며 지속적으로 그렇게 할 것입니다. 다행히도 메릴랜드는 세계 최고의 의료 연구기관과 시설을 보유하고 있는 주입니다. 저는 우리 주가 바이러스의 그 어떤 잠재적 사례에도 대응할 수 있는 능력을 갖추었다고 확신합니다. 저는 우리가 치료법 개발의 리더, 나아가 백신 개발의 리더가 될 것으로 기대합니다."

무슨 이유에서인지 코로나바이러스에 대한 트럼프 대통령의 첫 공개 발언은 부정하는 듯한 어조를 띠었다. 그는 미국 최초의 사례가 발표된 직후에 해당하는 1월 22일, 스위스 다보스에 있었다.

"팬데믹에 대해 걱정해야 할 시점은 아니라고 보십니까?" CNBC 앵커 조 커넌Joe Kernen이 물었다.

트럼프는 주저 없이 답했다. "우리는 그것을 완전히 통제하고 있습니다. 중국에서 들어온 단 한 명이 걸린 거고, 우리가 상황을 통제하고 있습니다. 괜찮아질 것입니다."

그리고 대통령은 다음 8주 동안 헛발질을 했다. 1월의 나머지와 2월 내내 발랄하거나 냉소적인 논평과 트윗을 남발했으며, 전염병 발병의 심각성과 미국인들이 무엇이든 충분히 준비해야 할 필요성을 경시했다.

1월 24일 트럼프는 트위터 게시글을 통해 중국 정부를 아낌없이 칭찬했다. "중국은 코로나바이러스를 억제하기 위해 매우 열심히 노력하고 있습니다. 미국은 그들의 노력과 투명성을 높이 평가합니다.

모두 잘될 것입니다. 미국 국민을 대표하여 특히 시진핑 주석에게 감사드립니다!"

4일 후, 대통령은 친트럼프 성향의 신생 방송인 원아메리카뉴스One America News 네트워크의 헤드라인 하나를 리트윗했다. 이후 수차례에 걸쳐 쏟아낸, 치료법에 대한 그릇된 희망의 첫 번째였다. '존슨앤드존슨Johnson & Johnson, 코로나바이러스 백신 개발 가능'. 대체 어디서 그런 얘기가 나왔는지 모르겠다. 아마 존슨앤드존슨 사람들도 나만큼 놀랐을 것이다.

"우리는 그것을 아주 잘 통제하고 있습니다." 대통령은 1월 30일 미시간에서 열린 선거운동 집회에서 이렇게 말했다. "현재 우리 나라는 문제가 거의 없습니다. 다섯 명만 걸렸고, 이들 모두 성공적으로 회복되고 있습니다."

그런 긍정적인 예측에도 불구하고 대통령은 메릴랜드에 있는 우리와 마찬가지로 대단히 심각한 경고를 받고 있었다. 사실 모두 나중에 밝혀진 것이지만, 당시 대통령에게 다방면의 경고 세례가 쏟아지고 있었다는 얘기다. 중국에서 들어온 긴급한 보고를 듣고 놀란 정보부 관계자들과 국무부의 전염병 학자들을 위시하여 많은 전문가가 우려의 목소리를 전했다. 경고를 전하려던 알렉스 아자르Alex Azar 보건복지부 장관의 1월 18일 전화 통화에서 대통령은 오로지 향기 나는 수증기를 뿜어내는 전자담배형 카트리지에 대한 금지를 반대한다는 자신의 의견만 개진하려 했다고 한다. 국방정보국Defense Intelligence Agency의 작지만 중요한 분소인 국립의료정보센터National Center for Medical Intelligence의 관리들은 미국이 시카고 크기의 도시를 검역해야 하는 경우 어떤 상황이 전개될지 몇 가지 시나리오를 검토했다. 그 누구도 전에 해본 적이 없는 작업이었다. 백악관의 무역제조업 정책국장인 피터 나바로Peter Navarro는 1월 29일 보고서에서 우한 코로나바이러스가 '본격적인 팬데믹'이 되어 미국인 50만 명의 생명과 수조 달러 규모의 경제 생산성을 위협할 수 있다고 경고하는 주요한 조명탄을 쏘아 올렸다.

1월 30일, 전 세계적으로 9,800명 가까이 감염되고 213명이 사망한 것으로 보고되었다. 다음 날 트럼프 행정부는 중국에서 들어오는 입국자를 제한했다.

긍정적인 조치였다. 확실히 생명을 구하는 데 도움이 되는 조치였다. 민주당은 해당 조치의 효과에 의문을 제기하며 부당하게 중국인만 제한했다고 트럼트를 비난했다. 완전한 단속이 아니어서 그랬다. 무엇보다 집으로 돌아오는 미국인에게는 적용되지 않는 금지령이었다. 그들 역시 바이러스를 들여올 가능성이 있지 않은가. 돌이켜 보면 중국에서 들어오는 입국자에 대한 금지 조치는 절대적으로 옳은 일이었다. 하지만 불행히도 백악관이 내보내는 메시지에는 아무런 변화가 없었다.

2월 2일 트럼프는 폭스뉴스의 숀 해니티Sean Hannity와 전화로 연결되었다. "코로나바이러스에 대해서는 얼마나 걱정하고 계십니까?" 해니티가 물었다.

"우리는 중국에서 들어오는 것을 상당히 잘 차단하고 있습니다. 중국과도 놀랍도록 협조가 잘 이뤄지고 있고요. 매우 긍정적입니다." 안타깝게도 바이러스는 이미 전 세계로 빠르게 퍼져나가고 있었다. 이제 보고된 사례가 1만 4,557건이었고, 유럽 특히 이탈리아에서 많

36장 증가하는 위협

은 확진자가 발생하고 있었으며, 워싱턴에서는 많은 기회를 놓치고 있었다.

그 초기에 전국적으로 많은 조치를 취할 수 있었음에도 백악관은 그렇게 하지 않았다. 백악관은 공개적인 경고를 내놓지 않았으며 50개 주를 아우르는 전략도 수립하지 않았다. 국가에서 비축해놓은 개인 보호장비나 구명 인공호흡기를 미국 각지의 병원에 보급하지도 않았다. 그와 동시에 연방 정부는 코로나바이러스 테스트와 관련해 잘못된 결정까지 내렸다. 그것이 아마 가장 큰 실수였을 것이다. 다른 나라들이, 특히 한국이 가장 인상적으로, 잘 조율된 테스트 체제로 앞서 나가고 있는 동안 트럼프 행정부는 국제적인 테스트 프로토콜을 거부한 채 독자적인 행보를 고집했다. 워싱턴에서 명확한 리더십을 보여주지 못하는 가운데 연방질병통제센터Centers for Disease Control, CDC에서 이용하는 테스트는 너무 부정확한 것으로 드러났고, 전국의 민간 실험실은 개입이 금지되었다. 그 결과로 초래된 혼란은 거의 두 달 동안 대량 테스트를 지연시키며 국가를 전염병 확산의 어둠 속으로 몰아넣었다.

자신의 정부에 속한 공중보건 전문가의 말에 귀를 기울이는 대신, 대통령은 계속 주식 시장 부양책이나 본인의 재선 계획에 대해 더 신경 쓰는 사람처럼 말하고 트윗했다. 다행스럽게도 미국인들에게는 기꺼이 한 발짝 더 나아가 움직이는 주지사들이 있었다.

2월 초 미국의 주지사들이 전미 주지사 협의회의 연례 겨울 회의에 참석하기 위해 워싱턴에 모였다. 회장으로서 나는 몇 달 동안 참모들과 긴밀히 협력하여 어젠다를 발굴하고 수립했다. 우리의 회의는 주말 전체 삼 일에 걸쳐 진행되었다. 세 번째 날인 2월 9일 일요일, 주지사들이 백악관 만찬 행사를 위해 턱시도나 가운으로 갈아입기 직전, 나는 우리가 묵은 메리어트 마르퀴스Marriott Marquis 호텔에서 주지사만 참석하는 사적인 브리핑 시간을 마련했다. 그리고 증가하는 위협에 대한 설명을 듣기 위해 연방 정부의 최고 전문가 5명을 그자리에 불렀다.

그 다섯 명은 다음과 같았다. 먼저 국립알레르기전염병연구소 National Institute of Allergy and Infectious Diseases의 최장기 소장인 앤서니 파우치Anthony Fauci로, 뛰어난 식견과 직설적인 화법으로 아직 전국적 스타의 반열에 오르지는 못했지만, 공중보건 분야에서 크게 존경받는 인물이었다. 그리고 연방질병통제센터의 책임자 로버트 레드필드Robert Redfield와 국토안보부의 켄 쿠치넬리Ken Cuccinelli 차관 대행, 연방질병통제센터의 감염병 부국장 제이 버틀러Jay Butler, 보건복지부의 준비 및 대응 담당 차관보 로버트 캐들렉Robert Kadlec 등이었다. 자신의 분야를 잘 아는 최고의 전문가들로 구성된 올스타급 패널이었다. 그렇게 우리는 통상적으로 관계자 모두가 참석하는 지루한 정부 회의와는 전혀 다른 성격의 대책 회의를 가졌다. 이 무서운 바이러스의 알려진 것과 알려지지 않은 것을 자세히 설명하는 일련의 상세하고 사실적인 프레젠테이션에 이어서 솔직한 의견들이 개진되었다. 우리는 그 시점까지 알려진, 거르지 않은 진실을 확인할 수 있었다.

"이것은 치명적일 수 있습니다. …… 사망자 수가 상당할 수 있습니다. …… 사스보다 훨씬 더 전염성이 높습니다. …… 검사가 중요합니다. …… 과학을 따라야 합니다. 거기에 답이 있습니다." 전문가의 경고와 대통령의 공개적 일축 사이의 부조화가 극명하게 대비되었다. 이들은 백악관이 바이러스에 대해 상담하는 사람들이 아닌가? 브리핑을 더욱 냉철하게 만든 것은 사실에 기반한 분명한 어조였다. "이것이 우리가 직면할 수 있는 상황입니다." "이것이 우리가 취해야 할 조치입니다." 국가의 최고 전문가들이 우리에게 단도직입적으로 말했고, 그 모든 것은 임박한 국가적 위협에 대한 무서운 경고였다.

쿠치넬리는 주지사들이 워싱턴에서 각각의 주로 돌아가는 즉시 각자의 법무팀과 상의해서 주지사가 지닌 공중보건 비상 권한을 파악해야 한다고 말했다. 주지사는 주민들의 개별 격리를 명령할 수 있는가? 지역사회에 대해서는? 사람들이 따르지 않으면 어떻게 해야 하는가? 버지니아주 법무장관을 역임한 바 있는 쿠치넬리는 주지사가 공중보건 위기 시에 광범위한 권한을 행사할 수 있다고 설명했다.

정신이 번쩍 드는 경고였다. 우리는 모두 그것을 진지하게 받아들였다. 적어도 우리 대부분은 그랬다. 거의 모든 주지사에게 이 전염병이 사람들 대부분의 예상보다 더 나쁘게 전개될 것임을 확신시키기에 충분했다.

2월 초의 그 놀라운 브리핑은 주지사들에게 큰 도움이 되었다. 그 전염병이 공식적으로 글로벌 팬데믹으로 선포되기 이전 시점이었다. 그 중요한 초기에 대통령은 거의 관여하지 않았지만, 주지사들은 빠르게 확산하던 그 끔찍한 전염병의 초기 몇 달 동안 한발 앞서 나아가 움직일 준비를 갖추었다.

그 주말 동안 워싱턴에서 두어 가지 다른 일도 일어났다. 당시에는 그다지 중요해 보이지 않았지만, 나중에 극적으로 꽃을 피울 씨앗이 뿌려진 셈이었다.

금요일 밤, 공화당 주지사 협의회는 트럼프 대통령을 초빙하는 만찬을 주최했다. 무대 뒤에서 나는 대통령과 인사를 나누고 함께 사진을 찍었다. 그는 완벽하게 다정한 태도를 취했다. 그런 다음 대통령은 연단에 올라 원고 없이 (적어도 한 시간은 족히 이어진 것 같은) 연설을 늘어놓았다. 그는 서로 연관성이 없는 온갖 종류의 주제를 거론했다. 바이러스에 대한 언급은 없었지만, 아시아에 대해서는 많은 이야기를 했다. 중국의 시진핑 주석을 얼마나 존경하는지, 중국과의 무역 협상에서 더 나은 거래를 끌어내기 위해 자신이 얼마나 뛰어난 술책을 썼는지, 친구인 '신조', 즉 일본의 아베 총리와 골프 치는 것을 얼마나 좋아하는지, 북한의 독재자 김정은과 얼마나 잘 지내는지 등에 대해 말했다. 그런 다음, 알력을 빚는 부분을 언급하며 자신이 한국의 문 대통령을 상대하는 것을 얼마나 좋아하지 않는지 밝혔다. 트럼프 대통령은 한국인들을 '끔찍한 사람들'이라고 말하면서 미국이 왜 그 오랜 세월 그들을 보호해 왔는지 모르겠다고 덧붙였다. "그들은 우리에게 돈을 내고 있지 않잖아요." 트럼프는 불평했다.

아내는 대통령이 고국에 대해 모욕적인 언사를 늘어놓는 현장에 앉아 있었다. 나는 아내가 상처받고 화가 났음을 알 수 있었다. 유미는 밖으로 나가고 싶은 마음까지 들었다. 하지만 그녀는 조용히 정중하게 그대로 앉아 있었다.

이튿날인 토요일 밤, 이수혁 주미 한국대사가 글렌브룩로드에 있는 그의 관저에서 모든 주지사와 배우자를 위한 리셉션을 개최했다. 그 행사의 기획과 준비에는 유미도 조력을 보탰다. 문재인 대통령은 주지사들을 환영하며 한미 양국의 특별한 관계에 감사하는 영상 메시지를 행사장에 전했다. 영어 자막이 첨부된 해당 영상에서 문 대통령은 한인 최초의 주지사 영부인이 된 유미를 얼마나 자랑스러워하는지 말했다. 그런 다음 그는 나를 한국 국민의 사위라고 칭했다. 그의 그런 말은 우리에게 실로 많은 것을 의미했다. 비록 그의 따뜻한 마음이 우리 메릴랜드의 주민들에게 진정으로 얼마나 큰 의미가 있는 것인지 알게 되는 데에는 두어 달이 더 소요되었지만 말이다.

스틸 스탠딩

37장
위협의 현실화

주지사 회의가 끝나자 트럼프 대통령은 곧바로 선거운동에 돌입했다. 나는 아나폴리스로 돌아온 바로 다음 날 우리 팀을 소집했다. 그들에게 전염병 전문가들의 브리핑에 대해 이야기하고 모두에게 '이것이 진짜 심각한 위기가 될 것'이라고 경고했다.

그 무렵 일본 연안에 격리된 유람선 다이아몬드 프린세스Dimond Princess호에서 174명의 코로나바이러스 확진자가 발생했다. 누구도 배를 연안에 그대로 정박해 두어야 할지 아니면 항구로 들어오게 해야 할지 몰랐고, 누구도 우리에게 10여 명의 메릴랜드 주민이 거기에 탑승해 있다는 것을 알려주지 않았다.

우리는 유럽과 아시아의 모든 보도를 추적하고 있었다. 이탈리아와 이란은 크게 우려해야 할 만한 상황이 전개되고 있었고, 독일도 큰 어려움을 겪고 있었다. 론 건즈버거와 매트 맥대니얼은 질병의 확산 상황을 세밀하게 도표로 만들었다. 그들은 미국 내에서 확진자 수가 증가하고 있던 캘리포니아주와 워싱턴주를 특히 예의주시했다. 매트 클락과 프랜 필립스는 권위주의적인 중국에서는 먹혀드는 것처럼 보이는 봉쇄 조치가 메릴랜드와 같은 자유 사회에서도 통할 수 있을지 따져가며 잠재적 대응책을 마련했다. 론과 매트 맥대니얼은 또한 내가 취할 수 있는 몇 가지 초기 조치와 더불어 공중보건 응급 상황에서 메릴랜드 주지사가 행사할 수 있는 법적 권한에 대한 비망록을 준비했다. 우리는 메릴랜드에서 특히 취약한 영역도 목록화했다. 볼티모어의 유람선 터미널, 요양원, 학교, 교도소 등이 거기에 해당했다. 이제 그 바이러스는 공식적으로 '코로나19COVID-19'로 불렸다. 우리는 스스로 진지하게 묻기 시작했다. 훌륭한 보건 체계와 세계 정상급 의료 시설에도 불구하고 과연 메릴랜드는 코로나19의 유행을 감당할 수 있는 병원 역량을 갖추었는가? 그렇다고 자신할 수 없어서 나는 큰 걱정이 들었다.

내가 살펴본 증거에 따르면 우리는 필요한 모든 인력과 필요한 모든 물자에서 쉽사리 부족 사태에 빠질 수 있었다. 중환자실 병상과 인공호흡기, 의료진의 개인 보호장비가 너무 적었고, 보건용 마스크와 일회용 수술 가운, 코로나19 검사 용품이 턱없이 부족했으며, 의사와 간호사, 호흡기 기술진도 너무 부족했다. 일선 의료진이 병에 걸리기 시작하면 어떻게 하는가? 고려해야 할 문제가 너무 많았다.

그러나 우리가 적절한 방안을 마련하기 위해 바삐 움직이는 동안,

워싱턴의 2월은 빠르게 흘러가며 역사상 가장 크게 낭비되는 한 달이 되었다. 2월 10일 뉴햄프셔에서 열린 선거운동 집회에서 트럼프 대통령은 탄핵과 경제, '가짜 뉴스' 미디어에 대한 불만 등 체계 없이 다양한 주제를 거론했다. 그는 확산 중인 코로나19에 대해서도 언급했는데, 심각한 위협으로 보지 않는 쪽에 방점을 두었다.

'기적적으로' 바이러스가 사라질 수 있다고, 그는 예측했다. "많은 사람들이…… 기온이 올라가면, 일반적으로 4월이 되면 사라질 것으로 말합니다." 그는 미국에 대해 이렇게 덧붙였다. "하지만 우리는 아주 훌륭한 상태입니다. 열두 건, 열한 건의 사례만 발발했으며 그 중 상당수가 현재 상태가 양호합니다."

대통령이 위협을 경시하는 동안 전국의 주지사는 리더십을 발휘하며 대비를 갖춰나가고 있었다. 캘리포니아의 개빈 뉴섬Gavin Newsom과 워싱턴의 제이 인슬리Jay Inslee(둘 다 민주당), 오하이오의 마이크 드와인Mike DeWine과 매사추세츠의 찰리 베이커(둘 다 공화당)가 특히 집중해서 움직였다. 대조적으로 대통령은 코로나19에 대한 대비만 제외하고 본인이 필요하다고 생각하는 모든 일을 했다. 2월 19일 피닉스에서 '미국을 다시 위대하게MAGA' 집회를 열었고, 정보국장 대행이 다가오는 2020년 대선에 러시아가 개입할 가능성에 관해 의회에서 한 브리핑이 맘에 안 든다고 그를 해고했고, 콜로라도 스프링스와 라스베이거스에서 선거운동 집회를 열었고, 이틀 일정의 국빈 방문을 위해 인도로 날아가 호화로운 연회와 대규모 이벤트를 벌였다. 그러면서 코로나바이러스의 위협을 무시하는 언행은 틈틈이 잊지 않고 보여주었다.

대통령은 2월 24일 트위터에 "코로나바이러스는 미국에서 아주 잘 통제되고 있습니다"라는 글을 올렸다. 당시 확인된 미국의 확진자 수는 51명이었다.

이틀 후 트럼프는 마이크 펜스 부통령을 연방 정부의 코로나바이러스 태스크포스 책임자로 임명함으로써 큰 발걸음을 내디뎠다. 나는 늘 마이크 펜스를 좋아하고 존경한다. 인디애나 주지사를 역임한 그는 주지사의 중요성과 주를 운영하는 것이 무엇을 의미하는지 본능적으로 이해했다. 그러나 그 현명한 임명조차도 대통령이 위협에 맞서고 있다는 것을 의미하지는 않았다. 그는 백악관에서 기자들에게 "더 커질지도 모른다"라고 말했다. "조금 더 커질 수도 있고 전혀 커지지 않을 수도 있습니다. 우리는 무슨 일이 일어나는지 지켜볼 것입니다. 그러나 어떤 일이 일어나든 우리는 완전히 준비되어 있습니다…… 열다섯 명의 확진자가 있고 그들 모두 이삼 일 안에 회복되어 확진자가 제로에 가까워지면 우리가 꽤 일을 잘 처리한 것으로 드러날 겁니다."

안타깝게도 확진자 수는 반대 방향으로 가고 있었고, 대통령이 비난하려고 준비하는 사람들(민주당, CNN, MSNBC, 척 슈머[Chuck Schmer], 오바마 행정부)의 목록도 증가하고 있었다. 그는 2월 27일 다음과 같이 말했다. "언젠가는 기적처럼 사라질 것입니다." 그 이틀 후 그는 백신이 '매우 신속히' 준비될 것이라고 약속했다. 사우스캐롤라이나에서 열린 집회에서는 "이것은 그들의 새로운 사기입니다"라며 그의 코로나바이러스 대응에 대한 민주당의 비판을 이전의 탄핵 노력에 비유했다.

스틸 스탠딩

2월은 전 세계적으로 8만 5,403명의 확진자가 나오고 미국에는 국가적인 계획이 마련되지 않은 가운데 마무리되었다.

3월 1일 일요일 오후 2시경 민주당 소속 뉴욕 주지사 앤드루 쿠오모Andrew Cuomo에게서 전화가 왔다. 메릴랜드와 마찬가지로 뉴욕주도 아직 확진자가 발생하지 않았다. 하지만 나처럼 그 역시 바이러스가 다가오고 있음을 인식하고 대응 방법을 마련하는 데 집중하고 있었다. "이 문제와 관련해서 전 주지사를 대상으로 화상 회의를 여는 것에 대해 어떻게 생각하십니까?" 그가 나에게 물었다.

"이심전심이군요." 나는 그에게 말했다. "그렇지 않아도 그러려고 준비 중입니다. 모든 주지사가 서로 대화를 나누는 것이 중요합니다." 나는 주초에 화상 회의의 일정을 잡겠다고 했다.

그날 늦게, 유명을 달리한(코로나19로 사망한 것은 아닌) 오랜 친구의 가족을 만나 이야기를 나누고 있을 때였다. 경호원 중 한 명이 나에게 긴히 전할 말이 있다고 했다. "부통령실에서 연락이 왔습니다. 주지사님께서 내일 백악관 상황실에 참석해주길 바란답니다. 모든 주지사님과 화상 회의를 연다고 합니다." 나는 참석할 것이라고 확인해주었다. 그날 밤 쿠오모 주지사는 뉴욕에서 첫 번째 코로나19 확진자가 발생했다고 발표했다. 맨해튼에 거주하는 39세 여성으로 보건의료 종사자였다.

월요일, 백악관 상황실에 참석한 나는 백악관 코로나바이러스 태스크포스의 고위 간부들이 모두 자리한 가운데 펜스 부통령 옆에 앉았다. 우리는 그렇게 전국의 주지사들과 화상 회의를 열었다. 나는 상황실에 참석한 유일한 주지사였다. 파우치도 그 자리에 있었다. 얼마 전 백악관 태스크포스 코디네이터로 지명된 데보라 벅스Deborah Birx도 합류했다. 마이크 펜스가 전염병을 심각하게 받아들이고 있는 것이 분명했다. 트럼프 대통령은 없는 가운데 펜스의 지휘 아래 모두 진지하고 냉철하고 질서 있게 움직였다. "우리가 알고 있는 사실은 여기까지이고, 이제 전문가들의 의견을 들어봅시다."

나는 일주일 후 백악관 상황실 회의에 한 번 더 참석했고, 이후에는 메릴랜드주 청사에서 나의 팀원 일부와 함께 화상으로 참여했다. 두 차례에 걸쳐 주지사들과 함께한 상황실 회의는 유익하고 생산적이었다. 놀랄 것도 없이 대통령이 직접 참여한 화상 회의들은 그 유익성과 생산성이 비교적 떨어졌다. 그에게 직접 솔직하게 의견을 개진할 수 있는 기회가 주어진 데 대해서는 감사했지만, 대통령이 주재하는 회의에서는 대다수가 편하게 마음을 터놓지 못하는 것 같아서 아쉬웠다.

바이러스가 메릴랜드에 도달하는 것은 시간문제였다. 나는 전국의 주지사들과 지속적으로 전화나 문자를 주고받았다. 확진자가 발생한 주든 아직 발생하지 않은 주든 나름대로 서로 할 얘기가 있었다. "거기는 어떻게 대비하고 있나요? …… 상황이 얼마나 나쁘게 전개될 것이라고 생각하나요?" 이제 의심의 여지가 없었다. 주지사들이 최전선에서 대응을 주도하는 동안 나는 전미 주지사 협의회의 회장으로서 주지사들을 이끌어야 했다.

우리 팀과 나는 벌써 두 달 동안 조금의 긴장도 늦추지 않고 열심히 뛰고 있었다. 다행히도 내게는 잠깐 숨을 돌리는 시간이 예정돼 있었다. 몇 주 전, 3월 5일 목요일에 플로리다로 날아가기로 동의했다. 새러소타에 있는 볼티모어 오리올스의 스프링 캠프에서 열리는 어린이 주말 자선 행사에 참석하기 위해서였다. 나는 시구를 하고 스프링 캠프의 다양한 행사에 참석할 예정이었다. 그 주 내내 아무래도 취소하는 게 맞을 것 같다는 생각이 들었다. 우리 팀에게서 끊임없는 업데이트를 받고 있었다. 보사부에서 하루에 한두 명씩의 유증상자를 검사하고 있었는데, 지금까지는 모두 음성으로 판명되었다.

"플로리다 여행은 취소해야 한다고 생각하지 않나요?" 나는 참모들에게 계속 물었다. "메릴랜드에서 첫 확진자가 나온 날 나는 플로리다에 있고 그런 상황이 되면 안 되잖아요?" 참모들은 오리올스와의 약속도 중요하다고 말하며, 필요한 경우 플로리다에서 곧바로 돌아오는 일이 전혀 어렵지 않다고 덧붙였다. 결국 우리는 플로리다에 가기로 결정했다. "최신 정보를 계속 알려 주도록 해요." 내가 말했다. "플로리다에 도착하고 난 다음에 이거저거 파악하느라 허둥대고 싶지는 않으니까요."

그 목요일 아침, 나는 연방의회에 가서 정계의 당파적 기능 장애를 척결하기 위해 노력하는 단체 노레이블스No Labels가 주최한 초당파적 상원 및 하원의원 연찬회에서 연설했다. 그런 다음 공화당 주지사 협의회 행사에서 연설한 후 레이건 내셔널 공항으로 달려갔다. 거기서 아내와 합류해 오후 1시 50분발 탬파행 아메리칸 항공에 탑승하기 위해서였다. 출발 라운지에서 기다리던 중 우리 일행은 선거운동 집회에 부통령 대신 참석하기 위해 비행기를 타러 온 카렌 펜스를 우연히 만났다. 그녀와 유미는 내가 주 청사의 참모들로부터 코로나바이러스 대비에 대한 업데이트 보고를 받는 동안 이야기를 나누었다. 아직 확진자가 발생하지 않았다. 확인하고 또 확인하라고 당부했다.

우리는 메릴랜드에서 아직 양성 반응이 나오지 않았다는 사실에 안도하며 비행기에 올랐다. 그런 후 활주로에서 이륙을 기다리던 한 시간 이상 동안 집무실 참모들과 계속 문자를 주고받았다. 마침내 오후 3시 5분, 조종사가 이륙 허가를 받았다는 기내 방송을 했다.

비행 10분 후 넥타이를 느슨하게 풀고 음료를 주문했다. 일순 그동안 쌓였던 긴장이 풀리기 시작하는 것 같았다. 전체 일정이 빽빽이 짜여 있긴 했지만, 36시간 동안의 플로리다 여행은 아내와 함께 쓸 수 있는 귀중한 시간이었다. 아내는 옆자리에서 미소를 띠고 있었다. 그때 보좌관 콜린 커밍스Collin Cummings가 내 자리 위로 몸을 기울였다.

"주지사님, 방금 몽고메리 카운티에서 최초로 코로나바이러스 확진자가 세 명 발생했다는 보고가 들어왔습니다."

정말로?

"돌아가는 첫 항공편이 언제인지 알아보게." 내가 콜린에게 말했다. "가능한 한 빨리 돌아가야 해."

콜린과 우리의 경호팀은 비행 일정을 확인하는 동시에 아나폴리스 팀과 격렬하게 전화와 문자를 주고받으며 나의 많은 질문에 답하기 위해 최선을 다했다. 그들은 세 확진자에 대한 구체적인 세부 사항을 수집했다. 그들 모두 이집트에서 나일강 유람선을 타는 등의 여행을 마치고 메릴랜드로 돌아온 것이라고 했다. 그런데 우리의 실행 계획에 즉각적인 문제가 발생했다. 한 시간 늦게 출발한 우리의 아메리칸 항공 비행기는 예정된 5시 10분에 탬파에 착륙하지 못할 것이 분명했는데, 그날 저녁 볼티모어 워싱턴 국제공항으로 돌아가는 마지막이자 유일한 논스톱은 공항의 완전히 다른 부분에서 5시 10분에 출발할 예정인 사우스웨스트 항공뿐이었다.

나는 콜린에게 말했다. "그 비행기를 놓치면 안 돼. 우리를 태우지 않고 출발하게 해서는 안 돼. 매트 클락에게 연락해서 케리 켈리_{Gary} Kelly(사우스웨스트의 회장 겸 CEO)에게 부탁을 드려보라고 하게. 그 비행기가 반드시 우리를 기다리게 해야 해."

콜린은 지시를 이행했다.

나는 아내에게 플로리다에 남아 나를 대신해 오리올스 행사에 참석해달라고 부탁했다. 볼티모어 폭동이 발생한 날 밤 워싱턴의 주미한국대사 관저 행사에서도 그러지 않았던가. 이런 식의 비상 유턴이 패턴처럼 느껴지기 시작했다.

우리가 탬파에 도착하자 먼저 도착해 있던 경호원들과 지역 경찰관들이 마중을 나왔다. "행운을 빌어요, 여보." 나와 콜린, 그리고 경호원들이 복잡한 터미널을 향해 뛰기 시작할 때 유미가 말했다. 중앙홀을 거쳐 트램을 타고 다시 다른 중앙 홀을 거쳐 다른 트램을 탄 후에야 대기 중인 사우스웨스트 항공 비행기에 오를 수 있었다. 우리는 비행기의 맨 마지막 줄에 겨우 남아있던 빈자리에 앉았다.

돌아오는 길은 내려갈 때보다 훨씬 더 다사다난했다. 내가 막 새로운 확진자에 대한 세부 사항을 검토하고 기자 회견에서 할 말을 손보기 시작했을 때, 비행기의 와이파이가 다운되었다. 현장 경호팀의 리더인 토머스 스콧 하사는 메릴랜드주 경찰과 볼티모어 워싱턴 국제공항의 메릴랜드 교통국 경찰과 연락을 취하려고 애썼지만, 뜻대로 되지 않았다. 콜린과 나는 비서실장과 보건수석, 공보수석 등에 연락을 취해 공중보건 비상 상황에 대한 중요한 정보를 얻고 아나폴리스에 도착하자마자 발표해야 할 내용을 논의할 필요가 있었다.

승무원들은 와이파이에 대해 사과했다. "지상과 소통할 수 있는 다른 방법은 없나요?" 내가 물었다. "조종사가 조종실에서 전화를 걸거나 하는, 그런 방법이 없나요?"

"조종실에서는 연락을 취할 수는 있지만, 오직 건강상의 응급 상황이 발생했을 때만 쓸 수 있습니다." 한 승무원이 답했다.

"지금이 바로 그 건강상의 응급 상황이에요!" 내가 그녀에게 확언했다.

나는 그녀에게 비밀을 유지해 달라고 부탁하며 그 이유를 속삭였다. 메릴랜드에 거주하는 그 승무원은 이후 더할 나위 없이 협조적으로 우리를 도왔다.

메릴랜드 교통국 경찰과 메릴랜드주 경찰이 공항 활주로에서 우리를 마중했다. 우리의 SUV 여섯 대 행렬은 경찰기동대의 호위를 받으며 20분 안쪽이라는 기록적인 시간에 아나폴리스 청사로 돌아왔다. 속도는 맘에 들었지만, 사이렌 소리가 너무 요란해서 전화 회의에서 내게 앞다투어 보고하는 내용 중 일정 부분은 잘 들리질 않았다.

8시 조금 지나 청사에 들어선 나는 대리석 계단을 뛰듯이 밟으며 2층으로 올라갔다. 그리고 집무실에 들어서자마자 법률 고문인 마이크 페돈Mike Pedone이 준비해놓은 비상사태 명령서에 서명했다. 그가 우리를 위해 초안을 작성해놓은 많은 긴급 명령서 가운데 첫 번째 것

스틸 스탠딩

이었다. 기자들은 이미 내가 5년 전쯤에 암 진단 사실을 발표했던 주지사 리셉션룸에서 나를 기다리고 있었다. 이번에는 공교롭게도 건강상의 위험에 처한 사람이 나뿐만이 아니었다.

나 자신의 암 투병에서 공공 부문과 관련해 배운 것이 있다면, 그것은 다음과 같았다. "항상 투명하게 무슨 일이 일어나고 있는지 밝히고 정확한 사실을 알리면 사람들은 어떤 고난이 닥쳐도 믿고 지원한다."

분명히 그런 지원이 다시 필요했다.

나는 볼티모어의 공중보건 연구소에서 3건의 코로나바이러스 검사 양성이 확인되었다고 발표했다. 이집트 여행을 마치고 메릴랜드로 돌아온 70대 남편과 부인, 그리고 50대 여성 한 명이었다. 환자들은 현재 자가 격리 상태였고, 주 보건부 조사관들은 그들과 접촉했을 가능성이 있는 다른 사람들을 추적하고 있었다.

"이 소식은 심각하지만, 주 정부는 그동안 바로 이런 상황을 염두에 두고 능동적이고 적극적으로 대비해왔다는 사실을 다시 한번 강조해서 말씀드리고 싶습니다." 내가 말했다.

그리고 바로 그 자리에서 나는 비상사태를 선포하고 볼티모어에서 폭동이 일어났을 때 그랬던 것과 마찬가지로 주 정부 비상 작전센터를 전면적으로 가동했다.

폭동 진압과 암 투병 등 과거의 도전에서 얻은 모든 교훈이 이 문제의 해결 과정에서도 나를 인도할 것이었다.

38장
글로벌 팬데믹

이후 몇 주에 걸쳐 나의 직무는 행정 명령과 기자 회견, 다른 주지사 및 연방 전염병 전문가와의 전화 통화, 메릴랜드 코로나바이러스 대응팀과의 회의, 지역의 선출직 공무원 및 입법부 리더들과의 상담, 참모진과의 끝없는 전략 회의 등으로 점철되었다. 그러는 내내 항상 손을 닦거나 소독제 뿌리는 일을 잊지 않았다. 치명적인 전염병이 닥쳤을 때 주를 운영하고 전국의 주지사들을 이끄는 것은 겁쟁이의 일이 아니었다. 솔직히 육체적, 정서적으로 버거울 정도로 힘들었다.

3월 11일, 세계보건기구는 코로나19에 대해 공식적으로 글로벌 팬데믹을 선언했다.

"이것은 우리 삶에서 가장 중요한 도전이 될 것입니다." 나는 3월

13일 전화 회담에서 메릴랜드 24개 카운티의 지도자들에게 말했다. 코로나 검사에서 5명의 확진자가 더 확인된 시점이었다. "하지만 이 것은 또한 우리가 수행하는 가장 중요한 과업도 될 것입니다."

동의하지 않는 사람은 한 명도 없었다. 공화당원, 민주당원, 도시, 시골, 교외 등 정치 성향이나 맡은 지역은 다양했지만, 지도자들 모두 그 순간의 무게감을 느낄 수 있었다. 우리 중 누구도 이것이 무엇인지 정확히 알진 못했지만, 함께 이겨내고자 하는 마음은 같았다. 일단 해야 할 일이 무척 많았다.

하루 전, 나는 모든 공립학교를 3월 16일부터 2주 동안 휴교한다고 발표했고, 메릴랜드주 방위군을 소집하고 대규모 집회를 금지하고 코로나바이러스와 관련 없는 모든 직무는 보이드 러더포드 부주지사에게 위임하는 등 일련의 다른 특별 조치도 취했다. 부주지사에게 직무를 위임한 것은 이 위기의 해결에만 집중하기 위해서였다.

3월 14일, 26번째 확진자가 발생했다. 나는 의료진과 응급대원 등 코로나 대응 핵심 인력의 자녀를 위한 비상 돌봄 체계를 확대했다. 다음 날 지역사회 전파가 확연히 증가함에 따라 나는 주내의 카지노와 경마장, 사행성 게임 시설 등의 폐쇄를 명령했다. 입법부도 예산에서 교육 개혁에 이르는 모든 안건을 마무리하며 조기 산회에 들어갔다.

3월 16일 아침 고위 참모 회의에서 무서운 숫자를 보고받았다. 존스홉킨스 대학의 새로운 모델링에 따르면, 우리가 사회적 거리 두기 명령을 내리지 않으면 6월 1일까지 메릴랜드에서 36만 건의 코로나바이러스 사례가 발생할 것으로 예측되었다. 바이러스의 현재 사망률이 3.4퍼센트인 것을 고려하면 향후 3개월 동안 1만 2,200명이 사망한다는 얘기였다. 분명히 감염 곡선을 평평하게 만들기 위해 더욱 많은 조치를 취할 필요가 있었다. 그날 오후 나는 모든 술집과 레스토랑에서 좌석 서비스를 중단하고 체육관과 영화관을 폐쇄하라고 명령했다. 그러한 과감한 조치의 이유를 명확하게 설명했기에 대중은 압도적으로 우리의 결정을 지지했다.

역대 가장 조용한 성 패트릭의 날인 3월 17일, 나는 4월 28일 예비 선거를 6월 2일로 연기했다. 치명적인 전염병이 도는 가운데 투표소 앞에 수백 명씩 줄 서게 할 수는 없었다. 같은 날 열리는 프리크네스 스테이크스도 최소한 9월 이후로 연기했다. 3월 18일, 프린스조지 카운티에서 메릴랜드의 첫 번째 코로나바이러스 사망자가 발생했다. 기저 질환이 있던 60대 남성이었다. 끔찍한 소식이었지만, 깜짝 놀랄 일이라 할 수는 없었다.

그날 나는 고위 참모들에게 말했다. "여러분이 가능한 한 빨리 움직이고 있다는 걸 잘 알아요. 하지만 좀 더 속도를 높이라고 말할 수밖에 없네요." 고무적인 부분은 그들 모두 나의 종용에 이의를 제기하는 일 없이 필요한 모든 일을 하고 뭐라도 더 하려 한다는 점이었다. 그들은 누구의 예상보다도 빠르게 각 병원의 예비 병상을 가동하도록 조치했고 더 많은 보급품과 장비를 조달했으며 주 전역에 걸쳐 아동 급식 프로그램을 조직했다. 그밖에도 일일이 열거하기 힘들 정도로 많은 작업을 수행했는데, 중요한 것은 모두가 한발 더 움직이며 최선을 다하고 있다는 사실이었다.

"사람들을 겁주고 싶지는 않지만, 기만해서도 안 된다는 게 내 생각이에요." 내가 설명했다. 3월 19일, 하워드 카운티의 다섯 살 소녀를 포함하여 확진자 총수가 119명에 이르렀다. 그날 나는 대중교통과 볼티모어 워싱턴 국제공항의 이용을 일정 부분 제한하는 새로운 명령을 발동했다.

바이러스는 주와 전국을 휩쓸고 있었다. 전례 없는 대담한 조치를 취한 주지사가 나뿐만이 아니었지만, 나는 가장 먼저 가장 공격적으로 그렇게 한 축에 속했다. 일각에서는 대응이 과도하다는 불평도 내놨지만, 나는 그렇지 않다고 확신했다. 그리고 슬프게도 바이러스는 계속해서 내가 옳았음을 증명했다.

그렇게 우리는 경제의 상당 부분과 일상생활의 주요 측면을 폐쇄해 나갔다. 우리가 어쩔 수 없이 취한 조치는 형언할 수 없을 정도로 고통스러웠다. 나는 그로 인해 사람들의 삶에 심각한 경제적 악영향이 초래될 것임을 확실히 알고 있었다. 그러나 이 치명적인 질병의 확산을 줄이고 우리의 의료 시스템이 과부하에 걸리지 않도록 보호하며 수천 명의 생명을 구하려면 그렇게 할 수밖에 없었다. 3월 23일, 나는 필수적이지 않은 모든 영업장의 폐쇄를 명하고 해당 사업체와 그 직원들에게 전례 없는 재정 지원을 제공했다. 우리는 볼티모어 컨벤션 센터와 인근 호텔을 야전 병원으로 전환했다. 3월 25일에는 학교의 휴교가 적어도 다시 4주 동안 유지될 것이라고 발표했다. 3월 28일, 우리는 주내의 모든 해변 공원을 폐쇄했다. 그리고 3월 30일, 나는 메릴랜드 주민들에게 집에 머무르라는 행정 명령을 발동했다. 재택근무를 강제하는 조치로서 이미 사람들의 일상생활을 효과적으로 제한하던 이전의 명령 다수를 포괄하는 명령이었다. 사람들에게 상황을 이해시키고 보다 진지하게 받아들이도록 만들 필요가 있었다.

나는 결국 30개가 넘는 행정 명령에 서명하게 되는데, 그중 어느 것도 전에는 상상조차 하지 않았던 종류였다.

백악관에서는 3월 중순이 되어서야 분위기가 바뀌었다. 3월 16일 트럼프 대통령은 코로나19가 이전에 밝힌 것보다 훨씬 더 심각하다는 사실을 처음으로 인정하며 노인과 만성 질환이 있는 사람들에게 집에 머물 것을 촉구했다. 대통령은 전국적으로 사회적 거리 두기를 시행하지 않으면 220만 명의 미국인이 사망할 수 있다고 경고했다. 그는 또한 경제가 당연히 침체를 향해 치달을 것이라고 인정했다. 주식 시장이 무너진 방식은 그것에 대한 강한 신뢰를 불어넣었다. 정상으로 돌아올 때까지 다소 시간이 걸릴 수 있다고 대통령은 덧붙였다. "우리가 정말 잘하면, 7월이나 8월, 그 정도에 풀릴 것으로 얘기들 하고 있습니다." 지난 몇 달 동안 전혀 걱정할 것이 없다는 그의 말을 받아적던 그 기자들 앞에서 그는 그렇게 말했다.

트럼프의 어조 변화는 확실히 환영할 만한 일이었지만, 안타깝게도 오래 가지는 못했다. 바로 다음 날, 그는 다시 공중보건 비상사태의 위험성을 경시하고 자신의 성과를 자화자찬했다. 그는 뉴욕 주지사 앤드루 쿠오모와 '실패한 미시간 주지사' 그레첸 휘트머Gretchen Whitmer를 공격하며 자신은 처음부터 위협을 심각하게 받아들였다고 주장했다. 이후 몇 주, 몇 달이 지나는 동안 이러한 갈지자형의 혼란스러운 메시지는 백악관의 팬데믹 대응에서 변하지 않는 한 가지로 남았다.

확진 사례가 급증하기 시작함에 따라 확산의 통제에 검사보다 더

스틸 스탠딩

중요한 것이 없게 되었다. 누가 바이러스에 감염되었는지 모른다면 어떻게 대응할 수 있겠는가? 나뿐만 아니라 주지사 대부분이 가장 크게 좌절감을 느끼던 것 중 하나는 코로나바이러스 진단키트와 해당 검사를 실행하는 데 필요한 화학시약을 확보하는 일에 따르는 어려움이었다.

검사라는 주제에 관해서도 대통령은 평소처럼 두서없이 떠들었다. 트럼프는 3월 6일 "검사를 원하는 사람은 누구나 검사받을 수 있다"라고 주장했지만, 이것은 뻔뻔스러운 허위였다. 코비드추적프로젝트COVID Tracking Project에 따르면 그때까지 미국 전체에서 수행된 검사는 정확히 2,252건이었다. 전국의 주지사들은 모두 검사 도구에 대한 도움을 간절히 청하고 있었다. 그러나 트럼프는 3월 13일 "다음 주에 140만 건, 한 달 안에 500만 건의 검사를 실시할 것"이라고 약속하며 이렇게 덧붙였다. "뭐 그 정도까지 검사할 필요가 있을지나 모르겠네요."

당연히 사람들은 계속 질문했다. '그래서 진단키트는 어디에 있나요?'

얼마 지나지 않아 트럼프는 자랑에서 비난으로 옮겨탔다. 오바마 행정부로부터 매우 쓸모없는 시스템을 물려받았으며, 그는 자신의 연방질병통제센터에서 문제가 많은 검사 시스템을 설계했다는 사실과 미국식품의약국이 한 달이나 미적거리다가 각 병원 실험실에서 진단키트를 개발하도록 허용했다는 사실은 편리하게 무시한 채 주장했다. 3월 25일 대통령은 다시 자랑으로 선회했다. "우리는 지금까지 어느 나라보다 더 많은 검사를 하고 있습니다." 광범위한 검사 프로그램으로 전 세계적으로 칭찬을 받고 있던 한국을 포함한 어느 나라보다 그렇다는 것이었다. 트럼프의 비교는 전체 숫자로만 유지되었다. 인구 비례로 따져보면 미국은 그때까지 한국에 비해 현저히 적은 수의 검사를 실행했다. 3월 31일 백악관 일일 브리핑 도중 기자가 파우치에게 질문하자 트럼프가 끼어들어 코로나바이러스 검사는 전혀 문제가 되지 않는다고 다시 단언했다. "지난 몇 주 동안 검사에 관한 얘기는 들어본 적도 없습니다." 대통령은 주장했다.

'정말로?'

나는 기록을 바로잡아야 할 의무감을 느꼈다. 그것은 "사실이 아닙니다." 다음 날 NPR의 '모닝에디션Morning Edition' 인터뷰에서 말했다. 그리고 코로나 검사에 관한 한 전국의 모든 주가 '맹목비행' 중이라고 덧붙였다. 트럼프가 자신의 말에 대한 반박을 싫어한다는 것을 알았지만, 나는 모든 주지사를 대변하지 않을 수 없었다.

4월 6일 대통령은 코로나 검사가 어쨌든 연방 정부의 책임은 아니라는 또 다른 갑작스럽고 놀라운 선언을 내놓았다. 주 정부의 일이라는 것이었다. 트럼프는 검사 지연에 대한 압력이 거듭되자 이렇게 말했다. "각 주에서 자체적으로 검사할 수 있습니다. 우리는 연방 정부를 맡고 있습니다. 길모퉁이에서 검사하는 것은 우리의 의무가 아닙니다."

절망적이었다. 대통령이 연방 차원의 코로나 검사에 속도를 높일 때까지 손 놓고 기다린 게 잘못이었다. 대규모 검사를 곧 시행할 것이고 트럼프 행정부는 모든 것을 통제하고 있다는 확언만 몇 주 동안 믿다가 결국 주지사들은 혼자 힘으로 모든 것을 해결해야 한다는 사실을 깨달은 셈이었다. 한마디로 죽든 살든 알아서 해야 하는 처지였

스틸 스탠딩

다. 그 시점에서 내게는 다음과 같은 생각만 들 뿐이었다. '극적인 무언가를 행하지 않으면 메릴랜드에서는 결단코 충분히 검사하지 못하게 될 것이다.'

4월 6일 백악관 일일 브리핑에서 트럼프는 펜스 부통령이 주지사들과 막 마친 2시간 동안의 화상 회의에 대해 설명했다. "주지사들 모두 매우 만족해합니다." 그가 말했다.

"훌륭한 대화를 나누었습니다. 부정적인 무언가가 있었습니까?" 트럼프가 펜스에게 물었다.

"아니요." 부통령이 단언했다. 나는 주지사들을 대표하여 화상 회의를 이끌었다. 나라면 그 회의를 그렇게 묘사하지 않았을 게 분명하다.

트럼프는 자신이 들은 최근의 유일한 불평은 '당파적인 민주당원들과 한두 명 정도의 리노RINO'에게서 나온 것뿐이라고 말했다. 리노는 '(너무 진보적으로 보이는) 이름뿐인 공화당원Republicans In Name Only'이라는 의미의 모욕적인 두문자어다. 트럼프는 '특히 한 명의 리노'가 문제라고 덧붙였다.

대통령이 어떤 주지사를 염두에 두고 한 말인지 의심할 여지가 별로 없었다. 아버지의 1966년 선거운동 시절까지 거슬러 올라가는 나의 공화당 '보나파이드bona fides(진실성의 증거)'를 그에게 보여주기라도 해야 하나? 이 사람이 1999년 래리 킹Larry King에게 자신이 일부 현안에 대해 '매우 진보적'이라고 말하고 2004년 울프 블리처Wolf Blitzer에게는 자신이 '오히려 민주당원에 가깝다'라고 말한 그 도널드 트럼프가 과연 맞는가?

트럼프는 나에게 직접적인 공격을 가하지 않았다. 아직은 우회적인 공격 방식에만 머물렀다. 하지만 나는 우리의 주지사 화상 회의 일부에서 그와의 마찰을 느낄 수 있었다. 백악관 보좌관들은 나중에 내 참모들에게 내가 그 자리에서 더욱 많은 감사를 표하고 검사나 개인 보호장비 부족과 같은 문제는 제기하지 말았어야 한다고 불평하곤 했다.

나는 펜스 부통령과 내각 각료, 대통령의 코로나바이러스 태스크포스 위원들과 계속 대화를 이어나갔다. 대체로 그들은 똑 부러지게 사안에 주의를 기울였고, 도움이 되는 것처럼 보였다. 재러드 쿠슈너조차 내게 처음으로 전화를 했다. 그에게 장인이 인공호흡기의 조달 임무를 맡긴 날이었다. 재러드와 나는 백악관에서 짧고 쌀쌀한 첫인사를 나눈 이후 역시 백악관에서 한두 차례 더 유사한 분위기의 접촉이 있었을 뿐이었다. 하지만 그는 이제 개방적이고 친절한 태도를 유지하며 진심으로 내 도움을 청했다.

"현재 국가 전체의 인공호흡기 비축량이 9,300개에 불과합니다." 그는 말했다. "쿠오모 주지사는 뉴욕에서만 4만 개가 필요하다고 말하고 있습니다." 요청 사항은 동료 주지사들과 접촉해서 누가 정말로 얼마나 필요로 하는지 정직한 수량을 뽑아줄 수 있느냐는 것이었다. 나는 내가 도울 수 있는 모든 일을 해주기로 했다. 의학 전문가도 아닌 재러드 쿠슈너가 그토록 중요한 일을 맡게 된 것이 조금 이상해 보이긴 했다. 하지만 솔직히 나는 그의 비판적 사고와 문제의 핵심에 대한 신속한 이해, 나와의 대화에서 보인 단순명쾌함에 깊은 인상을 받았다.

동시에 나는 갈수록 심각해지는 문제가 점점 더 크게 걱정되었다. 뉴욕시 주변의 발병은 뉴올리언스 및 디트로이트와 함께 전국적인 관심의 대상이 되었다. 그러나 나는 메릴랜드와 버지니아를 포함하는 워싱턴 DC 지역이 곧 핫스팟으로 부상할 것이라는 증거를 보고 있었다. 3월 말까지 이 지역에서 확인된 3,411건의 양성 사례 중 거의 절반이 우리 주에 속했다. 고위 참모들이 앞으로 몇 주 동안 DC 지역에서 발생할 확진 사례에 대한 예상치를 내게 보여주었다. 내 우려와 딱 맞아떨어지는 그 수치는 내가 나름의 주장을 펼치도록 이끌었다.

"볼티모어와 워싱턴의 통로를 잊어서는 안 됩니다." 나는 귀를 기울이는 누구에게든 말하기 시작했다. "다른 지역 일부는 안정화되더라도 우리 지역의 수치는 계속 올라갈 겁니다." 그리고 이것은 단순히 지역주의적인 우려가 아니었다. 우리 지역에서 바이러스가 폭발적으로 증가하면 그것은 미국 나머지 지역의 싸움을 이끄는 바로 그 사람들, 즉 국가의 팬데믹 대응에서 중요한 역할을 하는 40만 연방 공무원들에게 큰 영향을 미칠 것이었다. 메릴랜드에만도 국립보건원과 식품의약국, 월터리드Walter Reed 국립 군사 의료센터, 육군 산하 포트데트릭Fort Detrick 백신 시험 및 전염병 센터 등등이 있었다.

나는 이 우려를 알리기 위해 트럼프 대통령에게 직접 전화했다. 하지만 회신 전화가 걸려오지 않았다. 나는 다시 펜스 부통령에게 전화했다. 그는 대개 즉시 내게 회신 전화를 주었다. 이번에는 그렇지 않았다. 하지만 나는 4월 첫 주말을 이에 대해 들을 필요가 있는 다른 모든 사람과 전화 통화를 하며 보냈다. 앤서니 파우치와 국립보건원장 프랜시스 콜린스Francis Collins, 보건복지부 차관보 브렛 지어와Brett Giroir 제독, 국방부 장관 마크 에스퍼Mark Esper, 육군 장관 라이언 맥카시Ryan McCarthy 등이었다.

"여러분들이 큰 그림에 집중하고 있다는 것을 알고 있습니다." 파우치에게 말했다. "하지만 여러분의 뒷마당인 바로 여기에서 일어나고 있는 중요한 일에도 주의를 기울여야 할 필요가 있습니다."

나는 수도권 지역에 대한 우려 사항을 설명했다.

"정확히 옳다고 생각합니다, 주지사님." 파우치는 예의 그 걸걸한 목소리로 내게 말했다. "제가 지금 백악관 주차장에 차를 세우고 있는데요. 태스크포스 전체에 이 문제를 제기하겠습니다."

국립보건원의 콜린스와 통화할 때에는 우리가 파악한 수치를 들려주었다. 그는 놀라지 않았다. "주지사님, 우리도 매일 아침 7시에 그와 비슷한 숫자를 들여다봅니다. 걱정하시는 것이 옳다고 생각합니다."

나는 그에게 지난 3월 15일에 대통령에게 국립보건원에서 합동 검사를 주관하게 하자고 요청한 사실을 상기시키며 증가하는 숫자와 연방 인력에 대한 위협 증대를 고려할 때 그 일이 훨씬 더 긴급해졌다고 말했다. 콜린스는 거기서 내 말을 막았다. 논쟁하려는 것이 아니라 간청하려는 것이었다.

"사실은 주지사님, 마침 제가 주지사님께 도움을 청하려 하던 차에 전화를 주신 겁니다. 그래서 감사부터 드리고 싶습니다."

그는 국립보건원 본부에서 직원들이 하루에 수행할 수 있는 검사가 72건에 불과하다고 설명했다. "면역 체계가 약화된 환자나 우리 직원들에게조차 충분한 검사를 받게 할 수 없는 상황입니다. 주지사님이 저를 좀 도와주시길 바랍니다." 그는 국립보건원 맞은편에 있는 존스홉킨스의 서버번Suburban 병원에서 국립보건원의 검사를 일부 맡아주도록 그쪽에 얘기 좀 넣어달라고 부탁했다.

나는 그 말에 머리를 절레절레 흔들 수밖에 없었다. 국립보건원에서 나에게 도와달라고 요청하는 상황이 실감이 나질 않았다.

우리 주지사들은 기꺼이 열심히 뛰고 어려운 결정을 내리고 정치적 압박감을 감내했다. 하지만 주요한 전국 검사 프로그램과 같은 대규모 과업에는 워싱턴의 도움이 필요했다. 우리는 우리를 이끌어야 하는 사람에게 끊임없는 야유 이상의 무언가를 기대했다. 트럼프는 4월 18일 백악관 브리핑룸에서 열린 특히 격렬한 회견에서 자신의 위기 대응을 옹호하고 미국의 코로나 검사 능력이 "국가를 완전히 개방하기 시작해도 될 만큼 충분하다"라고 자랑했다.

다음 날 아침 나는 다시 CNN과 인터뷰하며 대통령의 잘못된 진술을 바로잡았다. "주지사들이 많은 검사 도구를 보유하고 있다거나 검사를 많이 할 수 있다고 말한다면, 그것은 완전한 허위입니다." 내가 제이크 태퍼Jake Tapper에게 말했다.

어떤 주도 필요한 만큼의 검사를 수행할 수 없었다. "미국의 모든 주지사는 현재 연방 정부뿐만 아니라 국내의 모든 민간 연구소와 세계 각지로부터 더 많은 진단키트를 얻기 위해 밀치고 싸우고 할퀴고 있으며 계속 그렇게 할 것입니다." 메릴랜드의 경우 확실히 그랬다. 우리는 검사 수를 한 달 만에 5,000퍼센트 늘려놓았다. "하지만 그것이 필요한 곳 가까이에는 있지 않아서 문제입니다." 나는 말했다.

검사에 대해 말하는 것이 중요했다. 주지사들은 그들의 편에 서서 내는 강력한 목소리의 지원을 누릴 자격이 있었다. 하지만 나는 검사에 대해 말하는 동시에 그에 대해 무언가를 해야 한다는 것도 알고 있었다.

'메릴랜드에 검사 도구가 충분하지 않은가?' 나는 이미 3월에 나 자신과 우리 팀에 물었다. '필요한 수량을 확보하기 위해 무엇이든 해도 좋다!'

운 좋게도 나는 특별한 동맹을 보유했다.

메릴랜드의 한국 태생 영부인 유미 호건.

우리 모두 한국인이 코로나바이러스 검사와 관련해 얼마나 높은 점수를 받아 마땅한지 익히 들어 알고 있었다. 그들은 바이러스로 인해 가장 큰 타격을 입은 축에 속했다. 그러나 그들은 계속 추적해서 검사하는 방식에 전념하는 방침과 신속한 사회적 거리 두기 프로그램의 결합을 통해 대유행을 극복해내고 있었다.

아내는 고국에서 셀럽이나 다름없었다. 서울의 호텔 밖 보도에서 환호하는 사람들이 떠올랐다. "여사님! 여사님!" 한국의 국민들은 확실히 아내를 존중했다. 그리고 최근에 나를 한국 사위라고 칭하지 않았던가? 한국인들이 기꺼이 메릴랜드를 도와줄 모종의 방법이 있을 것 같았다.

3월 28일 토요일, 나는 아내에게 이수혁 주미대사와의 통화에 참여해달라고 부탁했다. 우리는 메릴랜드와 한국의 특별한 관계에 대해 대화를 나누었고, 유미는 한국어로 한국의 도움을 요청하면서 개인적인 간청의 말까지 덧붙였다.

이 요청은 우리가 '지속적 우정 작전Operation Enduring Friendship'이라고

이름 붙인, 전례 없는 일련의 협약을 검토하고 심사하고 협상하는 22일간의 과정으로 이어졌다. 우리의 과학자와 의사들이 그들의 과학자와 의사들과 의견을 교환했다. 메릴랜드의 정부 기관 여덟 곳과 그에 상응하는 한국의 정부 기관들이 참여했다. 밤마다 수십 통의 전화를 교환하며 언어 장벽과 13시간의 시차를 헤쳐나갔다. 때로는 밤새도록 통화하기도 했다.

한국 정부와 대사관 측은 복잡한 관료체계를 건너뛰도록 도우며 세계 최고의 의료 검사장비 제조사 중 한 곳인 분자진단 헬스케어 전문기업 랩지노믹스LabGenomics의 경영진과 우리를 직접 연결해주었다. 우리는 메릴랜드에서 이루고자 하는 바와 우리가 얼마나 필사적인 입장인지 설명했다. 랩지노믹스 사람들은 우리의 상황을 잘 이해하는 것 같았다.

우리는 목표를 높게 잡고 50만 개의 코로나바이러스 진단키트를 주문해 가능한 한 빨리 메릴랜드로 공수하기로 했다.

우리는 국제 조달 계약서를 작성해야 했으며, 식품의약국과 농무부, 관세국경보호청 등 미국의 관련 기관들의 허가를 받아야 했다. 우리는 언론에 귀띔하지도 않았고, 백악관에 알리지도 않았다.

비행기가 서울에서 이륙할 때조차도 우리는 보안을 유지했다. 누군가 끼어들어 우리의 생명을 구하는 임무를 망칠지도 모르는 위험을 감수할 수 없었기 때문이다.

39장
비밀 임무

4월 18일 토요일, 아내와 나는 천 마스크를 쓰고 볼티모어 워싱턴 국제공항의 저 멀리 구석진 활주로에 서 있었다. 오전 10시 50분 대한항공 보잉 777이 우리 앞에 멈춰 섰다. 14시간을 비행해 여기에 도착한 그 매우 특별한 전세기는 5명의 승무원만 태웠을 뿐, 승객은 없었다. 볼티모어 워싱턴 국제공항에 착륙한 최초의 대한항공 여객기였다.

악의적인 팬데믹은 이미 1만 2,761명의 메릴랜드 주민을 감염시켰고, 그중 463명의 목숨을 앗아갔으며, 그 숫자는 여전히 증가하고 있었다. 그런 상황에서 50만 개의 랩지노믹스 코로나바이러스 진단키트보다 더 귀중한 화물이 어디 있을까?

조종사가 엔진을 끌 때 나는 유미를 바라보았다. 마스크 뒤로 미소 지으며 말했다. "축하해요, 여보. 당신이 수많은 생명을 구하는 데 큰 도움을 주었다오."

승무원들이 모두 내려와 나와 아내, 그리고 한국 대사관에서 나온 직원이 선 곳의 2미터 앞에 멈춰 섰다. 글로벌 팬데믹의 시대 상황을 반영하듯 사회적 거리 두기 규칙은 전 세계적으로 동일했다. 아내가 머리를 숙여 인사하자 나머지 6명이 같은 인사로 화답했다. 한국인의 예에 따라 나도 머리를 숙였다.

"감사합니다." 우리는 한국어로 인사했다.

나는 그들에게 메릴랜드 주지사 기념주화를 선물했다. 이어서 마스크를 쓰고 장갑을 낀 메릴랜드주 방위군 파견팀이 즉시 냉각 및 가압 용기에 담긴 50만 개의 코로나바이러스 진단키트를 옮겨 싣는 작업에 착수했다.

그보다 더 아름다운 것을 본 적이 언제였는지 기억나지 않는다.

만약의 경우를 대비하여 무장한 수십 명의 메릴랜드주 방위군이 경계를 선 가운데 그 자리에 나온 단 한 명의 미국 세관 관리가 한쪽에 비켜서서 과정을 지켜보았다. 그는 아무런 개입 없이 현장을 지킬 따름이었다.

진단키트에 들어간 비용은 900만 달러로 주 정부가 지출하기에는 적잖은 돈이었지만, 우리가 이미 (일시적이긴 하지만) 경제의 그토록 많은 부분을 폐쇄하는 바람에 상실한 28억 달러의 세입에 비하면 그리 많게 느껴지지 않았다. 그 50만 건의 검사가 얼마나 많은 생명을 구할 수 있을지는 아무도 몰랐지만, 적잖은 인명을 살릴 것임은 분명했다.

유미의 이런 면을 알게 되면 많은 사람이 놀랄 것이라는 생각이 들었다. 메릴랜드 사람들은 이미 그녀를 품위 있고 배려심 많은 영부인으로 알고 사랑했다. 하지만 그들은 그녀의 국제적 외교술이나 끈기에 대해선 잘 몰랐다. 그녀의 개입이 없었다면 이 거래는 성사되지 않았을 터였다.

나는 한국 출신의 아내와 '한국 사위'라는 특별한 관계의 덕을 톡톡히 보았다. 위기 상황에서 우리 팀의 긴급 조달 노력을 지휘한 불굴의 팀장 로이 맥그레스Roy McGrath와 함께 나는 이 거래를 성사시키기 위해 엄청나게 복잡한 지형을 뚫고 길을 찾아 나섰다. 그리고 마침내 50만 개의 한국산 진단키트가 메릴랜드에 도착했는데, 그때까지 미국의 어떤 주가 확보한 수량보다 많았다.

마침내 안도의 숨을 내쉴 수 있었다.

메릴랜드주 경찰의 호위를 받은 메릴랜드 방위군의 트럭 행렬이 공항에서 대외비 위치의 보안 냉장창고로 진단키트를 옮겼다. 그곳에서 주의 깊고 질서 정연한 방식으로 그것을 각 지역별 검사소에 보급할 계획이었다. 우리 주는 그렇게 그 끔찍한 전염병을 물리칠 수 있는 큰 힘을 얻었다.

공항에서 돌아왔을 때 주지사 관저 앞의 거리는 코로나 시대의 평소 토요일 오후처럼 평온하지 않았다. 수십 대의 자동차와 트럭이 주변을 돌며 주 정부의 코로나바이러스 예방 조치와 주지사의 '제재 명령'에 항의했다. 독립적인 여론 조사 자료에 따르면 우리의 조치를 메릴랜드 주민의 84퍼센트가 지지하는 것으로 나타났다. 그들은 이

스틸 스탠딩

해했다. 그러한 조치가 생명을 구하고 있었다.

사람들은 항거할 권리가 있으며 나는 그들의 좌절감을 분명히 이해했다. 나도 좌절감을 느꼈으니까. 우리 행정부의 모든 초점은 경제를 확대하고 중소기업의 성장을 돕고 사람들에게 일자리를 제공하는 데 맞춰져 있었다. 오랜 세월 소기업을 운영한 바 있는 나는 얼마나 많은 사람이 경제적으로 상처받고 있는지 잘 알았다. 마음이 찢어질 듯이 아팠다. 하지만 생명을 구하려면 현명하고 신중하게 경제 활동을 재개해야 한다는 것도 알고 있었다.

한국의 여객기가 볼티모어 워싱턴 국제공항에 착륙하고 이틀 뒤인 월요일, 아내와 나는 주 및 전국의 기자들 앞에 서기 위해 관저 앞 계단으로 걸어 나왔다. 아내는 핑크색 코트에 실크 스카프를 걸치고 파란 마스크를 쓰고 있었다. 그녀는 코트에 미국과 한국의 국기가 달린 핀을 꽂았다. 나는 팬데믹이 시작된 이후 처음으로 정장을 입었고, 역시 마스크를 쓰고 있었다.

나는 '지속적 우정 작전'과 비밀 임무, 비밀 비행, 50만 개의 진단키트에 대한 모든 세부 내용을 설명했다. "연방 정부는 각 주에서 주도하기를 원한다는 점을 반복해서 분명히 밝혔습니다. 우리 스스로 알아서 해결하라는 얘기였습니다. 그래서 바로 그렇게 했습니다." 나는 기자들에게 말했다.

우리의 성공적인 임무는 전국 언론의 엄청난 주목을 받았다. 메릴랜드와 전국 각지에서 축하가 쏟아졌다. 미국의 개별 주에서는 일반적으로 이런 종류의 일을 하지 않는다. 한국에서도 큰 뉴스가 되었다.

그중 한 반응이 나를 특별히 미소 짓게 해주었다. 민주당 소속의 뉴욕 주지사이자 전미 주지사 협의회 부회장인 앤드루 쿠오모의 반응이었다. 그는 딸들과 함께 저녁 뉴스를 보다가 우리의 작전에 대해 알게 되었다고 했다. 딸 한 명이 그에게 말했다. "와! 정말 영리한 방법이에요." 또 다른 딸이 물었다. "아빠는 왜 저런 생각을 하지 못했어요? 왜 한국에서 진단키트를 구매할 생각을 안 했냐고요?"

쿠오모는 기자들로 가득 찬 방에서 자조적으로 털어놓았다. "저는 정말 스스로 미력한 주지사가 아닌가, 하는 느낌이 들었습니다. 래리 호건은 저보다 나은 주지사입니다."

나는 그가 농담한 것임을 알았지만, 나중에 그의 정치적 지지 선언에 감사하다고 말했다.

사실 이 이야기의 의미는 정치를 넘어섰다. 측면을 가리지 않고 영향을 미치는 의미이기에 그랬다. '기다림에 지친 주지사가 직접 나서서 자신이 필요로 하던 진단키트를 찾았다.' 모두가 그것을 높이 평가했다. 음, '거의 모두였다.'

월요일 기자 회견을 마치고 나는 대통령에게서 축하의 말을 들을지도 모른다는 생각을 했다. 도널드 트럼프는 항상 대담한 행보를 높이 평가하는 태도를 보였다. 그런데 자신이 공로를 인정받을 수 있는 대담한 행보에 대해서만 그랬나 보다. 대통령은 그날 오후 백악관 브리핑의 대부분을 나를 비판하고 우리가 한 일을 무시하는 데 소비했다.

"아니요, 나는 그가 한국에 갈 필요가 없었다고 생각해요." 트럼프는 투덜거렸다. "그가 약간의 정보를 얻을 필요가 있었다고 생각합니다……. 메릴랜드 주지사가 마이크 펜스에게 전화를 걸었으면 많은 돈을 절약할 수 있었을 겁니다……. 메릴랜드 주지사는 검사와 관련해 이해력이 부족했습니다. 그는 상황이 어떻게 돌아가고 있는지에 대해 너무 많은 것을 이해하지 못했습니다."

대통령이 진단키트와 검사 실험실을 혼동하는 게 아닌가 싶었지만, '뭐 아무럼 어떠하랴!' 메릴랜드에는 좋은 날이었다.

며칠 후 마이크 펜스에게서 전화가 왔다. 우리는 메릴랜드 및 전미 주지사 협의회와 관련된 모든 주제에 대해 친절하고 생산적인 대화를 나누었다. 통화가 끝날 무렵 나는 농담으로 말했다. "그런데 대통령은 한국과 작업하는 대신 부통령님께 전화해서 진단키트를 받았어야 했다고 하잖아요. 그렇게 쉽다는 것을 알았더라면 그런 엄청난 노력을 안 쏟아부어도 되었을 텐데 말입니다!"

40장
최상의 희망

우리는 메릴랜드에서 이룩한 모든 것에 대해 자랑스럽게 생각할 권리가 있었다. 나는 전국의 주지사를 이끄는 역할과 필요할 때마다 대통령에 대해 사실에 기반하여 차분하게 균형을 잡아주는 역할에 만족감을 느꼈다. 나는 늘 그랬듯이 통로 건너편과도 손을 잡고 일했다. 팬데믹의 위험에서 아직 벗어나지 못한 것이 분명했지만, 우리는 마침내 앞을 내다볼 수 있게 되었다. 백신이 (바라건대) 곧 나올 터였다. 메릴랜드에서도 하나 개발될 것이 예상되었다. 그때까지 나를 포함한 모든 주지사는 철저한 검사 및 접촉 추적과 더불어 억제와 완화 조치를 적절히 조합해 이용할 필요가 있었다. 나는 또한 코로나바이러스가 완전히 박멸될 때까지 메릴랜드를 원상회복하기 위해 할 수

스틸 스탠딩

있는 모든 일을 다 해야 했다.

　화학요법을 겪어낼 때와 같다는 느낌이 들었다. 의료진은 나를 죽이지는 않으면서 암은 죽이기에 충분한 독을 내 몸에 쏟아부었다. 그런 후 그들은 과학 및 의료 전문 지식에 따라 천천히, 체계적으로, 나의 체력을 다시 강화하며 낭떠러지에 다다른 나를 뒤로 끌어당겼다. 나는 그 점진적이고 안전하며 효과적인 접근방식의 가치에 대한 살아 있는 증거다.

　이번의 치유 공식은 '메릴랜드 스트롱 : 회복의 로드맵Maryland Strong: Roadmap to Recovery'이라는 30페이지짜리 실행 계획이었다. 정치나 희망 사항이 아닌 사실과 데이터에 근거해 매우 상세히 수립한 계획안이었다. 론 건즈버거와 매트 맥대니얼이 전미 주지사 협의회와 존스홉킨스, 미국기업연구소American Enterprise Institute, 대통령 직속 코로나바이러스 태스크포스의 권장 사항을 토대로 작성했다. 우리의 계획안은 전 FDA 국장 스콧 고틀립Scott Gottlieb과 존스홉킨스 블룸버그 공중보건대학Johns Hopkins Bloomberg School of Public Health의 톰 잉글스비Tom Inglesby를 포함한 미국 최고의 공중보건 전문가들에 의해 면밀하게 검토되었다. 그냥 단순히 스위치를 돌려 무모하게 '노멀normal'로 회귀할 수는 없었다. 영리하고 현명하게 임해야 했다. 우리의 계획안은 개인 보호 장비에서 추가 병상, 검사, 접촉 추적에 이르기까지 우리를 계속 나아가게 만드는 모든 요소를 설명했다. 전국에서 가장 상세한 회복 계획이라 할 수 있었다.

　우리의 경제 회복 계획안은 세 단계로 구성되었다. 첫 번째 단계는 주 전체의 자가 체류 명령을 해제하는 동시에 사람들(특히 노인과 기저

질환이 있는 사람들)이 자발적으로 '더 안전한 집'에 머물도록 촉구하는 것이다. 1단계에서는 또한 소규모 상점과 사업체, 야외 오락 및 종교 모임, 그리고 이와 유사한 저위험 활동을 재개한다. 2단계에서는 공공 집회에 대한 제한선을 높이고 비필수 근로자의 직장 복귀를 허용하며 마스크 착용과 거리 두기 규칙을 준수하는 선에서 레스토랑과 술집, 그리고 여타 영업장의 문을 다시 연다. 3단계에 이르면 혼잡한 식당에서의 식사와 병원 및 요양원의 방문, 더 큰 규모의 종교 행사 및 기타 대규모 행사의 참석 등 고위험 활동이 다시 허용된다.

삶을 노멀로 되돌리는 것을 나보다 더 열망하는 사람은 없었다. 나는 캠든야즈의 개막 경기에서 관중과 함께 호흡하는 것을 너무도 좋아한다. 나는 포옹과 악수, 그리고 우리가 할 수 없게 되리라고 생각조차 한 적 없던 인간의 모든 일상적인 상호 작용이 그리웠다. 5월 초, 메릴랜드의 신규 확진자 수가 마침내 안정기에 접어들었다. 우리는 진척 상황을 주의 깊게 측정하고 그에 따라 대응하면서 점진적으로 나아갈 준비가 되어있었다. "백신이 개발될 때까지는 우리가 일상생활을 영위하는 방식과 일하는 방식이 예전과 크게 달라질 것입니다." 나는 메릴랜드의 주민들에게 말했다. 그렇지 않은 척하는 것은 정직하지 않은 일이었다.

지난 2014년 주지사 선거에서 볼티모어를 뒤흔든 폭동까지, 말기 암 선고에서 글로벌 팬데믹까지, 나는 줄곧 고난의 시험을 받아온 셈이다. 고맙게도 나는 그 모든 과정에서 몇 가지 귀중한 삶의 교훈을 배웠다. 그중 한 가지는 사람들 대부분이 리더에게 원하는 것은 낙관

스틸 스탠딩

적인 사고와 '할 수 있다' 정신, 그리고 결과 지향적인 접근방식이라는 것이다. 사람들은 문제가 해결되기를 원한다. 사람들은 분열과 마비를 끔찍이도 싫어한다. 사람들은 예의와 실용주의가 더 효과적이라고 믿는다. 사람들은 '타협'을 불결한 단어로 생각하지 않는다. 그리고 그들은 솔직한 말이 공허한 수사보다 더 가치 있다고 생각한다. 이것이 바로 우리 공화당이 다시 국민적 지지를 얻고 미래를 주도하길 기대한다면 초점을 맞춰야 할 것들이다.

2020년 11월 선거에서 누가 이기는지가 중요한 게 아니다. 현재 대다수의 미국인은 우리의 정치 체제가 근본적으로 망가졌고 우리 국민이 비극적으로 분열되었으며 워싱턴이 완전히 기능 장애에 빠져있다고 확신하는 상태다. 사람들은 어느 당의 정치인이든 신뢰할 수 없다는 점에, 아무도 문제 해결에 초점을 맞추지 않고 있다는 사실에, 아무것도 이뤄지지 않는 것 같은 상황에 좌절감을 느끼고 있다.

11월 대선의 여진이 가라앉고 나면 즉시 2024년 대선에 대한 이런저런 얘기가 나오기 시작할 것이다. 하지만 슬프게도 공화당과 민주당 양당이 현재의 자멸적인 방향을 바꾸려 애쓰지 않는 한, 이런 혼란은 그대로 반복되기만 할 것이 자명하다. 팬데믹 위기가 종식되면 워싱턴은 코로나19 훨씬 이전부터 미국을 감염시켰던 그런 종류의 유독성 정치로 되돌아갈 수 있다. 그러나 그것은 미국이 필요로 하는 것이 아니다.

어쩌다 이 지경에 이르렀는가? 비난할 수 있는 여러 대상이 있겠지만, 가장 중요한 원인은 통로 양쪽에 있는 사람들이 우리 모두 함께 설 수 있는 중간 지대를 찾지 못한 데에 있다. 그들은 우리가 서로 떨어져서 성취할 수 있는 것이 거의 없다는 사실을 이해하지 못하는 건가? 때로는 양당 어느 쪽에서도 진전을 원하지 않는 것으로 보인다. 양측은 논쟁에서 이기기만을 원한다. 그런 것은 통치가 아니다. 그것은 정치적 연극일 뿐이며 대부분의 미국인은 그 모든 드라마에 신물이 나 있다.

나는 내가 진정으로 믿는 것들을 위해 기꺼이 일어나 싸울 것이다. 그 흔한 현상 유지 정치를 위해 그리고 양극화와 마비를 영속화하기 위해 싸우지는 않을 것이다. 나는 '일을 시작하고 완수하는 것'을 모토로 삼는 정치 학파에 속한다. 나는 사람들을 위한 일을 기꺼이 수행하려는 모든 사람과 손을 잡고 뛸 것이다. 생각해보니, 이것이야말로 공직에 종사하기를 원하는 모든 이의 전제 조건이 되어야 한다.

서로의 차이와 심각한 국가적 도전에도 불구하고 나는 여전히 우리를 하나로 묶는 무엇이, 우리를 분열시키는 무엇보다 훨씬 더 위대하다고 믿는다. 미국의 정치 체제가 너무 망가져서 고칠 수 없다고 생각하는 사람들은 메릴랜드의 예를 보면 된다. 우리는 이미 앞으로 나아가기 위한 더 나은 길을 보여주었다. 우리가 여기서 그것을 성취할 수 있다면, 그와 똑같은 원칙들로 성공할 수 없는 지역은 없는 것이다. 이것이 미국이 가질 수 있는 최상의 희망이다.

스틸 스탠딩

감사의 말

홀로 얻은 조용한 영감이나 키보드 앞의 고독한 밤에 대해 들은 적이 있다면 모두 잊어주기 바란다. 이런 종류의 책을 쓰는 일은 공직에 출마하거나 주를 통치하는 것과 마찬가지로, 결코 '나 홀로' 작업이 아니다. 내가 직접 경험했듯이 책 쓰기는 종종 팀 스포츠에 해당한다. 특히 이미 주 7일 종사해야 하는(게다가 비상근으로 전미 주지사 협의회 회장직까지 수행해야 하는) 나와 같은 사람에게는 더욱 그렇다. 따라서 이렇게 관대하고 재능있는 출판 분야의 팀원들을 만난 나는 실로 운이 좋은 사람이 아닐 수 없다.

〈뉴욕타임스〉 베스트셀러 작가인 엘리스 헤니칸Ellis Henican은 유머와 호기심이 풍부한 타고난 이야기꾼이자 이상적인 협력자였다. 엘리스는 내가 지닌 좋은 요소를 끄집어내 생명을 불어넣는 방법을 알고 있었는데, 나조차 내게 있는 줄 몰랐던 좋은 소재에 대해서도 그렇게 했다. 그리고 그는 타의 추종을 불허하는 후위 선수까지 데려왔다. 연구조사 담당 로버타 티어Roberta Teer가 바로 그 조력자였는데, 그는 누구에 대해서든 무엇이나 알아내는 능력을 지녔다. 구술 기록 담당 제니스 스피델Janis Spidel은 이제 공식적으로 나의 모든 비밀을 아는 사람이다. 파운드리리터러리플러스미디어Foundry Literary + Media의 피터 맥가이건Peter McGuigan과 켈리 카르체프스키Kelly Karczewski는 최고의 에이전트로서 우리를 생경한 출판 세계로 능숙하게 안내했을 뿐만 아니라 종이책 및 전자책 출판사 벤벨라북스BenBella Books와 오디오북 파트너 리코디드북스Recorded Books의 노련한 담당자들에게 우리를 연결해주었다. 벤벨라의 발행인 글렌 예페스Glenn Yeffeth, 부발행인 에이드리엔 랭Adrienne Lang, 편집장 레아 윌슨Leah Wilson, 수석 편집자 알렉스 스티븐슨Alexa Stevenson, 개발 편집자 브라이언 니콜Brian Nichol, 교열 편집자 엘리자베스 드겐하드Elizabeth Degenhard, 아트 디렉터 사라 에이빈저Sarah Avinger, 프로덕션 디렉터 모니카 로우리Monica Lowry, 마케팅 디렉터 제니퍼 캔조너리Jennifer Canzoneri, 콘텐츠 매니저 앨리샤 케이나Alicia Kania 등은 모두 완벽한 프로답게 우리 책에 멋진 삶을 부여했다. 리코디드북스의 최고콘텐츠책임자 트로이 줄리아Troy Juliar와 부사장 로라 개치코Laura Gachko는 나의 전문 성우로의 전환을 부담스러운 일이 아닌 신나는 경험으로 만들어주었다. 누가 아는가? 어쩌면 이제 주지사 퇴임 후에 가질 수 있는 직업이 적어도 하나는 생긴 건지도!

나의 헌신적인 팀원들이 없었다면, 이 책은 1페이지에서 더 나아가지 못했을 것이다. 체인지 메릴랜드 이전 시절부터 나와 함께 일해왔으며 현재 '하나의 미국AnAmericaUnited.org'의 활동을 돕고 있는 앤드루 브라이트웰Andrew Brightwell은 책과 관련된 모든 일의 중심에서 마치 항공 교통 관제사와 같은 역할을 해주었다.

스테니 호이어에게 악몽을 안겨주던 시절부터 나의 정치 고문 및 주지사 고문으로 활동해온 론 건즈버거는 갖가지 추정 사항을 검토하고 손보는 작업에 많은 밤과 주말을 바쳤다.

6년 동안 나의 우뇌와 좌뇌로 활약한 두 명의 놀라운 젊은 여성 카라 보우먼과 아만다 앨런은 나의 기억을 되살리고 세부 사항을 수정하는 데 도움을 주었다. 나는 그 둘을 딸처럼 생각하지만 둘 다 자신들이 대부분의 경우 엄마에 더 가깝다고 말한다. 우리 팀에 새로 추가된 나의 정무수석 데이비드 와인먼David Weinman은 귀중한 조언과 기획으로 책의 탄생을 도왔다.

두 명의 하원의장 존 베이너John Boehner와 폴 라이언Paul Ryan을 보필한 바 있는 공보수석 마이크 리키Mike Ricci는 훌륭한 정보를 제공했고, 존 매케인의 선거운동을 도운 바 있으며 현재 공화당 주지사 협의회의 공보책임자로 일하는 나의 전 공보수석 아멜리아 샤세 알시바Amelia Chasse Alcivar는 믿을 수 없을 정도로 사려 깊은 조언을 제공했다.

미디어 전문가인 러스 슈리퍼는 메시지에 보다 심오한 의미를 담아 전달하도록 도왔다. 조지 W. 부시, 미트 롬니, 크리스 크리스티를 비롯한 여러 대선 후보들이 그에게 의지한 것은 전혀 놀랄 일이 아니다.

책을 내려면 책에 담을 내용이 있는 삶을 살아야 한다. 이것이 내가 이 책을 쓰면서 배운 핵심적인 교훈 중 하나이다. 따라서 오늘날의 내가 있도록 도움을 준 많은 사람이 없었다면 필경 쓸 내용도 별로 없었을 것이다. 그들 모두에게 심심한 감사를 전한다.

선거에서 패배한 사람들에 대한 책은 아무도 읽지 않는다. 우리의 선거운동에 참여한 모든 경이로운 동지들에게 진심으로 감사를 표한다. 톰 켈소는 정계에서 가장 열심히 일하는 선거운동 회장이었다. 스티브 크림은 다들 이길 수 없다고 말하던 2014년 선거전을 성공적으로 관리했으며, 2018년 우리의 재선 선거운동을 관리한 사람들도 그 노고를 높이 사야 마땅하다. 매사추세츠에서 스콧 브라운Scott Brown의 상원 입성을 도운 짐 바넷, 그리고 크리스 크리스티와 니키 헤일리를 위해 일하며 재능을 연마한 더그 메이어는 남다른 열정과 끈기를 보여주었다. 우리의 재무 책임자 앨리슨 마이어스는 선거자금을 모금하는 데 일익을 담당했다. 개리 맹검과 엘라인 페븐스타인Elaine Pevenstein, 짐 브래디, 에드 던, 샘 말호트라 등 특히 처음부터 우리와 함께해준 분들께 감사드린다. 전문가들이 우리의 도전을 가망이 없는 것으로 평가했을 때 나에 대한 믿음을 잃지 않고 헌신적으로 뛰어준 선거운동 팀원 전체와 자원봉사자 및 기부자 수천 명에게도 영원한 감사를 전한다. 여러분의 도움으로 우리가 성취한 것을 한번 보라!

나의 러닝메이트이자 윙어인 보이드 러더포드 부주지사에게 각별한 감사를 드린다. 그는 주지사 직무의 모든 행보에 보조를 맞추며 진정한 파트너의 모습을 보여주었다. 매우 까다로운 직무임에도 탁월한 능력을 발휘한 비서실장 매트 클락과 전임 비서실장 크레이그 윌리엄스 두 사람에게도 마찬가지로 깊이 감사한다. 그리고 내가 취임한 첫날부터 나와 함께하며 폭동이 발발한 볼티모어 서부의 거리를 매일 함께 걸은 민주당원이자 나의 최고법제관인 키퍼 미첼에게도 고마움을 표한다.

엄청나게 헌신적이고 재능있는 나의 참모진과 내각 각료 모두에게 심심한 감사를 표한다. 메릴랜드를 더 나은 주로 변화시키기 위해 매일 열심히 노력하는 우리 행정부의 직원 모두에게도 감사한다. 이들이 성취하는 모든 것에 끊임없이 놀라고 있다.

나를 치료해준 종양 전문의 애런 라포포트와 아룬 반다리, 그리고 나의 생명을 구하는 데 도움을 준 다른 모든 헌신적인 의사 및 간호사 등 의료진에게 특별히 감사드린다. 진심으로 말하건대, "여러분이 없었다면, 나는 오늘에 이르지 못했을 겁니다."

나처럼 암과 싸워 이긴 친구들에게 특별한 경의를 표한다. 그들 중 다수는 나보다 훨씬 힘겨운 투병 과정을 이겨냈다. "여러분은 은혜에 대해, 그리고 상황이 어려울 때 긍정적인 태도를 유지하는 방법에 대해 내게 많은 것을 가르쳐주었습니다."

프란치스코 교황과 팀 맥그로, 그리고 기도와 지원과 격려로 나를 응원해준 무수한 지지자들께 진심으로 감사드린다. 암에서 살아남는 것도 팀 스포츠라는 것이 밝혀졌다.

나의 동생 팀과 빅터 화이트, 제이크 어머, 케빈 세처Kevin Setzer, 그리고 나의 부동산 사업에 몸담은 모든 이에게 나의 빈자리를 채우느라 한 걸음 더 뛰어준 것과 우리가 예상했던 것보다 좀 더 길어져 버린 나의 휴직을 허용해준 데 많은 고마움을 전한다. "여러분은 나를 없어도 되는 사람처럼 보이게 만드는 그 대단한 일을 해냈습니다."

공화당원이든 민주당원이든 동료 주지사 모두에게 감사를 전한다. 그들은 나를 만장일치로 전미 주지사 협의회 회장으로 뽑아주었다. 워싱턴을 분열시킨 격렬한 정치에도 불구하고 미국 전역의 주지사들은 함께 힘을 모아 일을 완수하는 모범을 보이고 있다. "여러분 모두와 함께 봉직을 수행하게 되어 자랑스럽습니다."

정계의 거의 모두가 나의 승리 가능성이 없다고 생각했을 때 내 말을 믿고 처음 만난 날부터 진정한 친구가 되어준 크리스 크리스티에게 특별한 감사를 전한다. 정계에서는 매우 드문 일이다.

2014년에 나를 신뢰했을 뿐 아니라 아직 그 신뢰를 거두지 않은 메릴랜드의 600만 명 이상의 주민들에게 감사드린다. "여러분은 저를 믿고 이 놀라운 봉사의 기회와 더불어 제 인생의 가장 중요한 과업에 임하도록 도와주었습니다." 좋은 날이든 나쁜 날이든, 내가 이 특권에 감사하지 않고 지나간 날은 단 하루도 없었다.

마지막으로, 태어난 날부터 지금까지 얼마나 많은 주변의 사랑을 받았는지 말로 다 표현할 수 없을 정도다. 그런 의미 깊은 사랑이 이 책과 내가 지금까지 성취한 모든 것의 토대이다. 그 사랑은 내가 태어난 가족, 즉 아버지와 어머니, 누나에게서 그리고 나중에는 오늘날의 내가 있도록 힘을 보태준 네 명의 남동생에게서 시작되었다.

그런 후 내가 가정을 꾸리기로 마음먹었을 때 한 가족을 발견했는데, 고맙게도 그들 역시 나를 선택해주었다. 그렇게 나머지 삶의 여정을 풍요롭고 완전하게 하고 내가 부응하며 살아야 할 많은 의미를 안겨주는 아내 및 우리의 비범한 딸 킴, 제이미, 줄리와 함께 나누게 된 것은 실로 놀랍도록 멋진 일이다. 이제 우리 가족은 세 명의 사위와 네 명의 손주까지 포함하는 대가족으로 확대되었다. 나는 진정으로 축복받았음을 느낀다.

내가 지금까지 살아오는 데 그토록 중요한 역할을 해준 많은 분께 깊이 감사드린다. 돌이켜 보건대, 우리가 함께 겪은 경험과 함께 이룬 성과가 실로 대단하다는 생각이 든다. 물론 나 역시 미래가 어떻게 될지 정확히 알지는 못한다. 하지만 여러분이 믿어도 되는 한 가지는 있다. 나는 내게 주어지는 모든 날에 내가 가진 모든 것을 다 바쳐서 여러분을 위해 일하고 또 일할 것이다.

스틸 스탠딩 STILL STANDING

펴낸날 2020년 12월 28일
지은이 래리 호건·엘리스 헤니칸
옮긴이 안진환
펴낸이 김은정
펴낸곳 봄이아트북스

출판등록 제406-251002019000142호
주소 경기도 파주시 재두루미길 70 페레그린빌딩 308호
전화 070-8800-0156
팩스 031-935-0156
ISBN 979-11-6615-224-5 (03340)

· 값은 뒤표지에 있습니다.
· 잘못 만들어진 책은 구입처에서 교환해드립니다.

(위) 누나: 어린 시절 나는
테리 누나처럼 되고 싶었다.

(아래) 러닝메이트: 1968년
아버지의 하원 입성을 도왔다.

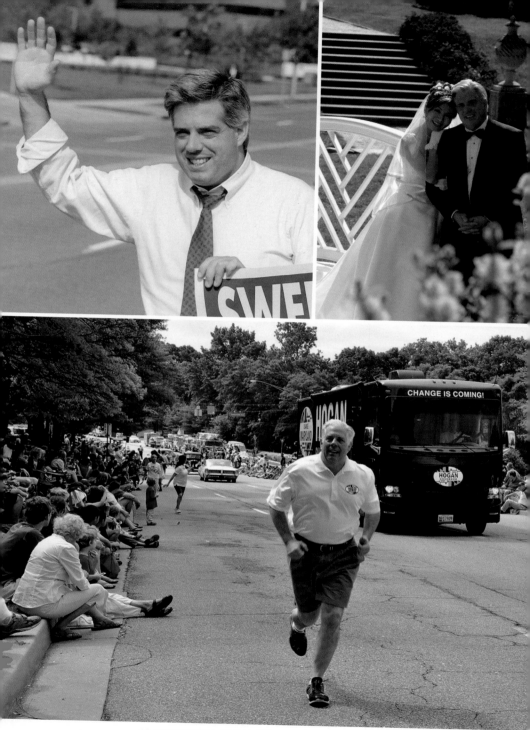

(위, 왼쪽) 희박한 확률: 1992년 노련한 정치가 스테니 호이어에게 도전했다.
(위, 오른쪽) 진정한 사랑: 2004년 5월 1일, 내 생애 가장 행복한 날이었다.
(아래) 구보: 주지사 선거에 출마해 실제로 뛰는 모습이다.

(위, 왼쪽) 파티 맨: 2014년 공화당 주지사 예비선거에서 승리한 후 축하하는 모습이다.

(위, 오른쪽) 식당 앞의 듀오: 글렌버니에 있는 허니비 레스토랑 앞에서 크리스 크리스티와 함께 선거운동을 벌였다.

(위, 왼쪽) 구조 임무: 카이퍼 미첼과 함께 폭동이 발발한 볼티모어에 내렸다.

(위, 오른쪽) 지휘: 경찰과 방위군에 내가 뒤를 받쳐준다는 것을 알렸다.

(아래) 동네 순회: "우리가 도시를 구하러 왔습니다."

(위) 가혹한 소식:
"말기 림프종 진단을
받았습니다."

(아래) 호건 스트롱:
새로 찬 손목 밴드를
자랑하는 유미와
제이미 그리고 나.

(위) 달콤한 노래: 볼티모어 심포니홀에서 팀 맥그로의 노래를 따라불렀다.
(아래, 왼쪽) 바뀐 외모: 암 따위에 무너질 사람이 아니다.
(아래, 오른쪽) 교황 성하: 프란치스코 교황이 내게 축복을 내리고 전 세계의 암 환자들을 위해 기도해주었다.